커피 마니아

커피 마니아

초판 1쇄 인쇄 2010년 10월 20일
초판 1쇄 발행 2010년 10월 27일

지은이 | 이종화
펴낸이 | 손형국
펴낸곳 | (주)에세이퍼블리싱
출판등록 | 2004. 12. 1(제315-2008-022호)
주소 | 서울특별시 강서구 방화3동 316-3 한국계량계측회관 102호
홈페이지 | www.book.co.kr
전화번호 | (02)3159-9638~40
팩스 | (02)3159-9637

ISBN 978-89-6023-456-7 13230

이 책의 판권은 지은이와 (주)에세이퍼블리싱에 있습니다.
내용의 일부와 전부를 무단 전재하거나 복제를 금합니다.

커피 마니아
mania

| 에세이 작가총서 327 |

이종화 지음

ESSAY

발간사

　　아랍의 커피와 석유는 전 세계인의 필수 음료 및 에너지가 되었으며, 아마 앞으로도 커피를 대체할 음료는 없을 것으로 사료된다. 세계적으로 원유 다음으로 물동량이 가장 많은 것이 커피임을 감안할 때 역사 이래 이와 같이 전 세계적으로 보급된 음료는 없을 것이다. 커피를 단순히 음료로 취급하기에는 음료 이상의 매력, 낭만 및 특유한 문화도 아울러 가지고 있다. 조그마한 커피 잔들을 들고 둘러앉아 담소를 하는 아랍인들의 정경 및 문화는 아직도 눈에 선하다. 인스턴트커피만을 접해본 필자가 중동의 한 과학기술연구소에서 근무하던 시절, 연구소에서 무제한으로 따라주던 터키쉬 커피와 그린 커피를 당시에는 그저 습관적으로 마시며, 인스턴트커피와는 다소 다르다는 생각밖에 없었다.

　　말로만 들어온 블루마운틴 커피를 자메이카 블루마운틴의 커피농원에서 주인장의 친절한 설명을 듣고 난 후에야 커피를 제대로 즐기게 된 계기가 되었다. 재배지역과 농장에 따른 각각의 고유한 맛과 향은 아마도 포도주 이상이며, 각각의 개성이 특이하다는 표현이 절대 과언은 아니다. 더욱이 커피에는 우리가 언어로 구사할 수 없는 맛과 향의 특징이 있다. 이 저서를 통해 우리가 습관적으로 마시는 커피의 맛과 향을 제대로 즐길 수 있는 계기가 되기를 바란다. 필자는 과학자여서 본서에서 커피문화를 제대로 향기롭게 표현하지 못하고, 과학적인 면에 치중하여 아마도 제대로 커피를 설명하지 못했음을 유감으로 생각한다.

채석포의 Bay Terrace에서
2010년 9월 이종화

제1장 커피의 역사

1. 커피의 전설(傳說) _ 10
2. 커피의 어원과 예멘(Yemen)으로의 전파 _ 15
3. 커피와 수피(Sufi) _ 17
4. 커피와 커피나무의 재배 _ 20
5. 커피의 변천사 _ 26
6. 커피의 세부 변천사 _ 59

제2장 커피의 기초

1. 커피 재배 _ 66
2. 열매의 가공(加工, processing) _ 72
3. 배전(roasting) _ 78
4. 맛과 향 _ 86
5. 커피의 종류 _ 120
6. 커피의 상품명 _ 150
7. 커피의 시음(試飮)과 감정 _ 154
8. 커피 관련 각종 기구 및 운동 _ 161

제3장 생물학적 특성 및 재배

1. 커피나무의 종 및 변종(變種) _ 176
2. 커피나무의 특성 _ 185
3. 재배환경 _ 192
4. 종묘 생산(種苗生産) _ 203
5. 질병과 해충 _ 207

제4장 수확 및 가공

1. 수확(收穫, harvest) _ 220
2. 가공(加工, processing) _ 222
3. 탈각(脫殼, hulling, milling) 및 선별(選別, sorting) _ 236
4. 생두의 품질등급(品質等級) _ 240
5. 생두 구입 시 유의사항 _ 246

제5장 배전

1. 배전(焙煎, 볶음, Roast) _ 250
2. 배전의 역사 _ 253
3. 배전과정 _ 257
4. 가정에서의 배전 _ 264

제6장 배합과 분쇄

1. 배합(配合, Blend) _ 300
2. 분쇄(粉碎, Grind) _ 312

제7장 추출(抽出, Brew)

1. 추출기의 종류와 추출법 _ 326
2. 추출에서 지켜야 할 사항 _ 340

제8장 에스프레소

1. 에스프레소(Espresso)란? _ 344
2. 에스프레소의 역사 _ 346
3. 에스프레소의 종류 _ 350
4. 배전 _ 361
5. 배합 _ 363
6. 구입 _ 365
7. 분쇄 _ 370
8. 추출 _ 373

제9장 커피와 건강

1. 커피의 화학적 조성 _ 390
2. 커피의 자극효과(刺戟效果, Stimulant effect) _ 397
3. 커피의 유익한 역할 _ 402
4. 커피와 이뇨작용(利尿作用, Diuretic effect) _ 407
5. 커피와 심장질환(心臟疾患, Heart Diseases) _ 408
6. 커피와 소화기관(消化器官, Digestive tract) _ 414
7. 커피와 암(癌, Cancer) _ 416
8. 임신(姙娠, Pregnancy) _ 422
9. 커피와 뼈 건강(骨健康, Bone Health) _ 427

제10장 커피 생산국

1. 커피 관련 통계 _ 432
2. 커피 생산지역 및 국가 _ 437

1. 커피의 전설(傳說)

세계적으로 석유 다음으로 물류량이 많은 품목은 커피이다. 매년 80억 5~6백만 톤이 생산되며 이를 환산하면 무려 100억 달러에 달한다. 전 세계적으로 연간 2천만 명에게 일자리를 제공하며, 아울러 50여 개 국가의 주 재정원이기도 하다. 연간 4,000억 잔이 소비되는 커피가 처음으로 발견된 것은 서기 850년경이었다. 기원에 대한 기록이 전혀 없어 여러 전설들에 의존할 수밖에 없다.

커피의 역사(드벨리의 석판화)

1) 칼디(Kaldi) 전설

아프리카 동부 에티오피아의 산악지대에서 염소를 치는 목동인 칼디는 어느 날 염소들이 평상시에 하지 않던 이상한 행동을 관찰했다. 염소들이 오랫동안 밤에 잠을 자지 않을 뿐만 아니라 발작적인 행동을 했다. 목동들이 소속되어 있는 회교의 수도원인 쉬오뎃(Shehodet) 사원의 이맘(Imam)에게 사실을 보고했는데 이맘도 이 이상한 행동의 원인을 규명할 수 없었으며 염소들을 따라 다니면서 자세히 관찰하라는 말밖에 할 수 없었다.

장소를 바꾸어 풀을 먹이던 중 어떤 관목(灌木)의 잎과 빨간 열매를 먹은 염소들이 이러한 이상한 행동을 하는 것을 알게 되었다. 칼디도 이 열매를 따 먹었더니 사지에 민첩한 힘이 생기고, 각성 상태에 빠지게 되었다. 보고를 받은 이맘은 양피지에 기록되어 수도원에 보관되어 있는 각종 식물에 관한 자료를 조사했으나 이 나무와 열매에 관한 자료를 전혀 찾을 수 없었다. 그래서 홍해 건너편 아라비아 반도의 카파(Kappa) 지역 백인 기독교인들이 홍해를 건너와 에티오피아를 지배하는 동안 그들이 가져와 심은 나무로 추정했다.

혹시 칼디가 거짓말을 하고 있는 것은 아닌지 확인하기 위해 직접 꽃, 잎, 열매를 냄비에 넣고 끓였더니 물이 증발하고 내용물이 건조되면서 검은 덩어리가 생김을 관찰했다. 다시 끓인 물에 이 덩어리를 넣었더니 물이 검게 되면서 여태껏 맡아보지 못했던 충동적인 냄새를 맡을 수 있었다. 호기심에서 얼마를 따라 마신 이맘은 쓴맛을 느꼈으나 얼마 후 마음이 편안해짐과 아울러 새로운 힘이 생기는 것을 느꼈다. 아울러 막연하고 희미했던 일들도 아주 분명하게 떠오르게 되었다. 각성 상태에서 이맘은 아무리 잠을 청해도 잠이 오지 않았을 뿐 아니라 도취 상태가 계속되었다.

이맘은 밤 기도 시간에 수도승들이 잠들지 않게 하기 위해 비록 냄새는 좋으나 써서 마시기가 유쾌하지 않는 이 검은 물을 한 잔씩 마시게 했다. 수도승들도 이맘이 느꼈던 것과 같은 느낌과 아울러 잠에서 해방되어 저녁 기도 시간 전에 카파를 달인 즙을 마시게 되었다. 이들은 카파나무의 열매를 끓여 달인 즙을 '자극과 활기가 넘친다'는 뜻인 가와 '(k'hawah)'라고 부르기 시작했다. 커피의 기원에 관한 여러 전설

중 이 전설을 칼디 전설이라고 하는데, 그 과정에는 여러 상이한 각색된 이야기들이 있으나 수도승에 의한 발견과 사용은 모두가 일치한다.

2) 오마르(Omar) 전설

또한 전설에 의하면 야외에서 일하고 있던 회교 금욕파의 수도승인 오마르가 어느 날 나무에 앉아 있는 새를 잡으려 했다. 열매와 꽃이 뭉쳐져 있어 마치 새처럼 보였던 것이다. 그는 이 단맛이 나는 열매를 잔뜩 따 왔다. 그는 식사 준비를 위해 각종 야채를 끓이던 중 호기심이 발동되어 야채 대신 자신이 따온 열매를 끓여 먹게 된 것이 커피의 기원이 되었다는 것이다.

3) 마호메트 전설

이슬람교의 창시자인 마호메트가 졸음을 이겨내려고 애쓰던 중에 가브리엘 천사가 나타나 건네준 검고 쓴맛이 있는 음료를 마시고 나자 힘이 충만하여 40명의 남자를 말에서 끌어내리고 40명의 여자를 즐겁게 했는데 바로 이 음료가 '카베(kahveh)' 또는 '카와'였다.

4) 또 다른 오마르 전설

또 다른 전설에 의하면 아라비아의 이슬람 승려인 오마르는 기도와 약으로 병자를 치료하는 능력과 명성이 널리 알려짐에 따라 모함을 받게 되었다. 왕은 오마르를 모카 항 인근 사막으로 쫓아내 어느 동굴에서 기거하게 되었다. 허기에 지친 오마르에게 알라의 가호가 있어서인지 작은 숲 속에서 새들이 붉은 열매를 먹고 있는 것을 보았다. 열매를 따 먹어보았으나 보기와는 달리 쓰며 비린 냄새가 나 도저히 그대로는 먹을 수가 없어 끓여 먹었다. 그런데 신기하게도 오마르는 피로가 풀리며 온종일 힘이 솟구치게 되었다. 오마르는 이 열매를 이용하여 병자들을 치료했더니 동굴 앞에는 병자들로 몰려들게 되었으며 아울러 이 소식이 왕에게도 전해지게 되었다. 병자 치료로 왕으로부터 면죄부를 받아 다시 모카로 돌아올 수 있었으며 모카의 성인으로까지 추앙받게 되었다.

5) 수피(Sufi) 대종사(大宗師, Sheikh, Shaike) 전설

위의 오마르의 전설과 유사한 또 다른 전설은 좀 더 구체적인데, 다음과 같다. 13세기 중반, 성지 순례를 위해 메카에 도착한 한 수피계의 대종사가 제자들에게 자신이 곧 죽을 것이라고 했다. 성직자는 자신이 죽은 후 황금 베일(veil)을 입은 한 사람이 나타나 땅속에서 물이 가득 담긴 사발을 꺼내어 주면 받아서 사발의 물이 흔들리지 않을 때까지 계속 걸으라고 제자에게 유언했다. 스승이 죽은 후 제자는 스승을 애도하기 위해 혼자서 황량한 사막에서 스승을 추모하고 있었는데 스승의 말대로 황금 베일을 입은 한 남자가 나타났다.

스승이 말한 대로 그 남자는 땅에서 물이 담긴 사발을 파내어 제자에게 넘겨주었다. 제자는 스승의 말대로 물 사발을 들고 남쪽의 아리스(Arise) 산맥의 정상에 도착할 때까지 계속 걸었으나 사발의 물은 계속 흔들렸다. 다시 방향을 서쪽으로 바꾸어 푸른 계곡을 지나 평지인 모카 인근에 도달했더니 사발의 물이 흔들리지 않았다. 그는 그곳에 움막을 짓고 스승의 가르침을 설파했는데 제자들이 모여들고 아울러 추종자들도 늘어나게 되었다. 추종자들이 늘어남에 따라 모카의 성직자들은 위협과 질투를 느꼈다. 자신들에 대한 나쁜 소문이 날까 우려하여 그는 하나님의 사람이 아니며 사탄의 말을 전파한다고 비방했다.

이들 성직자들과 합세한 모카의 주민들은 그와 그의 추종자들을 산 중턱으로 쫓아버렸다. 근근이 주변으로부터 식량을 얻을 수 있었으나 수개월 후에는 전혀 양식을 얻을 수 없게 되었다. 기아가 계속됨에 따라 자신과 추종자들의 믿음과 신뢰도 떨어지게 되었다. 거의 아사 직전, 황금 베일의 유령이 다시 나타나 재스민(jasmine) 향이 가득한 산꼭대기로 인도한 후에 사라졌다. 그는 그곳에서 밝은 달빛에 반짝이는 아이보리 색의 꽃과 붉은 열매가 맺힌 나무들을 볼 수 있었다. 그는 꽃과 열매를 마구 따 자신의 추종자들에게 먹였다.

기아에 허덕이던 추종자들은 꽃과 열매를 먹고 난 후 아프던 사람들이 나았을 뿐 아니라 힘이 생기고 정상으로 돌아오게 되었으며 이들 모두는 죽은 스승에 감사했다. 이러한 일이 발생하는 동안 모카에도 유령이 나타나 치명적인 질병이 돌게 했다. 이들의 소문을 들어 알고 있던 주민과 지도자들은 이들을 모카에 불러들였으며 꽃과 열매로 질병을 치료했고 모두가 그를 진정한 신의 사람으로 생각게 되었다. 이러한 전설은 아마도 1258년에 생긴 것으로 추정되는데, 이는 이때 이미 모카 및 그 인근 지역에 커피나무가 자생하고 있었음을 의미한다.

2. 커피의 어원과 예멘(Yemen)으로의 전파

1) 커피의 어원

　커피의 어원에 대해서는 여러 상이한 설들이 많다. 커피의 원산지인 에티오피아 쉬오뎃 사원의 이맘은 홍해 건너 기독교인들이 사는 지역에서 유래되었을 것으로 추정했다. 커피나무의 이름인 카파(Kappa) 또는 커피나무가 자생하던 지역명인 카화(Kaffa)도 일설이다. 또는 열매를 끓여 달인 즙이 자극과 활기가 넘친다는 뜻인 '가와(k'hawah)'에서 유래했을 수도 있다. 커피 열매를 처음으로 이용했던 에티오피아의 한 여인의 이름에서 기원했다는 주장도 있다.

　예멘에 전파되면서 가와(Kahwa, Gawa, Qahwa)로 불렸는데 이는 식물에서 나는 포도주라는 뜻을 가지고 있다. 또한 쿠와(Quwwa), 즉 힘 또는 강함이라는 뜻으로 기운을 돋우는 코와의 효과를 연상시키므로 커피의 어원으로 여겨지기도 한다. 아랍인들에 의해 시작된 커피는 터키 사람들에 의해 열광적으로 환영을 받았으며 오늘날 우리가 사용하는 커피는 터키어로 '카페(Kahve)'에서 기원하는 것으로 추정된다. 영국에서는 커피를 아라비아 와인(Arabian wine)으로 부르고 있었으나 1650년경 블런트 경이 커피(coffee)라 부른 것이 영어의 커피이다. 현재 각 언어별로 커피에 대한 명칭이 카페와 모두 유사한 발음을 하고 있는데 불어에서는 Cafe, 독일어 Kaffe, 스페인어 Kape, 이탈리아어 Caffe, 그리스어 카페 Kafe, 네덜란드 Koffie, 러시아 kophe, 체코슬로바키아 Kava, 일본어 고히 등은 모두가 위와 유사한 발음이다.

2) 예멘으로의 전파

　많은 사람들이 커피가 아라비아의 서남단에 위치하고 있는 예멘

(로마시대의 명칭은 아라비아 펠릭스, Arabia Felix)에서 기원하는 것으로 생각하고 있다. 이곳에서 커피나무가 처음으로 재배되었고 초기 유럽의 커피가 예멘의 모카 항으로부터 공급되었기 때문이다. 현재도 모든 커피의 원조인 최상급 커피를 제공하는 커피나무(커피아 아라비카, Coffeea arabica)는 에티오피아 중부 고원의 산악지대가 원산지로서 850년에 발견된 것으로 추정되고 있다. 현재도 야생의 커피나무들이 열대우림의 고산지대의 그늘에서 자생하고 있다.

커피나무가 에티오피아에서 예멘으로 전파된 것은 1000~1100년으로 추종되며 전파 경로는 확실하지 않다. 에티오피아에서 예멘의 모카까지의 거리가 홍해의 좁은 수로를 건너기만 하면 되었던 것도 원인일 수 있다. 또한 기원전 800년부터 양 지역 사이에서 행해지던 무역의 결과일 수도 있다. 서기 525년, 에티오피아가 아라비아 반도의 남부를 약 50년간 지배했는데 이 기간 동안 커피나무가 이식(移植)되었다는 것이 정설이다. 아마도 더 오래전부터 재배되었는데 이는 오늘날 우리가 마시는 커피를 만들기 위한 것보다는 일종의 약품을 만들기 위했던 것으로 짐작된다.

에티오피아의 갈라 부족(Galla Tribe)은 1000년 이전부터 커피 열매를 갈아 동물의 지방과 같이 섞은 후 둥글게 만들어 주로 전사(戰士)와 먼 곳을 여행하는 사람들의 힘과 영양을 보충하기 위해 사용했다. 아라비아로 전파된 초기에도 의약용으로 사용되었으나 수피(Sufi)의 승려들이 명상과 종교적 목적으로 음료로 마시기 시작했을 것이다. 커피가 대중화되면서 메카의 성지순례를 통해 아랍권으로 급속하게 전파되었고 커피하우스가 아랍권의 여러 도시에 생겼다. 커피하우스에서 커피를 경험한 외국인들에 의해 16세기부터는 커피와 아울러 커피나무 자체도 아랍권 이외의 국가들에 급속하게 전파되었다.

커피나무가 급속하게 전파되고 전파된 곳에서 정착할 수 있었던 것은 커피나무의 생물학적 특성도 작용했다. 많은 식물체들이 동일종이라도 열매를 맺기 위해서는 동일종의 다른 개체의 수 꽃가루에 의해 수분이 되어야 하는 타가수분(自家受粉, cross-fertilization)임에 비해 커피아 아라비카는 자가수분(自家受粉, self fertilization)을 하는 식물체이다. 타가수분 식물체에 비해 자가수분 식물에서는 돌연변이(突然變異, mutation)의 확률이 적다. 이는 아라비카가 상이한 지역에서 재배되어도 이의 독특한 특성을 갖는 이유이다. 그러나 재배 지역의 고도, 토양, 습도 및 기후에 따라 다소 특성이 상이하기는 하나 고유의 특성에는 큰 변화가 없다.

3. 커피와 수피(Sufi)

커피의 전설에서도 수피 종파의 대종사가 등장하는 것으로 보아 커피의 보급 및 대중화에 이들의 관련성이 큰 것으로 사료된다. 이슬람 역사에서도 다른 종교에서와 마찬가지로 세속적이며 이기주의 발전에 대한 저항 또는 정화 운동으로 한 종파, 즉 수피가 태동하게 되었는데 이들은 신비주의(神秘主義, sufiffism, sufism) 또는 금욕주의를 신봉했다. 11세기까지는 일반 신자들의 인기와 국가권력을 등에 업은 수니와 시아의 양파가 수피를 인정하지 않았으나 11세기 말 수피의 신비주의 운동이 확산되고 추종자들이 증가하면서 이들 양대 종파도 수피를 포용했다. 수피 교도들은 자신의 물질적 욕구를 벗어나 영혼을 정화시키려는 노력 가운데 신의 영원한 미와 선을 찾을 수 있다는 것이 이들의 신념이었다.

수피 종파의 신비주의 및 금욕주의가 더욱더 체계화되고 있던 15세기까지는 이슬람이 유럽에서 점령지를 계속 넓혀갔으나 15세기 말에는 스페인을 기독교 국가에 다시 돌려줄 수밖에 없었으며 아울러 동부에서는 부패한 이집트의 왕가가 오스만 트루크(Osman Turks)의 위협 하에 있었다. 더욱더 동방으로부터 각종 향신료 및 후춧가루를 낙타 등에 실어와 홍해 연안의 항구들에서 유럽의 상선에 파는 중계무역을 통해 많은 이익과 부를 축적했다. 그러나 포르투갈이 인도 항로를 개척함에 따라 모든 영화가 사막의 신기루 같이 사라졌다. 아라비아 반도에는 경제적·사회적 불안의 그림자가 드리우게 되었으며 많은 사람들은 경제, 문제와 아울러 심적 불안을 이슬람의 다른 종파에서 찾고자 했다.

이러한 사회적·정치적인 요인들은 수피 세력의 확대와 발전에 기여하게 되었다. 수피에서는 신으로부터의 어떤 보상이나 징벌보다는 오직 신에 가까워지는 길은 신의 뜻에 자신의 뜻을 굴종시키는 데 전념하다 보면 부와 가난에는 무관하게 된다는 것이 신념이었다. 많은 농민, 노동자와 학생들이 수피 교의를 따르고 성직자들을 믿게 되었다. 수피주의는 특히 농민과 문맹자들에게 노래와 춤 등 법석을 떠는 의식을 종교적 의식으로 채택한 것도 세력 확장의 요인으로 작용했다. 노래와 춤은 혼자보다는 무리를 지어서 밤새도록 진행되었다. 이러한 의식을 행하는 데 있어 이들에게 암페타민(amphethamine) 등과 같은 중추신경 자극제가 필요했다.

수피의 대종사들은 깨달음의 길을 찾고, 그들의 정신이 승천하여 신의 마음에 가깝게 되기 위해 명상을 하며 비록 우주의 대정신과 합일되어도 신으로부터의 축복받지 못한 상태를 한탄하곤 했다. 이들은 정신이 승천한 상태를 오래 유지하고 신의 마음에 접근하기 위해서는 잠을 쫓을 수 있는 건강이 가장 문제였다. 나트(gnat)로 불리는 식물의 잎을 씹으면 잠을 쫓을 수 있었다. 나트는 현재도 예멘에서 자생하는 식물로, 잎을 딴 후 48시간이 경과하면 효력이 없다. 이들 잎을 씹는 것은 아울러 금식(禁食)에도 위배되어 잎을 달여 마셔보았으나 잠을 쫓는 효력은 거의 없었다.

이들은 잠을 쫓을 수 있는 약초 및 여러 식물들을 시도해보았으나 코란(Koran)에서는 먹고 마셔야 할 것과 먹고 마시지 말 것을 엄격하게 구분하고 있어 어려움을 겪었으며, 포도주와 알코올은 더욱더 말할 필요도 없는 금기 음료였다. 여러 종류의 환각제 등이 있었으나 명상과 상기 의식에서 이들이 깨어 있을 수 있게 할 수는 없었다. 비록 순한 대마초와 같은 환각제(幻覺劑, hallucinogens)도 코란에서 엄격하게 사용을 금지하고 있었다.

한 대종사가 하루는 주방에서 이상한 냄새가 나 주방에 가보았더니 하녀가 무슨 씨를 열심히 볶고 있었다. 아직 볶지 않은 몇 개의 씨가 바로 며칠 전 그의 친구가 피로회복에 좋다며 준 씨였다. 또한 친구는 오랜 처방에 따라 갈아서 반죽 상태로 만들어 빵에 발라 먹으라고 알려주기도 했다. 그러나 하녀는 이를 카다몬(cardamoms)과 코리앤더(coriander)와 같은 향신료로 알고 일반 향신료와 같이 볶은 후 갈아서 음식에 뿌릴 수 있도록 만들어놓았다. 피로회복 성분이 아마도 갈아놓은 가루에도 남아 있을 것으로 생각한 대종사는 이를 주전자에 넣어 끓였다.

이를 마셔본 대종사는 자신이 마셔본 음료 가운데 최악의 음료이며, 오염이 된 샘물이라도 이와 같은 맛은 나지 않는다고 생각하게 되었다. 방으로 돌아온 그는 젊었을 때 부두에 쌓아놓은 향이 나는 화물과 상선들로 법석이던 항구가 마치 폐항(廢港)과 같이 한적한 것을 내려다볼 수 있었다. 갑자기 그에게서 변화가 일어남을 느낌과 아울러 먼 곳을 잘 볼 수 있었으며 자신의 생각들이 명확해짐을 느꼈다. 아울러 그의 폐 속에 있는 공기가 산꼭대기의 맑은 공기와 같이 깨끗해지는 듯한 느낌을 갖게 되었다. 또한 마치 혈관들이 모두 열리고 참다운 호흡을 하고 있다는 생각이 들게 되었다.

마음이 육체에서 생동함을 느끼고 각성이 되며 생기가 일어남을 느꼈다. 갑자기 모든 것이 바뀌는 느낌과 아울러 이러한 것이 그가 마신 것에 기인함을 알게 되었다. 그는 즉시 그 씨를 준 친구를 찾아가 그 씨가 어디에서 왔으며 그 효능을 어떻게 알게 되었는지를 물었다. 친구는 얼마 전 그의 조상의 고향인 홍해를 건너 에티오피아에서 여행하던 중 병에 걸리게 되었다. 비록 열은 내렸어도 수주일 동안 아파 누워 있을 수밖에 없었다고 했다. 아디스아바바(Addis Ababa)에서 병을 간호하던 한 여인이 자신이 탄생한 남부지역에서 수백 년 전부터 사용하는 치료제를 소개하며 원하면 갖다 주겠다고 했다. 얼마 후 그녀는 고향에서 한 사발의 빨간색이 나는 반죽을 가져와 빵에 발라 먹은 후 곧 회복이 되었고 생기도 돌아왔다고 했다.

모카로 돌아온 대선사는 그의 의사에게 이 약품의 효력과 그녀가 준 열매를 보여주었더니 금방 알아보고 모카의 인근 야산에서 그 열매의 나무가 자생하며 혈액에 에너지를 갖게 하는 중요한 약품이라 했다. 대종사는 친구를 불러 모카 인근의 고산지대에서 자생하는 커피나무를 보여주고 확인했다. 대종사는 이들 관목을 보자마자 무서운 질병에서 모카를 구원한 수백 년 전부터 전해오는 커피의 전설을 떠올렸다. 아마도 커피는 수피의 종교적인 명상 및 의식을 통해 더욱더 아랍 세계에서 급속하게 전파 및 보급되었을 것으로 사료된다.

4. 커피와 커피나무의 재배

1453년, 아랍에서 오스만 트루크(현 터키)로 커피가 처음으로 전파되었다. 역사적인 기록에 의하면 터키인들이 처음으로 생두를 볶고

(roast), 분쇄한 후 끓여 마시게 되었는데 오늘날 우리가 마시는 커피의 첫 형태이다. 터키인들이 처음으로 커피를 음료로 간주했으며 커피에 정향(丁香), 계피, 카다몬 등의 향료를 첨가하여 마시기도 하여 향커피(flavored coffee)를 처음으로 시작했다. 커피가 급속하게 보급되어 1475년에는 콘스탄티노플(현 이스탄불)에 키바 한(Kiva Han)이라는 커피 상점이 개점되었으며 남편이 아내에게 매일 일정량의 커피를 공급하지 못하면 아내가 남편에게 이혼을 요구할 수 있도록 법제화되기까지 보편화되었다.

커피를 마시는 트루크인; 필리프 실베스트르 뒤프르의 저서에 실린 삽화.

터키의 커피하우스(석판화, 1855)

기독교 사회를 정복해가는 오스만제국의 성장은 계속되어 1460년경에는 세르비아와 보스니아를 정복했고, 1517년에는 시리아와 메소포타미아, 헤자즈 그리고 이집트가 정복되었다. 서방은 칼리프 세력권의 본령이었던 스페인을 잃었으며 서방 유럽에 그 어느 때보다도 큰 위협이 되었다. 마침내 1675년 오스만 트루크의 군대가 비엔나를 포위하여 공격하고 있었다. 리벤베르크 시장과 무장한 시민 세력이 가까스로 방어하고 있었으나 이질이 창궐하여 사기는 저하되었고 오직 지원군의 도착만을 기다리고 있었다.

게오르크 콜쉬츠키(Georg Kolshitsky)는 궁지에 몰린 빈 시민들에게 지원군이 올 때까지 빈을 사수할 용기를 주었으며 아울러 중부 유럽에 최초로 커피를 보급한 사람이다. 그는 폴란드인으로 당시 빈에 체류 중이었으며 오랫동안 트루크의 통역사로 활동하면서 한때는 트루크에 살기도 했다. 그와 시종인 미하일로비치는 트루크 복장으로 위장하고 적진을 통과하여 폴란드의 소비에스키(Sobiesky) 왕에게 구원을 요청하는 서한을 전했다. 아마도 그가 트루크어와 트루크의 풍습을 몰랐다면 적진을 통과할 수 없었을 것이다. 9월, 독일과 폴란드의 연합군이 빈 인근에 도착했으며 20만에 달하는 트루크와의 전쟁에서 승리했다. 이는 기독교 군대가 이슬람의 유럽으로의 세력 확장을 중지시킨 계기가 되었다.

황급하게 퇴각한 트루크 군대가 남기고 간 노획물은 2만5천 채의 텐트, 20만 두의 소와 낙타, 노새, 10만 마리의 양, 15만 포대에 달하는 곡식, 낙타의 사료로 생각했던 검은 빛깔의 잘 말린 알갱이 5백 포대였다. 검은 알갱이의 용도를 알 수 없어 일부를 태우던 중 냄새를 맡고 찾아온 콜쉬츠키가 자신에게 줄 것을 요구하였는데, 그는 자신의 공적에 대한 보상으로 쉽게 얻을 수 있었다. 오래전부터 아라비아와 터키를 여행하면서 커피와 커피하우스를 접해본 사람들이 있었으나 이들 모두가 커피에 대한 언급은 많이 하지 않아 대부분 커피를 모르고 있었다. 그러나 콜쉬츠키는 경험을 통해 그 가치를 알고 있었다.

빈을 포위하고 공격 중이던 오스만 트루크 군대

아랍인들은 커피나무 및 씨를 마치 특급 군사비밀과 같이 취급하여 해외 반출을 엄격하게 규제했으며 오직 가공된 원두의 형태나 액상 상태로만 해외 반출을 허용했다. 이러한 엄격한 규제에도 역시 허점은 있었다. 인도인으로 모슬렘 교도인 바바 부단(Baba Budan)은 1650년에 성지를 순례하던 중 아라비아로부터 7개의 커피 씨를 인도로 밀반출하는 데 성공했으며 그의 집이 있는 남부 인도의 칙마글러(Chickmaglur) 인근에 심었다. 1928년까지도 상업적으로 재배되었으나 현재는 없어진 것으로 알려졌다.

커피 재배의 상업적인 잠재력을 인식한 프랑스, 네덜란드 및 포르투갈은 그들의 국가에서도 재배하고자 노력했으나 기후, 즉 서리 때문에 모두가 성공하지 못했다. 네덜란드인들은 아마도 인도의 부다 농원에서 얻은 씨를 실론(Ceylon, 현 스리랑카) 그리고 그 후에는 자바(Java)에 심었으며 18세기 초반에는 대대적으로 상업적인 생산을 할 수 있었다. 그 당시 커피는 귀족이나 부자만이 마실 수 있는 기호품으로 등장했으며 예멘의 주 항구인 모카와 자바로부터 조달되었다.

커피나무의 꽃, 열매, 씨 및 생두

    1714년 네덜란드 암스테르담의 시장이 프랑스의 루이 14세에게 커피나무 한 그루를 증정했는데 이 커피나무는 지구를 한 번 도는 긴 여행의 원조였다. 1616년, 네덜란드 상인인 부뢰케가 모카 항에서 묘목을 밀반출하여 암스테르담으로 가져와 온실에서 재배했다. 이 나무의 가지 하나가 자바로 옮겨져 재배되었는데 그 후손이 다시 네덜란드에 돌아왔고 이 중 한 나무가 루이 14에게 증정되었다. 루이 14세는 광신적인 커피 애호가였으며 증정 받은 나무를 키우기 위해 유럽 최초로 대단위 온실을 지었다. 온실에서 꽃이 핌과 아울러 열매가 열렸다.

    루이 14세의 온실에서 재배된 바로 이 아라비카가 중남미에 전파되어 수십억 그루의 아라비카 나무가 되었다. 프랑스 해군의 연대장인 드클리외(Gabriel Mathieu Desclieux)는 카리브 해에 있는 프랑스 식민지인 마르티니크(Martinique)로 가져가 재배를 원했으나 루이 14세로부터 허락을 받을 수 없었다. 결국 그는 바바 부다가 했던 것과 같이 커피나무의 가지(한 나무 전체를 훔쳤다고도 전해지기도 함)를 훔쳐 대서양을 횡단했다. 항해 도중에 커피나무 가지를 보호하는 일이 훔치는 일보다도 더 힘들었다. 프랑스의 커피 산업을 방해하려는 네덜란드인 첩자가 이 가지를 없애버리려 시도했다는 기록도 있다. 또한 해적선의 노략질과 태풍에 의해 거의 파선될 위기 가운데서도 그는 오로지 이 커피나무 가지를 보호하는 데 모든 정성을 다했다. 식수가 부족하여 배급되는 상태에서도 그는 자신보다 이 커피 가지가 죽지 않도록 물을 주었다고 한다.

많은 역경 끝에 마르티니크에 심은 이 한 가지가 50년 후에는 18,600,000주로 증가했고 이들은 다시 주변의 아이티, 멕시코 그리고 다른 캐리비안 섬들에 전파되었다. 드클리외는 1774년 80세로 죽기 전에 생루이 기사단의 기사로 봉해졌고 〈란네 리 테레르(L'annee litteraire)〉지는 그를 기념하는 긴 시를 싣기도 했다 프랑스 정부는 가지를 인도양에 있는 부르봉(당시 이름은 Island of Reunion)에 보내 재배하게 했다. 바로 이 부르봉에서 우발적인 돌연변이와 육종을 위한 노력의 결과 아라비카의 변종인 부르봉이 처음으로 출현했는데, 생육양상이 아라비카와는 다소 상이하고 생두의 크기도 작다.

유명한 브라질의 산투스(Santos) 그리고 멕시코의 옥사카(Oaxaca) 커피는 바로 이 부르봉이 원조인데 에티오피아에서 모카, 모카에서 자바, 자바에서 네덜란드의 온실, 네덜란드의 온실에서 프랑스 파리, 파리로부터 부르봉 섬 그리고 지구의 반을 돌아 브라질과 멕시코에 정착하였다. 이 부르봉에 기원한 변종들에 의한 양질의 커피가 현재 라틴 아메리카에서 생산되고 있다. 1893년에는 브라질로부터 부르봉의 씨가 원산지인 에티오피아에서 수백 마일밖에 떨어져 있지 않은 탄자니아에서 재배되었는데, 에티오피아에서 기원한 커피나무가 세계 일주를 하는 데는 600년이 걸렸다.

1727년 포르투갈의 지배하에 있던 브라질은 커피의 묘목이나 씨를 구하려고 혈안이 되어 있었다. 당시 기아나에서는 프랑스와 네덜란드가 국경선 문제로 분쟁이 있었다. 브라질의 팔레타(Francisco de Melo Palheta)가 분쟁의 조정자로서 기아나에 가게 되었는데 그의 본연의 임무는 커피나무를 밀반출하는 데 있었다. 분쟁 조정 기간 중 프랑스 총독의 부인과 밀애를 하게 되었으며 분쟁의 조정과 아울러 기아나를 떠나게 되었다. 총독의 부인이 그에게 작별인사와 함께 준 꽃다발 속에는 브라질로 가져가 심기에 충분한 커피 씨가 숨겨져 있었으며 이 씨가 오늘날의 브라질의 커피산업을 일으켰다.

5. 커피의 변천사

이슬람의 커피와 기독교의 와인은 인류 역사의 견인차 역할을 했다. 이슬람 커피가 기독교 문화권과 전 세계에 보급되기까지 순탄키만 한 것은 아니었다. 한때는 종교적·정치적·경제적·문화적 및 의학상의 이유에서 박해를 받기도 했다. 그러나 이슬람 커피의 마력은 알라신의 가호가 있어서인지 이를 극복하고 세계적인 음료가 되었다. 《커피의 역사》의 저자인 야콥(Heinrich Eduard Jacob)은 커피가 유럽문명과 아랍문명의 가교 역할을 했고 근대문명의 동력이 되었다고까지 했다. 커피가 와인의 주산지인 기독교 국가에 보급되면서 커피는 서구 제국주의의 흥망을 좌우하기도 했다. 17세기에는 네덜란드, 18세기에는 프랑스, 그 이후에는 영국이 커피무역을 장악했다. 커피를 재배할 수 있는 식민지의 확보와 커피의 중계권은 당시 국가적 분쟁의 요인이 되기도 했다.

1) 커피의 수난

오늘날과 같은 커피가 되기까지 커피와 커피하우스는 정치 및 건강상의 문제로 많은 박해를 받기도 했다. 1511년 메카의 총독이었던 베그(Khair Beg)는 모스크의 열주(列柱) 밑에 앉아서 커피를 마시는 사람들이 토론을 통해 통치에 반기를 들 것을 우려했다. 베그는 커피를 금지시켰으나 그의 상관인 이집트의 술탄(Sultan)은 그 자신이 이미 커피 애호가여서 커피는 신성한 것이라 하여 금지령을 철회하게 했다. 1532년 카이로에서도 정치적인 이유로 커피가 일시 금지되기도 했다.

1600년 이탈리아 상인들이 베니스에 커피를 들여온 후 주로 상류층에서 인기를 끌었다. 기독교계에서는 커피를 모슬렘이 만들어 낸 지옥과 같은 음료 또는 영혼을 위태롭게 하는 마귀로 취급하여 교황 클레멘트(Clement) 8세에게 커피의 금지를 청원했다. 하지만 커피의 맛에 감탄한 교황은 "이 사탄의 음료가 너무나도 맛있어 이교도(異敎徒)들만 마시게 하기에는 너무나 아깝다. 우리는 커피를 세례(洗禮)시켜 사탄을 속일 것이다"라고 했으며 기독교인들도 마시기에 적합한 음료로 선포했다.

영국에서 커피하우스의 급속한 성장과 자유분방한 분위기에 대항하여 청교도, 주부, 주류제조업자 및 판매업자들이 커피에 대항하는 일종의 동맹을 맺었으나 커피의 열풍을 잠재울 수는 없었다. 1674년 분노를 참지 못한 일부 주부들이 탄원서를 유포하기도 했다. 1675년, 영국의 왕 찰스(Charles) 2세는 남자들이 커피하우스에 모여 사업과 정치적인 토론으로 가정을 돌보지 않으며 자신을 배척하는 근원지로 간주하여 커피하우스 폐쇄령을 공표했으나 대중들의 반발에 의해 11일 후에 폐지되었다. 1700년, 런던에만 커피하우스가 무려 2,000여 개나 되었음은 커피가 얼마나 빠르게 전파되었는지를 나타낸다. 1775년, 프러시아의 프레더릭 대제(Frederick the Great)는 커피의 수입이 국가적인 부의 유출이라 하여 수입을 금지하려 했으나 심한 반발에 의해 철회되었다.

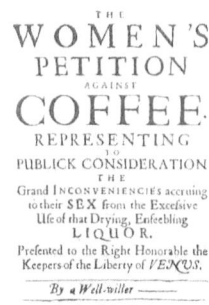

여성들이 낸 탄원서   여성들의 탄원서를 반박하는 남성들의 탄원서

커피가 정치적인 이유로 탄압을 받았으나 오히려 이 때문에 더욱 더 번성한 예도 있다. 영국의 식민지였던 미국에서도 커피하우스가 계속적으로 증가하고 있었으나 주로 마시는 음료는 영국과 마찬가지로 홍차였다. 1773년 영국의 조지(George) 왕이 재정 확충을 위해 홍차에 세금을 높게 부과한 일명 보스턴 차사건(Boston Tea Party)은 홍차를 배격함과 함께 많은 사람들에게 홍차에서 오늘날 미국의 대표적인 음료가 된 커피로 바꾸게 했다.

커피가 출현한 이후 건강에 미치는 해악에 대한 논쟁은 현재도 계속되고 있으며 이러한 건강상의 이유로 박해를 받기도 했다. 커피가 영국에 처음으로 소개되었을 때도 커피는 의약품으로 취급되었다. 베이컨(Francis Bacon, 1561~1626)과 하비(William Harvey, 1578~1657)의 제자였던 럼지(Edward Rumsey) 같은 사람은 커피가 술주정꾼의 치료제라 했다. 일부 의사들은 커피를 만병통치약으로 취급하여 아침 공복에 커피를 마시면 폐결핵, 괴혈병 및 천연두까지 치료된다고 권장하기도 했다. 영국에서는 당시에 만연한 폭음의 관행을 물리치기 위해서는 사회적 대체 음료의 출현이 절실히 요망되었을 때 커피가 출현했다.

오스만제국이 커피를 즐기는 동안 맥주는 북유럽, 특히 독일의 함부르크를 중심으로 하여 네덜란드와 유틀란트 반도, 스웨덴 그리고 러시아로 세력을 넓혀 나가고 있었다. 1400년대 1,200명을 대상으로 함부르크인의 직업조사에 의하면 460명이 주조 업자였으며, 100명 이상이 맥주 판매업에 종사하고 있었던 것으로 보아 맥주가 얼마나 번성했던가를 추측할 수 있다. 맥주는 많은 사람들에게 비만을 초래하게 했으나 1400년에서 1700년까지는 비만이 건강의 상징으로 여겨지기도 했다.

당시 사회적인 지도자들인 마틴 루터, 헨델, 바흐, 구스타브 아돌푸스, 헨리 8세, 한스 작센 그리고 덴마크의 크리스티안 4세의 그림들을 보면 이들의 비만 정도를 쉽게 이해할 수 있다. 이러한 상황에서 비엔나, 라트스본 등지에서 보급된 커피가 북부 독일에는 감히 입성할 수 없었으며 아울러 독일인들은 외국의 음료를 비독일적인 음료로 간주했다. 중부 유럽에서는 커피가 서부 유럽보다 훨씬 느린 속도로 전파되었다. 고지대인 독일에서는 영국과 프랑스에서 일반화되고 나서 8년 후에 상류층 여성들을 중심으로 파급되었다.

18세기 초 이슬람의 커피가 그 맛과 향을 높이 평가받아 드디어 입성에 완전히 성공했다. 많은 사람들이 커피를 마음껏 마셔보고 싶어 했으나 커피를 사치품으로 규정하여 세금을 과도하게 부과하는 바람에 이들을 더욱더 목마르게 했다. 상혼은 이러한 사회적 분위기를 놓치지 않고 가짜 커피, 즉 치커리차가 등장하게 되었다. 치커리(chicory, Cichorium intybus)는 유럽이 원산지인 국화과의 다년생 식물로서 채소 또는 샐러드로 먹는다. 다육질의 긴 뿌리를 볶아 가루로 만든 차로서 쓴맛 이외에 각성효과는 전혀 없다. 커피의 맛과 향이 높이 평가받아 많은 독일인들이 음용을 원했으나 커피에서 생성되는 각성효과와 불면효과를 일면 두려워했고 아울러 경제적인 이유로 치커리차 사업은 일시적이나마 번성하게 되었다.

1634년 마르세유에 처음으로 커피가 소개된 이래 1660년에는 이집트로부터 커피가 대량 수입되었으나 모두가 약국으로 옮겨졌다. 당시 커피는 밤새도록 깨어 있게 할 수도 있는 물질로, 음료가 아니라 약물이라는 것이 일반화된 생각이었다. 최초의 커피하우스는 주로 선원들을 위한 것이었으나 주민들도 즐기게 되었다. 마르세유의 커피하우스의 수가 늘어남에 따라 사업에 위협을 느낀 포도 경작자들과 와인 판매업자들이 커피에 반기를 들었다. 그 당시의 커피는 의사의 처방을 받고 약국에서만 살 수 있었는데 커피하우스에서 판매됨에 따라 의사들도 포도 경작자와 와인 판매업자들의 주장에 동조함으로써 커피의 전파에 타격을 입었으며 특히 지식인들에게 미친 영향도 컸다.

듀포(Sylvestre Dufour)와 같은 의사는 현재의 커피 성분분석과 거의 흡사한 성분분석 결과를 1685년에 발표했다. 그는 커피가 두통이나 여성의 생리불순을 완화시키고, 이뇨와 심장박동을 촉진하며, 기도(氣道)와 성대를 강화시키고 열을 내리게 함을 실험을 통해 입증했다. 또한 특히 신경이 강한 사람들에게는 커피가 불안과 근심을 경감시켜 오히려 편안하게 잠들게 함을 확인하기도 했다.

이러한 실험 결과에도 불구하고 커피가 음료가 아니라 약이라는 관념을 몰아내지는 못했다. 커피에 대한 논쟁은 파리 시민들에게 커피가 보급될 때까지 계속 지식인들의 논쟁 사항이었으며 마르세유 시민들은 계속 커피를 의약품으로만 간주했다. 스웨덴에서는 커피가 사치품이며 독성이 있는 물질이라 하여 18세기에 몇 차례나 금지되었으나 오래가지는 못했다. 1853년부터는 모두가 편안하게 마실 수 있게 되었으며 오늘날에는 연간 일인당 생두 소비량이 8.55kg으서 핀란드 다음가는 커피 애호국이 되었다.

영국과 패권 다툼을 벌이고 있던 나폴레옹은 대륙 봉쇄를 통해 영국을 고립시키기 원했다. 그는 외국으로부터 수입되는 모든 물품을 자국에서 생산하도록 했다. 1808년 툴루즈 시의 상무부는 포상 제도를 통해 품질을 떨어뜨리지 않으면서 설탕과 커피 등의 대체 식료품 개발을 권장했다. 사탕수수가 사탕무의 대체 작물로 개발되기는 했으나 커피를 대체할 수 있는 작물은 없었다. 나폴레옹은 당시 독일에서 유행하고 있던 치커리차를 커피의 대용물로 선포하여 이는 러시아 진격에서 패배한 1812년까지 지속되었다. 나폴레옹의 대륙봉쇄 기간 중에도 밀수에 의한 커피의 유입은 계속되어 오히려 밀수업자들의 배만 부르게 했다.

1763년, 독일의 프리드리히 대왕은 7년간의 전쟁 결과로 생긴 재정파탄을 담배와 커피에 많은 세금을 부과하여 극복하고자 전매청을 신설했으며 200여 개의 직책에 프랑스인들을 고용했다. 그러나 함부르크와 라이프치히에 이어 베를린에서도 커피 음용이 확산되기 시작했다. 과대한 세금과 수요의 증가에 따른 밀수를 방지하기 위해 수입 생두 모두를 국왕이 세운 공장에서만 볶을 수 있게 했다. 이러한 제반 조치는 실효를 거두지 못했으며 1787년 프리드리히 빌헬름 2세가 왕좌에 앉자마자 커피에 대한 세금을 대폭 완화함과 아울러 프리드리히 대왕의 칙령인 "사기 성향과 욕망을 제거하기 위해 국가가 운영하는 커피 볶는 장소에서 커피를 볶아야 한다"는 것도 폐지되었다.

2) 커피하우스

아랍인들은 가정에서도 커피를 마시나 현재와 같이 여러 사람이 모여 함께 마시는 관습은 1,000년 전의 관습과 동일하다. 1,000년 전에는 커피만이 유일한 음료였으나 현재는 홍차와 커피 중 선택권이 있다는 것이 차이점이다. 과거 영국의 영향을 받은 아랍 국가들에서는 홍차가 커피보다 더 선호되는 경향이 있었으며, 마시는 커피도 600년 전 터키인들이 하던 것과 동일한 방법으로 만들어 마시고 있다. 모여 마시는 곳은 실내 또는 실외로 장소에는 문제가 없었다.

커피를 마시는 동안 음악 연주와 연극뿐 아니라 놀이도 하는 일종의 문화 활동의 중심이 되었다. 한편 그날의 소식과 토론은 정치의 중심이 되기도 했으며 많은 정보와 지식을 얻을 수 있어 '현인의 학교(school of the wise)'라 불리기도 했다. 16세기 초부터 유럽에 보급된 커피는 17세기에 유럽 각국에서 커피하우스의 형태로 발전했으며 정치, 경제, 문화에 많은 영향을 미쳤으며 아울러 중심이 되기도 했다.

모슬렘의 커피하우스는 유럽에서도 같은 형태로 받아들였다. 커피하우스는 상류사회의 사교장, 지식인들의 모임 장소, 동일 전문 분야 사람들의 정보교환 장소로 구분되기도 했으나 일반적으로 여러 부류의 사람들이 모이는 장소가 되었으며 전 유럽 도시들에 빠른 속도로 전파되었다.

(1) 영국

1650년대를 전후하여 찰스 1세와 국회 사이의 오랜 싸움과 유혈사태로 지친 영국 사람들은 술로 모든 문제를 해결하고자 했다. 셰익스피어의 "근육을 쇠고기로 채우고 알코올로 호흡하는 사람들 사이에서 살았다"는 말과 한 극작가의 등장인물에서도 이들 주정뱅이들이 럼주와 진, 브랜디 속에서 죽지 않고 살아 있는 게 이상할 정도로 묘사되어 있는 것으로 보아 음주가 얼마나 만연되어 있었는지를 알 수 있다. 이러한 사회상은 술을 대신할 수 있는 각성제의 대두가 절실하게 요망되었다.

영국에서도 처음에는 커피가 음료로서가 아니라 약제로서 도입되었으며 처방에 의해서만 마실 수 있었다. 그러나 의사들은 커피가 알코올중독을 치료할 수 있는 음료라고 선언했다. 아울러 에드워드 포코케, 슬로언 및 래드클리프와 같은 의사들은 아침에 일어나 공복에 커피를 마시면 폐결핵, 안염, 수종, 통풍, 괴혈병 및 천연두까지 낫게 한다고 주장함으로써 커피와 커피하우스의 입성을 무난하게 만들었다.

1650년 레바논계 유대인인 야곱이 옥스퍼드에 영국 최초의 커피하우스를 개점했으며, 같은 해에 런던 최초의 커피하우스인 파스쿠아 로제(Pasqua Rosee)가 개점하였다. 당시 커피하우스에는 이들이 만든 토큰(token)을 입장료로 내야 했다. 커피하우스의 수는 급격하게 늘어 1652년에는 커피하우스를 일명 '페니대학(Penny Universities)'이라고도 했다. 이는 커피하우스의 입장료와 커피 한 잔 값인 1페니(Penny, 당시 화폐의 단위)를 지급했기 때문이며, 이러한 값을 치르고 대학의 강의실에서보다 더 많은 것을 커피하우스에서 배울 수 있다는 뜻에서이다. 이들은 커피하우스에서 신문을 읽거나 강의를 들을 수 있었으며, 토론에도 참가할 수 있었다.

커피하우스의 입장료로 사용되었던 토큰

초창기에는 여성의 출입은 금지되었다. 너무나 많은 사람들이 커피하우스에 모여들어 좋은 자리 확보와 보다 빠르게 커피를 마시기 위해서는 1페니 이외에 1페니를 더 통에 던져 넣어야 했다. 즉, '빠른 서비스를 확실하게 하기 위하여(To insure prompt service)'의 두문자가 오늘날 사용하고 있는 팁(tip)이다. 1654년에는 첫 커피하우스가 이탈리아에서도 개점되었다.

1668년 런던에 에드워드 로이드(Edward Lloyds)라는 커피하우스가 문을 열었다. 주인인 로이드는 해운(海運)에 관한 신뢰할 수 있는 정보를 제공하여 선박 소유주, 선장 및 해운 관련 사람들이 많이 모여들었다. 그가 죽은 1713년까지는 커피하우스에 지나지 않았으나 이 커피하우스를 중심으로 런던의 로이드(Lloyds of London)보험회사가 설립되었으며 1734년에는 우정국과 협약을 맺어 운항 중인 선박의 운항 상황에 대한 자료를 발간하기 시작했고 나폴레옹과의 전쟁 기간 중에는 성금을 모으는 애국적인 활동도 했다.

1880년대 후반 들어 본격적인 해운보험 업무가 시작되었으며 19세기 초에는 세계적인 해운보험사로 성장했다. 1906년 샌프란시스코 대지진과 관련된 보험 업무로 미국 및 전 세계에 알려지게 되었다. 해양 관련 업무 이외에도 그라블(Betty Grable)의 다리, 브루스 스프링스텐(Bruce Springsteen)의 목소리, 포도주 감정가의 미뢰(味蕾) 및 위스키 감정가의 코 등에 대한 보험 업무로 더욱 많이 알려지게 되었으나, 1912년 4월 16일 타이타닉호의 침몰로 어려움을 겪기도 했다.

로이드 커피하우스의 정문   로이드 커피하우스의 잡지실

1689년 런던 최초의 극장 커피하우스에는 드라이든, 콩그리브, 스위프트, 애디슨, 포프, 스틸, 존 필립스, 아버스넛, 피프스 등과 같은 당대 대문호들이 날카로운 논리를 전개한 곳이기도 하다. 예루살렘(Jerusalem) 커피하우스에서는 동인도회사의 회의가 열리기도 했고

이곳은 나중에 증권거래소로 발전하였으나 19세기 중반에 발틱거래소(Baltic Exchange)에 흡수되었다. 조나단 커피하우스(Jonathan's Coffee House)는 추후 현 런던증권거래소(London Stock Exchange)로 발전되었다. 17세기 들어 코벤트 가든 주위의 커피하우스들에는 하원의원, 법관, 의사 및 부유한 상인들과 토리당원들 같은 귀족 정치인 및 추종자들이 모이는 정치적인 회합장소로의 역할도 있었다. 이들 모두는 이슬람의 커피를 통해 통찰력과 맑은 정신을 얻기도 했다.

런던의 군인들이 많이 드나들던 커피하우스

1730년 이전까지만 해도 런던은 전 세계 어느 도시보다 커피를 많이 마셨으며 커피하우스가 번성하였다. 이슬람의 커피가 전 유럽을 점령하며 전 세계로 전파되고 있었으나 영국에서는 커피의 카페인보다 차의 카페인을 찾기 시작했다. 이는 아마도 경제적인 이유에서였을 것이다. 영국은 커피를 재배할 수 있는 식민지가 없었으며 아울러 레반트 무역을 독점하지 못했고 인도 정복과 차의 재배와 공급이 직접적인 원인이었다.

《커피의 역사》의 저자인 야콥은 자신의 저서에서 "커피가 영국의 국가적인 음료로 정착하지 못한 것은 국민성"이라고 설명하고 있다. 즉, 커피가 영국인들의 감수성과 날카로움을 높여주기는 했으나 장기적으로는 영국인의 특성에 맞지 않는 이방 음료였다는 것이다. 커피는 "한 사람의 집은 그의 성이다"라고 여기는 영국인들의 가족 고립주의와는 배치되는 음료였기 때문이라 해석하고 있다.

야콥은 차와 커피에 들어 있는 카페인이 중추신경계와 혈관에 미치는 영향은 동일하나 지적인 부분에 미치는 영향이 확연히 다르다고 했다. 그는 일본 작가인 오카쿠의 저서에 나오는 내용을 인용하여 "차는 온후함, 정중함, 상냥함이 음료를 마시는 이의 몸에 침투하고, 네 번째 잔에 이르면 알맞은 땀이 흐르기 시작하면서 인생의 모든 사악함과 부정함이 피부 모공을 통해 방출된다. 다섯 째 잔에서는 정호가 완성 단계에 이르며, 여섯째 잔은 속세를 초월한 경지로 이끌며, 일곱 째 잔에서는 먼 땅에서 불어온 바람을 소매 속으로 부른다"며 잘 구분이 된다고 했다.

(2) 비엔나

1675년, 콜쉬츠키는 비엔나를 오스만 트루크의 공격으로부터 구해낸 보상으로 받은 커피와 터키에서의 경험을 이용하여 비엔나에 중부 유럽 최초의 커피하우스를 개점했다. 성직자, 의사, 상인 및 예술가들에게 커피에 대한 소문은 나 있었으나 커피가 트루크의 음료라는 이유로 아무도 시음하지 않았다. 또한 끓인 후 여과하지 않고 그대로 내놓은 오늘날의 터키식 커피(Turkish Coffee)인 것도 한 원인이었다. 그는 상업적인 재능을 발휘하여 끓인 후 여과하여 오늘날 우리가 마시는 커피의 창시자라고도 할 수 있다. 여과된 커피에 잘 숙성된 꿀을 넣고 우유를 넣어 검은색을 희석시키고 아울러 맛을 약하게 한 것이 그가 사업에 번성한 원인이었다. 그는 또한 초승달 모양의 빵인 크루아

상과 시럽을 채운 동그란 도넛, 즉 크라푼을 커피와 곁들여 낸 것이 오늘날 비엔나커피의 초석이 되었다.

비엔나의 커피하우스(1840)

콜쉬츠키는 아울러 커피를 직접 소매할 수 있는 커피점까지 갖게 되었다. 1700년대에는 비엔나에 5개에 불과하던 커피하우스가 1804년에는 89개, 1814년에는 150개 그리고 1900년 중반에는 600개로 증가했다. 영국에서와 마찬가지로 초기에는 남자들만이 커피하우스에 출입할 수 있었으나 1870년에는 가족 전체가 커피하우스에 가곤 했다. 또한 여성 전용실이 생기기도 했다. 기타 유럽 대륙에서도 1670년에 두 번째로 이탈리아에 이어 암스테르담에 호프(Hopp) 커피하우스가 개점되었는데 이는 현존하는 가장 오래된 커피하우스다. 1686년에는 리스본에도 커피하우스가 개점되었다.

새로운 오스트리아-헝가리 통일 제국에서는 공식적인 업무는 관청에서 이루어졌지만 기타 모든 업무는 커피하우스에서 이뤄질 정도로 번성했다. 비엔나식 아침이라고 하면 콜쉬츠키가 창안한 초승달 모양의 크루아상과 커피라는 뜻으로 통용되었으며 사이가 좋지 않은 독일인, 헝가리인, 슬라브인들까지도 비엔나식으로 커피를 만들고 마시는 데는 의견이 일치했다. 비엔나인들은 적어도 하루에 세 번 이상 커피하우스에 갔는데 아침에는 식사와 신문을 읽기 위함이고, 점심식사 후에는 커피를 마시기 위함이요, 저녁 방문은 커피와 아울러 사회적 친교와 대화를 위함이었다. 런던의 커피하우스와 마찬가지로 커피하우스별로 전문 분야의 사람들이 모여 상거래, 예술 및 정치활동의 중심지였다.

비엔나에서 커피하우스가 번창하게 된 데에는 커피 이외에도 거의 모든 커피하우스에는 당구대가 있어 당구를 할 수 있었으며 독일어, 이탈리아어, 프랑스어 및 영어로 된 신문과 주간지가 갖추어진 도서실로서의 역할도 있었기 때문이다. 프랑스의 커피하우스에는 도서실 역할이 전혀 없는 것과는 매우 대조적이다. 당시의 커피하우스의 인테리어는 매우 단순하고 소박했으나 나폴레옹의 패배 후 영토 확장과 부(富)는 커피하우스를 호화롭게 하게도 했다. 1820년 실버 커피하우스의 주인인 이그나츠 노이너는 은으로 장식한 식기와 테이블, 모자와 코트걸이도 은으로 만들었다. 세 개의 방이 있었는데 당구와 체스를 할 수 있는 곳과 하나는 여성 전용이었다.

(3) 파리

루이 14세 당시 오스만제국의 대사였던 슐라이만 제독은 커피 전파에 다소 기여했다. 그의 관저를 방문하곤 하던 공작 및 후작 부인들에게 커피를 대접하고 그 기원에 대해 설명했다. 그러나 이미 일부 귀족사회에는 보급이 되었으나 파리에서는 구입을 할 수 없어 마르세유에 사람을 보내어 직접 사와야 했다. 매우 고가여서 부자중의 부자들만이 즐기는 음료였다. 대중들은 부유층의 커피가 부조리의 극치로 묘사한 한 풍자극 때문에 커피에 대한 인식이 좋지 못했다. 1676년 마담 세비느가 커피를 마시던 그녀의 딸에게 보낸 글 중에서 커피를 중단하라는 의사의 권고로 보아 커피를 음료보다는 약물로 다루고 있었음을 알 수 있다.

1672년 파스칼이 생제르맹 시장에 최초의 프렌치 커피하우스를 열었다. 이는 커피하우스라기보다는 일종의 전시장이었다. 그는 박람회 기간 중 콘스탄티노플의 커피하우스를 그대로 모방한 '메종 드 카오바'를 차려 인기가 높았다. 당시 고가이던 커피 값을 중간상인을 배제하고 직접 레반트에서 커피를 수입하여 와인 값과 비슷한 수준으로 내린 데도 인기의 원인이 있었다. 박람회 후 가게를 케델에콜로 옮기자마자 파산해버렸다. 인기는 박람회 기간 중 단지 호기심에 의한 일시적인 것이었으며, 커피의 공급이 원활하지 못한 것과 가격을 인하하기 위해 도토리 등과 같은 이물질을 섞은 것도 원인이었다.

말리반이 루 페로에 차린 조그마한 커피하우스를 인수한 그레고르는 1689년 코메디 프랑세즈(Comedie Francaise) 근처의 루 마자랭으로 옮겨 번창하여 최초의 극장카페가 되었다. 1690년경에는 집집마다 커피를 팔러 다니는 행상이 나타나기도 했는데 골목마다 퍼지는 커피의 향도 커피의 대중화에 기여했다고 하겠다. 18세기의 시작은 파리 시민들에게 새로운 자유의 변화가 일기 시작했다. 이에 맞추어 1702년에 근대적인 대규모의 정통 커피하우스인 카페 프로코프(Cafe de Procope)가 등상했다.

창설자인 프로코프 디 콜텔(쿠토, 메이트 디스틸라트르로 이름을 여러 번 바꿈)은 지중해의 항구도시인 팔레모르 출신으로 빈 시민과 파리지엔보다 훨씬 이전에 커피를 접하고 즐겼다. 그는 한때 파스칼의 커피하우스에서 급사가 된 것도 이러한 이유에서이다. 레모네이드 장사 등을 통해 부를 축적한 그는 1702년 코메디 프랑세즈 극장 맞은편에 널찍한 건물을 사 18세기 모든 파리지엔 커피하우스의 원형이 된 카페 프로코프를 개점했다. 그는 고객들을 안락하게 할 수 있는 모든 것을 형식에 구애되지 않고 갖추어놓았다. 커피 외에도 초콜릿, 알코올음료, 얼음, 셔벗 등을 커피와 아울러 제공했다. 나중에 여기에서 카페의 특성만 별도로 분리되었다.

카페 프로코프는 가정 중심의 사회생활을 커피하우스로 옮겨가게 했으며, 계속 파급되어 1720년에는 파리의 커피하우스가 무려 380개 이상으로 증가하게 되었다. 각양각색의 사람들이 커피하우스에 모여들었다. 당시 팸플릿에 의하면 지방의 유지, 성직자, 요염한 여자, 전사, 법조인, 작가, 공무원, 술꾼, 도박꾼, 식객, 사랑과 돈을 쫓는 사람, 돈 많은 젊은이, 황혼의 연인들, 허풍쟁이, 문인, 문학 애호가들로 거의 모든 계층의 사람들이었다.

그러나 영국에서와 마찬가지로 전문 분야별로 모이는 커피하우스가 상이했다. 배우들은 카페 앙글레(Cafe Anglais), 문인들은 카페 부레트(Cafe Bourette), 오페라 가수나 오페라 애호가들은 카페 데자르(Cafe des Arts), 음악가 및 음악 동호인들은 카페 알렉산드르(Cafe Alexandre), 군 장교들은 카페 데자르 데스파뉴(Cafe des Armes d'Espagne)에 모였다. 카페 데자부글(Cafe des Aveugles)에서는 오케스트라가 음악을 연주하기도 했다. 매춘부들이 많이 모여서 매춘부를 쉽게 고를 수 있는 카페도 있었다.

늦은 아침 겸 점심으로 유명한 카페, 미식가와 감식가들이 자주 찾던 카페, 커피와 함께 아이스크림이 전문인 카페 등도 있었다. 카페 프로코프와 함께 카페 라프네스(Cafe Parness철자 확인)에는 시인들이 즐겨 찾는 카페였다. 평화롭고 정적인 분위기로 유명했던 카페 델라레장스(Cafe de la Regence)에는 생푸아(Saint-Foix), 루소, 마르몽텔(Marmontel), 르사주(Le Sage), 그림(Friedrich Melchoir Grimm) 등과 같은 명사들이 드나들었던 곳이다.

비록 많은 사람들이 커피하우스에 출입했으나 귀족과 성직자들이 대부분으로 제3계급인 2,400만 명의 평민들에 비해 불과 10만 명에 불과했다. 루이 14세의 사치와 이어지는 플라드르 전쟁, 네덜란드 전쟁, 아우크스부르크 동맹전쟁, 에스파냐 계승전쟁은 국가재정의 파탄을 초래했다. 루이 16세에 이르러 과중한 세금은 국민들의 생활을 어렵게 했고 파산한 도시들은 도탄에 빠졌다. 이는 커피하우스가 바로 혁명의 산실이 되게 했는데 역사학자인 미슐레는 "뷔퐁, 디드로, 루소가 마시는 강한 산토도밍고 커피는 뜨거운 영혼을 두 배나 달구었다. 카페 프로코프에 매일 모여들던 선각자들이 커피를 마시며 꿰뚫는 듯한 시선으로 혁명의 꿈을 키웠다"고 묘사하며 혁명의 산실임을 나타냈다.

치안당국은 커피하우스에서의 혁명운동의 위험성을 알고 있었으나 커피하우스를 폐쇄할 수 있는 명분과 여건이 마땅하지 않았으며 더욱더 폐쇄에 따른 재정 수입의 중단을 더욱 우려했다. 1789년 7월 12일, 카미유 데물랭이 카페 포이의 옥외 테이블에 올라가 군중들을 바스티유로 향하게 함으로써 절대군주의 종말을 고했다. 대중들이 밤새도록 데모를 하는 데는 역시 커피 자체의 힘도 크다고 하겠다.

(4) 독일

독일에 커피 보급이 늦어진 것은 아마도 님의 관습을 따라하는 것을 좋아하지 않는 국민성에도 있다고 하겠다. 프랑스에서와 마찬가지로 커피의 발원지는 역시 왕궁과 상류사회였다. 외부세계와의 교류가 활발했던 지역에서는 당국의 금지령에 대한 반항심과 상류층의 생활을 모방하려는 욕구도 이슬람의 와인이 맥주의 왕국에 그 영역을 넓힐 수 있었던 원인이기도 하다. 17세기 후반과 18세기 초반, 독일에는 외국인들이 자유롭게 방문할 수 있는 곳은 함부르크와 라이프치히 두 도시밖에 없었다.

17세기 말부터 독일의 생활필수품들이 영국 및 외국으로부터 함부르크를 통해 수입되었다. 1690년, 함부르크에 있던 커피하우스는 외국인과 주로 영국 상인과 선원들의 장소이지 함부르크 시민을 위한 곳은 아니었다. 라이프치히는 박람회의 도시로서 커피하우스와 외국인의 자유로운 방문이 언제나 허용되었다. 라이프치히에는 무려 8곳의 커피하우스가 있었으며 카페바움(Kaffebum)과 리히터(Richter)가 대표적인 커피하우스였다. 전자는 학생들이 주 고객이었음에 비해 후자는 러시아인, 프랑스인, 폴란드인 등의 외국인도 적지 않았다. 1732에 바흐(Jonh Sebastian Bach)가 〈커피 칸타타(Coffee Cantata)〉를 작곡하여 공연한 곳도 라이프치히(Leipzig)에 있는 한 커피하우스였다. 바흐의 〈커피 칸타타〉에서 커피 중독자가 된 딸 리스헨(Lieschen)이 등장하는 것으로 보아 독일의 다른 지방에서도 커피를 원하는 대로 마실 수 있었던 것으로 생각하기 쉬우나 이는 불가능한 일이었다. 1787년 프리드리히 빌헬름 2세가 왕좌에 앉으면서 커피에 대한 세금 완화 칙령에 의해 커피가 급속히 확산되었다.

(5) 미국

1607년 제임스타운에 버지니아(Virginia)를 세운 스미스(John Smith) 선장이 처음으로 커피를 북미 대륙에 보급한 것으로 알려지고 있으나 일부 캐나다 학자들은 커피가 그 이전에 캐나다에 보급되었다고 주장하고 있다. 1668년에는 뉴요커들이 아침 식사 때 맥주 대신 커피를 마시게 되었다는 기록으로 보아 매우 급속하게 보급된 것으로 추정된다. 1689년 보스턴에 런던커피하우스가 개점되면서 미국의 여러 도시에서도 개점되었다. 미국의 커피하우스에서는 음식을 팔고, 방을 빌려주며, 맥주와 포도주도 팔았기 때문에 주점 및 여관의 복합 형태였다. 그러나 유럽의 커피하우스에서와 같은 대화, 토론 및 정치적인 논쟁이 커피하우스에서 일상적인 일이었다. 특히 18세기 보스턴 그린 드라곤(Boston's Green Dragon) 커피하우스는 영국의 군인, 혁명가, 애국지사 및 음모자들이 모두 모였던 곳으로 유명하다. 다니엘 웹스터(Daniel Webster)는 이를 미국독립의 본부라고 하기도 했다.

뉴욕의 머천트(Merchants)와 톤틴(Tontine)은 명성이 있는 커피하우스였다. 머천트 커피하우스에는 주로 상인과 무역업자들이 많이 모여들었으며, 1784년 현 뉴욕은행(Bank of New York) 설립의 모체가 되었고, 아울러 1790년에는 주식 거간들이 주식을 거래하기도 했다. 1789년에 첫 취임한 조지 워싱턴 대통령을 영접한 곳이기도 하다. 톤틴 커피하우스는 전자에 비해 더 넓고 호화스러웠으며 이곳에서 현 뉴욕증권거래소가 태동하였다. 알텐버그(Peter Altenberg)는 커피하우스에 대한 모든 것을 자신의 시에 나타냈는데 다음과 같다.

근심 걱정과 문제가 있을 때는 커피하우스에 가라!
어떤 이유로 그녀가 약속을 지키지 못했다면 — 커피하우스!
신발이 찢어졌거나 못쓰게 되었다면 — 커피하우스!
수입이 사백 크라운인데 지출이 오백 크라운이라면 — 커피하우스!
야망은 직업적인 명예를 추구하나 그렇지 못한 경우 — 커피하우스!
적합한 배우자를 찾지 못하고 있을 때는 — 커피하우스!
자살하고 싶은 충동이 있을 때는 — 커피하우스!
인간을 증오하고 멸시하는 이들 인간이 없을 때, 오히려 더 행복하지 못할 때는
— 커피하우스!
당신이 쓴 시가 길거리에서 만난 사람을 감명시키지 못할 때는 — 커피하우스!
방안의 석탄통이 비고 가스가 다 떨어졌다면 — 커피하우스!
방을 잠그고 나간 후 다시 방문을 열 수 있는 돈이 없다면 — 커피하우스!
숨고 싶다면 커피하우스에 숨어라!

새 옷을 자랑하고 싶다면 — 커피하우스!

어느 곳에서도 신뢰를 느끼지 못할 때는 — 커피하우스!

(6) 한국

　고종 이전에도 선교사들과 더불어 커피가 들어왔을 것으로 추정되나 1896년 아관파천 시의 기록이 최초의 기록이다. 친러세력과 러시아 공사가 공모하여 고종과 당시 황세자인 순종이 함께 정동의 러시아 공사관에 머무는 동안 커피를 마신 것으로 알려져 있다. 당시 세도를 부리던 역관 김홍륙의 세도가 땅에 떨어지자 원한을 품었던 세력이 1898년 하수인인 공호익을 시켜 고종과 세자가 마시는 커피에 독을 넣게 한 사건으로 보아 러시아 공사관에서 덕수궁으로 환궁한 후에도 커피를 계속 즐기었던 것으로 추정된다.

　당시 한성에 주재한 독일 공사 부인의 언니인 손탁이 고종으로부터 하사 받은 정동에 있는 한 한옥을 호텔로 만들고 식당을 운영하였는데 이 식당에서 최초로 커피를 판매하기 시작하였는데 이는 아마도 우리나라 최초의 커피점이라고도 할 수 있다. 서민들의 접근 불가와 높은 가격 때문에 커피의 보급과 대중화에는 기여치 못하였다. 『날개』의 작가인 이상이 1920년 "제비다방"을 개점하여 커피를 판매하였는데 이는 일반인도 커피를 마실 수 있는 우리나라 최초의 커피하우스라고도 할 수 있겠다. 1930년대에는 일본의 한 아카다마 지점이 최초로 충무로에 다방을 개점하였고 또 일본 명치제과의 지점인 "명과" 다방이 충무로에 생기게 되었다. 외국의 커피하우스에서와 같이 다방 별로 문학, 음악, 미술, 경제 및 정치 분야 사람들의 모임의 장소가 되기도 하였다.

　1950년 한국전 발발과 동시에 미국 피엑스(PX)를 통해 인스턴트 커피가 급속하게 보급되었다. 현재도 우리가 커피라고 하면 많은 사람들이 인스턴트 커피를 커피의 본래 모습으로 알고 있게 한 계기가 되었으나 일부 한정된 계층에서만 단종커피를 여전히 애용하였다. 1960년대 중반까지도 인스턴트 커피와 국산차를 주로 한 다방이 지하실이나 건물의 2층 등에 무수하게 많았는데 이는 커피의 맛과 향을 즐기는 것보다는 마치 가정의 응접실과 같은 만남의 장소로서의 의미가 더 컸다.

1980년대의 경제성장, 세계화의 물결, 인스턴트 커피에 대한 식상 및 참다운 커피에 대한 여망 등에 의하여 단종커피가 부분적으로 보급이 되었다. 특히 서울 올림픽을 계기로 급속하게 단종커피(單種--, straight coffee)가 서민층에까지 파급되면서 커피전문점이 대두되었다. 2002년 통계에 의하면 비록 다국적 기업에 의해 인스턴트 커피로 가공하여 재수출되기도 하나 생두의 연 수입량이 무려 83,700톤에 달함은 우리의 커피 소비량과 보급 상태를 보여준다고 하겠다.

3) 커피 및 커피하우스의 애호가들

커피하우스는 일종의 사교장, 공연장, 전시장 또는 체스 등과 같은 게임을 하는 곳으로도 애용되었다. 프랑스의 철학자이자 저술가인 루소(Rousseau, 1712~1778)와 매일 30잔 이상의 커피를 마셨다는 볼테르(Voltaire, 1694~1778)는 커피 애호가로서 커피하우스의 단골손님이었다. 1732년에 독일의 음악가인 바흐(Jonh Sebastian Bach)는 〈커피 칸타타〉를 작곡하여 라이프치히(Leipzig)에 있는 어느 커피하우스에서 공연을 했다. 칸타타는 일종의 송시(頌詩)이며 당시 프러시아(Prussia)의 프레더릭(Frederick) 대제는 커피가 여성들의 불임을 초래한다는 생각에서 여성이 커피를 마시는 것을 금지하기 위한 일련의 운동을 반박하는 데 있었다. 칸타타에 나오는 아리아의 일부 내용은 다음과 같다.

슈렌드리안: 너 사악한 아이야, 복종하지 않는 딸아! 아, 커피를 마시지 마라.

리스헨: 아버지, 너무 엄하게 하지 마십시오.

만일 내가 하루에 세 사발의 커피를 마시지 못한다면,

볶은 염소의 고기 조각과 같이 줄어드는 고통을 갖게 될 것입니다.

커피 맛이 얼마나 달콤한가.

천 번의 키스보다도 달콤하며,

무스카트 포도주보다 감미롭다.

커피, 커피 나는 마셔야겠다.

만일 누가 나에게 위협을 하겠다면

그러면 아 나에게 커피를 부어라.

광적인 커피 애호가였던 모차르트(Wolfgang Amadeus Mozart, 1756~1791)는 커피하우스에 오면 한 주전자의 커피를 다 마셨는데 아마도 그의 왕성한 창작욕은 커피에 기인했다고 해도 과언은 아니다. 베토벤(Beethoven, 1770~1827)도 커피 애호가여서 그가 마시는 커피는 원두 50개를 갈아 만들도록 주문하곤 했다. 베르디(Giuseppe Verdi, 1813~1901)는 "커피는 심장과 정신의 향"이라고 극찬하기도 했다.

세상 어떤 음료나 장소도 커피나 커피하우스와 같이 많은 사람들의 사랑을 받거나 문학 및 철학에 큰 영향을 미치지는 못했을 것이다. 영국의 철학자이며 정치가였던 베이컨(Francis Bacon, 1561~1626)은 커피에 대해 "터키에는 커피라 부르는 음료가 있다. 이 음료는 뇌와 심장을 편안하게 하고 소화를 돕는다."라는 말은 남긴 것으로 보아 아마도 커피 애호가였을 것이다. 커피 애호가였던 유명 작가들의 시와 커피에 대한 찬사를 모아보면 다음과 같다.

밀턴(John Milton, 1608~1674)의 시 한 구절은 다음과 같다.

> 한 모금의 커피는
> 떨어진 정신을 꿈의 기쁨을 넘어선
> 환희로 목욕을 시킨다.

알렉산더 포프(Alexander Pope, 1688~1744)는 런던의 버튼스 커피하우스(Button's Coffee House)의 고객이었으며 그의 시 〈레이프 오브 더 록(Rape of the Lock)〉의 시상(詩想)을 이곳에서 얻었다고 하는데 이 중 한 구절은 다음과 같다.

> 커피, 이는 정치가들을 현명하게 하며
> 반쯤 감은 눈으로 모든 것을 알게 한다.

프랑스의 작가였던 발자크(Honore de Balzac, 1799~1850)는 〈현대의 자극제〉란 논문에서 "커피가 위에 들어가면 즉시 위에서 동요가 일어난다. 전쟁터의 대부대의 이동과 전투가 시작되는 것 같이 생각들이 떠오르고 약동한다. 생각이 최고조에 달한다."고 했다. 빅토리아 왕조시대의 바이런 경(Lord George Byron, 1788~1824)은 다음과 같은 시를 남겼다.

> 그리고 순수한 아라비아로부터의 모카 열매
> 결국에는 작은 도자기 잔에 채워지는구나
> 커피 잔의 손잡이는 손을 대지 않게 하는구나.
> 정향, 시나몬, 사프란을 넣어 만든 커피,
> 나는 이러한 커피가 커피를 망치는 것으로 생각한다.

카페 소시에티(Cafe Society)의 단골이었던 고흐(Vincent van Gogh, 1852~1890)는 사람을 미치게 하는 곳이 커피하우스라 했다. 나폴레옹(Bonaparte Napoleon, 1769~1821)은 젊은 시절 자신의 단골이었던 프로코프에서 체스를 하기도 했다. 나폴레옹은 커피 값을 낼 수 없어 자신의 모자를 잡히기도 했으며 "진하고 많은 양의 커피는 나를 깨어나게 한다. 커피는 나에게 따뜻함과 정상 이상의 힘 그리고 즐거운 고통을 준다. 나는 무감각보다는 즐거운 고통을 감수하겠다."라고 말한 것으로 보아 대단한 커피 애호가였을 것이다. 프랑스의 정치가였던 탈레랑(Talleyrand, 1754~1838)은 커피를 다음과 같이 표현하기도 했는데 이는 터키의 속담에서 따온 것으로 사료된다.

악마와 같이 검으며
지옥과 같이 뜨겁고
천사와 같이 순수하며
사랑과 같이 달콤하다.

프러시아의 프레더릭 대제도 대단한 애호가여서 샴페인을 탄 커피를 오전에 7~8잔 그리고 오후에는 한 주전자를 마셨으며 때로는 겨자를 타서 마셨다고도 한다. 프랭클린(Benjamin Franklin, 1706~90)이 파리에 체류할 당시 카페 프로코프를 너무나 사랑하였는데, 그가 1790년에 사망했을 때 조의(弔意)의 표시로 카페 전체를 검은 천으로 덮기까지 했다.

혈액순환과 심장의 기능을 처음으로 규명하고 인체해부학의 창시자인 영국인 의사인 하비(William Harvey, 1578~1657)도 커피 애호가였다. 그는 "이 조그마한 열매는 행복과 지혜의 원천이다."라고까지 했다. 1657년 사망 유언에서 그가 남긴 56파운드의 원두가 다 없어질 때 까지 사망일에 커피를 만들어 마시며 그를 추모하라 했다.

《걸리버 여행기》의 저자인 스위프트(Jonathan Swift, 1667~1745)는 "대영제국의 소리로서 런던커피하우스의 메아리를 망각하는 것은 바보짓"이라고 하며 커피하우스의 중요성을 강조하기도 했다. 영국의 유명한 재상이었던 디스라일리(Isac D'Israeli)는 클럽 출현 이전의 커피하우스의 역사는 바로 사람들의 정신임과 아울러 정치였다고 표현했으며 맥킨토시 경(Sir James Mackintosh)은 마음의 힘은 마시는 커피의 양과 비례한다고도 표현하기도 했다.

20세기 작가인 스타이만(Shawn Steiman)은 〈커피, 커피, 커피〉란 시에서 커피에 대한 열정을 다음과 같이 표현하고 있다.

> 내가 원할 때 나는 그것을 마신다.
> 내가 필요를 느낄 때 나는 그것을 마신다.
> 내가 혼자 있을 때 나는 그것을 마신다.
> 사람들과 함께 있을 때 나는 그것을 마신다.
> 해가 없을 때에도 나는 그것을 마신다.
> 천국이 붕괴되었을 때도 나는 그것을 마신다.
> 어떤 일이 있어도 나는 그것을 마신다.
> 나는 그것이 나와 함께해야 한다
> 그것이 나의 일부분이어야 한다.
> 나는 그것을 가지고 있어야 한다.
> 나는 그것의 일부분이어야 한다.
> 나는 그것을 경험해야 한다.
> 나는 그것을 항상 필요로 한다.
> 그것은 천국이다.
> 그것은 지상이다.

그것은 사랑이다.

그것은 바로 나를 행복하게 해주는 것이다.

그것은 항상 나를 위해 존재한다.

그것은 바로 내 생애 동안 하고자 하는 것이다.

그것은 바로 내게 많은 친구를 갖게 한 것이다.

그것은 바로 내가 찾던 모든 것이다

커피에 관한 기록을 모아보면 다음과 같다.

- 엘리엇(T. S. Eliot) : 저녁, 오후, 오전을 셀 수 있는 것과 마찬가지로 나는 나의 인생을 커피의 스푼으로 세어 왔다.

- 헤밍웨이(Ernest Hemingway) : 《가진 자와 가지지 못한 자》에서 "이른 아침부터 그렇게 엄하게 굴지 마라. 나는 당신이 이미 많은 사람의 목을 자른 것을 알고 있다. 나는 아직까지 마셔야 할 커피를 마시지 않았다."는 구절이 있다.

- 그리피스(Roland Griffiths) : 존스 홉킨스 의과대학의 연구에서 커피가 없는 날은 태양이 없는 날과 같다는 속담이 사실임을 밝혔다. 의사들은 신체적인 또는 심리적적인 문제에도 불구하고 커피

를 오랫동안 마시고 있는 사람들에게서 카페인이 임상적인 증후 군을 일으키는 것을 발견했다. 실험에 참가한 이들에게 커피를 중단시켰더니, 두통과 피로감, 우울증을 느낀다는 것을 발견했다. 이러한 결과를 얻은 그리피스 교수는 "그것(커피)은 지각을 높여 주고 편안하게 하며 때로는 도취상태가 되게 한다."고 했다.

- **과와치(Ichiro Kawachi)** : 하버드 대학이 10년 동안 80,000명의 여성을 대상으로 한 연구에서 하루에 2~3잔의 커피를 마시는 여성들은 커피를 마시지 않은 여성에 비해 자살 충동을 느낀 것이 10년 동안 약 1/3밖에 되지 않았다. 이 조사의 책임자였던 가와치 박사는 "이러한 조사에서 우리가 볼 수 있는 중요한 문제는 커피를 많이 마시는 것이 건강에 나쁘지 않다는 것을 재입증한다."고 주장했다.

- **홀리오크(Van N. Holyoak)** : 카우보이 시인이며 가수인 홀리오크는 자신의 시에서 "우리 선조들이 살던 땅에 춥고 배고픈 카우보이에게 커피 씨로부터 얻은 주스는 신들이 내려준 넥타와 같다."고 했다.

4) 커피와 과학

16~17세기 커피와 커피하우스는 유럽의 과학 발전에도 크게 기여했다. 커피와 차의 수입과 더불어 동방의 과학, 과학 서적 그리고 과학 장비가 아울러 도입되었다. 로마제국이 몰락한 이후 제반 옛 과학, 특히 천문학 및 수학 등은 유일하게 아랍 세계에서만 그 명맥을 유지하여 발전시키고 있었다. 특히 동방으로부터 얻은 천문학에 관한 지식은 현대 천문학의 기본이 되었으며, 현재도 별 및 별자리 등의 명칭은 모두 아랍어에서 기원한 것이 이를 입증한다.

커피하우스들이 보험업자 및 무역업자들의 사무실 겸 회의실로 이용되었으나 아울러 과학을 토론하고 과학을 가르치는 장소로서의 역할도 했다. 현재 영국의 황실협회(The Royal Society)도 옥스퍼드에 있는 한 커피하우스에서 출발하였다. 핼리 혜성(Halley comet)의 발견자로 알려진 핼리(Edmund Halley)와 후크(Robert Hooke)도 조나단 커피하우스에서 자주 만나 토론을 하여 자신들의 이론을 발전시켰다. 최초의 잠수종(潛水鐘, diving bell)으로 알려진 핼리 잠수종(Halley's diving bell)도 커피하우스에서 도출했으며 템스 강에서 실험할 수 있도록 고안되었다.

핼리의 잠수종

17~18세기에는 커피하우스에서 정규적으로 과학에 대한 강의도 있었다. 과학 중에서도 특히 천문학과 수학에 대해 많은 사람들이 흥미를 느꼈으며 뉴턴 경이 서거한 후에는 더 많은 사람들이 뉴턴의 업적에 관한 강좌에 흥미를 나타냈다. 강의자들 중에 퍼거슨(James Ferguson, 1710~1776)은 과학적인 제반 원리를 설명하는 데 있어 자신이 직접 고안하여 만든 장비들을 이용하여 사람들에게 쉽게 이해하게 함과 아울러 입증하기도 했다. 기타 많은 강의자들도 그들이 만든 장비를 동원하여 과학적인 제반 원칙을 입증했으며 강의 후 이들 장비

를 사람들에게 팔기도 했다. 커피하우스에서 인기가 있었던 시범장비 중에는 별자리 투영기(planetarium)도 있었는데 태양계에서 태양을 중심으로 항성들의 움직임을 보여주는 장비였다. 이 투영기는 이를 처음으로 창안한 오를레이의 이름을 따 오를레이 또는 태양계의(太陽系儀, orrery)라고도 한다. 많은 사람들이 마치 유식의 상징으로 여겨 이를 구입하기도 했다.

태양계의

커피하우스에서의 자유분방함에 모두가 동의하지는 않았다. 왕립천문대의 첫 천문학자였던 플램스티드(John Flamsteed)는 커피하우스에 자두 드나드는 후크를 신사답지 못한 행동을 하는 사람으로 간주하여 싫어하기도 했다. 호지슨(James Hodgeson)은 플램스티드의 조수로서 그리니치 왕립천문대(Greenwich Royal Observatory)에서 별의 관찰 자료를 이용하여 항해 자료로 이용하는 일을 하고 있었다. 그러나 그는 커피하우스에서 강의로 받는 수입이 더 많아서 천문대를 사직하고 사회적인 봉사와 여행에 더욱 정진했다.

5) 커피와 국가 경제

커피가 한 국가 경제에 미친 대표적인 예는 브라질이어서 이를 고찰하면 다음과 같다. 브라질은 커피로 유명하여 커피가 브라질에서 유래한 것으로 생각하는 사람들도 있다. 국가가 어느 특정한 한 생산물에만 의존하여 세계의 경제대국으로 군림하는 혜택도 있었으나 아울러 경제적인 어려움과 환경 파괴의 주범이 된 대표적인 나라가 브라질이다. 브라질의 국토는 무려 3백만 평방마일이 넘으며, 남미 대륙의 거의 절반을 차지하는 세계에서 다섯 번째로 큰 국가이다. 남미 대륙의 적도 바로 남단에서 시작되는 브라질은 동서의 거리가 무려 4,600마일이며 서단에서는 안데스 산맥, 북쪽에서는 기아나의 고산지대와 국경을 접하며 남쪽에서는 플라타 분지(Plata Basin)까지이다.

포르투갈은 브라질을 발견하여 식민지로 만들었다. 1560년의 기록에 의하면 예수회의 한 신부는 브라질을 "만일 이 세상에 지상낙원이 있다면 바로 브라질에 있다고 말할 수 있다." 라고 극찬을 하기도 했다. 그러나 포르투갈은 이 지상낙원의 대부분을 파괴하고 말았다. 17~18세기에 걸쳐 소수가 소유한 대재식농원에서 노예들은 비참한 상태에서 사탕수수를 재배했다. 병든 노예를 치료하는 비용이 새 노예를 들여오는 비용보다 저렴했으며 평균 7년간의 노예 생활 후에는 죽는 게 관례였다. 사탕수수 재배는 동북부 대부분의 지역을 건조한 사바나(savanna)로 황폐화시켰다.

1820년에 설탕 값이 떨어지자 자본과 노동력이 커피나무 재배가 시작된 파라이바 계곡(Paraiba Valley) 지역으로 몰려들었다. 파레타가 북부 열대지역인 파라(Para)에 커피 씨를 들여와 재배했으나, 1774년 벨기에의 한 선교사가 들여와 리우데자네이루 인근의 산악지대에 심은 나무가 더 잘 자랐는데 이곳의 기후와 환경조건이 더 적지였기 때문이다. 이 지역은 금 및 다이아몬드 채광이 번성했으나 폐광됨에 따라 금광과 다이아몬드를 항구까지 운송하던 노새와 노예들이 커피 열매 수확에 동원되었다.

1825년 아프리카로부터 수입한 노예가 26,254명이었으나 1828년에는 43,555명으로 늘어난 것이 커피 재배가 얼마나 빠르게 발전했는지를 나타낸다. 당시 브라질의 총 노예 수는 1백만 명이 넘어 브라질 전 인구의 1/3을 점유했다. 노예의 교역을 불법화한 영국의 영향을 받아 브라질도 1831년에 노예의 수입을 불법화했으나 법령으로 시행하는 데는 실패했다. 1845년 20,000명에 달하는 수입 노예 수가 매년 증가하여 1848년에는 무려 60,000명으로 증가했다. 영국 군함들이 해상에서 노예 운반선을 나포하기 시작할 때인 1850년에야 노예 수입 금지 법안을 통과시켰으나 이미 2백만 명에 달하는 노예들의 신분에는 변화가 없었다.

재식농원에서 커피를 수확하는 노예(미란다, 1750~1816년)

　지주들은 노예들을 마치 기계처럼 취급하여 열악한 작업 조건과 환경에서 혹사시켰으며 이들의 자녀들도 노예로 거래했다. 커피 재배로 부호가 된 지주들의 정치력에 의해 브라질은 세계에서 노예제도를 가장 오래 존속시킨 국가이다. 페드로 2세(Pedro Ⅱ)는 태어나는 노예의 자식은 더 이상 노예가 아니라는 법령이 공표되기 30년 전인 1871년에 자신의 노예를 모두 해방시켰다. 커피 재배업자와 이들의 영향 하에 있는 정치가들이 노예해방 법안 폐지에 적극적으로 반대했으며, 한 국회의원은 "브라질은 커피이다. 그리고 커피는 흑인이다."라고까지 했다.

19세기 초반까지의 재배 방식은 마치 화전민이 경작하는 방식이어서 산림에 불을 질렀을 때는 연기에 의해 낮에 해가 보이지 않을 정도의 대규모였다. 영리에 집착한 운영과 무차별적인 산림 벌채(伐採)에 의한 침식 등은 19세기 말 리우데자네이루 지역에서 커피 재배의 종말을 초래했다. 이후 상파울루의 고원지대로 재배 지역을 옮겼는데 이 지역이 지금의 브라질 커피 생산의 중심지가 되었다. 1860년 및 1870대의 국제적인 커피 값의 상승은 재배지역을 더욱더 확대시켰으나 재배한 커피의 수출항까지의 수송 수단의 결여와 인력 부족이 문제로 대두되었다.

미나스제라이스 주에 있는 재식농원의 전경

철도 건설이 요망되어 리우데자네이루 주변과 파라나 계곡(Parana Valley) 그리고 이후 상파울루의 비옥한 고원지대에까지 철도가 개설되었다. 1860년까지 총 철로의 연장은 223km에 불과했으나 1885년에는 총 길이 6,930km의 거리로 급격히 연장되었다. 1867년에 개통된 상파울루 동부 고원지대와 산투스(Santos) 항 사이의 철도는 상파울루 주의 서북지역 및 중앙지역에서 커피 재배가 더욱더 급속하게 늘어나게 한 계기가 되기도 했다. 1874년 페드로 2세는 유럽 시장(市場)과의 상담을 위해 해저전신을 이용하기도 했다. 1875년부터 브라질 항에 입항하는 선박들의 29%가 범선에서 증기선(蒸氣船)으로 바뀌었다.

1850년에는 노예 수입이 금지되면서 재식농원의 노동 인력이 심각하게 되었다. 재배업자들은 유럽으로부터 이민자를 구해 브라질까지의 이주비와 집을 제공했고 아울러 이들이 관리해야 할 나무의 수, 수확 및 가공과 아울러 약간의 토지를 주어 식량을 자급자족할 수 있도록 조치를 취했다. 다소의 선급금도 지급했는데 이는 이들 소작인들이 이주비와 기타 발생한 비용을 상환한다는 조건이었다. 이민자들이 빚을 다 갚기 전까지는 재식농원을 이탈하는 것은 법규상으로도 불법이어서 빚은 계속 늘어갔으며 또 다른 형태의 노예로 전락했다.

1858년에는 스위스와 독일에서 온 이민자들이 반란을 일으키기도 했다. 1884년 정치적 영향력에 의해 브라질 정부가 정부의 재정으로 이민사들의 빚을 청산했다. 그 이후의 이민자들은 빚 없이 이민을 올 수 있었는데 이들을 '콜로노(colono)'라고 불렀다. 이는 특히 가난한 이탈리아인들이 상파울루로 대거 이민을 오게 된 동기가 되었다. 1884년과 1914년 사이에 무려 1백만 명 이상의 유럽 이민자들이 커피 농장에서 일하기 위해 몰려들었다. 이들 중 일부는 자신의 농장을 갖게 되었음에 비해 일부는 실망하여 다시 고국으로 돌아갈 수 있는 여비밖에 벌지 못한 사람들도 있었다. 열악한 작업 및 생활환경 때문에 농장주들은 무장한 경비대를 조직하여 이들의 이탈을 막았다. 농장주들이 원한을 가진 콜로노에 의해 참살을 당하기도 했다.

　농장주들은 자신들을 억압자로 생각하지 않았으며 스스로 개화되고 커피를 수확하여 얻은 이익으로 국가를 산업화·현대화하는 데 기여하고 있다고 자만했다. 콜로노 체계가 노예제도보다 생산성이 높다는 것을 알게 된 농장주들은 노예제도의 완전 폐지를 주장하여 1888년 5월 13일 이전까지도 노예 신분인 75만 명의 노예들을 완전히 해방시켰다. 그러나 불행하게도 해방된 노예들은 해방이 되었어도 달라진 것이 없었다. 이들은 "이 세상의 모든 것이 변하나 흑인의 생활은 변하지 않는다. 흑인은 굶어죽기 위해 일한다. 5월 13일은 흑인을 바보로 만들었다."라고 외치기도 했다. 농장주들은 아프리카에서 온 노예들의 후손들보다 유럽에서 온 이민들이 유전적으로 우수하기 때문에 더욱 선호하게 되었다.

　콜로노 체계 하에서의 커피 생산량은 폭발적으로 증가하여 1890년 5백5십만 포대에서 1901년에는 1천6백3십만 포대로 증가하여 전 세계 커피 생산량의 90%를 점유했다. 노예제도 폐지 후 20년간 커피나무의 수는 두 배가 되었으며 19세기 말에는 상파울루 주에서의 커피나무 수만도 5억 그루가 넘었다. 19세기 후반기 브라질의 경제는 급격하게 신장했으며 국가의 주 재정원이 되었다. 1891년에는 사탕, 면, 담배, 코코아 등을 수출하였으나 커피가 전 수출량의 63%를 점유했다.

　20세기 초반까지도 커피 산업은 계속 성장했으나 1차 세계대전 때 공황 및 계속적인 생산량 증가에 의해 어려움을 겪기도 했다. 커피나무를 심은 후 수확 때까지 4년간 주기적인 커피 값의 등락을 초래했으며 과잉 생산기에는 가격 유지를 위한 정부의 지원을 증가하게 했다. 이러한 정부의 지원정책은 상파울루 지역에서 오히려 커피 재배를 더욱 권장하게 했으며 1930년대 초에는 감당할 수 없는 과잉 생산을 초래했다.

1840~1930년에는 직물, 의복, 식품류, 음료류 및 담배 등과 같은 경공업 분야에 다소의 발전이 있기는 했다. 이러한 발전에는 수입의 증가, 외환 보유고, 경제정책 및 1차 세계대전과 같은 외적 요인도 작용했다. 수송수단의 발달, 발전시설의 확장, 도시화, 기업가들의 의욕 또한 간과할 수 없는 요인이었다. 브라질은 이러한 번성기에 꼭 필요한 사회 및 산업의 구조적인 변환을 게을리 한 것이 경제적인 몰락의 원인이 되었다.

19세기의 경제적 성장은 지역적인 편차를 초래했다. 개발과 성장은 동남부에 편중되었다. 남부지역은 커피와 농산물에 집중되었다. 아마존 분지지역은 잠깐 동안의 경제적 번영이 있었으나 고무 수출이 격감하면서 경제가 몰락하였다. 동북지역은 계속 침체 상태여서 많은 사람들이 겨우 생계유지 수준이었다. 브라질은 전 세계를 커피로 흥청거리게 했으나 커피라는 한 작물에 지나치게 의존한 것은 대부분 브라질 사람들의 생활에 직접적인 영향을 미쳤다. 즉, 자국에서도 충분히 생산할 수 있는 일반 작물도 외국에서 수입해야 했으며 밀가루도 그 대표적인 예이다. 브라질은 현재도 커피의 증산에만 치우쳐 있어 국민이 필요한 모든 식품의 재배를 게을리 한 대가를 치르고 있다.

6. 커피의 세부 변천사

커피의 변천사는 사람에 따라 연대가 상이하기도 하고 확실한 자료에 의해 설정되지 않은 연대 등도 있다. 또한 발생 연대를 설정하는 데 있어 1~2년의 차이가 있는 것도 많다. 그러나 이 책을 쓴 목적은 학술적인 것이 아니기 때문에 수집 가능한 모든 자료에서 연대별로 그 변천사를 간략하게 기술하면 다음과 같다.

850년 | 처음 커피 열매가 발견된 것으로 기록됨.

1000년 이전 | 에티오피아의 갈라 부족이 커피나무의 열매를 갈아 동물의 지방과 같이 섞은 후 둥글게 만들어 주로 전사(戰士)와 먼 곳을 여행 중인 사람들이 힘과 영양을 보충하기 위해 먹음.

1000~1100년 | 예멘의 상인들이 에티오피아에서 커피나무를 가져와 처음으로 예멘에서 재배를 시작했음; 열매를 끓여 음료로 마시기 시작했는데 '잠을 쫓는다' 는 의미의 음료로 '가와(gahwa)' 라고 불렀다.

1453년 | 오스만 튀르크에 의해 처음으로 커피가 콘스탄티노플에 보급됨.

1475년 | 처음으로 콘스탄티노플에 커피 상점인 카바 한(Kiva Han)이 개점됨; 터키에서는 남편이 아내에게 매일 일정량의 커피를 마련하지 않으면 아내가 남편과 이혼할 수 있도록 법제화했음.

1511년 | 메카의 부패한 통치자인 카일 베그는 커피와 커피하우스가 주민들에게 그의 통치를 반대하게 할 것이라는 우려 때문에 커피를 금지했으나 이집트의 술탄은 커피는 신성한 것이라 하여 금지령을 철회시킴.

1544년 | 터키의 콘스탄티노플에 두 곳의 커피하우스가 생김.

1587년 | 디르(Sheikh Abd-al-Kadir)는 "커피의 공허한 우월성을 음미하지 못하는 사람은 커피의 참다움을 이해하지 못할 것이다." 라고 함.

1600년 | 이탈리아의 상인들이 베니스 항으로 커피를 들여와 유럽에 처음으로 보급시킴. 주로 상류층에서 인기를 끌게 됨; 교황 클레멘트 8세는 커피가 이교도인 오스만제국의 음료이기 때문에 커피를 허용하지 않아야 한다는 주장에도 불구하고 신도들도 마실 수 있는 음료로 허용함.

1607년 | 제임스타운에 버지니아(Virginia)를 세운 스미스(John Smith) 선장은 북미 대륙에 처음으로 커피를 보급함; 일부 캐나다의 역사가들은 커피가 1607년 이전에 캐나다에 들어와 이미 보급되었다고 주장하고 있음.

1609년 | 영국의 동인도회사가 커피 수입을 위해 예멘 항과 계약 체결.

1615년 | 터키에서 선적된 커피가 최초로 이탈리아의 베니스 항에 하역됨.

1616년 | 네덜란드 상인인 브뢰케가 모카에서 커피 묘목을 밀반출하여 암스테르담으로 가져가 식물원에서 재배에 성공. 네덜란드령 아시아 커피 농원과 프랑스령 서인도제도로 전파.

1645년 | 최초의 유럽 커피하우스가 이탈리아에서 개점함.

1650년 | 인도의 이슬람교도인 바바 부단이 메카 순례 기간 중 커피 씨 7개를 밀반출하여 인도 남부의 칙마갈루(Chikmagalur) 인근의 언덕에 심었다. 이 종이 지역 품종이 된 올드 (Old Chikck)이다; 레바논계 유대인 야곱이 옥스퍼드에 영국 최초의 커피하우스 개점.

1652년 | 영국에서 첫 커피하우스가 생긴 이후 급격하게 수가 늘어났으며 커피하우스를 페니대학이라 했다. 이는 커피하우스의 입장료와 한 잔의 커피 값으로 1페니를 받았으며 대학의 강의실에서보다 더 많은 것을 배울 수 있다는 뜻에서이다. 모든 계층의 사람들이 모여 토론하는 장소가 되었으나 당시 여성의 출입은 금지됨.

1654년 | 첫 커피하우스가 이탈리아에서 개점됨.

1656년	오스만제국의 비지르 대제(Grand Vizir)는 커피와 커피하우스를 터키에서 금지시켰으며 위반자는 가죽 부대에 넣어 보스포루스(Bosphorus)의 찬물에 담그는 것이었으나 그러나 이러한 금지는 오래가지 못했다.
1658년	네덜란드인들이 실론(현재의 스리랑카)에서 커피를 재배하기 시작함.
1660년	19,000퀸통에 달하는 이집트산 모카커피가 마르세유 항에 하역됨.
1665년	마호메트 6세의 대사인 카라 마호메트가 빈에 커피 풍습을 전함.
1668년	뉴욕 시민들이 아침 식사에서 맥주 대신 커피를 마시게 됨; 영국의 런던에 에드워드 로이드 커피하우스가 개점이 되었는데 일반 상인과 선박 관련 업자들이 주로 모이게 됨; 현재 세계적으로 잘 알려진 런던-로이드 보험회사가 여기에서 기원했음.
1669년	터키 대사가 프랑스의 루이 14세에게 커피의 마력에 대해 설명함으로써 커피가 더욱 확산됨.
1670년	유럽에 현존하는 가장 오래된 카페인 호프(Hopp)가 암스테르담에서 개점.
1671년	베를린에 첫 커피하우스가 개점됨.
1672년	아르메니아 상인인 파스칼이 파리의 생제르맹 시장에 최초의 커피하우스를 개점했으나 정식 커피하우스라기보다는 일종의 견본 시장과 같은 형태였음.
1673년	단츠라는 네덜란드인이 독일 브레멘에 커피 상점을 개점; 런던에는 무려 3,000개의 커피하우스가 생겼다.
1674년	런던의 주부들과 청교도들이 커피의 금지령 선포를 청원했으나 받아들여지지 않음.
1675년	오스만 트루크가 비엔나를 포위하여 공격하던 중 한때 터키에도 살았던 비엔나 시민인 콜쉬츠키가 포위망을 빠져나가 응원군을 청하여 터키군을 물리침. 퇴각하는 터키군이 남기고 간 물품 중 '건조된 검은 음식물'을 콜쉬츠키가 커피임을 알고 자신의 공적에 대한 보상으로 이를 받아 중앙 유럽에서 첫 커피하우스를 개점함. 그가 처음으로 커피 가루를 여과하여 설탕과 우유를 넣어 마시는 방법을 개발했음; 영국의 왕인 찰스 2세는 커피하우스의 폐쇄령을 공표했으나 대중들의 반발에 의해 11일 후 폐지됨.
1683년	이딜리아 베네치아의 신미그로 광장에 커피하우스가 개점됨.
1685년	아르메니아인 인 디오아토가 빈에 카페를 개점함; 듀포(Phiolippe Sylvestre Dufour)가 커피에 대한 저서를 출판함.
1687년	콜쉬츠키가 비엔나에 커피점을 개점함.
1689년	미국 최초의 커피하우스인 '런던커피하우스'가 보스턴에서 개점됨.
1690년	네덜란드 선원이 모카 항으로부터 커피나무 가지를 최초로 밀반출하여 동인도 식민지인 실론(Ceylon)에서 상업적으로 재배하기 시작했음; 비엔나 공격에 실패한 오스만 트루크의 수상이었던 카라 무스타파의 실책에 대한 비난이 콘스탄티노플의 커피하우스에서 비등하자 커피하우스를 일시적으로 폐지시킴.
1696년	네덜란드가 자바에서 커피를 재배하기 시작함.
1700년	런던에만 2,000개의 커피하우스가 생김.
1702년	파리의 커피하우스인 '프로코프' 개점; 리스본에 커피하우스가 개점됨.

1710년 | 프랑스에서 면(綿)으로 된 필터와 드리핑 기술이 개발됨.
1714년 | 네덜란드의 암스테르담 시장이 프랑스의 황제 루이 14세에게 커피나무를 증정함. 궁중에서 커피에 설탕을 섞어 마신 것으로 추정됨.
1715년 | 프랑스가 부르봉(Bourbon) 섬에서 커피를 재배하기 시작; 예수회 수사가 아이(Haiti) 섬에서 커피 재배 시작.
1716년 | 장 드 로크의 《행복한 아라비아로의 여행》 출간.
1719년 | 네덜란드령인 수리남에서 밀반출한 커피 묘목을 프랑스령 기아나에 이식.
1720년 | 카페 '플로리안' 이 베네치아에서 개점.
1721년 | 베를린 최초의 커피하우스가 개점됨.
1723년 | 프랑스의 한 해군장교인 드클리외가 1714년 암스테르담 시장이 루이 14세에 기증한 커피나무에서 한 가지(나무 전체로 기재된 자료도 있음)를 밀반출하여 카리브 해에 있는 마르티니크(Martinique)로 가져가 재배하게 됨; 프랑스의 식민지였던 부르봉 섬에서 커피나무를 매우 소중하게 여겨 커피나무를 죽게 하는 자는 사형에 처하도록 공포했다.
1726년 | 부르봉에서 재배한 커피를 프랑스로 가져오기 시작함.
1727년 | 기아나로부터 브라질로 커피나무의 전파.
1728년 | 자메이카의 총독이며 장원의 주인이었던 로스(Sir Nicholas Lawes) 경이 처음으로 자메이카에 커피나무를 도입; 1800~1840년 자메이카는 연간 70,000톤을 생산하여 세계 최대의 생산자가 되기도 함.
1732년 | 바흐가 〈커피 칸타타〉를 작곡함.
1736년 | 프랑스령 서인도제도에서 새로운 품종의 커피 출현.
1750년 | 카페 그레코(Cafe Greco)가 로마에서 개점됨; 예수회 선교사가 과테말라에서 커피나무를 재배함.
1763년 | 이탈리아의 베니스에 커피 상점이 무려 2,000여 개로 늘어남.
1773년 | 보스턴 차사건(Boston Tea Party)으로 미국에서 차 대신 커피를 마시는 것이 애국의 의무로 확산됨; 생물 분류학의 창시자인 린네(Carolus Linnaeus)가 커피나무를 분류하고 학술적인 명칭을 부여함.
1775년 | 프러시아의 프레더릭(Frederick the Great) 대왕이 생두의 수입은 국가 부의 유출이라 하여 수입을 금지시키려 했으나 극단적인 반발에 직면함.
1777년 | 프랑스의 해군장교인 드클리외가 1723년에 마르티니크에 심은 커피나무가 무려 19억 2천만 그루로 번식되었음.
1780년 | 산토도밍고에서 생산되는 커피 덕분에 프랑스가 세계 제일의 커피 생산국이 됨.
1791년 | 산토도밍고에서 투생 루베르튀르가 주도하여 노예들의 반란을 일으킴.
1800년 | 프랑스에서 드립(drip)식 커피포트인 '뒤 벨로이' 가 개발됨.
1808년 | 가톨릭 신부가 프랑스로부터 콜롬비아로 아라비카 도입.
1820년 | 독일인 룽게가 커피에서 최초로 카페인을 추출함.
1822년 | 프랑스에서 첫 에스프레소 기계의 원형이 만들어짐.

1825년 | 독일에서 진공식 추출기인 바쿰 발명(영국 상표인 코나, Cona로 더 많이 알려짐); 커피나무가 하와이에서 재배되기 시작함; 영국 군함 블론드(Blonde)가 브라질로부터 하와이에 커피나무를 들여옴.

1839년 | 발자크의 《현대 자극제 개론》 출간.

1848년 | 프랑스의 노예제도 폐지.

1885년 | 생두의 배전 시 천연가스와 뜨거운 공기의 사용이 널리 보급됨.

1886년 | 전직이 야채 도매상인인 치크(Joel Cheek)가 테네시 주 내슈빌에 있는 한 호텔 이름을 따서 맥스웰하우스(Maxwell House)라는 상표의 커피 출시.

1888년 | 브라질에서 노예제도 완전 폐지.

1890년 | 우리나라에서는 아관파천 때 고종이 러시아 공사관에서 순종과 함께 처음으로 커피를 마신 것으로 기록되어 있으나 이전에 이미 선교사들이 마시고 있었던 것으로 추정된다. 예술인들이 모이는 장소로서 다방에서 커피가 판매되기는 했으나 극히 한정된 사람들만 마셨으나 6.25전쟁 이후부터는 인스턴트커피가 많이 보급되었다. 80년대에는 올림픽과 더불어 원두커피가 보급되기 시작했으며 90년대 후반에는 에스프레소가 알려지기 시작했다.

1895년 | 안젤로 모리온도라는 기술자가 증기압을 이용한 커피포트 발명.

1896년 | 커피가 오스트레일리아의 퀸즐랜드에서 재배되기 시작함.

1900년 초반 | 독일에서는 오후에 커피를 마시는 것이 풍습으로 정착됨. '커패쿨러츠(Kaffeeklasts)' 용어가 널리 쓰임으로써 일반적으로 편안한 대화를 지칭하는 용어가 됨.

1900년 | 힐스 브로스(Hills Bros)사가 처음으로 로스트 커피를 진공 포장한 캔(can)을 출시했으며 배전한 상점 명칭과 커피 가공공장 명칭을 포장에 표기함.

1900년 | 브라질이 전 세계 커피 생산량의 90%를 점유함; 힐스 형제가 진공 양철통에 담긴 분쇄 커피(레귤러 커피)를 팔기 시작함.

1901년 | 시카고의 일본계 미국인인 가토(Satori Kato)가 처음으로 인스턴트커피를 만들어 냄; 베제라(Luigi Bezzera)가 '식당(restaurant)'이란 상표로 에스프레스 기계들 득어 님.

1903년 | 독일의 커피 수입상인 로셀리우스(Ludwing Roselius)는 불량품 커피 한 자루를 연구하기 위해 내놓았는데 플레버의 손상이 없이 카페인 추출 방법을 완성시켰다. 그는 '상카(Sanka)'라는 상품명으로 시장을 개척했으며 상카는 1923년 미국에 도입되었다.

1905년 | 이탈리아에서 에스프레소 기계가 상업적으로 판매되기 시작함.

1906년 | 과테말라에 살고 있던 영국인 화학자 워싱턴(George Constant Washington)은 은(銀)으로 만든 커피 주전자의 주둥이에 가루 성분의 응집물을 관찰하고 처음으로 인스턴트커피를 대량으로 생산하여 '붉은 E 커피(Red E Coffee)'라는 상표를 사용했다.

1908년 | 첫 드립 커피 메이커(drip coffee maker)가 개발되었으며 가정주부인 벤츠(Melitta Bentz)는 종이 필터를 개발함.

| 1920년 | 미국에서 커피 수입 금지령이 발효되었으나 커피 판매량은 계속 증가함; 미국에서 금주령이 발표되자 대체음료서 커피 판매가 붐을 이룸.
| 1933년 | 일리(Ernest Illy) 박사가 처음으로 자동 에스프레소 기계를 개발함.
| 1938년 | 과잉 생산된 커피 처리 방안을 브라질 정부로부터 요청받은 네슬레(Nestle) 사는 냉동건조커피(freeze-dried coffee)를 처음으로 만들었으며, 네스카페(Nescafe)라는 상호로 스위스에서 출시했다.
| 1940년 | 미국이 전 세계 커피 생산량의 70%의 소비국이 됨; 미 대륙 국가들 간의 커피 위원회에 의해 커피생산이 정해지고 할당됨.
| 1942년 | 2차 세계대전 중 병사들의 비상식량 중에 인스턴트커피인 맥스웰하우스를 포함시켰다; 본국에서는 사재기가 극심하여 배급제를 실시함.
| 1946년 | 이탈리아 밀라노의 카페의 주인인 가지아(Achilles Gaggia)가 기존 에스프레소 기계의 성능을 개선시킨 기계를 출시했다; 카푸치노는 프란체스코파의 케푸진 수도회 수사 의상의 색깔과 비슷한 데서 유래했다.
| 1961년 | 카네이션(Carnation) 사가 '커피 메이트(Coffeemate)'를 출시함.
| 1962년 | 커피 수출 할당이 미국에 의해 전 세계에 확고해짐.
| 1971년 | 스타벅스 사가 파이크 팔라스(Pike Place)에 첫 원두 커피점을 개점.
| 1991년 | 이탈리아의 베르가모(Bergamo)에 있는 로스트 및 로스트기계 제작회사를 본뜬 에스프레소만을 전문적으로 판매하는 회사인 '커피 카리시미 캐나다(Coffee Carissimi Canada)'가 캐나다에서 설립되었다.
| 1995년 | 커피는 세계에서 가장 인기 있는 음료가 되었으며 매년 4억만 잔의 커피가 소비되며 석유 다음으로 세계적인 물품이 되었다.
| 1962년 | 런던에서 국제커피기구가 설립되어 커피 생산국과 소비국이 분배와 쿼터제에 의해커피 가격 파동을 조절하자는 조약에 합의함.
| 1965년 | 파리의 로스팅 업자인 페레 베클레가 레스토랑 주인에게 원산지가 표시된 원두를 사용할 것을 제안함.
| 1970년 | 일본에서 커피 열풍이 일기 시작; 일본에서는 카페인이 탈취된 커피를 마실 수 없는데 이는 보건당국이 수입 및 도입을 허가하지 않기 때문이다.
| 1971년 | 스타벅스가 시애틀에서 원두 판매 상점을 개점.
| 1979년 | 카푸치노 씨 가게가 개점함.
| 1989년 | 국제커피기구의 런던협약의 만료됨. 갱신되지 않음.
| 1995년 | 프랑스에서 자크 바브르 상사가 4종류의 고급 원두를 유통하기 시작함.
| 1997년 | 12세기 것으로 추정되는 예멘산 볶은 커피콩이 두바이 근처에서 고고학 탐사단에 의해서 발굴됨.
| 2001년 | 브라질은 커피 판매를 증진시키기 위해 커피 냄새가 3~5년간 나는 우표를 발행함.

제 2 장

커피의 기초

커피나무는 열대우림 지역에서 재배되는 관목의 일종이다. 커피나무의 원조이며 대표적인 종의 학술적인 명칭은 커피아 아라비카(Coffea arabica)이다. 전자인 커피아는 속명(屬名, genus)이고 후자인 아라비카는 종명(種名, speices)이다. 일반적으로 커피라고 할 때는 모든 커피속에 포함된 종들의 열매로부터 가공된 산물(産物)을 의미한다. 아라비카나, 로부스타(robusta) 등과 같이 종명(種名)을 말할 때는 일반적으로 커피나무의 품종, 이에서 얻어진 생두(生豆, green pea, green bean)나 원두(原豆, 배전두, roasted bean) 그리고 이들 원두로부터 추출한 커피를 지칭하는 것이 관례이다.

일반적인 개념의 커피는 분쇄한 원두 가루에서 추출한, 즉 내려 마실 수 있는 상태의 음료를 말한다. 그러나 수확한 열매로부터 가공, 건조, 탈각, 배전, 배합 및 추출의 기나긴 여러 과정에서 서로 구분하지 않고 모두를 커피로 쓰는 경우가 많아 혼동하기 쉽다. 예를 들어 가공공정에서의 생두를 수세식 생두, 비수세식 생두라고 불러야 하지만 실제로는 수세식 커피와 비수세식 커피로도 부른다. 한 잔의 낭만과 멋이 있는 커피를 마시기 위해서는 일반적으로 다음과 같은 커피 관련 용어와 기초 지식에 친숙해질 필요가 있다.

1. 커피 재배

1) 재배 규모

현재도 커피의 원산지인 에티오피아에서는 야생종으로부터 수확하기도 하나 생산량은 극히 적다. 대부분이 상업적으로 재배되는데 규모에 따라 농장(farm), 에스테이트(estate) 및 재식농원(栽植農園, plantation)으로 분류한다. 많은 국가들에서 상업적으로 재배하고 있으나 80% 이상이 농장에서 자체 양식의 일부로 재배하거나 푼돈을 벌기 위해 소규모로 재배한다. 비록 커피 재배가 부업 또는 주업이어도 작은 규모로 재배할 때는 이를 농장이라 한다. 브라질 등에서 볼 수 있는 대규모 농원을 재식농원이라 한다. 일반적으로 그 중간 규모의 농원을 에스테이트라 하나 규모는 재식농원과 같이 큰 경우도 있다.

하와이 열도의 몰로카이 섬에 소재한 대단위 재식농원

소규모 농장에서 재배된 커피를 농장커피(farm coffee)라고도 하며, 그 규모의 영세성 때문에 협동조합을 결성하여 운영한다. 수확된 열매를 당나귀 등에 실어 협동농장 산하 공동 가공공장으로 운반하여 가공한다. 일반적으로 농장커피의 품질이 우수한 것으로 알려져 있다. 농촌경제의 활성화를 위해 몇몇 나라에서는 정부가 재정적으로 적극 지원하기도 한다. 과거에는 규모의 영세성과 판매의 구조적인 문제 때문에 생산한 커피가 싸게 판매되는 것이 관례였다. 그러나 요사이는 각종 커피 관련 국제기구들에서 수입업자들이 적정가격에 구입하도록 권장하고 제도화하였다. 이러한 농장 및 자영농부들로부터 적정가격에 거래된 커피를 적정거래 커피(適正去來~, fair traded coffee) 또는 공정거래 커피라 한다.

에티오피아의 가난한 농부들이 수확한 커피를 협동 가공공장으로 운반하는 모습

대부분 소규모 전업 및 비전업 커피농장들은 경제적인 사정 때문에 재배과정 중 화학비료, 살충제 및 살균제 등과 같은 환경에 유해한 화학약품을 사용하지 않는 유기농법에 의해 재배하는데, 이렇게 생산된 커피를 유기농커피(有機農~, organic coffee)라 한다. 유기농커피는 품질의 우수성 때문에 근래 많은 에스테이트 농원들에서도 친환경적인 유기농 커피를 생산하고 있다. 유기농 커피가 국가 또는 국제적인 감시기구들로부터 인증을 받았을 때 유기농인증커피(有機農認證~, certified organic coffee)라 한다. 즉, 에코-오케이(Eco-Ok)와 같은 인증표를 받은 커피는 국제적으로 품질을 인정받고 있으며 인간과 자연의 건강에 기여하고 있다. 커피나무의 특성상 일반적으로 고산지대에서 재배되며 생산성 향상을 위해 각종 농약과 비료의 과다한 사용은 하천수계(河川水界)에 심각한 오염을 초래하고 있다. 농원들 대부분이 열대우림(tropical rain forest, 熱帶雨林) 지역에 분포하고 있다. 이들 지역은 장거리 이주조류(移住鳥類)의 중간 기착지여서 농약의 사용은 생태계에 막대한 피해를 주고 있는데 브라질이 그 대표적인 예이다.

니카라과의 소규모 커피농장

　에스테이트에서 생산된 커피를 에스테이트커피(estate coffee)라 한다. 단일 농원, 농원 소속 가공공장에서 가공하거나 단일 재배업자가 재배한 커피를 다른 농장에서 재배한 커피와 섞지 않고 판매하는 커피를 말한다. 이들은 일반적으로 품질이 매우 우수한 커피로 알려져 있다. 에스테이트는 하와이 코나지역에서 비전업 농부(part-time farmer)가 불과 3에이커의 작은 농원에서부터 브라질의 수십 마일에 달하는 대규모 농원까지 다양하다. 때로는 동일 지역의 협동조합 또는 여러 소규모 개인 농장에서 기원한 커피도 에스테이트 커피라고 하는데 이는 모두가 동일한 한 공장에서 가공되었기 때문이다.

　에스테이트란 용어는 커피 분야에서 긴 역사를 가지고 있으나 근래 고급커피의 대표로 대두하게 된 것은 와인을 생산농가에서 직접 재배, 발효, 보관 및 병에 넣어 출하하는 개념에서 기원했다. 1980년대 코스타리카 타라주(Tarrazu) 지역의 에스테이트인 라 미니타(La Minita) 농원의 주인인 맥알핀(William McApin)은 엄격한 재배 및 품질 관리로 언제나 균일한 고품질의 커피 생산에 성공했고 이를 팸플릿 및 비디오테이프를 통해 선전한 것이 에스테이트의 기원이다.

코스타리카의 한 에스테이트 농원

이후 라 미니타 농원의 성공을 많은 농원들이 따르거나 모방하게 되었다. 에스테이트 커피는 품질의 우수성과 변함없는 품질 때문에 고가로 수출됨과 아울러 다른 커피에서와 같이 가격 변동에도 큰 영향을 받지 않는다. 특히 수입상 및 로스트 업자들은 이들 농원 명칭만으로 수입한다. 그러나 근래 일부 악덕 재식농원은 가짜를 출하하므로 확인이 필요하다. 재식농원 이름을 상표로 사용하기도 하는데 그 예는 다음과 같다.

- Costa Rican La Minita Tarrazu.
- Jamaican Blue Mt. Wallenford Estate.
- Ethiopian Harrar.
- Tanzanian Peaberry.
- Sumatran Mandheling(유기농).
- Guatemalan Antiqua(유기농).
- Kenya AA
- Celebes Kolossi.
- Yemen Matari #1
- Costa Rican(유기농)
- Columbian Supremo(유기농)

2) 재배 고도 및 일광

하와이산 커피를 제외하고는 커피의 품질은 재배고도에 의해 결정된다. 해발 600m 이상의 고도에서는 열매가 8~9개월의 긴 성숙기간을 통해 배유(胚乳, 씨, 生豆, ovule)의 밀도가 높아져 단단하게 됨과 아울러 맛과 향이 오랜 기간 축적된다. 고지에서 생산된 생두를 견두(堅豆) 또는 하드 빈(hard bean)이라 하는 데 비해 저지대에서 생산된 것을 연두(軟豆) 또는 소프트 빈(soft bean)이라 한다. 비록 예외가 있기는 하나 일반적으로 견두는 연두에 비해 고가임과 아울러 신맛이 강하고 플레버(flavour)가 풍만한 것이 특징이다. 생두나 원두를 살 때에는 원하는 품목의 재배 고도를 확인하면 보다 특성 있는 커피를 즐길 수 있다.

해발고도 900m 이상에서 재배된 커피를 고지재배산(高地栽培産, high grown)이라고 하며, 특히 중남미 국가들에서는 품질등급 결정의 요인이다. 과테말라의 해발고도 1,350~1,500m에서 재배된 생두를 견견두(堅堅豆, strictly hard bean)라 하고 1,200~1,350m에서 재배된 생두를 견두로 구분하고 있다. 온두라스에서는 고지산을 에스트리카(estrica), 중간고도산을 알투라(altura), 표준고도산을 디 메노스 알투라(de menos altura) 그리고 참다운 고지산(real high grown)의 4등급으로 구분한다.

커피나무는 특성상 음지에서 자라는데 일반적으로 재배지의 바나나 및 기타 열대 수목의 수관(樹冠)에 의해 음지가 조성된다. 일반적으로 음지에서 재배된 커피를 음지재배산(陰地 栽培産, shade grown) 또는 코스커피(元祖~, cause coffee)라 하며 일광커피와 구분한다. 음지재배산은 양지재배산(陽地栽培産, sun grown), 즉 일광커피(日光~, solar coffee)에 비해 품질이 뚜렷한 양질이다. 브라질 같은 나라에서는 양지에서 재배가 가능한 변종을 재배하고 있어 품질이 조잡하여 인스턴트커피(instant coffee) 제조용으로 이용되고 있다.

브라질의 양지재배

2. 열매의 가공(加工, processing)

　1차적인 커피의 품질은 커피나무의 품종이며 가공공정에 따라 특징과 품질이 다시 결정되는데 자세한 공정법은 '수확과 가공' 항목에서 설명하겠다. 일반적으로 커피 열매를 '체리(cherry)'라 부르는데 이는 열매가 성숙되었을 때 앵두와 같이 진한 적갈색이기 때문이다. 잘 익은 열매에서 외과피(外果皮, exocarp, skin, esocarpo), 과육(果肉, pulp, fruit, flesh, mesocarp), 내과피(內果皮, endocarp, parchment) 그리고 내과피를 감싸고 있는 점액질(mucilage)을 제거하는 것을 가공이라 한다. 가공된 것을 건조시킨 후 단단한 내과피를 제거하는 것을 탈각공정(脫殼工程, hulling)이라 한다. 탈각 공정 후 은피(銀皮, silver skin)를 제거한 씨를 생두(生豆, green bean)라고 하며 열을 가하여 볶은 생두를 원두 또는 로스티드 빈(roasted bean)이라 한다.

 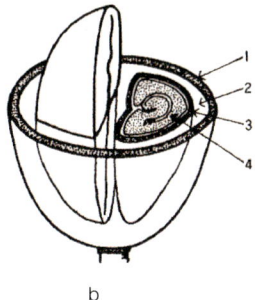

커피 열매와 내부구조: a. 잘 익은 열매, b. 내부구조: 1. 외과피, 2. 과육, 3. 내과피, 4. 생두

하나의 열매 속에는 대부분의 경우 두 개의 생두가 들어 있으나, 한 개뿐인 생두가 수확되기도 하는데 이를 피베리(peaberry) 또는 스페인어로 카라콜(caracol)이라 한다. 피베리는 재배과정 중 두 개의 씨로 가야 할 성분이 한 개의 씨로만 가서 맛이 우월하다는 근거에서 일반 생두에 비해 비싸게 거래되고 있다. 마라고지페(Maragogipe)종에서 생산되는 생두는 다른 종의 생두에 비해 월등하게 커서 일명 '코끼리생두(elephant bean)'라고도 한다.

가공법에는 건식법(乾式法, dry method), 습식법(濕式法, wet method), 반건식법(半乾式法, semi-dry method)이 있으며 각 방법에 따라 커피의 고유 특성이 제대로 발현된다. 건식법은 외과피, 과육 및 내과피에 붙어 있는 점액질 모두를 일광 또는 건조기 내에서 건조시키는 방법으로 일명 '자연법(自然法, natural method)'이라고도 한다. 완전히 건조시킨 것을 내과피 커피(parchment coffee)라 한다. 건식가공에서는 물을 전혀 쓰지 않기 때문에 이 방법에 의해 생산된 생두와 이에 기원한 커피를 비세척 커피(unwashed coffee)라고도 한다.

습식법에서는 수확한 열매를 물로 세척하고 외과피와 과육을 기계를 이용하여 제거한 후 내과피에 붙어 있는 점액질을 발효수조(醱酵水

槽, fermentation tank) 내에서 발효시켜 제거하는 방법이다. 발효수조 내에 물을 넣지 않고 발효시킬 때 이를 건식발효법(dry fermentation)이라 하며 물을 넣을 때는 습식발효법(wet fermentation)이라 한다. 습식법에 의해 가공된 생두를 세척생두(洗滌生豆, washed beans) 또는 세척커피(washed coffee)라고 한다. 반습식법에서는 외과피와 과육을 습식법으로 제거한 후 내과피에 붙어 있는 점액질을 발효법에 의해 제거하지 않고 그대로 건조시키는 방법이다.

  초보자도 입문한 후 다소 시간이 경과되면 가공 방법에 따른 각각의 특징을 느끼게 될 수 있으나 커피전문점에서는 대부분의 경우 가공법을 표기하지 않으므로 문의해야 한다. 또한 상업적인 거래에서는 가공방법을 다음과 같은 용어로 사용하고 있어 혼동을 일으키기도 한다.

수세식 아라비카(washed arabica) → 플랜테이션(Plantation)
비수세식 아라비카(unwashed arabica) → 아라비카 베리(Arabica berry)
수세식 로부스타(washed robusta) → 로부스타 파치멘트(Robusta parchement)
비수세식 로부스타(unwashed robusta) → 로부스타 체리(Robusta cherry)

  가공 후에는 건조시켜야 하는데 건조과정 중에 발효, 부패 또는 건조 장소의 냄새가 생두 내에 스며들어 커피의 품질을 결정하는 중요 요인이 되기도 한다. 애호가들 중에는 커피에서 나는 다소의 흙냄새를 선호하기도 하여 수마트라에서는 맨땅 위에서 건조시키기도 한다. 생두를 감싸고 있는 다소 단단한 내과피를 제거하는 공정을 건식탈각공정(乾式脫殼工程, dry milling)이라 한다.

마당에서 건조시킴

탈각된 생두는 크기별로 선별되는데 이 과정에서 생두를 싸고 있는 은피를 부분적 또는 구매자가 원하는 경우 완전히 제거한다. 기계에 의해 크기별로 선별된 생두는 이들에 섞여있는 작은 돌, 나뭇조각 등과 같은 이물질과 이상 형태와 정상적인 색상이 아닌 생두들을 다시 골라내야 하는데 노동력이 풍부하고 인건비가 싼 곳에서는 수작업으로 선별한다. 최상급의 생두는 이와 같은 수작업과정을 2~3번 반복한 제품이며 이와 같은 여러 번의 선별과정을 일명 유럽식 선별(European preparation)이라고 한다.

예멘의 한 농원에서의 수작업에 의한 생두의 선별

전문가 및 애호가들은 가공과 건조과정이 커피의 플레버에 미치는 영향에 대해 두 부류로 나누어져 서로 상이한 견해를 피력하고 있다. 한 부류를 클린커퍼(Clean Cupper)라고 하는데 이들은 가공 및 건조 과정이 커피의 맛에 전혀 영향을 미치지 않는다고 주장한다. 이들은 수확한 열매를 수확 즉시 습식법에 의해 외과피, 과육 및 유조직을 제거하고 가능한 한 모든 방법을 동원하여 깨끗이 건조시키면 어떠한 냄새도 생두에 스며들지 않는다는 데 근거하고 있다. 이러한 커피에서는 애매한 맛이 없는 깨끗하고 밝은 단맛이 있다고 주장한다. 이들은 가공 및 건조과정을 제대로 하지 못했을 때 맛의 변화가 생기며 이를 맛의 결함으로 간주한다.

클린커퍼와는 반대 의견을 가진 부류를 로만스커퍼(Romance Cupper)라 부른다. 이들은 비록 깨끗한 상태에서 가공 및 건조를 했어도 이들 과정 중에 특정 플레버와 맛의 변형이 생두에 생긴다고 주장하고 있다. 로만스커퍼들은 커피를 자연과 문화의 산물로 취급하며 전통적인 가공 및 건조 중에 생기는 변화된 맛 및 오점이 참다운 커피 맛이며 이를 즐길만한 가치가 있다고 주장하고 있다.

실제로 부적절한 가공 및 건조과정에서 플레버에 결함이 생기기도 하는데 대표적인 예는 다음과 같다:

약한 발효 맛(soft ferment): 단 발효 맛(sweet ferment)이라고도 하는데, 수확한 열매를 즉시 가공하지 않으면 과육의 당분이 발효되어 발효의 맛이 생두에 스며든다. 또한 가공 공정 중에 발효온도와 시간을 제대로 조절하지 못하면 유조직(柔組織)의 발효 냄새가 생두에 스며들기도 한다. 연한 발효 맛이란 마치 썩는 맛으로 나타나는데 발효의 정도에 따라 다양하다.

심한 발효 맛(hard ferment): 곰팡이 맛(musty or mouldy ferment)이라고도 하는데, 발효과정 중에 부주에 의해 요망되지 않은 여러 미생물들이 발효에 가세되어 생두에 유입되면 주로 곰팡이 냄새가 나지만 미생물의 종류에 따라 그 냄새는 매우 다양하다. 일반적으로 약한 발효 맛에는 그다지 거부감이 없으나 심한 발효 맛은 커피의 플레버를 없앤다.

흙냄새(earthiness): 커피를 깨끗한 시멘트 바닥, 돌, 벽돌 또는 나무판자 위에 널어 말리지 않고 맨 땅 위에서 건조시키면 흙냄새가 생두에 스며든다. 흙냄새는 플레버의 큰 결함이나 이러한 흙냄새를 몹시 즐기는 사람들도 있다. 브라질에서 흙바닥에서 건조시킨 생두만을 수입하는 일본 업자들도 있다.

비린 맛(greeness): 짠맛이 가미된 신맛(astringency)이라고도 하며 단맛이 없는 상태에서 나타나는데, 마치 생콩을 씹을 때 느끼는 것과 같은 맛이다. 큰 결함은 아니나 이러한 맛을 선호하는 사람은 없다. 이러한 맛은 제대로 익지 않은 열매를 수확하여 가공한 데서도 기인한다.

자메이카 블루마운틴, 코나 그리고 탄자니안 피베리 등은 품질의 우수성과 아울러 많은 양이 생산되지 않는 특급의 고가 커피이다. 그러나 코피 루왁(Kopi Luwak)은 연간 생산량이 불과 500파운드밖에 되지 않으며 약 113g에 미화 75달러인 고가의 커피이다. 수마트라, 자바, 술라웨시에서 생산되는데 특이한 플레버를 가지고 있으며 아울러 특이한 자연 가공법에 의해 가공된다. 이들 지역의 커피농원에는 파라독서러스(Paradoxurus)라는 유대류인 작은 주머니들쥐가 살고 있다. 한때 이들 지역에서는 이들이 커피나무 위로 기어 올라가 잘 익은 커피열매만을 먹어 해를 미치는 동물로 간주했다.

유대류의 일종인 주머니들쥐

이들이 먹은 열매의 외과피와 과육은 소화가 되나 내과피와 점액질은 소화가 되지 않고 배설된 것을 수집하여 만든 커피다. 즉, 주머니들쥐가 수확하고 가공한 커피이며 특이한 플레버는 소화과정과 배설된 주머니들쥐의 위의 소화기관의 효소가 점액질을 발효시키는 과정에서 생기는 것으로 추정한다. 캐러멜 맛이 있는 헤비 바디(heavy body)가 특징이다. 생두는 곰팡이 냄새와 마치 정글과 같은 풀냄새가 나나 배전 후에는 전혀 다른 원두가 된다.

3. 배전(roasting)

생두에서는 전혀 커피와 같은 맛과 향을 느낄 수 없는데 열을 가하면 생두의 화학적 성분들이 활성화되어 플레버의 특징이 결정된다. 이와 같은 열처리 과정을 로스팅(roasting), 볶음 또는 배전(焙煎)이라고 하며 열처리된 생두를 원두(原豆) 또는 로스티드 빈(roasted bean)이라한다. 열처리 과정 중에 온도와 시간에 따라 색상이 갈색에서 검은

색으로 되면서 각각의 색상에 따라 고유한 맛과 향이 상이하여 애호가의 취향에 따라 선택할 수 있다. 배전은 일종의 기술이며 전문 커피점과 로스팅 회사의 사업 비밀이다

배전기(焙煎機, roaster) 내의 온도를 높이거나 오래 처리하면 검게 배전된다. 색상이 검게 배전될수록 커피 맛은 싸하고 달콤 씁쓸한 맛이 강해진다. 이러한 플레버를 커피에 조예가 없는 사람들은 커피 맛이 진한 것으로 표현한다. 커피의 진함이란 커피 고유의 플레버가 아닌 커피와 물의 비율이다. 진하게 추출한 커피에서는 커피와 물의 비율에서 커피의 비율이 우세하다. 따라서 약배전된 원두로부터 마일드한 플레버의 커피를 진하게 만들 수 있으며 검게 배전된 원두로부터 예리한 플레버의 약한 커피를 추출할 수도 있다.

일반적으로 검게 배전된 원두는 싸하고 달콤 씁쓸한 커피 고유의 맛이 난다. 즉, 커피의 플레버는 얼마 정도까지 검게 배전하는지 그리고 배전방식, 즉 고온에서 빨리 또는 저온에 천천히 배전하는지에 의해 결정된다. 일반적으로 커피의 플레버는 애호가에 따라 다소 상이하기는 하나 진한 검은 갈색으로 배전했을 때 최고로 발현되며 거의 검은색으로 배전했을 때는 고유의 플레버를 상실하고 탄 맛이 우세해진다.

1) 배전과정 중의 변화

생두는 우리가 먹는 견과(堅果), 곡물 및 콩에서와 같이 지방, 단백질, 섬유질, 탄수화물, 수분, 수용성 및 비수용성인 많은 성분으로 구성되어 있다. 커피의 향과 플레버는 배전과정에서 가열하는 열에 의해 생두 내의 수분이 유리됨과 아울러 커피유(coffee oil), 즉 코페올(coffeol) 등과 같은 커피의 요소인 지방성 물질이 활성화되며 유리됨에 기인한다. 이들 지방성분은 물에 용해되기 때문에 엄격한 의미에서 지방 성분이 아니라고도 할 수 있다. 이들 성분은 쉽게 휘발되며, 원치

않는 다른 냄새를 아주 잘 흡수하기도 하고 또한 쉽게 파괴되어버리는 단점도 있다. 이들 휘발성 성분이 없다면 단지 카페인이 함유된 쓴 갈색의 물에 지나지 않으며 커피가 될 수 없다. 이들 휘발 성분은 전체 원두 무게의 1/200밖에 되지 않는다.

배전된 원두는 이들 지방 성분이 건조된 상태라고도 할 수 있다. 중배전 또는 미국식으로 배전된 원두에서 지방 성분은 원두 내에 작은 포말(泡沫) 상태로 퍼져 있다. 높은 온도에서 계속 배전하거나 또는 배전 시간을 오래하면 생두 내의 수분이 더욱 손실되며 아울러 더 많은 지방이 생성되어 원두의 표면으로 스며 나와 검어지면서 원두의 표면에 반들반들한 기름기가 생기게 된다.

이러한 기름 막 밑의 원두의 당분이 캐러멜(caramel)이 되고 고형 성분들에서는 탄 듯한 맛의 플레버가 생긴다. 강배전된 커피에서 쓴맛이 가미된 단맛, 즉 달콤 씁쓸한 맛(bittersweet)과 플레버는 상기의 캐러멜과 고형 성분들에 기인한다. 계속 더 볶게 되면 당분은 전부 타버리고 생두의 섬유성 성분은 무미의 물질로 변한다. 커피의 특성이 손실되지 않는 강배전을 프랑스식, 이탈리아식 또는 스페인식 배전이라고 하는데 다소 탄 맛이 특징이다. 강배전 커피는 약배전 커피에 비해 카페인 함량이 적으며 신맛이 현저하게 떨어진다. 강배전 커피에서는 때때로 불쾌한 쓴맛이 나기도 하는데 이는 저품질의 생두 또는 배전과정 중의 기술적인 문제에 기인한다.

2) 배전의 종류

(1) 유럽식 명칭

배전 색상에 따라 유럽식 명칭과 비유럽식 명칭이 아주 상이하다. 유럽식 명칭에서는 프랑스식 배전(French roast), 이탈리아식 배전(Italian roast), 비엔나식 배전(Viennese roast) 및 대륙식 배전

(continental roast) 등으로 표기하는데 이는 이들 국가의 주류가 특정한 색상으로 배전된 원두를 선호함에 기인한다. 배전과정 중에 연한 녹색의 생두는 연한 갈색, 갈색, 진한 갈색 그리고 거의 검은 색상으로 변한다. 예를 들어 이탈리아식 로스트라고 표기되었으면 비엔나식 로스트보다 배전 시간이 길어 더욱더 검게 된 원두이다.

약배전

프랑스식 배전

동일한 배전 상태를 여러 명칭으로 불러 혼동을 초래하기도 하는데 현재 사용되고 있는 각종 배전 관련 용어들을 정리해보면 다음과 같다.

- 프랑스식 배전(French roast), 강배전(Heavy roast) 및 스페인식 배전(Spanish roast): 모두가 같은 배전 상태로서 미국식 배전 기준보다는 다소 검게 배전하는 것으로 색상은 검은 갈색(에스프레소 배전)에서 진한 검은색(다크 프렌치 로스트)이다. 이 커피는 풍만하고 신맛이 가미된 플레버와 딘 바디(thin body)와 탄 냄새가 조금 나는 것이 특징이다.
- 비엔나식 배전(Viennese roast), 풀-시티 배전(Full-city roast), 라이트 프렌치 배전(Light French roast), 라이트 에스프레소 배전(Light espresso roast), 시티 배전(City roast) 및 강배전(High

roast): 전통적인 미국식 기준 배전보다 다소 검게 배전하는 것이나 에스프레소, 프랑스식 또는 이탈리아식 배전보다는 덜 검게 한 것이다. 신맛이 덜하며 전통적인 미국식 중배전보다는 연하나 원래 커피의 뚜렷한 맛의 특성이 제대로 나타나지 않을 수도 있다. 근래 많은 미국 전문업체의 제품들은 전형적인 레귤러 배전과 같은 경향이 있다.

- **유럽식 배전(European roast), 에스프레소 배전(espresso roast), 대륙식 배전(continental roast), 애프터-디너 배전(after-dinner roast)**: 전통적인 미국식 배전보다 다소 검은 갈색으로 배전하는 것이다. 신맛이 감소되며 쓴맛이 가미된 단맛이 생기는 특징이 있다. 현재 고급 커피 배전업자들은 이를 규격 배전커피(regular roast coffee)라 한다.

- **뉴잉글랜드식 배전(New England roast), 시나몬 배전(Cinnamon roast), 약배전(Light roast)**: 전통적인 미국식 기준보다 약하게 배전하는 것으로 곡물과 같은 맛이 나며 신맛이 특징이다.

- **다크 프렌치 로스트(Dark French roast)**: 아주 검게 배전한 것으로 원두의 표면이 반짝이는 상태로, 딘 바디와 쓴맛이 가미된 단맛의 플레버와 다소 탄 듯하며 숯과 같은 맛이 나는 것이 특징이다.

- **다크 로스트(Dark roast)**: 전통적인 미국식 기준보다 검게 배전한 것을 지칭하나 매우 모호한 용어이다.

- **미국식 배전, 중배전(Medium roast), 중-강배전(Medium-high roast), 레귤러 배전(Regular roast)**: 미국인들의 입맛에 맞추어 중등도의 갈색으로 배전한 것.

(2) 비유럽식 명칭

비유럽식 명칭에서는 원두에 수마트라, 케냐, 멕시코 등의 국가 명칭을 사용하는데 이는 이들 국가에서 생산되는 생두가 최상의 맛과 향을 내기 위한 상태로 배전되어 판매되기 때문이다. 콜롬비아산 생두를 사용했다고 하면 검은-배전 콜롬비아(Dark-Roast Colombia) 또는 멕시코산인 경우 이탈리아식-배전 멕시칸(Italian-Roast Mexican)이 대표적인 예이다. 이 명칭은 배전 상태보다는 원두의 기원국을 강조하고 있다. 수마트라라는 명칭이 표기된 경우 수마트라에서만 재배된 생두를 사용했음을 의미하기도 한다. 여러 종의 생두를 섞어 배전했을 때는 국가명을 사용하지 않고 배전된 색상만을 표기한다.

(3) 기타 명칭

배전 상태에 따라 국가의 명칭을 붙이는 것은 임의적인 듯하나 실제로는 어느 정도 의미가 있기도 하다. 특히 프랑스 북부지역의 많은 로스트 업자들은 매우 검게 배전하는 것이 프랑스인의 특징을 나타내는 것으로 자부한다. 유럽 남부 지역에서는 유럽 북부 지역에서보다도 더 검게 배전하는데 아마도 이 지역 사람들의 야행성과 관련이 있는지도 모르겠다. 미국에서는 국명을 사용하지 않고 '표준(standard, norm)'이라는 용어를 사용하기도 하는데 이러한 표준이 지역과 로스트 업자들에 따라 상이하여 아주 애매모호하다.

현재 아주 검게 배선하여 미국에서 유행시킨 버글리 소재의 피트 커피 앤 티(Peet's Coffee & Tea)사는 매우 검게 배전한다. 따라서 피트사 자체의 레귤러(regular)는 여타의 프랑스식 로스트보다 훨씬 더 검다. 전통적으로 미국의 서부 연안지대에서는 동부 연안 지역에서보다 더 검게 볶는 데 비해 중서부 지역에서는 이들의 중간을 선호한다. 세계에서 가장 검게 배전하는 지역은 미국의 서남부 지역이다.

보다 검게 배전하는 스타벅스(Starbucks)사의 성공은 이들 지역 간의 차이를 어느 정도 없애는 데 기여하기도 했다. 요즘에는 지역에 상관없이 새로 생기는 로스트 업자들은 스타벅스사의 로스팅 스타일을 모방하고 있으나 서툴러 아주 태워버리는 경우도 많다. 스타벅스사는 근래 새로운 배전 상태에 대한 여러 용어를 만들어 저작권화 했다.

미국의 전문커피협회(SCAA, Speciality Coffee Association of America)는 스타벅스사가 만들어 낸 용어와는 다른 명칭을 만들었다. 가장 약하게 로스트 된 것을 라이트 브라운(light brown)이라 하며, 가장 검게 된 것을 베리 다크 브라운(very dark brown)으로 정하고 이들 사이의 색상에 따라 다음과 같이 구분했다. 또한 SCAA의 배전지수(Agtron)에 따라 아래 표와 같이 구분하기도 한다.

라이트 브라운(Light brown)
라이트-미디엄 브라운(Light-medium brown)
미디엄 브라운(Medium brown):
모더레이틀리 다크 브라운(moderately dark brown)
베리 다크 브라운(very dark brown):

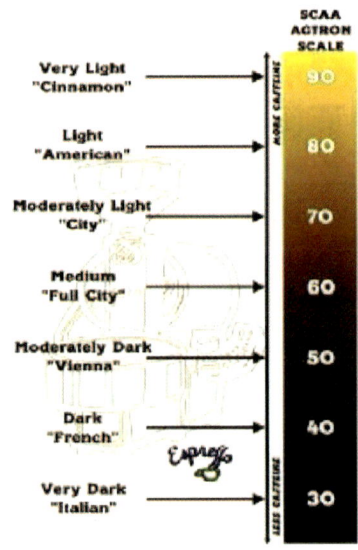

SCAA의 배전지수에 의한 배전의 구분

배전 상태	원두의 표면	Agtron 번호	일반 명칭	특성과 용도
Light brown	건조	80~70	Light Cinnamon New England	신맛 또는 곡식 맛이 남. 싼 배합커피용으로 사용됨.
Medium brown	건조	70~50	Medium American regular city roast	전통적인 미국의 기준. 플레버가 잘 나타남. 신맛이 브라이트하고 생두의 특성이 잘 구현됨.
Medium dark brown	건조되어 작아지며 표면에 기름기가 보임	50~40	Viennese full-city light French espresso Light espresso Continental after-dinner European	미국 서부 및 신규 전문 로스트 업자들이 사용하는 배전임. 애시디티와 생두의 특성이 감소됨. 신맛이 가미된 단맛이 나남. 이딜리아 북부 스타일의 에스프레소와 동일.
Dark brown	반짝이는 표면	40~35	French espresso Italian Turkish Dark	미국의 서부 및 서남부 지방에서의 일반 또는 레귤러 배전임. 애시디티와 원두의 특성이 거의 없음. 쓴맛이 가미된 단맛이 뚜렷함. 대부분 미국식 스타일의 에스프레소 배전과 같음.
Very dark brown	매우 반짝이는 표면	35~30	Italian dark French Neapolitan Spanish heavy	피트커피사와 이를 따르는 배전 업체의 정규 또는 레귤러 배전임. 애시디티는 거의 없으나 생두의 특성은 살아 있음. 쓴맛이 가미된 단맛에 탄 맛이 약간 남.
Black brown	반짝이는 표면	30~25	Dark French Neapolitan Spanish	생두의 특성이 전혀 없음. 탄 듯한 맛이 지배적임. 딘 바디와 플레버가 약한 단맛으로 감소되었음.

4. 맛과 향

1) 맛과 향

　커피에 입문하는 초보자는 먼저 상이한 색상으로 배전된 단종커피에서 각각의 맛을 식별해야 하는 데 별로 어렵지 않을 것이다. 다음으로는 원두의 기원지, 즉 생산국 및 지역의 특성에 따른 맛과 향을 구별할 수 있어야 한다. 커피의 맛과 향을 표기하는 용어는 다소 주관적이며, 막연하고 복잡하다. 일반적이며 공통적인 기본 요소들은 애시디티(acidity), 바디(body), 아로마(aroma), 플레버(flavour)이다.

　커피 전문점에서는 15~30여 종의 단종커피를 팔고 있는데 각각의 특성을 표기하고 있다. 광고와 관련된 웹사이트에서는 다양한 용어를 과장해서 사용하고 있어 더욱더 혼동을 초래하게 하는데 그 예로서는 '자극적이며 생동적인', '특이하게 오래 뒷맛이 남는 풀 바디' 등으로 매우 다양하다. 이와 같은 용어에 따른 맛과 향을 정말로 구분할 수 있는지는 의문이기도 하다. 그러나 애호가나 전문가들은 단맛과 짠맛 그리고 그 정도를 쉽게 구분할 수 있는 것과 같이 구분할 수 있다.

　커피를 아는 사람들까지도 때로는 케냐 커피를 수마트라 커피, 예멘 커피를 과테말라 커피로 오인하는 경우도 있다. 반면 말로 표현할 수 없는 미묘한 차이가 클 수도 있다. 그러나 이들의 차이점은 포도주에서와 같이 생산연도와 농원별로 차이가 있기도 하여 언제나 균일하지는 않다. 예를 들어 분별 능력이 있는 감정가도 과테말라 안티구와, 과테말라의 다른 지역에서 기원한 커피, 코스타리카의 에스테이트와 파나마 에스테이트 커피 맛이 언제나 뚜렷하게 차이가 난다고 하지는 않는다. 근래 하와이의 코나에서는 파나마와 코스타리카산 커피가 하와이 코나산으로 둔갑하여 판매된 일이 있었는데 이도 한 대표적인 예이다.

포도주는 그 특성이 종류별로 잘 알려져 있고 아울러 표기도 되어 있음에 비해 커피는 막연하게 표기되기 때문에 양질의 커피를 사는 것이 양질의 포도주를 사는 것보다 더 어렵다. 예를 들어 포도주인 경우 프랑스와 같이 제조 국명, 생산 지역이름, 생산한 마을이름 그리고 포도가 재배된 해와 병에 넣은 연도가 명확히 표기되어 있다. 그러나 커피에서는 에티오피아산 커피는 모두가 에티오피아 또는 에티오피아산으로만 표기되어 있는데 이는 마치 프랑스산 포도주를 프랑스산 포도주로만 표기한 것과 같다. 일부 전문 배전업자들은 포도주에서와 같이 에티오피아, 하라로 지역이름을 표기하기도 하나 포도주에서와 같이 좀 더 세부 정보는 표기하지 않는다.

가끔 기원지의 재배농원, 에스테이트, 협동조합 또는 재배마을 이름이 표기된 것을 볼 수 있기도 한데 역시 수확연도, 배전되기 전에 창고에서 얼마나 보관되었는지는 결코 표기하지 않는다. 이는 아마도 포도주는 재배농원에서 직접 양조 및 포장되는 특성이 있음에 비해 커피는 재배자와 재배농원, 가공공장, 가공자, 수출업자, 수입업자, 배전업자와 배합 후 소비자의 손에 들어오는 비연속성에 기인한 것으로 생각된다.

포도주는 양조장에서의 저장, 운반 및 취급 등에 의해 영향을 받으나 병에 넣어 양소장을 떠났을 때는 경과된 시간과 장소에 관계없이 아무 때나 마실 수 있다. 그러나 커피는 재배지로부터 수천 마일 떨어진 곳의 소비자들이 마시게 되기 전까지는 소비지에서 배전, 원두의 분쇄(grinding) 및 추출(brewing)이 되어야 하는 단점이 있다. 따라서 커피는 같은 농원에서 같은 해에 수확되었어도 배전업자, 분쇄 및 추출 방법에 따라 그 맛과 향은 달라질 수밖에 없다.

더욱이 수입업자나 배전업자가 재배현장의 변화하는 환경에 대해서는 속수무책이다. 이러한 변화는 신뢰할 수 있는 에스테이트, 협동조합, 지역 또는 국가 산이라도 품질에 변화를 초래한다. 배전 또는 수입업자들이 현장에서 대체품을 선택해도 역시 동일 명칭으로 수입하는 것이 관례이다. 우리가 구입하는 수마트라 만델링, 예멘 마타리 또는 자메이카 블루마운틴과 같은 커피가 진품인지에도 의문이 생긴다. 특히 고가의 커피는 수출업자, 수입업자 및 로스트 업자들이 쉽게 구할 수 있는 저가의 생두로 대치하려는 유혹을 받고 있으며 실제 일어나고 있는 현상이다. 실제 근래의 자메이카 블루마운틴은 10년 전에 느꼈던 맛과는 판이하게 다르다는 것이 공통적인 견해이다.

2) 맛과 향의 구분

물질의 맛과 냄새를 느끼는 감각을 미각(味覺, taste sense)과 후각(嗅覺, olfactory sense)이라 한다. 미각은 혀에 있는 미각세포에서 감지되는데 몇 개의 미각세포들이 모여 미뢰(味蕾, taste bud)를 형성한다. 단맛, 신맛, 짠맛, 쓴맛을 기본 맛(기본 미각, 基本味覺, basic taste)이라 한다. 이들 기본 맛을 감지하는 부위가 아래 그림과 같이 서로 상이하다는 것이 정설이었으나 근래 이는 절대적인 것은 아닌 것으로 판명되었다. 실제 맛은 혀의 모든 부분에서 느낄 수 있으며 사람에 따라 특정 맛의 감지 부위가 상이하다. 상이한 맛이 서로 작용하여 전혀 새로운 맛이 생기며 또는 감지능력을 증대하게 한다. 맛의 감지 능력은 아울러 훈련에 의해 그 능력을 향상시킬 수 있다.

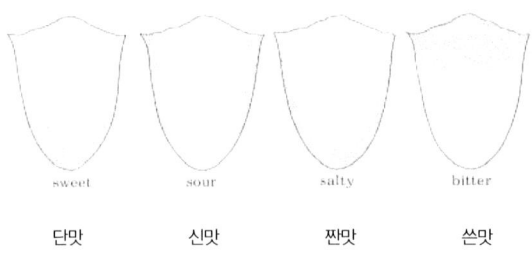

자신의 혀에서 기본 맛의 감지 부위를 비교적 쉽게 알 수 있다. 설탕, 구연산(citric acid), 소금 그리고 구아닌(guanine)을 각각 물에 용해시킨 후 끝이 미세한 붓을 이용하여 위의 기본 맛 이외의 부위들에 발라보면 알 수 있다. 예를 들어 단맛을 혀끝 이외의 부위에서 느낄 수 있는지 알 수 있다. 혀끝은 감각이 가장 예민한 부위여서 단맛을 쉽게 느낄 수 있으나 다른 부위에서도 단맛을 느낄 수 있다. 다음으로 농도를 달리한 실험결과를 타인의 결과와 비교해보자. 맛을 감지하는 자신의 혀의 부위를 아는 것이 매우 중요하며 특히 커피 전문 감식가에게는 필수적인 사항이다.

상기의 기본 맛의 감지 부위를 규명한 후에는 상기의 기본 맛을 서로 섞어 그 결과가 어떻게 되는지를 규명해야 한다. 즉, 두 가지 맛을 각각의 부위에서 느낄 수 있는지, 이들이 새로운 맛이 되어 다른 부위에서 느낄 수 있는지 규명함으로써 자신의 혀에서의 미각 부위를 제대로 알 수 있다. 이는 자신의 미각 능력을 발달시키는 데도 많은 도움이 되는데, 커피의 오묘한 맛을 제대로 느끼기 위해서는 필수적인 사항이기도 하다.

물질의 냄새는 비강의 윗부분 점막에 있는 후각상피(嗅覺上皮)의 섬모세포에 의해 감지된다. 후각상피는 주위에서 분비되는 점액질에 있는데 냄새를 맡기 위해서는 냄새물질의 화학적 성분이 이 점액질에 용해되어야만 느낄 수 있다. 코감기 등에 의해 코가 바짝 마른 경우 냄새를 맡을 수 없는데 이는 냄새 물질이 용해될 수 있는 점액질이 없음에 기인한다.

커피의 특징 및 품질을 결정하는 요소는 애시디티(acidity), 플레버(flavor), 아로마(aroma) 및 바디(body)가 기본 요소이며 이들 각 요소 앞에 여러 종류의 형용사에 의해 그 정도와 상태가 매우 다양하며 복잡해진다. 우리나라의 비교적 짧은 커피 역사와 발달되지 못한 커피문화 때문에 아직도 적절한 우리말 어휘들이 없다. 일부 일본어를 그대 받아들여 사용하고 있는 어휘들도 있는데 이들도 원래의 뜻을 정확히 나타내지 못한 것들도 있다. 따라서 이 저서에서는 적절한 어휘가 없는 경우 원어 그대로 표기하기로 했다.

(1) 애시디티(Acidity)

혀 밑 가장자리와 입천장의 뒤편에서 느낄 수 있는 신선하고 강한 커피 고유의 맛이다. 영어 자체의 뜻인 화학적인 산성(酸性, acidity)과는 크게 관련이 없는 용어로 아주 유쾌하고 반짝이는 신맛이며, 아울러 단맛이 가미된 신맛이다. 이는 커피의 가장 큰 맛의 특징이다. 포두주의 신맛보다는 더 날카롭고 적극적이어서 입안이 환해지는 느낌을 준다. 이러한 맛이 충분하지 않으면 커피의 특성이 없는 평범한 커피에 그치고 만다. 커피 전문 용어에서는 불유쾌한 맛이 뚜렷한 시큼한 맛(sour)과 짠맛이 가미된 신맛(astringent)으로 구분하여 사용한다.

코스타리카산 커피에서는 애시디티가 아주 명확하고 뚜렷한 데 비해 케냐산 커피에서는 애시디티가 풍부하며 포도주 또는 열매의 맛과 냄새가 특징이다. 로부스타와 저지대에서 재배된 아라비카 그리고 묵힌 커피(aged coffee)에서는 애시디티가 거의 없고 단맛이 우세한 평범한 커피이다. 예멘 모카커피에서 요망되는 애시디티가 아주 압도적이다.

전문 커피상점이나 이들의 선전물에서는 애시디티에 대해 표기하지 않는데 이는 소비자들이 유쾌하지 못한 신맛으로 오인할까 봐 두려워서다. 애시디티를 과학적인 기준이나 표준은 없으나 밝은(bright), 드라이(dry), 예리한(sharp), 기운찬(brisk), 감동적인(vibrant) 등과 같은 초보자에게는 다소 어렵기도 한 형용사로 표현하고 있다. 정도에 따라 낮음(low), 중간(medium) 및 강함(high) 등으로 나타내고 때로는 와인이나 특정 과일에서 느낄 수 있는 신맛 등으로도 표기한다.

사람마다 애시디티에 대한 표현법이 상이하여 애시디티와 관련된 일반적인 용어들을 모아 보면 다음과 같다.

- **역한 신맛의(acerbic)**: 주로 커피를 추출한 후 다소 시간이 경과되면 긴 사슬형 유기화합물(long chained organic compound)이 생성되어 생기는 역하고 시큼한 맛의 형용사.
- **신맛(acid)**: 아라비카, 특히 고산지대에서 재배되는 커피의 특성인 신맛이다. 일부 변종들에서는 배전에 의해 이 맛을 창출하는데 이를 화학적인 산성도로 측정하지는 않는다.
- **신맛의(acidy)**: '신맛'의 형용사로 커피의 신맛은 드라이 와인(dry wine)의 신맛과 유사하다. 일부 커피에서는 아주 뚜렷하게 포도주에서와 같은 신맛이 나는데, 특히 케냐산 커피에서 뚜렷하게 느낄 수 있다. 전문점에서는 이러한 신맛을 과일의 신맛(fruity), 말린 과일의 신맛(dry fruit)이나 특정 과일의 명칭을 붙인 신맛 등으로도 표기한다. 해발고도 1,200m에서 재배된 열매를 수세식에 의해 가공한 커피에서의 신맛을 얼얼한 신맛(piquant)으로부터 차가운 신맛(nippy)으로 구분하기도 한다.
- **자극성 신맛(acrid)**: 혀의 후단부 양단에서 느낄 수 있는 톡 쏘는 신맛이다. 시큼한 짠맛 성분이 높아 생기며 브라질의 리오 커피(Rio coffee)를 비수세식에 의해 가공했을 때 뚜렷하게 나타난다.
- **짠 신맛(astringent)**: 커피에서 2차 미각(secondary taste sensation)의 일종으로 혀의 앞부분 양측에서 느낄 수 있는 짠맛이다. 짠맛과 신맛이 혼합되어 생기며 커피에서는 요망되지 않는 맛이다. 비수세식 인도네시아 로부스타가 짠 신맛의 대표적 예이다.

- **짜릿한(sharp)**: 1차 미각으로서 커피 내의 짠맛이 신맛과 어울려져 전체적으로 짠맛이 강해진 상태를 말한다. 비수세식 커피에서 가장 뚜렷하게 나타나는 특징이며 그 정도는 거침(rough)과 짠 신맛으로 구분한다.
- **시큼한 신맛(sour)**: 혀의 양 가장자리 부분에서 느낄 수 있는 타르타르산(tartaric acid), 구연산(citric acid), 말산(malic acid)에서 기원하는 신맛으로 4대 기본 맛(basic taste)의 한 종류이다. 그러나 커피에서는 커피 자체가 가지고 있는 신맛이 아니어서 불유쾌한 신맛으로 간주하며 혀의 끝 부분에서 감지된다.
- **차가운 신맛의(nippy)**: 2차 미각의 일종으로 혀끝에서 느낄 수 있는 단맛에 의해 결정되는데 신맛이 정상 이상일 때 나타나는 단맛이다.
- **통쾌한 신맛의(piquant)**: 2차 미각의 일종으로 혀의 끄트머리에서 느낄 수 있으며 신맛이 정상보다 높으나 실제로는 단맛이 더 우세한 것으로 케냐AA 커피에서 아주 뚜렷하게 나타난다.
- **시큼한 신맛의(soury)**: '시큼한 신맛'의 형용사로 시큼한 신맛에 짠맛이 가미되었을 때 사용하고 비수세식 로부스타 커피에서 잘 나타나며 그 정도는 강함(hard)에서 자극성 신맛(acrid)으로 구분한다.

(2) 바디(body)

입속의 느낌(mouth-feel)이라고도 표현되는 바디는 한 모금의 커피를 입속에서 돌릴 때 혀의 뒷부분에서 느낄 수 있는 커피의 농도(濃度, heaviness), 밀도(密度, richness) 및 점도(粘度, thickness)의 종합적인 표현이다. 입속에 물이 있을 때와 우유가 있을 때의 차이점과 같은 것이다. 커피에서의 바디 감각은 커피를 추출할 때 유리되는 고형 성분과 지방 성분에서 유래한다. 포도주에서도 커피에서와 같은 의미에서의 바디라는 용어를 사용하고 있다. 누구나 백포도주와 적포도주를 입속에 머금었을 때의 차이점을 쉽게 알 수 있는 것과 같다. 밀도와 관련된 형용사는 정확한 우리말 표현이 어려워 영어 그대로 쓰는 것이 관례이다. 밀도의 정도에 따라 풀(full), 미디엄(medium) 그리고 로(low)로 나타내며 농도가 높아 진할 때는 헤비(heavy) 또는 그레이터(greater) 등으로 표기한다. 밀도, 농도 및 점성의 정도를 종합적으로 나타낼 때는 가벼움(light), 부드러움(smooth), 풍부함(full) 등으로도 구분한다.

초보자들은 이러한 바디의 차이점을 인식하기 어려울 것이다. 그러나 바디가 로, 즉 라이트한 멕시코 커피와 바디가 가장 헤비한 수마트라 커피 그리고 그 중간에 해당하는 예멘 모카커피를 시음하면 다소 바디의 차이점을 알 수 있을 것이다. 그래도 차이점을 인식하기 어려우면 위의 3종의 커피에 같은 양의 밀크를 넣은 후 시음하면 쉽게 이해할 수 있을 것이다. 바디감이 진한 수마트라 커피에서는 계속 커피 맛이 우세한 반면 바디가 옅은 멕시코 커피에서는 거의 커피의 맛, 즉 바디를 느낄 수 없을 것이다.

바디 관련 형용사들은 사람에 따라 서로 다르게 표현하기도 하며 같은 상태와 현상을 다드게 표현하기도 하나 일반적인 형용사들은 다음과 같다.

- **고지방성의(buttery)**: 커피 속에 높은 부유지방 성분 함량을 의미하며, 원두에서의 높은 지방 함량에서 기원한다. 그러나 때로는 추출 시 물의 양에 비해 원두의 비율이 높은 때도 이러한 현상이 생긴다.
- **크림성의(creamy)**: 높은 부유 고형 성분과 부유 지방 성분을 함유

한 커피로서 수로 원두 내의 지방 함량에서 기원한다.

- **풀(full)** : 커피의 밀도가 아주 높을 때 사용.
- **헤비(heavy)** : 커피 속에 고형 부유물질의 함량이 높은 상태이며 이들 고형 부유물질은 원두 섬유의 미세입자와 불용성인 단백질에서 기원한다.
- **그레이터(greater)** : 커피 속에 고형 부유물질의 함량, 원두섬유의 미세입자 및 불용성 단백질의 함량이 아주 높은 상태.
- **라이트(light)** : 커피 속에 고형 부유물질의 함량, 원두섬유의 미세입자 및 불용성인 단백질의 함량이 비교적 낮은 상태.
- **로우(low)** : 커피의 밀도가 낮을 때 사용.
- **미디엄(medium)** : 밀도가 중등도인 것.
- **리치(rich)** : 커피 내의 가스 성분과 증기가 높아 뚜렷하게 느낄 수 있는 세기.
- **텁텁한 맛(muddy)** : 부유 상태의 입자들이 많을 때 생긴다.
- **라운디드(rounded)** : 커피 내의 가스와 증기가 감소된 강도를 나타냄.
- **스무스(smooth)** : 커피에 부유 지방성 물질이 비교적 낮은 상태로 지방은 원두에서 기원한다.
- **시럽과 같은(syrupy)** : 농도가 진하여 마치 시럽과 같은 상태.
- **딕(thick)** : 커피 내에 부유 고형성분 함량이 비교적 높은 상태. 원두의 섬유소 미세입자와 비수용성 단백질에 기인한다. 에스프레소 스타일 커피의 특징이기도 하다.
- **딘(thin)** : 커피 내에 부유 고형성분 함량이 비교적 낮은 상태. 원두의 섬유소 미세입자와 비수용성 단백질에 기인한다. 일반적으로 이러한 커피는 바디가 결여되는데 이는 충분히 농축되어 추출되지 않았거나 제대로 배전되지 않았을 때 생긴다.

- 물과 같은(watery) : 커피의 농도가 낮거나 커피 내의 부유지방성분 함량이 비교적 낮음에 기인한다.
- 위크(weak) : 바디가 결여되어 있으나 무미는 아닌 커피.

(3) 아로마(aroma)

커피를 마시기 전 또는 마시는 과정 중에 후각을 통해 향을 느낄 수 있는데 이를 '아로마'라 한다. 아로마는 미각과 함께 표현하기도 하며 애시디티나 플레버와 엄격하게 분리할 수 없다. 신 커피 맛에서는 신 냄새가 나며 풍만한 플레버 커피에는 풍만한 플레버가 있다. 실제 커피를 마시기 전 커피에서 잠깐이나마 미묘한 꽃향기를 맡을 수 있는데 이러한 향은 커피를 감정할 때 잔 위에 떠 있는 분쇄된 원두 가루를 체 쳤을 때 아주 뚜렷하게 나타난다. 예멘 모카커피에서는 미묘하고 신선한 꽃향기를 느낄 수 있으나 이는 원두의 신선도 그리고 배전 상태에 따라서 달라질 수도 있다.

최상급의 콜롬비아와 코나 커피에서는 꽃향기가 아주 뚜렷하다. 중배전된 남미 커피에서는 중미의 코스타리카 커피에서와 같이 달콤한 바닐라와 견과(堅果, nut)의 향과 맛이 합쳐진 아로마를 느낄 수 있음에 비해 수마트라 커피에서는 연기(smoky), 얼얼한(pungent), 흙 냄새(earthlike) 또는 향기로운(spicy) 아로마를 느낄 수 있다. 코스타리카의 유명한 에스테이트 커피인 라 미니타 커피를 접하게 된다면 여운이 남고 공명하는 깊이를 느낄 수 있을 것이다. 케냐 커피에서도 위와 유사한 아로마를 느낄 수 있다. 수마트라 커피에서는 아로마가 한정되고 제한된 것이 단점이다. 아로마는 일반적으로 약함(faint), 섬세함(delicate), 독특한(distinctive) 및 뚜렷함(bold) 등으로 구분한다. 아로마와 관련된 용어들은 플레버에서 설명하겠다.

(4) 플레버(flavour)

플레버란 커피 용어 가운데 아마도 가장 모호하나 가장 특징적인 용어로서 애시디티, 아로마 그리고 바디와 아울러 이들 용어에서 포함되지 못한 모든 특성이 포함된 용어이다. 즉, 후각과 미각을 통해 향과 맛을 함께 감지하는 것이라고도 할 수 있다. 어떤 커피는 가득한 플레버(fuller flavour), 풍부한 플레버(richer flavour)을 가졌다고 하며 신맛이 다른 특성에 비해 월등하게 나타날 때는 톡 쏘는 신맛(acidy tang)등으로 표기하기도 한다. 또한 때로는 무미(flat), 활력이 없는(lifeless) 또는 강하나 단조로운 플레버 등으로도 말한다. 한 커피가 다른 커피에 비해 플레버의 특성이 강할 때는 독특한 플레버(distinctive flavour)를 가졌다고도 한다. 플레버의 특성은 다음과 같은 세 가지 요인에 의해 결정된다.

- **풍만성(richness)** : 신맛, 바디 및 플레버 모두에서 얻는 만족감.
- **복합성(complexity)** : 여러 플레버가 동시에 존재하고 있어 상호 보완 역할을 하여 잘 조화를 이룬 것. 여러 플레버가 잘 조화되었으나 바로 쉽게 나타나지 않아 애타게 하는 플레버다. 케냐 커피가 가장 대표적이다. 상급품의 수마트라 커피에서도 복합성이 있으나 균형(balance)이 결여되었다. 예멘 모카도 복합성이 잘 갖추어져 있음에 비해 멕시코 커피에서는 복합성이 거의 없다.
- **균형성(balance)** : 매우 애매한 용어로서 전문 감정가들이 커피의 결함을 감정할 때 입속 어느 특정 부위에서만 느끼지 못하는 커피를 지칭한다. 일반적으로는 어느 한 특징이 모든 다른 특성을 압도하지는 않으나 충분한 복합성을 가지고 있을 때 이를 균형성이라고 한다. 케냐 커피는 복합성과 균형성 모두를 갖추고 있으나 수마트라 커피는 뚜렷한 자극적인 맛에 의해 균형이 잡히지 않았

고 다소 거칠다고도 할 수 있다.

커피에서 사용되는 플레버 및 아로마 관련 용어들 중 요망되는 특성은 다음과 같으나 애호가에 따라 그 표현법이 상이할 수도 있으며 같은 현상을 다르게 표현하기도 한다.

- **캐러멜의(caramelly)**: 휘발성인 카르보닐 화합물(carbonyl compounds)을 후각을 통해 느낄 수 있는 향으로, 캔디 또는 시럽에서 느낄 수 있는 향과 같다.
- **초콜릿의(chocolaty)**: 피라진 화합물(pyrazine compounds)의 휘발성성분을 후각을 통해 느낄 수 있는 향으로 설탕이 가미되지 않은 초콜릿이나 바닐라의 향과 맛과 같은.
- **클린(clean)**: 플레버에 결함이 없는 상태.
- **섬세한(delicate)**: 2차 미각으로서 혀끝 부분에서 느낄 수 있는, 곧 사라지는 듯 약한 단맛인 상태. 당분과 염분이 결합된 상태이나 단맛이 다소 우세한 상태로 다른 맛에 의해 쉽게 없어지는 것이 특징이다. 뉴기니 수세식 커피에서 가장 잘 나타난다.
- **깊이(depth)**
- **드라이(dry)**
- **향기로운(fragrant)**: 분쇄된 커피 가루에서 느낄 수 있는 달콤한 꽃향기에서 달콤한 향신료 향기.
- **신선한(fresh)**: 바로 수확하여 배전한 커피에서 뚜렷하게 느낄 수 있는 매우 유쾌한 플레버를 제공하는 상태. 원두와 커피에서의 신선한 향은 매우 뚜렷하며 유쾌하게 한다. 유황성분을 함유하고 있는 휘발성성분은 때로 후각 점막에 자극을 주기도 한다.
- **과일의(fruity)**: 커피 내부의 에스터(esters)와 알데히드(aldehydes)

의 휘발성성분에 의한 감귤류의 달콤한 냄새나 때로는 열매의 떫은 냄새가 요구되지 않는 냄새일 때도 있다.

- **감미로운(mellow)**: 커피의 1차 미각으로서 커피 내의 짠맛이 단맛과 합쳐 단맛이 더 뚜렷하게 나타난 상태. 1,300m 이하의 고도에서 재배한 세척식 아라비카 커피와 하와이의 코나 커피에서 느낄 수 있으며 감미로운 향의 범위는 마일드(mild)에서 섬세함으로 구분한다.

- **마일드(mild)**: 2차 미각으로서 바로 혀끝에서 느낄 수 있는 달콤한 맛이며 당분과 염분의 함량이 높아 생긴다. 세척식 수마트라 커피에서 아주 뚜렷하다.

- **얼얼한(pungent)**: 풀 바디의 커피에 사용되며 다소 도전적인 바디이다.

- **숙성한(round)**: 균형이 잡힌 커피로서 숙성된 느낌과 감각을 자극하는 특성이 적정 수준으로 어떤 특성이 뚜렷하게 나타나지 않는 것.

- **소프트(soft)**: 2차 감각으로서 혀의 어느 부분에서도 약한 떫은맛을 제외하고는 우세한 맛을 느낄 수 없는 상태. 짠맛이 신맛을 없애버릴 정도로 높으나 단맛은 없애버릴 정도로 높지 않음에서 생긴다. 세척식 브라질 산투스 커피에서 전형적으로 느낄 수 있다.

- **소프트 스위트(soft-sweet)**: 유쾌하고 깔끔한 맛으로, 요망되지 않는 플레버가 없는 상태로 브라질 커피에 대해 주로 사용하는 용어이다.

- **향신료의(spicy)**: 휘발성 탄화수소 화합물에 의한 냄새로서 계피, 정향(clove) 및 기타 향을 느끼게 하는 향으로서 커피를 마신 후에 느낄 수 있는 향이다.

- **강한(strong)**: 플레버가 풍만하여 다소 얼얼한 맛을 주는 상태로서 배전과정에서 생성된다.

- **단(sweet)**: 당분, 알코올, 글리콜(glycol) 및 일부 아미노산에서 기원하는 기본 단맛으로 혀의 앞부분에서 감지된다. 커피 거래에서는 리오리 플레보의 거칠음(harshness)이 없다는 뜻으로도 사용된다.
- **달콤한 꽃향기의(sweetly floral)**: 달콤한 향기를 내는 알데히드와 에스테르의 휘발성 성분에 의한 냄새로서 주로 재스민 향과 같이 꽃향기가 나는 것.
- **달콤한 향신료의(sweetly spiced)**: 커피 중의 에스테르와 알데히드의 휘발성 성분이 카다몬(cardamom) 등과 같은 향신료의 향을 내는 것.
- **포도주 맛의(winy)**: 1차 미각으로 커피 중의 단맛이 신맛과 어울려져 신맛을 압도했을 때 나타난다. 해발고도 1,300m 이상에서 재배한 비세척 아라비카, 에티오피아의 비세척 아지마(Djimmah) 커피에서 뚜렷하게 나타난다. 싸한 맛에서 톡 쏘는 포도주 맛을 낸다. 특정 모카 타입, 바로 탈각한 커피 또는 첫 수확물에서 이와 같은 특이한 플레버를 느낄 수 있다.

커피에서 요망되지 않는 플레버는 다음과 같으나 애호가에 따라 동일하지 않을 수도 있으며 아울러 표현법이 상이할 수도 있다.

- **동물 냄새의(animal-like)**: 동물에서 나는 냄새로서 젖은 가죽냄새, 땀 냄새, 오줌냄새와 같은.
- **재 냄새의(ashy)**: 재떨이나 흡연자의 손가락에서 나는 냄새 등과 같은.
- **처진 맛의(baggy)**: 약하게 배전된 원두에서 추출한 커피를 적정 온도가 아닌 온도에서 오래 놓아두었을 때 생기는 맛이 없는 상태의.
- **구운 맛의(baked)**: 맛과 냄새의 결합으로 김이 빠진 맛이다. 주로

배전과정 중에 약한 열에서 오랫동안 배전할 때 생긴다. 맛은 구은 맛과 태운 맛 등으로 세분되기도 한다.

- **쓴맛(bitter):** 구아닌(quinine), 카페인 및 특정 알칼로이드(alkaloids)에 기인한 쓴맛으로 혀의 뒷부분에서 느낄 수 있는 기본 미각이다. 배전정도와 추출법에 따라 생기나 원래 커피의 특성이다. 그러나 과도한 쓴맛은 요망되지 않는다. 아라비카보다 카네포라에서 쓴맛이 더 탁월하다.

- **덤덤한 맛(bland):** 커피의 특성과 플레버가 없는 것을 지칭한다. 단맛이 짠맛을 압도하여 짠맛이 저하된 상태에서 나타난다. 해발고도 700m 이하에서 재배한 과테말란(Guatemalan) 등과 같은 수세식 아라비카에서 뚜렷하게 나타나며 그 정도 약함(soft)에서 중성(neutral)으로 구분한다.

- **불쾌한 짠맛의(brackish):** 커피에서 짠맛과 알칼라인(alkaline)을 뚜렷하게 느낄 수 있는 불쾌한 맛이다. 추출 후에 열을 가했을 때 물이 증발하면서 염분과 알칼라인 등과 같은 무기물이 생겼을 때 나타난다.

- **빵과 같은 맛의(bready):** 제대로 배전되지 못한 커피에서 플레버가 생기게 하는 유류성분이 제대로 발현되지 못했을 때 생기는 빵에서 느낄 수 있는 것과 유사한 맛.

- **탄 맛의(carbony):** 커피를 마신 뒤에 느낄 수 있는 냄새로서 휘발성인 헤테로사이클릭 화합물(heterocyclic compounds)에 의해 생긴다. 크레졸과 같은 물질과 탄 물질에서 느낄 수 있는 냄새와 같다.

- **캐러멜화된 맛(caramelized):** 설탕, 포도당 시럽 또는 당밀에 담갔다 꺼낸 원두로 만든 커피에서 나타나는 맛이다. 일부 인스턴트커피에서 쉽게 느낄 수 있다.

- **가성의 맛(caustic)**: 혀의 뒷부분 양측에서 느낄 수 있는 불유쾌하고 타는 듯하며 강한 신맛이다. 염분의 농도가 높은 가운데 알칼로이드(alkaloid)에 의한 신맛이 높아졌을 때 생긴다.
- **약 냄새의(chemical)**: 포르말린 등과 같은 명확한 약품 플레보이나 리오 플레버와는 상이한 플레버다.
- **치커리의(chicory)**: 치커리의 뿌리에서 느낄 수 있는 시고 단맛이 복합된 형태의 맛.
- **삶은 맛의(cooked)**: 너무나 뜨겁게 한 인스턴트커피에서 느낄 수 있는 전형적인 맛.
- **거칠음(course)**: 혀에서 느낄 수 있은 거칠음
- **크레졸 맛의(cresol)**: 강배전에 의해 페놀화합물(phenolic compounds)의 함량이 증가하게 되어 생긴다. 혀의 뒷부분을 마치 긁는 듯한 감각이다.
- **불결한(dirty)**: 불결한 플레버로서 흙냄새 및 곰팡이 냄새와는 구분하여 사용됨.
- **무감각(dead)**: 무취(flat)와 같은 뜻으로 사용됨.
- **무딘(dull)**: 성숙된 감각이 있으나 동시에 특징이 전혀 없는 상태로 무취(flat)와도 같은 뜻으로 사용됨.
- **흙냄새의(earthy)**: 생두에서 맡을 수 있는 냄새로서 건조과정 중에 생두 내의 지방성분이 유기물질을 흡수하여 생긴다. 이들 원두로 만든 커피에서도 흙냄새가 나며 수마트라 커피에서 뚜렷이 느낄 수 있다. 이러한 흙냄새를 선호하는 애호가도 있어 일부러 흙냄새가 나게 하는 경우도 있다.
- **에릅시그(erpsig)**: 감자의 맛과 냄새.
- **발효의 맛(fermented)**: 생두에서 느낄 수 있는 매우 불유쾌한 신맛이다. 건조과정 중에 생두 내의 효소가 당분을 산성으로 변화시킴

에 기인하다.

- **무취의(flat)**: 추출한 커피를 오래 놓아두거나 배전 후 적절하게 보관하지 않아 방향성 화합물이 휘발되어버림에 기인한다.
- **이물질(foreign)**: 플레버의 결함을 의미하는데 일반적으로 오염원이 유입되었을 때 생긴다.
- **더러운(foul)**: 발효 및 불유쾌한 가죽 및 양파 냄새와 같이 그 강도가 매우 높은 결함.
- **그래디(grady)**: 더러움의 기반이 되는 플레버이나 실제는 더러움이 아닌 것으로 미국에서만 사용되는 용어임.
- **풀냄새의(grassy)**: 원두에서 느낄 수 있는 막 깎은 알팔파 냄새가 풀의 떫은 냄새와 복합된 냄새이다. 열매의 성숙과정 중 과도한 질소화합물의 생성에서 기인한다. 덜 익은 열매나 방금 수확한 열매에서 특히 뚜렷하게 나타난다.
- **그린(green)**: 커피에서 초본식물 특성의 맛으로 배전과정 중에 배전 시간이 짧아 당분성분이 제대로 합성되지 않음에 기인한다. 나무의 생잎을 씹는 맛이며 일찍 수확한 커피에서 때때로 나타난다.
- **하드(hard)**: 혀의 양 끝단에서 느낄 수 있는 찌르는 듯 시큼한 신맛이다. 신맛이 정상 이상이며 당분이나 염분 중 어느 한 성분이 부족할 때 생긴다. 일반적으로 하드커피는 밸런스가 결여되어 있는 것이 특징이다.
- **거친 맛의(harsh)**: 톡 쏘는 신맛이 쓴맛과 같이 나타나는 불유쾌한 맛이다. 특히 저질의 로부스타 커피에서 잘 나타난다.
- **초본의(herby)**: 커피의 아로마 중의 휘발성인 강한 에스터(esters)와 알데히드 냄새로서 양파나 녹색야채의 냄새가 난다.
- **가죽 냄새의(hidey)**: 생두에서 수지와 가죽 냄새가 나는 것으로, 건조과정 중에 과도하게 건조시킴으로써 지방의 분해에 의해 생성

되는데 특히 건조기를 사용할 때 더 많이 나타난다.

- **곡물 냄새의(malty):** 곡물을 볶았을 때의 냄새로 휘발성인 케톤(ketones)과 알데히드에 의해 생긴다.
- **약 맛의(medicinal):** 혀의 후단 양 측면에서 강하게 느낄 수 있는 톡 쏘는 신맛으로, 단맛이 전혀 없는 상태에서 알칼로이드의 신맛이 전혀 단맛의 느낌이 없이 높아짐에 기인한다.
- **곰팡이 냄새의(moldy):** 커피를 제대로 보관하지 못했을 때 생기는 냄새다. 냄새의 정도는 가공 및 건조과정에서 결정된다.
- **생두의 곰팡이 냄새(musty):** 생두에서 나는 냄새로서 건조과정 중에 생두 내의 지방성분이 곰팡이의 유기물질을 흡수한 데서 기원한다.
- **중성의(neutral):** 혀의 어떤 부위에서도 뚜렷이 느낄 수 있는 맛이 없으나 혀의 양 측면을 마르게 하는 맛이다. 염분의 함량이 높아 신맛과 단맛을 압도함에 의해 생기나 짠맛은 느낄 수 없는 맛이며 우간다의 수세식 로부스타 커피에서 쉽게 느낄 수 있다.
- **첫 수확물(new crop):** 추출한 커피에서 다소의 초본식물의 맛이 나는 것으로 숙성과정을 거쳐 효소들이 이러한 맛이 없애주지 못하는 데 기인한다.
- **니피(nippy):** 혀의 끝단에서 느낄 수 있는 단맛으로 신맛이 정상보다 높았을 때 나타난다.
- **견과의(nutty):** 볶은 견과에서 나는 냄새로, 휘발성인 알데히드와 케톤에 의해 생긴다. 가공과정 중에 물 위에 뜨며, 색상이 제대로 발현되지 않았으며 땅콩의 플레버를 가진 저품질 생두의 특징이다.
- **기름 맛의(oily):** 커피에서 나는 기름의 맛과 냄새로 과도하게 배전하는 데 기인한다.
- **묵은(old):** 배전한 원두를 너무 오래 보관함으로써 아로마가 변하고 특정 불유쾌한 플레버를 가진 것.

- **오래 묵은(oldish)**: 신선한 맛이 전혀 없으며 약한 건초의 냄새가 나나 거의 무취인 것.
- **양파와 같은(oniony)**: 양파와 같은 플레버를 가진 것.
- **종이와 같은(papery)**: 종이를 씹는 것과 같은 맛으로 커피를 종이 포장에 싸거나 저질 여과지를 사용함으로써 생긴다. 인스턴트커피에서는 특정 제조 공정 중에 생긴다.
- **묵은 수확물(past crop)**: 신맛이 다소 떨어지며 숙성과정에서 생두 내에서의 효소에 의해 야기된다.
- **완두콩의(peasy)**: 갓 딴 완두콩과 같은 맛으로 요망되지 않는 맛이다.
- **생감자 맛의(potato)**: 생감자의 맛과 같은.
- **빈약한(poor)**: 일반적인 플레버만을 가진 커피.
- **과육의(pulpy)**: 커피열매 과육에서와 같은 강하고 불유쾌한 과일과 같은 플레버.
- **퀘이커리(quakery)**: 커피에서 땅콩과 같은 플레버를 가진 맛으로, 덜 익은 열매를 수확하여 가공하는 데 기인한다.
- **고약한 맛의(rancid)**: 아주 고약한 커피 맛으로 지방의 산화에 기인한다.
- **랜크(rank)**: 과도하게 발효되었거나 오염에 의해 생기는 불유쾌한 맛.
- **리오(rio)**: 브라질산 커피에서 느낄 수 있는 요도(iodine)와 같은 플레버.
- **리오이(rioy)**: 생두에서 아주 뚜렷한 약품과 같은 맛으로서 열매가 익는 중 또는 과도하게 익는 중에 효소들이 계속 작용하는 데 기인한다. 주로 브라질산 비수세식 커피에서 흔하며 브라질 지역에서도 리오 지역에서 재배된 커피에서 더욱더 뚜렷하다.

- **거친 감각의(rough)**: 혀나 입천장에서 느낄 수 있는 짠맛이다.
- **고무와 같은(rubbery)**: 생두에서 나는 탄 고무 맛으로 과도하게 숙성한 열매에서 효소의 계속적인 작용에 의해 생긴다. 주로 아프리카산 로부스타를 건식법에 의해 가공했을 때 흔히 나타난다.
- **그을린 냄새의(scorched)**: 페놀과 피리딘(pyridine) 냄새로 생두 내의 이들 성분들이 제대로 캐러멜화되지 못했음에 기인한다..
- **스내피(Snappy)**
- **연한 맛(soft)**: 혀의 어떤 부위에도 약간의 드라이한 맛을 제외하고는 뚜렷하게 느낄 수 있는 맛이 없는 것. 높은 염분이 신맛을 중화시켰으나 단맛은 중화시키지 못하는 데 기인한다. 브라질의 수세식 산투스 커피의 특징이기도 하다.
- **시큼한 맛(sour)**: 혀의 끝에서 느끼는 주석산(tartaric acid), 구연산(citric acid) 및 말산(malic acid)에 의한 불유쾌한 시큼한 맛으로, 커피의 특징인 자연적인 신맛과는 구별된다.
- **사워리(soury)**: 커피의 신맛이 짠맛과 결합하여 짠맛을 더 높여주었을 때의 맛이다. 비수세식 아라비카에서 흔히 나타난다.
- **상한 맛(stale)**: 커피에서 나는 아주 불유쾌한 맛으로, 습기와 산소가 생두의 섬유소에 유입되어 유기물질에 나쁜 영향을 미침에 기인한다.
- **끓인 맛(stew)**: 한번 끓인 커피를 식힌 후 다시 끓였을 때의 맛으로 첫 번째 끓였을 때의 아로마가 모두 없어진 것.
- **스팅커(stinker)**: 긍정 또는 부정적인 모든 면의 특징 없는 커피.
- **짚과 같은(strawy)**: 짚의 맛과 같은 특성으로 생두의 보관과정 중에 유기물질이 손실되어 생긴다.
- **결함의(tainted)**: 다소 플레버에 결함이 있는 커피.
- **싸한(tangy)**: 혀의 양 측면에서 느낄 수 있는 신맛으로, 당분 함량

이 정상보다 많아 거의 과일 맛과 유사한 맛이 난다. 비수세식 인도산 아라비카에서 쉽게 느낄 수 있다.

- **타르 맛의(tarry)**: 커피에서 불유쾌한 탄 맛으로, 커피를 추출하고 오래 놓아두었을 때 생긴다.
- **매우 신맛(tart)**: 혀의 양 측면에서 느낄 수 있는 심한 신맛으로 시큼한 신맛이 과다한 상태이다.
- **팁드(tipped)**: 커피에서 곡물과 같은 맛이 나는 것으로 배전과정 중에 너무나 급속하게 열을 가함으로써 생긴다.
- **송진 냄새(turpeny)**: 휘발성인 탄화수소 화합물과 아질산염에 의해 생성되는 냄새로서, 송진 냄새나 장뇌와 유사한 약품 냄새이다.
- **얽힌(twisty)**
- **김빠진(vapid)**: 냄새를 나게 하는 유기물질이 없어 전혀 냄새가 없는 커피로서 추출한 커피를 오래 놓아두거나 또는 배전 후 공기에 노출시켰을 때 생긴다.
- **약한(weak)**: 바디는 결여되었으나 무취는 아닌 상태.
- **와일드(wild)**: 원두에서의 결함에 기인하며 불유쾌한 신맛이 나는데 이는 생두 내에서의 화학적 변화 또는 생두 표면의 오염에서 기원한다.
- **어수선함(wildness)**: 엽조 등이 약간 썩기 시작할 때의 맛과 냄새로서, 일반적으로는 요망되지 않는 맛이나 에티오피아 커피의 특유의 맛이다.
- **위시워시(wishy-wasy)**: 모든 면에서의 부정적인 특성이 있는 커피.
- **나무 맛의(woody)**: 생두에서 뚜렷하고 불유쾌한 나무와 같은 특징의 맛과 냄새로, 생두의 보관 중에 생두 내의 유기물질이 완전히 손실됨에 기인한다. 상품성이 없으며 이로써 커피를 만들면 마른 나무냄새가 뚜렷하게 난다.

(5) 뒷맛(finish, aftertaste)

아로마가 전주곡(前奏曲)이라고 한다면 뒷맛이란 연주 후에 느낄 수 있는 조용한 감동이라고 할 수 있다. 뒷맛이란 근래 포도주 감정에서 사용되는 용어를 그대로 도입하여 사용하고 있는 용어이다. 뒷맛이라 커피를 마신 후에 입속에 남아 있는 맛과 향에 대한 느낌이다. 뒷맛이란 어느 면에서는 바디의 표현법이기도 하여 짙은 바디를 가진 수마트라 커피의 뒷맛은 오래가며 가벼운 바디의 멕시코 커피에서는 뒷맛이 매우 짧다.

(6) 에스프레소(espresso)의 맛과 향

에스프레소의 맛과 향은 에스프레소 고유의 용어로 표기되는 경향이 있다. 사용 생두와 아울러 배전 및 추출과 주로 연계되었으며 위에서 설명했던 제반 용어와는 다른 개념으로 사용되고 있는데 다음과 같다.

- **단맛(sweetness)**: 에스프레소에서의 단맛이라 함은 정제된 백설탕의 금속성의 단조로운 단맛이 아니라 다른 맛과 더불어 희미하게 느낄 수 있는 활력이 있는 자연적인 단맛을 의미한다. 에스프레소의 단맛은 잘 익은 열매에서 가지고 있는 단맛, 생두를 단순하게 배선하지 않고 생두 내의 당분이 캐러멜화되게 하는 배전 기술 그리고 특별한 추출 기술에 의해 창조된 일종의 단맛이다.
- **쓴맛(bitterness)**: 에스프레소에서의 쓴맛은 강배전된 커피의 특징인 신맛과 유사하기 때문에 중배전된 커피에서 느낄 수 있는 쓴맛과는 상이하다. 쓴맛이나 불쾌하지 않은 쓴맛이다. 쓴맛이라 함은 대부분의 포도주에서 느낄 수 있는 텁텁하고 단맛에 의해 약하게 잘 균형이 잡힌 것을 의미한다. 반면 강배전된 커피에서의 쓴맛은 예를 들어 식전식욕을 증진시키기 위해 마시는 캠파리

(Campari)에서 느낄 수 있는 쓴맛과 같아 그 느낌이 뚜렷하며 입 안 전체에서 느낄 수 있다.
- **날카로운 맛(pungency)**: 양질의 미국 서부 연안식 에스프레소에서 느낄 수 있는 유쾌하고, 신선하며, 미묘한 단맛이다. 커피전문점에 가서 냄새를 맡아본다면 쉽게 이해될 것이다. 복합적인 아로마는 때때로 이탈리아 에스프레소에서도 느낄 수 있으며 북미 및 중 남미 배합커피의 특징이기도 한다. 천천히 검게 배전하는 과정 중에 얻어지며 쓴맛이 가미된 단맛(bittersweetness)이라고도 한다.
- **부드러움(smooth)**: 부드러움은 에스프레소 커피의 특징으로서 우유를 넣지 않거나 소량의 설탕만을 넣고 마실 때 느낄 수 있는 맛이다. 헤비 바디가 신맛과 쓴맛을 압도한 맛이다.

3) 화학적인 성분이 맛과 향에 미치는 영향
(1) 애시디티와 신맛

커피에서의 애시디티는 커피성분 중 산(酸, acid) 성분의 양자(陽子)가 우리 혀의 수용체(受容體, receptor)에 수용됨에 기인한다. 중앙아메리카 및 서부 서아프리카산 커피에서의 신맛은 커피 특유의 맛임에 비해 시큼한 신맛은 커피의 결함의 일종이다. 신맛은 재배고도와 염류가 풍부한 화산성 토양과 밀접한 관계가 있다. 수세식 커피에서의 애시디티는 비수세식 커피에서보다 현저하게 월등하다. 이는 아마도 비수세식 커피에서는 수세식 커피에서보다 월등한 바디가 수세식 커피에서의 애시디티를 제대로 발현되지 못하게 한 것으로 사료된다. 추출한 커피에서의 각종 산의 농도는 배전상태, 배전기 종류 그리고 추출방법에 따라서도 다르다. 원두커피에서 신맛에 관여하는 물질은 휘발지방카르복실화합물, 비휘발지방카르복실화합물, 후라노이드헤테로카르복실화합물, 클로제닉화합물(clorogenic compound), 지방족

고리(alicyclic) 및 페놀화합물 그리고 무기화합물의 다섯 부류로 대별할 수 있으며 각각의 특성은 다음 표와 같다.

산성인 화합물의 특성과 신맛과의 상관관계

산성인 화학적 성분	화합물	비 고
Formic acid	a	CH_2O_2. 비등점 107℃. 톡 쏘게 하는 신맛이며, 약배전 상태에서 최대 농도가 됨.
Acetic acid	a	$C_2H_4O_2$. 비등점 117.9℃. 애시디티의 주원인 물질로서 탄수화물의 분해에 의해 생성되며 액배전시 최대농도가 된다.
Propanoic acid	a	$C_3H_6O_2$. 비등점 140℃. 역할은 알려져 있지 않음.
Butanoic acid	a	역할이 알려져 있지 않음.
Methylpropanoic acid	a	역할이 알려져 있지 않음.
Pentanoic acid	a	역할이 알려져 있지 않음
2-Methylbutanoic acid	a	신맛 발현에 기여하나 배전 상태에 따른 자료는 없음.
3-Methylbutanoic acid	a	
Hexanoic acid	a	$C_6H_{12}O_2$. 액체성 지방성분으로 신맛 발현에 관여함.
Heptanoic acid	a	$C_7H_{12}O_2$. 다소 물에 용해되는 지방성분으로 신맛 발현 여부는 알려져 있지 않음.
Octanoic acid	a	$C_8H_{16}O_2$. 신맛 발현에 다소 관여.
Nonanoic acid	a	무색의 유류 성분으로 신맛 발현에 다소 관여
Decanoic acid	a	역할이 알려져 있지 않음.
Lactic acid	b	신맛 발현에 관여하며 배전 상태에 따른 농도 변화 무
Pyruvic acid	b	신맛 발현에 관여하며 배전 상태에 따른 농도 변화 무
cis-and trans-but-e-enoic acid	b	역할이 알려져 있지 않음.
cis-and trans-2-methylbut-2-enoic acid	b	역할이 알려져 있지 않음.

산성인 화학적 성분	화합물	비 고
3-mehylbut-2-enoic acid	b	역할이 알려져 있지 않음.
methylpropenoic acid	b	역할이 알려져 있지 않음.
oxalic acid	b	$C_2H_2O_4$의 무색무취의 물질로서 신맛 발현에 관여
malonic acid	b	$C_3H_4O_4$. 신맛 발현에 관여
succinic acid	b	$C_4H_6O_4$. 신맛 발현에 관여
3-methylene butanedioic acid	b	역할이 알려져 있지 않음.
glutaric acid	b	$C_5H_8O_4$. 역할이 알려져 있지 않음.
Malic acid	b	$C_4H_6O_5$. 신맛 발현에 관여하며 약배전 시 최대 농도가 된다.
tartaric acid	b	$C_4H_6O_6$. 물에 잘 용해되는 물질이나 역할이 알려져 있지 않음.
cis- and trans-butenedioic acid	b	역할이 알려져 있지 않음.
cis- and trnas-methylbutenedioic acid	b	역할이 알려져 있지 않음.
methylenebutanedioic acid	b	역할이 알려져 있지 않음.
citric acid	b	$C_6H_8O_7$. 신맛 발현의 중요 성분이며 중 및 강배전 시 함량이 저하된다.
propene-1,2,3,-tricarboxylic acid	b	역할이 알려져 있지 않음.
2-furoic acid	c	역할이 알려져 있지 않음.
3-monocaffeoylquinic acid	d	$C_{16}H_{18}O_9$. 타액의 단백질을 점막에 침전 시킴으로써 톡쏘는 신맛이 유발되게 함.
4-monocaffeoylquinic acid	d	
5-monocaffeoylquinic acid	d	강배전 시 OGA 값이 80%가 손실됨

산성인 화학적 성분	화합물	비 고
3,4-dicaffeoylqunic acid	d	역할이 알려져 있지 않음.
3,5-dicaffeoylquinic acid	d	역할이 알려져 있지 않음.
4,5-dicaffeoylquinic acid	d	역할이 알려져 있지 않음.
3-feruloylquinic acid	d	역할이 알려져 있지 않음.
4-feruloylquinic acid	d	역할이 알려져 있지 않음.
5-feruloylquinic acid	d	역할이 알려져 있지 않음.
3,4-p-coumaroylqu8inic acid	d	역할이 알려져 있지 않음
3,5-p-coumaroylquinic acid	d	역할이 알려져 있지 않음.
4,5-p-coumaroylquinic acid	e	역할이 알려져 있지 않음.
Quinic acid	e	$C_7H_{12}O_6$. 톡 쏘는 신맛으로 클로젠산의 분해산물로 클로젠산의 열분해에 비례하여 함량이 증가한다.
Ferulic acid	e	$C_{10}H_{10}O_4$. 역할이 알려져 있지 않음
Caffeic acid	e	$C_6H_8O_7$. 신맛과 쓴맛으로 작용함.
Phospheric acid	f	역할이 알려져 있지 않음

a. 휘발성 알리파틱 카르복실화합물(volatile alipatic carboxylic compound)
b. 비쉬발성 알리파틱 카르복실 화합물(non-volatile aliphaic carboxylic compound)
c. 헤테로사이클릭 프라노이드 카르복식 화합물(Hetrocyclic furanoid carboxylic compound)
d. 클로로젠 화합물(Chlorogenic compound)
e. 알리사이클릭/페놀 화합물(Alicyclic/phenolic compound)
f. 무기화합물(Inorganic compound)

중등으로 배전된 커피에서 시트르산(citric acid), 말산(malic acid), 유산(lactic acid), 피루브산(pyruvic acid) 및 아세트산(acetic acid) 농도에서 공시험 값(blank)은 각각 0.30%, 0.22%, 0.13%, 0.07% 그리고 0.27%였다. 반면 매우 약하게 배전한 커피에서의 공시

험 값은 이들 모든 산들을 합한 값이 불과 1.58%였음에 비해 매우 검게 배전한 커피에서는 0.71%로 저하되었다.

클로로젠산(chlorogenic acids)은 아라비카 커피 전량의 약 7%를 점유하고 있다. 커피에 존재하는 가장 큰 이성체인 3-CQA이성체는 4~5%이다. 어떤 학자는 42개의 로부스타 시료에서 17종의 클로로젠산과 같은 물질들을 발견하기도 했다. 클로로젠산은 배전과정 중에 분해되어 주로 퀴닉산(quinic acid)이 된다. 커피를 너무 검게 배전하거나 추출한 커피를 열판 위에 놓아두면 과다한 양의 퀴닉산이 생성되어 유쾌하지 못한 신맛이 나게 된다. 이러한 신맛은 화학적으로 산의 양을 측정할 수 있는 수소이온농도 측정기로서 측정했을 때는 나타나지 않는다. 검게 배전한 커피에서는 이러한 신맛이 저하되어 아마도 상이한 기작에 의해 일어나는 것으로 사료된다.

국제커피조직(International Coffee Organization)의 기술부가 연구한 결과에 의하면 커피에서의 산의 농도는 분쇄입자의 크기, 수온, 추출시간에 따라 상이한 것으로 판명되었는데 이들은 다음의 표에서와 같다.

원두 분쇄상태에 따라 94°C에서 5분간 추출했을 때의 산 종류의 농도(mg · 1^{-1})

종류	거친 분쇄	미세 분쇄	극미세 분쇄
Lactic acid	109.67	194.50	308.33
Acetic acid	242.67	225.67	209.00
Citric acid	325.00	461.00	440.00
Malic acid	119.33	137.00	163.67
Phosphoric acid	68.33	77.33	82.00
Quinic acid	435.33	495.00	510.00
Chlorogenic acid	700.00	1064.67	1177.00
Palmitic acid	5.03	5.90	3.63
Linoleic aic	6.27	5.97	4.50

미세하게 분쇄한 것을 상이한 수온에서 5분간 추출했을 때의 각종 산의 농도(mg · 1⁻¹)

종류	70℃	94℃	10℃
Lactic acid	121.00	194.50	187.33
Acetic acid	151.33	225.67	187.00
Citric acid	388.33	461.00	332.0
Malic acid	131.00	137.00	122.00
Phosphoric acid	86.33	77.33	80.00
Quinic acid	348.33	495.00	383.33
Chlorogenic acid	872.67	1064.67	1067.67
Palmitic acid	3.26	5.90	6.53
Linoleic aic	3.83	5.97	8.30

미세하게 분쇄한 것을 94℃의 온도에서 추출 시간에 따른 각종 산의 농도(mg · 1⁻¹)

종류	1 분	5 분	14 분
Lactic acid	56.67	194.50	125.67
Acetic acid	161.00	225.67	242.00
Citric acid	343.33	461.00	355.33
Malic acid	109.33	137.00	100.33
Phosphoric acid	75.00	77.33	75.67
Quinic acid	525.00	495.00	556.67
Chlorogenic acid	955.00	1064.67	988.33
Palmitic acid	4.97	5.90	5.87
Linoleic acid	6.70	5.97	6.37

220℃에서 5분간 배전한 후에는 원두에 실제 유리아미노산은 존재하지 않는다. 그러나 아미노산은 배전과정 초기에 방향성 물질이 생성되게 하는 메일라드반응(Maillard reaction)에서 중요하다. 인산(燐酸, phosphoric acid)은 신맛을 나게 하는 주성분인 것으로 알려져 있으나 일부 학자들은 인산이 직접적으로 신맛에 관여하지 않는다고도

주장하고 있다. 아직까지도 어떤 산이 커피에서 신맛을 나게 하는지 명확하게 규명되지 않고 있다. 우리는 단순히 커피에 시트르산, 말산, 유산(lactic acid) 및 아세트산의 함량이 높기 때문에 신맛이 나게 하는 중요성분으로 간주하고 있다. 커피에서 매우 복합적인 완충작용, 다양한 염류와 산들의 상호작용에 의해 정확한 신맛의 기작과 원인물질을 찾아내기는 매우 어렵다.

(2) 아로마

커피에서의 아로마는 혀에서 느낄 수 있는 단맛, 짠맛, 신맛, 쓴맛과 뒷맛 이상의 플레버의 특성을 결정짓는 요인이다. 아로마는 아마도 스페셜티커피에서 가장 중요한 특징이기도 하다. 인스턴트커피가 비록 미뢰를 자극할만한 성분을 가지고 있다 할지라도 총체적으로 플레버를 결정하는 방향성 휘발물질은 갖고 있지 못하다. 아로마는 코를 통하거나 입속의 두 가지 방법에 의해 느낄 수 있다. 후자는 입속에 커피를 머금거나 삼킨 후에 비강(鼻腔)의 상단부에서 느낄 수 있는 휘발성의 방향성 물질이다.

커피에 있는 방향성 물질은 현재까지 약 800여 종이 분석되었으나 현대 화학의 발달에 의해 그 수는 더 많아질 것으로 추정된다. 아로마의 감지는 방향성 물질의 농도와 감지할 수 있는 최저 농도에 의해 결정된다. 그러나 다행히도 비교적 농도가 높음과 아울러 낮은 농도로도 우리가 감지할 수 있는 종류는 그리 많지 않다. 아로마는 방향성 원인물질이 배전과정과 추출과정 중에서 열에 의한 화학작용에 의해 분해 또는 이들의 상호작용에 의해 생성된다. 한 학자는 우리가 감지할 수 있는 커피의 휘발성 방향물질의 생성과정에 대해 다음과 같이 대별하고 있다.

① 아미노산, 단백질 트리고넬린(trigonelline), 세로토닌(serotonine) 등의 질소와 탄수화물, 하이드록시산(hydroxy-acids) 및 페놀(phenol) 사이에서의 비효소적인 갈색반응(browning reaction),
② 스트레커(Strecker)의 분해
③ 아미노산의 분해, 특히 유황아미노산(sulfur amino acids), 하이드록시아미노산(hydroxy amino acids) 및 프롤린(proline),
④ 트리고넬린(trigonelline)의 분해
⑤ 당분의 분해
⑥ 페놀산(phenolic acids) 중 특히 퀴닉산 반족의 분해
⑦ 소수의 지질분해
⑧ 중간분해산물의 상호작용

현재까지 발견된 방향성 물질들을 부류별로 구분하면 다음과 같다. 56종의 카르보닐 화합물과(carbonyl compounds), 9종의 유황을 포함하는 150종의 지방족화합물(脂肪族化合物, allphatic compounds), 10여 종의 케톤(ketone)을 포함하는 20여 종의 지방족 고리화합물, alicyclic compounds), 16종의 페놀을 포함하는 60여 종의 방향성 벤제노이느(aromatic benzenoid), 74종의 푸란(furans), 10종의 하이드로푸란(hydrofurans), 37종의 피롤스(pyrroles), 9종의 피리딘(pyridines), 2종의 퀴놀린(quinolines), 70종의 피라진(pyrazines), 10종의 퀴녹살린(quinoxalines), 3종의 인돌(indoles), 23종의 디오펜(thiophens), 3종의 디소펜노스(thiophenones), 28종의 디아졸(thiazoles) 그리고 28종의 옥아콜을 포함하는 총 300종의 헤테로고리화합물이다.

다음 표는 커피 아로마에 직접적으로 영향을 미치는 성분들과 농

도를 보여주고 있다. OVA 자료는 커피에서 가장 중요한 성분이 어떤 것인지는 나타내지 않았으나 커피 아로마에 큰 영향을 미칠 수 있는 성분을 암시하고 있다. 아로마에 가장 크게 영향을 미칠 수 있는 부류는 푸란(furans)이다. 푸란은 대부분이 마치 캐러멜과 같은 냄새를 가지고 있는데 이는 당분이 열에 의해 분해되었기 때문이다. 일본의 한 학자는 푸란이 주 냄새이나 이는 유황을 함유한 화합물과 2차 반응이 일어날 때 발현되기도 한다고 했다.

커피에서 냄새가 나게 하는 각종 화학 성분

휘발성 성분	농도(mg·l^{-1})	OAV*	아로마 특성
(E)-Damascenenone	1.95×10^{-1}	2.60×10^5	꿀과 같은, 과일 향
2-Furfurylithiol	1.08	1.10×10^5	배전 시 냄새
3-Mercapto-3-mehtylbudylformate	1.30×10^{-1}	3.70×10^4	catty, 볶는 냄새
3-Methyl-2-butten-1-thiol	8.20×10^{-3}	2.70×10^4	에미말 라이크
2-isobutyl-3-methoxypyrazine	8.30×10^{-2}	1.70×10^4	흙냄새
5-Ethyl-4-hydroxy-2-methyl-3(2H)-furanone	1.73×10^{-1}	1.50×10^4	
Guaiacol	4.20	1.10×10^4	페놀 냄새, spicy
2,3-Butanedione (diacetyl)	5.08×10	3.40×10^3	버터 냄새
4-Vinyguaiacol	6.48×10	3.20×10^3	spicy
2,3-Pentanedione	3.96×10	1.30×10^3	버터 냄새
Methional	2.40×10^{-1}	1.20×10^3	감자 냄새, 단 냄새
2-Isopropyl-3-mehoxypyrazine	3.30×10^{-3}	8.30×10^2	흙냄새, 볶는 냄새
Vanillin	4.80	1.90×10^2	바닐라 향
4-Hydroxy-2,5-dimethyl-3(2H)-furanone |Furaneol|	1.09×10^2	1.70×10^3	캐러멜과 같은 냄새
2-Ethyl-3,5-dimethylpyrazne	3.30×10^{-1}	1.70×10^2	흙냄새, 볶는 냄새
2,3-Diethyl-5-methylpyrazine	9.50×10^{-2}	1.00×10^2	흙냄새, 볶는 냄새
3-Hydroxy-4,5-dimethyl-2(5H)-furanone (Sotolon)	1.47	7.50×10	조미료와 같은 냄새
4-Etylguaiacol	1.63	3.00×10	spicy
5-Ethyl-3-hydroxy-4-methyl-2(5H)-furanone (Abhexon)	1.60×10^{-1}	2.00×10	조미료와 같은 냄새

* Grosch, W. 16th ASIC Colloq. Kyoto. 1995. 147~156.

(3) 쓴맛

커피에서의 쓴맛은 때로는 부정적인 듯하나 모든 커피에 다 있는 맛이다. 쓴맛이 강하지 않으면 애시디티가 제대로 발현되며 커피에서의 기타 긍정적인 특징이 잘 나타나게 한다. 반면 쓴맛이 강하게 되면 커피의 기타 모든 특성을 압도하여 결함이 있는 커피가 된다. 쓴 맛은 혀의 뒷부분에 있는 유두돌기(乳頭突起, papaillae)가 화학적 성분을 가짐에 기인하나 심한 쓴맛은 침 중의 단백질이 침적되게 하는 데 기인한다. 소비자들은 때때로 커피의 쓴맛에 관하여 논의를 하곤 하는데 커피에서의 쓴맛과 불유쾌한 쓴맛의 원인은 다음과 같다.

- 쓴맛은 원두로부터 커피의 추출 정도와 밀접한 관계가 있다. 쓴맛의 정도는 배전상태, 물속의 염류량, 수온, 추출시간, 원두의 분쇄상태 그리고 추출 절차 등에 의해 결정된다.
- 쓴맛은 증류수로 추출하는 것보다 연수(軟水, soft water) 또는 경수(硬水, harder water)로 추출할 때 현저하게 저하된다.
- 쓴맛은 커피 중의 총 용해된 고형성분의 함량과도 관계되어 있다.
- 낮은 온도보다는 높은 온도에서 추출할 때 쓴맛이 저하된다. 이는 높은 온도에서 방향성(芳香性, aromatic) 물질이 더 잘 유리되어 쓴맛을 압도한다는 이론적 근거한다.
- 포도당, 소금, 시트르산(citric acid), 하이드로콜로이드(hydrocolloids)을 첨가하면 쓴 성분을 침전시켜 쓴맛을 감소시킨다.
- 로부스타에는 카페인과 클로로제닉산(chlorogenic acid)의 함량이 높은데 이러한 성분들도 쓴맛과 불유쾌한 신맛의 원인물질이다.
- 많은 사람들의 연구결과에 의하면 습식, 건식 및 반습식 공정은 쓴맛에 영향을 미치지 않는 것으로 조사되었으나 총체적인 플레버는 가공방법에 따라 영향을 받는다.

- 카페인은 뚜렷한 쓴맛을 가지고 있으며 쓴맛을 느끼는 농도는 학자에 따라 다소 상이하여 75~155mg·l-1 또는 60~200mg·l-1이다. 한 학자는 커피에서 카페인에 기인한 쓴맛은 불과 10%뿐이라고 주장하고 있다.
- 한 학자는 폴리페놀(polyphenols)를 첨가하면 시큼한 신맛이 감소한다고 했다.
- 금속성인 맛과 독특한 쓴맛은 모노카페올리퀴닉산(monocaffeoylquinic acids)이 아니라 디카레올리퀴닉산(dicaffeoylquinic acid)에 기인한다.
- 트리고넬린(trigonelline) 성분은 함량 농도가 25%가 되었을 때 쓴맛을 느낄 수 있으며 클로로제닉산(chlorogenic acid)은 수소이온농도 5에서 농도가 0.4%가 되어야만 쓴맛을 느낄 수 있다. 트리고넬린의 분해는 배전온도와 비례한다. 트리고넬린의 분해산물인 피리딘(pyridines)은 커피에 배전향이 있게 한다.
- 클로로제닉산의 분해산물인 퀴닉산(quinic acid)은 감지농도의 20배가 함유되어 있으며 이것도 쓴맛에 기여한다.
- 퍼푸릴 알코올(Furfuryl alcohol)은 커피에서 탄 냄새와 쓴 냄새가 나게 한다.

커피에서 쓴맛이 생기게 하는 각종 화학물질

화학물질	원두에서의 농도 (mg·l-1)	맛의 유발농도 (mg·l-1)
Quinic	3200~8700	10
5-hydroxymethylfurfural	10~35	200
2-Mehyl Furan	0.05	
Furfuryl Alcohol	300	19, 24, 40
Trigonelline	3000~10,000	
Chlorogenic acid	20~100	20, 26, 27
Caffeic Acid		10~90
Ciric Acid	1,800~8,700	96~590
Malic Acid	1,900~3,900	107~350
Lactic Acid	0~3,200	144~400
Pyruvic Acid	400~1,700	
Acetic Acid	900~4,000	22~70
Pyrazine	17~40	1
Thiazole		
Quinoline		
Phenyl pyridine		
Caffeine	10,000~20,000	78~155
Pepides		
Proteins		
Alicyclic Keones		
Aromaic Ketones		

상기의 자료를 참조하여 커피에서의 쓴맛을 다음과 같은 방법으로 감소시킬 수 있다.

① 미디엄으로 배전한 커피는 용해성 고형성분의 함량이 적으며 검게 배전한 것에 비해 신맛과 아울러 아로마의 잠재력이 높다. 이러한 모든 특성은 커피에서의 쓴맛을 경감시킨다.
② 탈카페인 커피에서는 쓴맛이 다소 적다.

③ 케냐에서 사용하는 방법과 같이 발효과정을 거친 생두를 담수에 약 24시간 담가두면 쓴맛이 현저하게 감소한다.
④ 커피 추출 시 프렌치 프레스(French press)나 기타 물에 담그는 방식보다 드립 시스템(drip system)을 사용하면 쓴맛을 감소시킬 수 있는데, 이는 쓴맛과 관련이 있는 용해성 고형성분을 감소시킴에 기인한다.
⑤ 원두를 좀 거칠게 분쇄하면 쓴맛이 저하된다. 그러나 제대로 추출하기 위해서는 언제나 적정 크기로 분쇄해야 한다.

5. 커피의 종류

1) 코스커피(Cause coffee)

여기서의 커피의 분류법은 커피 자체의 분류법이 아니라 커피의 재배방식, 환경, 커피가 인간에 미치는 영향, 전업 및 비전업 영세농부 및 영세협동조합의 권익과 복리와 관련된 용어를 총칭하여 일컫는 말이다. 코스커피는 유기농법에 의한 유기농커피, 소비국에서 판매되는 수익의 일부를 영세농부 및 영세협동조합에 환급시키는 이익배분커피, 영세농민 및 영세협동조합으로부터 국제적으로 적정가격으로 거래가 보장되게 하는 공정거래커피, 자연친화적인 재배법을 권장하는 음지재배커피, 우리의 건강과 자연친화적인 커피의 지속적인 생산을 위한 지속가능커피와 너무나도 많은 인위적인 기술에 의해 생산량을 증대시키는 기술커피로 대별되는데 이를 간략히 고찰하면 다음과 같다.

(1) 유기농커피(有機農~, organic coffee, organically grown coffee)

각종 농약 및 비료는 농작물 재배에 필수 물질이 되고 있으며, 커피 재배에서도 예외는 아니다. 전 세계의 커피 재배면적은 2,600만 평방마일에 달하며 이들 지역 대부분이 빈곤지역임과 아울러 생물의 다양성이 높은 지역이다. 매년 4천만 갤런의 살충제, 수백만 갤런의 제초제 및 살균제 그리고 천문학적인 양의 비료가 커피 재배에 사용되고 있다. 이들 화학물질들이 비록 생산성 향상에는 기여하나 생태계 파괴의 주 원인물질이다. 우리 인간에게도 피해를 주고 있어 매년 살충제의 독성에 의해 수천 명이 죽어가고 있으며 20,000명에 달하는 사람들이 불치병에 걸린다.

비료를 사용하지 않고 퇴비를 사용하는 유기농 농장

커피의 재배, 가공, 운송, 저장 및 배전과정에서 합성화학물질, 특히 방부제, 살충제, 제초제 및 기타 약품을 전혀 사용하지 않고 생산된 커피를 유기농커피라 한다. 자연보호, 인간의 건강 및 영세커피 재배업자들을 보호하기 위해 커피산업분야에서 이상주의자인 생스기빙커피(Thanksgiving Coffee)사의 캣제프(Paul Katzeff), 커피 빈 인터내

셔널(Coffee Bean International)의 탤보이(Gary Talboy), 엘런 오르가닉 커피(Elan Organic Coffee)의 세브레오스(Karen Cebreos) 그리고 아즈텍 하베스트(Aztec Harvest)의 창업자인 그리스울드(David Griswold)에 의해 유기농커피가 시작되었다.

유기농법에 의해 생산된 커피는 다음과 같은 독립적인 기관 및 기구에서 인증을 받아야 하며 인증마크를 상표에 기재할 수 있다.

 미국 농무성(United States Department of Agriculture)
 국제품질보증(Quality Assurance International)
 유기작물증진협회(Organic Crop Improvement Association)

유기농 인증은 매우 까다롭고 엄격하다. 농장에서 지난 3년간 각종 화학물질을 사용하지 않았어야 하며 인증 취득 후에는 매년 1회씩 화학물질 사용 여부에 대한 조사를 받아야 한다. 유기농원에서 수확 및 가공된 생두는 다른 생두와 섞이지 않아야 하며 확인 후에는 포대에 유기농 인증 마크를 찍고 봉인된다. 수출 또는 수입업자가 운송 시 사용하는 선박은 유기농커피만을 선적해야 한다. 가공 및 배전업체의 보관방법 및 시설도 조사를 받고 유기농 인증을 받아야 하는데 이에 불합격하면 최종 상표에 유기농 인증마크를 표기할 수 없다.

상기와 같은 까다로운 절차는 재배농부와 그의 가족의 건강과 아울러 생태계 보호에 크게 기여하고 있다. 유기농 농부들은 위험한 화학물질 사용을 엄격히 금지하며 철저한 유기농법에 의해 재배한다. 유기농법에서는 가공 부산물인 과육을 하천에 폐기하지 않고 비료로 다시 사용하여 하천오염을 방지한다. 유용 곤충이 해충을 퇴치하게 하며 콩과식물을 심어 질소비료가 커피나무에 공급되게 함과 아울러 표토

(top-soil, 漂土)의 침식을 방지하게 한다.

초창기에는 많은 소규모 영세농부들로부터 수집 및 제대로 가공이 되지 않아 품질에 결함이 있는 커피가 생산되기도 했다. 그러나 협동조합 결성에 의한 수집 체계의 개선, 동일 가공공장에서의 가공 등과 같은 노력은 인증기관들이 인증하고 돕게 되는 모체가 되었다. apr시코의 아즈텍 하베스트, 페루의 잉카 하베스트(Inca Harvest) 등과 같은 유기농커피는 매우 성공적이다. 현재 아이티, 동티모르, 파푸아뉴기니 및 수마트라에서 국제적으로 지원되는 유기농 재배가 시작되었으며 라틴 아메리카 및 기타 커피재배국들에서도 유기농 재배를 시작하고 있다. 유기농커피가 성공적인 데는 재식농원에서 재배한 커피에 비해 품질이 우수함에도 있다.

(2) 이익배분커피(利益配分~, relationship coffee)

특정 커피 판매가의 일부를 영세재배업자들에게 돌아가게 하는 개발사업에 사용하도록 한 것을 이익배분커피라 한다. 1989년 피시베인(Bill Fishbein)이 커피 키즈(Coffee kids)라는 사업명으로 시작했다. 배전업체와 소매상들이 이들의 이익의 일부를 커피 키즈와 이의 사업 또는 특정 커피에 직접 기부하기도 한다. 배전업체나 소매상들이 직접 커피재배지의 영세농민 또는 이들의 협동조합의 후견인이 되기도 한다. 배전업체가 생산지의 영세협동조합을 파트너로 개척하며 판매가의 일정액을 생산지역의 각종 개발사업에 사용함으로써 지역사회 발전에 기여하기도 한다. 생산자와 판매자 간의 협약 내용은 다음과 같다.

- 세계 커피시장가의 변동에 구애받지 않고 정한 가격에 거래한다.
- 농장 수확물 가운데 상급품은 거래 구매자에게 팔 것을 보장한다.
- 소량의 최상급품은 독점권에 의해 거래한다.

- 수입업자는 재배업자와 더불어 수입국의 기호에 맞는 브랜드 개발에 공동으로 노력한다.
- 재배자 및 배전업자들은 상호 방문하여 사업관련 제반 사항에 대해 협의한다.

(3) 음지재배커피(Shade grown coffee), 조류친화커피(bird-friendly cofffee)

일광에 노출된 상태에서 재배되는 변종이 있으나 커피나무의 원종은 음지성으로, 특히 아라비카인 경우 인위적으로 음지를 조성해주어야 한다. 음지에서 재배된 커피를 음지재배산이라 한다. 일반 나무를 심어 인위적으로 음지를 조성하는데 커피나무와 영양흡수를 위한 경쟁을 막기 위해 이들 나무의 씨가 발아되지 못하게 하기도 한다. 전업 및 비전업 영세농장은 경제사정 때문에 그 규모가 작을 뿐만 아니라 거의 자연 상태에서 재배하므로 자생하는 각종 나무, 풀, 기타 과일나무에 의해 자연적으로 음지가 조성된다. 이들 농장은 거의 자연 상태 또는 자연 상태와 유사하므로 각종 조류(鳥類)의 서식지가 됨과 아울러 특히 남북으로 이주하는 조류들의 중간 기착지가 되기도 한다. 이러한 환경에서 재배된 커피를 일명 조류친화커피라고도 한다.

그러나 근래 음지재배커피가 환경론자들이 기술커피(技術~, technified coffee)라 부르는 양지재배종(일광재배종)으로 대치되고 있다. 아라비카의 변종 및 잡종인 양지재배종은 질병에도 강할 뿐만 아니라 기존의 종들에 비해 더 많은 열매가 생산된다. 경제성을 높이기 위해 더 많은 량의 비료, 살충제, 살균제 사용해야 한다. 일반적으로 양지재배산 커피는 음지재배산에 비해 하와이의 코나커피를 제외하고서는 그 품질이 월등히 떨어진다.

자연친화적인 음지재배　　　생태계 파괴의 원인이 되는 양지재배

　　미국의 스미소니언연구소(Smithsonian Institution)는 영세농민들에게 종의 다양성이 풍부한 음지재배를 권장함과 아울러 공인기관으로서 인증을 실시했다. 이에 재식농원 업자들의 분노가 분출되었는데 생태학적인 측면에서의 책임은 인정하나 고임금 등과 같은 경제적인 이유와 많은 강수량과 구름 등의 기상적인 이유로 강변하고 있다.

　　음지재배산의 정확한 정의에 대한 논란은 현재도 계속되고 있다. 스미소니언연구소가 발급하는 인증은 생물학적 다양성이 높은 수관 하에서 재배해야 한다는 스미소니언연구소의 기준을 충족시키는 유기농에 한해 인증을 하고 있다. 이러한 인증된 커피에는 '스미소니언 친이주조류(Smithsonian Migratory Bird Center's Bird Friendly)' 라는 표식을 사용하게 한다. 종종 조류친화적인 표식이 있는 상품도 있는데 이는 위의 표식과는 구분해야 한다.

(4) 공정거래커피(公正去來~, Fair traded coffees)

　　지난 3년간 커피 값은 50%가 하락했으며 30년 이래 최저가격이다. 현 커피생산량의 80%가 영세농가에서 생산되어 이러한 커피가격의 하락은 50여 생산국의 2천5백만 커피재배 농가에 위기를 초래했다. 생산비에도 못 미치는 가격은 영세농부들의 생계를 위협하여 일부 농부들은 재배를 포기하고 떠나기도 했다. 공정거래커피란 영세커피 생산자와 소비자 사이에 적정가격에 커피가 거래되게 함으로써 모두가 재정적인 이익, 상호복리 및 재배지에서의 지속적인 생산과 환경을 보존하는 데 있다. 이러한 운동을 공정거래운동(公正去來運動, fair trade movement)이라 하며 국제적인 조직들이 이를 수행하고 있다. 이 운동은 커피생산농민이 450g당 최소 미화 1달러 26센트에 팔 수 있어 안정된 생활과 양질의 커피생산에 종사할 수 있게 했다. 불과 지난 3년 사이에 미국에 공정거래인증커피를 파는 소매상이 무려 10,000개점이 되었고 200개의 대학에서 팔고 있음은 이 운동이 얼마나 빠르게 파급되고 있는지를 보여주고 있다.

공정거래에 관여하고 있는 조직체들로서는 공정거래협회(FTA, Fair Trade Association), 공정거래연합(FTF, Fair Trade Federation), 국제공정거래인증조직(FLO, Fair Trade Labelling Organizations International) 및 대안거래를 위한 국제연합(IFAT, International Federation for Alternative Trade) 등을 들 수 있다. 공정거래커피는 상표에 인증마크가 기재되어 다른 커피와 구분하고 있다. 공정거래커피는 대부분이 유기농법과 음지에서 재배된 양질의 커피로 잘 알려져 있다. 영세농민을 돕고 자연환경을 보존하는 측면에서 독자들도 아래의 인증 마크가 있는 공정거래커피를 애용하기 요망한다.

공정거래운동의 목표와 업무 내용은 다음과 같다.

- **경제적으로 어려운 커피재배농민에게 기회를 제공한다:** 공정거래의 전략은 재배농민들이 가난에서 벗어나게 하며 지속적인 생산을 유도한다. 경제적으로 어려운 처지에 있거나 기존의 상거래에서 피해를 입는 농민들로부터 적정가격으로 구입한다.
- **양성 평등:** 커피의 재배 및 가공에 종사하는 여성들에게 적정 노임을 받게 한다.
- **투명성과 회계책임:** 거래 당사자와 고객 사이 서로 존경하며 공정한 거래를 위해 투명한 관리와 거래를 한다.
- **능력 증대:** 재배농민은 구매자와의 지속적인 유대관계를 통해 관리기법, 시장접근 방법, 재정 및 기술지원을 통해 영세농민들이 독립을 할 수 있는 능력을 개발하게 한다.
- **공정가격 지불:** 공정가격이란 대화와 참여를 통해 공정거래 구매자와 영세농민 양자가 합의한 가격이다. 공정가격에는 생산비와 아울러 생산이 가능하게 한 사회적 그리고 환경친화적인 비용도 포함된다. 공정가격에는 동일한 일에 대한 남녀 차별 없이 동일한 임금 지급도 포함한다. 공정거래 업자는 농민에게 거래 시 즉각적으로 대금을 지불해야 하며 필요 시 수확 또는 가공 전에도 재정적으로 지원한다.
- **작업조건:** 공정(公正)이란 생산자 및 생산에 참여하는 모든 사람들의 안전과 적정 작업환경을 의미한다. 만일 커피 재배에 어린이가 참여한다면 이들의 안녕, 안전, 교육 및 노는데 지장이 없는 한계내이며, 유엔의 어린이인권보호규약과 아울러 생산국가의 어린이권익 관련 법규 및 규범을 따라야 한다.
- **지속적인 환경유지:** 생산농민들은 재배지 환경의 지속적인 관리와

연계시킨 생산을 하여야 한다. 공정거래업자들은 때때로 직접 생산자와 더불어 후손들에게 넘겨줄 수 있는 환경 관련 사업에 직접 참여한다.

- **공정거래의 보급과 증대:** 공정거래 관련 조직들은 대중에게 공정거래 커피 구입의 중요성과 기존의 상거래 체계에서의 전환을 알리며, 공정거래가 사회정의 구현 및 환경친화적인 성공적인 모델임을 알린다. 생산자의 역사, 문화 및 생활수준에 대한 정보를 소비국에 알림으로써 서로 상이한 문화를 이해하게 하며 소비자와 생산지 사람들 간에 서로 존중하고 신뢰하도록 한다.

기존 네 개의 국제적인 조직체들의 기본 목표는 공정거래나 이를 수행하는 방법에 따라 다소 상이하며 다음과 같다.

- **생산자 조직 :** 생산자 조직은 마을, 지역사회, 협동조합이 단위가 될 수 있으며 때로는 수출관련 단체에 예속될 수도 있다. 이들 조직체들에서 재배되고 생산되는 물품들은 커피, 차, 코코아, 향신료 등과 같은 식품과 음료이나 유리 세공품, 보석류, 바구니, 가구, 완구 등과 같은 다양한 공산품이 될 수도 있다.
- **공정거래 수입업체 및 도매업체 :** 공정거래수입조직체는 공정거래 생산조직체들의 물품을 수입 및 도매 업무를 수행하는데 생산자들에 공정한 임금과 고용의 기회를 보장해야 한다. 공정거래 수입업체와 도매업자들은 생산자에 직접적인 원조와 서비스를 제공한다.
- **공정거래소매업체 :** 공정거래소매업체란 공정거래생산조직 또는 공정거래수입업체나 도매업체로부터 구입한 공정거래 품목을 상점, 인터넷 또는 우편을 통해 판매한다. 공정거래소매업체도 직접

수입을 하거나 도매를 할 수 있다.
- **공정거래인증** : 공정거래 품목에 인증을 수행하는 업무로서 독일의 본에 소재한 국제공정거래인증조직(FLO)은 유럽, 북미 및 일본 등을 포함한 17개 국가에서 인증업무를 수행하고 있다. 이 조직은 엄격한 기준에 의해 커피뿐만 아니라 초콜릿, 코코아, 쌀, 과일 및 과일 주스, 차, 꿀 및 설탕에도 인증업무를 수행하고 있다.

일부에서는 공정거래운동이 커피의 질 자체보다는 사회 및 환경적인 측면에 너무 중점을 두고 있다고 비평하기도 한다. 재배농부는 보장된 가격으로 커피를 팔 수 있어 양질의 커피를 생산하기 위한 노력이 결여되며 아울러 불량품을 섞어 팔 수 있다는 것이 반대자들의 주장이다. 현재까지는 이들의 주장이 근거가 없으며 전문 커피 시음가들의 견해는 품질이 더 나아지지도 않았음과 아울러 더 나빠지지도 않았다는 견해를 피력하고 있다.

비록 보장은 되어 있으나 생두의 구입자는 특정량의 공정거래커피를 구입하지 않을 수도 있는 선택권도 가지고 있다. 실제 시장의 압력은 이들에게 언제나 양질의 커피를 생산하도록 하고 있다. 대부분의 공정거래커피가 중앙 및 남미에서 유래되며 동아프리카와 태평양 지역 기원은 극히 소량이어서 소비자들의 선택권이 한정된 것이 단점이다.

(5) 지속생산커피(持續生産~, Sustainable coffee)

커피 애호가들의 야망이 최근 지속생산운동으로 도출되었는데 이는 까다로운 커피 애호가, 조류관찰자, 건강 우려자들을 모두 망라하여 한데 묶은 운동이다. 이의 궁극적인 목표는 인간과 환경을 연계하여 환경을 파괴하지 않으며 커피 생산을 지속시킴에 있다. 지속생산커피란 생산지에서 생물학적 다양성을 높이며, 농약, 살충제 등과 같은 화학물질을 적제 쓰는 농장에서 재배된 커피이다. 자원과 환경을 보전하고 보호하며, 효율적으로 생산하며, 경제적으로 다른 커피와 경쟁이 가능하며, 재배농민과 지역사회의 삶과 질을 증진시켜야 한다는 까다로운 조건이 수반된다. 이 운동은 아직 초기 단계이며 제1차 지속생산 커피 회의에서 토론 및 권장되는 기준은 다음과 같다.

- 지속가능농법은 철저한 농장관리를 통해 재배지의 생물의 다양성, 토양, 수질을 보호해야 하며 범세계적인 견지에서 이산화탄소를 증가하게 하지 않아야 할 뿐만 아니라 하구 및 자연 식생(植生) 및 재식림을 보호하기 위해 최소량의 각종 농업용 화학물질을 사용하며 자연보호의 각종 법규를 준수하고 현존하는 공원 및 보호지를 보호해야 한다.
- 모든 관련 당사자들과 특히 농민들은 스스로 기준 설정에 자료를 제공해야 한다.
- 지속가능농법에 흥미가 없는 사람들에게도 이 농법을 입증시킬 수 있어야 한다.
- 이 농법에 의해 생산된 커피의 품질은 언제나 같거나 또는 농법의 발달에 따라 품질이 더 좋아져야 한다.
- 생산농가는 더 나은 농법을 수행하는 데 필요한 정보와 자금을 쉽게 갖게 하여야 한다.
- 생산농가는 재배한 커피를 새로 개발된 시장에 쉽게 팔 수 있어야 한다.
- 이 농법은 생산자의 가정에 경제적인 다양성을 증가하게 해야 한다.
- 이 농법에 종사하는 모든 고용원 및 이들 가족들은 국제적으로 인

정을 받는 기준으로 대우해야 한다.
- 이 농법은 특히 기존의 다른 작물 재배를 중대하게 하고 보호해야 한다.

국제적인 기구인 우림연맹(雨林聯盟, Rainforest Alliance)은 '에코-오케이(Eco-OK)' 마크로 음지재배커피, 유기농커피 및 지속생산커피에 인증을 하고 있다. 이러한 인증 및 마크는 에코-오케이 조사원이 커피 재배농장에서 다양한 야생생물의 다양성 및 오염 여부 확인과 아울러 제한된 비료, 살충제 및 살균제의 사용, 고용원의 복리를 점검한 후에야 발급된다. 지속생산운동에 대해 유기농 지지자들은 지속생산운동이 너무나 미온적이며 자신들의 운동을 희석시킨다고 주장하고 있다. 판매되는 커피의 품질은 단지 품질에 의해 결정되어야 한다는 품질우선주의자들의 심한 반대를 받고 있기도 하다.

(6) 기술커피(技術~, Technified coffee)

커피나무는 열대우림 고산지대의 음지에서 자생하는 일종의 관목이다. 커피 재배의 상업성 때문에 여러 변종이 출현하여 양지에서도 재배가 가능했으며 각종 질병에도 강한 변종들도 아울러 출현했다. 원래의 상태가 아닌 양지, 인위적으로 조성한 음지, 각종 비료 및 농약의 사용에 의해 생산성을 향상시키고 있는데 이들 인위적인 기술에 의해 재배된 커피를 기술화된 커피 또는 기술커피라 한다.

2) 단종커피(單種~, Straight coffee, single origin coffee)

단일 종을 재배하는 농장 또는 협동농장의 생두와 이들 조합의 동일 가공공장에서 가공된 생두로부터 만든 커피를 단종커피라 한다. 커피는 재배종, 재배고도, 재배방법, 수확방법, 가공방법, 생두의 배전

정도, 분쇄 및 추출법에 의해 커피의 맛과 향이 서로 상이한 신비스러운 음료이기도 하다. 커피의 진수는 단종커피에 있다고 해도 지나친 표현은 아니다. 우리나라에는 극히 한정된 단종커피 전문점이 있어 대부분 커피의 진수를 느끼지 못함은 안타깝다고 하겠다.

(1) 전문커피(專門~, specialty coffee)

단종커피 중에서도 품질과 특징이 다른 제품들에 비해 월등히 우수한 고급인 제품들이 있는데 이를 전문커피라 한다. 1978년 프랑스에서 있었던 국제커피회의에서 크누센 커피사(Knutsen Coffee Ltd.)의 크누센(Erna Knutsen) 씨가 연설에서 처음으로 '전문커피' 라는 용어를 사용한 데서 기원했다. 그녀에 따르면 특정 기후는 특이한 플레버가 있는 생두가 생기게 하는데 반드시 신선할 때 배전해야 하며 제대로 추출되어야 한다는 단서를 붙인 정의이다.

크누센이 처음으로 전문커피라는 용어를 사용한 이래 20년이 경과되어 미국전문커피협회(Specialty Coffee Association of America, SCAA)는 전문커피의 의미를 다소는 복잡하게 정의하고 있는데 다소 애매한 점들도 있으나 다음과 같다.

① 커피의 기원지역과 기원품종으로서 아라비카와 이에서 기원한 변종은 전문커피가 될 수 있다. 티피카, 부르봉, 최근 개발된 카추이 그리고 기타 관련 변종 커피들도 전문커피가 될 수 있으나 로부스타는 플레버의 결함 때문에 전문커피가 될 수 없다. 티피카 및 부르봉도 제대로 재배, 수확 및 가공하지 않으면 전문커피가 될 수 없다. 전문커피의 정의에는 수출 직전 재배, 가공 관련 사항들도 포함되어야 한다. 고도, 위도, 토양조건 및 기타 지역적인 특성에 따라 전문커피 생산이 가능하다.

② 미국전문커피협회의 임원인 링글(Ted Lingle)이 창안한 생두등급표(生豆等級表, Green Coffee Classification Chart)에 따르면 전문커피 생두에는 결함이 없어야 하며 커피에서도 뚜렷한 특성이 있어야 한다. 전문커피보다 한 단계 밑인 프리미엄(premium)급은 생두에 1차적인 결함이 없어야 하며 커피의 특이한 특징이 없어도 된다는 것이 전문등급과의 차이점이다.

③ 다음은 배전에서 결정된다. 배전업계의 과학자인 스타우브(Carl Staub)가 개발한 미국전문커피협회 배전 색상표(SCAA Roast Color Classification System)에서 배전의 정도와 각각의 상이한 배전에 따른 특성을 제공하고 있다. 어떤 배전업체도 아직 모든 사람들이 모두 즐길 수 있는 배전 상태를 찾지 못하고 있다. 커피의 뚜렷한 특성을 발현시키는 것은 전문배전인의 기술이며 이들이 성공에 가깝다고 할 때는 전문커피이다.

④ 배전: 신선한 원두도 전문커피의 요인이나 아직 신선도에 대한 기준은 없다. 미국전문커피협회의 기준은 없으나 협회 소속 배전업체들에서는 배전되어 3~7일 사이에 추출해야 신선도와 최상의 품질이 발현된다고 주장하고 있다. 그러나 일부는 요사이 발달된 포장기술에 의해 몇 주 혹은 몇 개월 동안 품질이 보장된다고 주상하기도 한다. 협회는 세내로 배전되고 산화(酸化)를 방지할 수 있도록 포장된 커피는 플레버가 충만한 커피가 될 수 있다고만 입장을 밝히고 있다. 그러나 과학적인 견지에서는 아무리 잘 포장해도 전문커피의 가장 큰 특성인 휘발성분을 유지할 수 있는지는 의문이다.

⑤ 추출(brewing): 원두로부터 용해성인 각종 성분을 추출하는 데는 여러 방법이 있으나 기본은 추출과정 중에 물이 어떻게 흐르는지가 기본원리이다. 동일한 원두를 사용해도 프렌치 프레스

와 같은 스테핑방법(steeping method)과 에스프레소 또는 드립방법(drip methods)에 의한 추출에서 플레버의 차이가 월등하게 상이하다. 만일 제대로만 추출한다면 각각의 추출방법에 따른 전문커피가 될 수 있다. 전문커피를 만들기 위해서는 커피와 물과의 비율, 각 추출법에 따른 원두의 올바른 분쇄, 원두의 물리적 특성, 적정 추출온도와 추출시간 그리고 적절한 여과장치 모두가 전문커피를 결정하는 요인이다.

(2) 기타 단종커피

생두를 크기, 한 열매 내에 있는 생두의 수, 보관 상태에 따라 다음과 같이 분류하기도 한다.

① 피베리(Peabery, Caracol)

커피 열매 내에는 정상적으로 두 개의 생두가 있으나 때때로 한 개뿐인 생두가 수확되기도 한다. 그 크기도 작으며 형태가 원형에 가까우며 아울러 생두를 두 부분으로 나누는 중앙선이 매우 작다. 이들 생두를 피베리 또는 스페인어로 카라콜(caracol)이라 한다. 피베리는 일반 생두와 선별되어 특급으로 분류한다. 일반적으로 피베리는 일반 생두에 비해 품질이 우수한 것으로 알려졌으며 실제로 다른 생두에 비해 고가이다. 일반적으로 두 개의 생두에 가야 할 영양성분이 한 개의 생두로만 가서 품질이 우수한 것으로 생각하고 있다. 커피전문가들은 실제 이들의 품질이 우수한지는 확신할 수 없으나 확실히 맛이 다른 것은 사실임을 인정하고 있다. 신맛이 아주 화려하고, 향의 등급에서도 상위등급에 속하며, 정상 생두에 비해 바디가 다소 가볍다는 것이 전문가들의 견해이다. 피베리 커피는 국가명, 시장명 또는 에스테이트 명칭을 기재하여 판매되고 있다. 단순히 피베리라고만 기재되었을 때는 그 기원을 문의해야 한다.

② **코끼리생두(Elephant bean)**
일반 생두에 비해 크기가 월등하게 크며 다공성(多孔性)인 생두를 말한다. 이는 브라질에서 자연발생적으로 생긴 아라비카의 변종인 마라고지페(Maragogipe)에서 생산되는 생두이다. 브라질 바히아(Bahia) 주의 동북지역에 있는 마라고지페 마을 인근에서 처음 발견되었으며, 기타 라틴 아메리카 국가들에 전파되었다. 전파된 지역의 토양 특성에 따라 맛이 결정된다.
일반적으로 특급품으로 간주되고 있으나 전문가들의 견해는 상이하다. 세계 최고의 커피전문가였던 우커스(William H. Ukers)씨는 1928년에 나무 냄새가 나며 품질이 의심된다고 혹평하기도 했다. 반면 당시 다른 전문가들은 코끼리커피는 최상급이며 동일 지역에서 재배된 아라비카에 비해 바디가 헤비하다고 평하고 있다. 요사이는 동일조건에서 재배된 전통적인 아라비카 변종들에서 생산된 커피에 비해 바디가 딘하며 신맛이 떨어진다고 품평하고 있다. 근래의 이러한 품평과 다른 종에 비해 저조한 생산성 때문에 많이 재배하시 않아 시장에서 구입하기가 힘들게 되었다. 현재 멕시코, 니카라과, 과테말라에서 소량 생산되고 있으며 멕시코의 치아파스(Chiapas)와 과테말라 코반(Coban) 지역산이 세계적으로 유명하다. 혹시 일반 마라고지페를 구하기가 힘들면 마라고지페의 잡종인 파카마라(pacamara)로 대치해도 된다.

③ **묵은 커피(Aged Coffee, vintage coffee)**
생두는 보관과정에서 숙성되면서 플레버의 특성이 변한다. 서늘

하고 어두운 곳에 보관한다면 몇 년이 경과되어도 애시시티가 저하되는 것 이외에 다른 특성에는 거의 변화가 없다. 그러나 덥고 습기가 많은 열대 수출항의 창고에 오래 보관하면 플레버가 급격하게 저하된다. 수확하여 즉시 가공한 후 배전하는 커피를 햇 커피(new crop)라 하며 생산지 또는 수출항의 창고에서 고의 또는 우발적으로 오래 보관한 생두를 묵은 커피 또는 빈티지 커피(vintage coffee)라 한다.

햇 커피와 묵은 커피의 차이점은 품질상으로는 별다른 차이점이 없을 수도 있다. 때로는 묵은 커피에서는 깊이가 있으며 햇 커피에서 나는 풀냄새 등과 같은 숙성된 맛이 없어 더 품질이 좋은 경우도 있다. 그러나 일반적으로 묵은 커피는 둔하고 나무냄새가 나는 특징이 있음에 비해 햇 커피의 특징은 밝고 신선한 맛이 있어 그 품질을 더 높게 평가한다. 일부 로스트업체에서는 이들 두 가지 커피를 섞어 양자의 플레버의 특성을 조화시키기도 한다. 드물기는 하나 우연히 3~10년간 묵은 커피는 달고 시럽과 같은 깨끗한 맛으로 정평이 나 있기도 하다.

묵은 커피의 특성을 인도네시아에서는 인위적으로 만들기도 한다. 인도의 몬순 말라바(Monsooned Malabar) 커피에서와 같이 고의로 습기가 많은 공기에 생두를 노출시켜 묵은 커피로 만드는데 신맛이 떨어지나 바디가 향상된다. 노출과정 중에 흙냄새 등이 스며드는 단점도 있으나 애호가에 따라 이를 선호하는 사람들도 있다. 중남미산 묵은 커피는 재배자, 수집인, 수출업자 및 수입업자가 창고에 너무나 많이 쌓아놓은 원두를 출하시키지 못하여 우연히 만들어진 묵은 커피로, 이것이 참다운 의미의 묵은 커피다. 근래의 묵은 커피는 모두 수마트라 및 술라웨시에서 인위적으로 묵힌 커피이다. 독자들이 직접 시음해보아 특징을 찾기 바란다.

(3) 대표적인 단종커피의 특성

일반적으로 많이 애용되는 단종커피의 간단한 특성을 소개하면 다음과 같다.

- 브라질 부르봉(Brazil Bourbon): 순하고 다소 달며 약한 바디와 신맛이 아주 적거나 없기도 하다.
- 셀레베스 칼로시(Celebes Kalosi): 헤비한 바디, 시럽과 같은 풍만성, 자극적이며 균형이 잡힌 신맛이 있다.
- 컬럼비안 수프레모(Colombian Supremo): 순하고 연한 중등도의 바디와 짙은 향을 가진 중등도의 신맛이 있다.
- 컬럼비안 엑셀소(Colombian Excelso): 수프레모와 유사하나 때때로 강도가 더 높다.
- 코스타리칸 타라주(Costa Rican Tarrazu): 훌륭한 아로마, 강한 신맛과 중등도와 풍만 사이의 바디를 가졌다.
- 에티오피안 하라(Ethiopian Harrar): 헤비한 바디, 복합적인 향, 약간 와일드하고 약한 신맛이 있다.
- 에티오피안 시다모(Ethiopian Sidamo): 하라보다 약한 바디, 다소 신맛이 나며 균형이 잘 잡힌 단맛과 복합적인 아로마가 특징이다.
- 과테말란 안티구아(Guatemalan Antiqua): 연기와 초콜릿 맛이 있으며, 미디엄에서 헤비한 바디, 중등도의 신맛이 특징이다.
- 인디안 몬순(Indian Monsooned): 수마트라산 묵은 커피와 플레버가 유사하나 코르크와 나무 냄새가 난다.
- 자메이칸 하이 마운틴(Jamaican High Mountain): 최고의 신맛, 바디 및 아로마가 특징이며 다소 단맛이 가미된 유혹적인 플레버가 특징이며 세계 최상급의 커피이다.

- 자바 에스테이트(Java Estate): 중등도의 신맛과 바디가 특성이나, 때로 다소의 고무 타는 냄새가 있으나 불유쾌할 정도는 아니다.
- 케냐 AA(Kenya AA): 활기가 있는 미디엄 바디나 강한 플레버가 드라이 와인의 뒷맛과 같다.
- 코나 팬시(Kona Fancy): 풍만한 바디, 예리한 아로마와 예외적인 플레버의 명품이다.
- 코나 익스트라 팬시(Kona Extra Fancy): 풍만한 바디, 예리한 아로마를 가진 코나의 최상급품임과 아울러 세계적인 명품이다.
- 말라위 플랜테이션(Malawi Plantation): 라이트한 바디, 중등도의 신맛과 꽃향기의 아로마를 가지고 있으며 케냐 AB와 동급이다.
- 멕시칸 알투라(Mexican Altura): 다른 중미산 커피보다 달며 신맛이 적으나 플레버는 풍만하다.
- 뉴기니 에스테이트(New Guinea Estate): 강한 향의 아로마, 균형 잡힌 신맛, 미디엄에 풀 바디와 다소의 초콜릿의 뒷맛이 특징이다.
- 파나마니안 부케(Panamanian Bouquete): 중등도의 바디와 신맛 그리고 풍만한 플레버를 가지고 있으며 비엔나 및 강배전용으로 적격이다.
- 페루비안 오르가닉(Peruvian Organic): 단순하며 순한 플레버, 양질의 신맛과 바디를 가졌다.
- 수마트란 만델링(Sumatran Mandheling): 헤비하고 풀한 바디와 신맛이 약하거나 순하며 흙냄새가 나는 것이 특징이다.
- 탄자니안 피베리(Tanzanian Peaberry): 풀 바디, 중등도의 신맛, 강한 플레버와 뛰어난 향이 특징이다.
- 타이 로부스타(Thai Robusta): 거칠고 나무 냄새가 나며 헤비 바디가 특징이다.

- **베트나미즈 로부스타(Vietnamese Robusta)**: 나무 냄새가 독특하게 나는 강하고 헤비한 플레버를 가졌으며 설탕을 첨가한 아이스커피에 적격이다.
- **짐바브웨 AA(Zimbabwe AA)**: 훌륭한 신맛을 가지고 있으며 단맛이 가미된 미디엄 바디로 강배전용으로 적격이다.

3) 배합커피(配合~, Blend coffee)

한 종의 원두만을 이용한 커피를 단종커피라 하는 데 비해 서로 종이 다른 원두를 섞어 만든 커피를 배합커피라 한다. 배합커피는 상이한 기원의 각 원두의 특징을 살려 상업적으로 특유한 맛과 향이 있는 커피를 만들거나, 특급 커피의 맛과 향을 모방하거나 또는 개인적인 취향에 따라 가정에서 배합한다. 배합커피는 고가의 특급 단종커피의 맛과 향을 싸게 즐길 수 있는 장점도 있다. 일상생활에서 접하는 원두를 갈아 포장 용기에 넣어 판매하고 있는 상품들은 거의 전부가 배합커피다. 배전업자들이 전문커피를 만들기 위한 고급 및 특급 원두의 물량 확보와 안정적인 공급이 어려운 것이 배합커피를 만들게 하는 또 다른 이유다.

커피전문점에서 무수한 배합커피 명칭을 볼 수 있는데 명칭으로 생두의 기원지를 알 수 있다. 대표적인 예가 모카 자바(Mocha Java)인데 이는 예멘의 모카와 자바산 원두를 섞은 것이다. 이 경우는 단가를 내리기 위해 배합한 것이 아니고 모카와 자바산 원두의 특징을 배합하여 보다 우수한 맛과 향을 얻기 위한 것이다. 즉, 예멘의 모카는 과일 향과 뚜렷한 중등도의 바디 특징을 가지고 있음에 비해 자바산 원두는 연하고 깊은 맛과 풍부한 플레버를 가진 두 종의 특성을 모두 합쳐놓은 것이다. 때로는 예멘산 모카 대신에 에티오피아산 하라를, 자바산 대신에 수마트라산 원두로 대신 만들어 모카 자바라는란 이름으로 판매되는 경우도 많다.

　배합커피의 명칭 가운데는 싸구려 원두들을 섞어 특급 단종커피의 맛과 향을 흉내 내어 전문 커피 이름을 붙인 경우도 있다. 대표적인 예가 자메이카 블루마운틴 및 하와이 코나 커피인데 실제로 이들 원산지의 원두와는 전혀 상관이 없다. 이는 아마도 소비자에게 저렴하게 특급 커피의 맛을 즐길 수 있게 함과 아울러 업자에게는 더 많은 이익이 생기게 하는 좋은 면도 있다. 배전업자들은 비교적 잘 알려진 고급원두를 섞어 전문커피를 모방하는 경우도 있는데 이를 블루마운틴식(Blue-Mountain Style) 또는 코나식(Kona Style)이라 하며 일반 배합커피와 구분하여 사용하기도 한다.

　때로는 지역 명칭을 배합커피 명칭으로 사용하고 있는 경우도 있는데 중앙아메리카 블렌드(Central America blend) 또는 캐리비안 블렌드(Caribbean blend)가 대표적인 예이다. 블랙퍼스트 블렌드(breakfast blend)와 애프터디너 블렌드(after-dinner blend)와 같은 명칭은 커피를 마시는 시간에서 기원했다. 블랙퍼스트 블렌드는 일반적으로 약배전 원두를 사용하며, 활력이 있는 중등도의 바디가 특징이다. 애프터디너 블렌드는 저녁식사 후에 마시는 커피로서 강배전된 원두를 사용하여 중압감이 있는 바디와 플레버를 살린 것이 특징이다. 배합커피의 명칭 가운데는 로스트 업자의 이름, 자식 이름 등을 붙인 것도 있는가 하면 등산과 관련된 경우도 있는데 이들은 몇 세대가 경과하면서 커피업계에서 정착된 경우이다.

4) 향커피(香~, Flavoured coffee)

　향커피는 생두를 미디엄에서 미디엄-다크-브라운으로 배전한 후 원하는 액상의 향료를 첨가하여 원두 속으로 스며들게 한 것이다. 때때로 구입하는 원두에서 견과, 과일 및 향료의 원재료가 섞여 있는 것을 볼 수도 있는데 실제는 보기 좋고 자연적이게 한 것뿐이다. 향커피는 1970년대 후반에 출현하기는 했으나 실제 커피의 자연적인 맛과 향을 높이고 다양하게하기 위해 여러 종류의 향신료를 커피에 섞어 추출한 커피의 원조는 현재의 예멘에서 기원했다. 17세기 유럽인들은 커피에 초콜릿을 섞어 마셨으며 커피에 술을 섞는 것과 같이 각종 감귤류를 섞는 것도 오랜 역사를 가지고 있다.

현재 가장 잘 팔리고 있는 향커피를 보더라도 실제 과거의 향커피와 거의 다른 점이 없다. 현재 가장 많이 팔리고 있는 헤이즐넛 커피(hazelnut coffee)는 전통적인 이탈리아산 헤이즐넛 향이 나는 리큐어(liqueur)인 프란젤리코(Frangelico)에서 기원했다. 유명한 아이리시 크렘(Irish creme)은 아마도 동일명의 아일랜드산 리큐어 또는 커피에 위스키를 탄 후 크림을 끼얹는 아이리시 위스키(Irish whisky)와 연관된 것으로 사료된다. 현재 판매되고 있는 향커피의 주류는 커피에 초콜릿을 첨가한 모카, 중동에서 최초로 시작된 계피를 섞은 것 그리고 리큐어를 섞는 아마레토(amaretto) 등을 들 수 있다.

과거에는 향커피를 만들기 위해 커피의 추출 중이나 추출 후에 향신료를 첨가했음에 비해 현재에는 커피를 추출하기 전에 향신료를 원두에 스며들게 하는 것이 차이점이다. 따라서 현재의 향커피에서는 추출한 후 첨가하는 향신료보다 너 강하게 원두에 흡착시켜야 한다. 현재의 향커피는 향신료의 향과 더불어 원두의 모든 맛이 다 추출되어야 하며 설탕의 첨가 없이도 향신료에 기인한 단맛, 크림을 넣지 않아도 크림 맛, 위스키나 리큐어를 조금만 넣어도 이들의 향을 모두 느낄 수 있어야 하며 신선도를 유지해야 한다. 다행히도 화학의 발달에 의해 현재의 향커피는 상기와 같은 까다로운 조건들을 만족시킬 수 있게 되었으며 현재 약 200여 종의 향커피가 시판되고 있다. 우리도 우리의 고유 향을 첨가하여 향커피를 만들 수도 있다.

(1) 향커피에 대한 논란

배전 전문업체들은 향커피에 대해 서로 상이한 견해를 가진 두 부류로 대별된다. 자신이 직영하는 전문커피점들은 향커피를 전혀 제조하지 않음과 아울러 판매하지도 않는다. 이들은 향커피는 맛이 없으며, 인위적으로 첨가한 향이 기타의 모든 향을 없애며 또한 상점에서 사용하는 원두 분쇄기를 오염시킨다는 이유에서다. 반면 슈퍼마켓 등과 같은 대단위 소매점에 납품하는 배전업체들은 수요에 의해 향커피를 제조하고 있다.

향커피는 커피 고유의 맛과 향이 결여된 무취의 커피로서 금속성의 뒷맛이 뚜렷하다. 첨가한 향료로도 이러한 뒷맛이 없어지게 하지는 못한다. 일반커피에서는 마시고 난 후에도 커피의 향과 맛이 입속에서 감돌지만 향커피에서는 이러한 맛과 향을 전혀 느낄 수 없는 단점이 있다. 많은 전문 배전업체와 커피 애호가들은 언제나 단종커피만을 주장하고 있으며 향커피는 상업적으로 타협한 산물이며 기술적인 발명품으로 간주한다.

생두 내에는 약 500여 종의 각종 화학적 성분이 함유되어 있음이 규명되었으며 아직도 200~300여 종의 알려지지 않은 성분이 있는 것으로 추정된다. 향커피에 반대하는 사람들은 이와 같은 무수한 자연적인 맛을 즐기는 데 더 중점을 두고 있다. 향커피를 즐기고 있으나 단종커피의 맛을 알고자 하는 사람은 플레버가 아주 뚜렷하며 신맛이 별로 강하지 않은 에티오피아 이르가체프, 예멘 또는 양질의 브라질 산투스 또는 이들 커피를 중등도로 검게 배전한 커피에 크림 또는 우유를 적게 넣어 마셔본다면 쉽게 일반커피의 맛과 특징을 알 수 있을 것이다.

날이 없는 버(burrs) 타입 분쇄기를 이용하여 프렌치 바닐라 향커피를 갈았을 때는 비록 세척을 해도 이후에 다른 향커피를 갈면 프렌치 바닐라 향이 오랫동안 그대로 남아 있음을 주의해야 한다. 또한 상이한 여러 종류의 향커피를 갈았다면 전혀 알 수도 없는 각종 향이 생긴다. 비록 작은 날 분쇄기(blade grinder)를 사용했어도 다음을 위해 철저히 깨끗하게 닦아내야 한다.

(2) 특이한 향커피의 명칭

일반적으로 향커피는 첨가한 향의 명칭을 기재하여 사용한 향의 종류를 알 수 있으나 때로는 첨가하는 향 종류를 기재하지 않고 다른 명칭을 사용하기도 하는데 그 일부 예는 다음 표와 같다.

특이한 향커피의 명칭

향커피의 명칭	특 징
앤젤 페이스(Angel face)	코코넛을 섞은 커피에 스위스 초콜릿을 얹은 것
앤젤스 키스(Angel's Kiss)	코코넛 향과 코코아 가루가 첨가된 것
바클라바(Baklava)	꿀, 피스타치오 및 호두의 향
블랙 벨벳 코냑(Black Velvet Cognac)	초콜릿과 코냑의 향
블루 문(Blue Moon)	블루베리와 크림의 복합 향
까페 보르지아(Cafe Borgia)	다소의 오렌지 향이 가미된 초콜릿 향
카페 브륄로(Cafe Brulot)	오렌지 브랜디의 크림 향
카페 나폴레옹(Cafe Napoleon)	멕시칸 리큐어 크림, 프랑스산 캐러멜 및 유로피안 헤이즐넛을 섞은 것으로 조세핀이 즐겨 마심
카페 파리지앵(Cafe Parisian)	유로피안 바닐라, 달콤한 오렌지 향과 멕시코산 리큐이 크림의 향
칼립소 크림(Calypso Cream)	코코넛과 럼의 향
쿠키두들(Cookieddoodle)	초콜릿, 시나몬과 헤이즐넛의 향
체리 주빌리(Cherry Jubilee)	잘 익은 체리와 바닐라 향
대피태피(Daffy taffy)	퍼지, 프렌치 바닐라, 헤이즐넛, 바나나와 체리의 향
에델바이스(Edelweiss)	프랄린, 멕시칸 리큐어와 스위스 아몬드 향
에그 노그(Egg Nog)	육두구 및 시나몬의 향
핀간스(Fingans)	볶은 헤이즐넛이 가미된 아이리시 크림 향
프렌치 실크(French Silk)	부드럽고 연한 초콜릿 향
퍼니 버니(Funny Bunny)	마시멜로, 크림과 같은 캐러멜과 밀크 초콜릿의 맛과 향

향커피의 명칭	특 징
그랜드 마리너(Grand mariner)	달콤한 감귤류와 브랜디의 향
그라운드 제로(Ground Zero)	화이트 초콜릿과 밀크 초콜릿 및 코코넛의 복합 향
하일랜더 그로그(Highlander Grogg)	브랜디의 부드럽고 연한 향
헤븐리 크림(Heavenly cream)	아메리토와 바닐라 버터크림 향
아이리시 포테이토(Irish Potato)	아이리시 크림, 계피, 바닐라와 코코넛의 복합 향
잭 프로스트(Jack Frost)	아이리시 크림, 스위스 초콜릿 및 박하 향
케오키(Keoki)	코냑, 멕시코산 리큐어 및 스위스 초콜릿 향
켄터키 키스(Kentucky Kiss)	초콜릿 덩어리와 켄터키 버번 향이 가미된 것
코지 파이어(Kozy Fire)	계피와 럼의 향
큐피드 키스(Kupid's Kiss)	마시멜로와 바닐라의 복합 향
린저 토르테(Linzer Torte)	라즈베리, 바닐라 및 아몬드의 복합 향
매터혼(Matterhorn)	아몬드와 최상급 스위스산 초콜릿 향
머드슬라이드(Mudslide)	코코아와 멕시코산 리큐어의 복합 향
오겟(Orgeat)	아몬드 향
피나 콜라다(Pina Colada)	코코넛과 기타 열대과일 향
프랄린 로열(Praline Royale)	피칸과 초콜릿이 복합된 향
레인포레스트 크런치 (Rainforest Crunch)	헤이즐넛, 바닐라 너트, 아몬드와 마카다미아 너트의 복합 향
럼 재즈(Rum Jazz)	자메이카산 럼, 피칸에 계피가 첨가된 향
신풀 딜라이트(Sinful Delight)	자메이카산 럼, 마카다미아 너트 및 코코넛의 복합 향
스니커 두들(Snicker Doodle)	초콜릿, 시나몬 및 헤이즐넛의 복합 향
슈거 대디(Sugar Daddy)	프랄린, 크림과 버몬트 메이플의 복합 향
타라미수(Tiramisu)	바닐라와 초콜릿에 약간의 마말레이드, 럼 그리고 셰리가 복합된 향

5) 무카페인 커피(Decaffeinated coffee, caffeine-free coffee)

과학과 기술의 발달은 커피에 있는 카페인을 별로 선호하지 않는 사람과 아울러 카페인에 민감한 사람들도 커피를 즐기게 해주었다. 커피에서 카페인을 추출하여 카페인이 없는 커피를 무카페인 커피라고 한다. 그러나 카페인이 완전히 제거되지는 않았으며 다만 그 함량이 원래 함량의 1/40로 감소된 커피이다. 생두에서 추출한 카페인은 결정체의 물질로, 자체의 냄새는 없으나 다소 쓴맛이 나는 물질로 커피의 맛과 향에 큰 영향은 미치지 않는 물질이다. 오늘날의 과학과 기술은 커피 고유의 맛과 향에는 영향을 미치지 않고 카페인만을 추출하고 있어 간혹 무카페인 커피의 맛이 다르다고 하는 것은 선입감에 의한 판단이다. 고급 무카페인 생두를 바로 배전하고 갈아 제대로 추출한다면 구별하기가 매우 어렵다.

    카페인이 제거된 생두는 커피의 맛과 향을 결정하는 배전과정이 매우 까다롭고 어려워 상급품의 무카페인 커피에서도 바디가 약하며 다소 탄 듯한 맛이 결점이다. 그러나 무카페인 원두에 소량의 일반 원두를 섞어 갈아 추출하면 이와 같은 단점을 해결할 수 있다. 커피전문점에서 구입하는 무카페인 커피는 대부분 캐나다와 유럽의 공장들에서 카페인 탈취공정이 이루어진 후 미국으로 수출된다.

    1820년 독일인 화학자인 룽게가 커피에서 카페인을 최초로 발견했으나 무카페인 커피가 상업화된 것은 1903년이다. 독일의 커피 수입상인 로셀리우스(Ludwing Roselius)가 불량품 커피 한 자루를 연구하도록 내놓았는데 플레버의 손실 없이 카페인 추출방법을 완성시켰다. 그는 '상카(Sanka)'라는 상품명으로 시장을 개칙했으며 1923년에는 미국에 수출하였다. 1903년 이래 카페인 추출법에 대한 수백 건의 특허가 출원되어 있으나 현재 실제로는 4~5가지 방법만이 사용되고 있다. 이들 카페인 추출법을 간략히 고찰하면 다음과 같다.

(1) 용매법(溶媒法, Solvent method)

    이 방법을 일명 직접용매법(直接溶媒法, direct solvent method), 유럽식 공정(European Process) 또는 전통식 공정(traditional

Process) 등으로 부르기도 하는데 가장 오래된 방법이며 일반적으로 많이 사용하고 있는 방법이다. 먼저 스팀을 가하여 생두에 작은 구멍들이 생기게 한 후 생두 내의 카페인 성분과 결합할 수 있는 유기용매(有機溶媒, organic solvent)에 넣는다. 생두에 다시 스팀을 가하여 유기 잔재물을 제거한 후, 건조시켜 일반 생두에서와 같이 배전하는 방식이다.

근래 들어 이러한 직접용매법을 개선한 간접용매법(間接溶媒法, indirect solvent method)이 이용되기도 한다. 이 방법은 생두를 끓인 물에 몇 시간 동안 담가둔 후 물만 다른 수조(水槽)에 옮기고 나서 유기용매를 첨가하여 물속에 우러난 카페인과 결합하여 결합물이 물 위에 떠오르게 한다. 떠오른 결합물을 걷어낸 후 물을 다시 원래의 생두가 있는 수조로 옮겨 카페인 외에 물속에 우러난 생두의 각종 성분이 다시 원두 내로 흡수되게 한다. 상기 용매법에 사용되는 카페인 제거 과정에 사용되는 유기용매가 완전히 제거되지 않고 미량이나마 남아 있어 건강에 미치는 영향을 우려하는 사람들도 있다. 1975년 이래 가장 많이 사용되는 유기용매는 트리클로로에틸렌(trichloroethylen)인데 이 물질은 1975년도 미국 국립암연구소가 암 유발 가능성이 있는 물질로 공표하기도 했다.

이들 유기용매의 잔존물이 얼마나 무카페인 커피에 잔존하고 있는지는 아무도 모른다. 그러나 이들이 비록 잔존해도 극히 미량이며 또한 이들의 휘발성 때문에 배전과정 중에 휘발되어 실제 마시는 커피에서는 거의 없거나 없는 것으로 추정하고 있다. 그러나 커피산업체에서는 트리클로로에틸렌을 사용하지 않고 메틸렌 클로라이드(methylene chloride)로 대체하여 사용하고 있다. 이 유기용매는 현재까지는 질병 유발과 전혀 관련이 없는 것으로 알려져 있으며, 휘발성이 매우 높아 만약 배전 및 추출과정 중에 잔존해도 완전히 휘발되어버리는 것으로 판명되었다. 즉, 이 용매는 40℃에서 완전히 휘발되어 버리는데 배전 시 204℃의 온도에서 15분간 배전하며 추출 시의 수온은 93℃여서 안전하다고 하겠다.

현재 일부 유럽에서는 에틸 아세테이트(ethyl acetate)를 추출 유기용매로 사용하는 공장들도 있다. 이 물질은 메틸렌 클로라이드와 같이 질병 유발과는 관련성이 없는 것으로 판명되었으며 환경주의자들도 메틸렌 클로라이드보다 더 안전한 물질로 간주하고 있다. 에틸 아세테이트는 과일에서 유래되는 성분이어서 업체들은 에틸 아세테이트를 용매로 사용한 무카페인 커피를 "자연적으로 카페인을 탈취한 무카페인 커피"로 선전하고 있다.

(2) 스위스 물 공정(Swiss water process)

스위스 물법(Swiss water method)이라고도 하는 이 카페인 추출법은 1980년대 스위스의 커펙스(Coffex S.A)사가 개발한 방법으로, 유기용매를 전혀 사용하지 않고 물만 사용하여 생두로부터 카페인을 추출하는 방법이다. 위에서 설명한 것과 같이 직접법 및 간접법 모두에서도 일단 생두를 물에 담가 생두 내의 카페인을 포함하는 커피의 기타 성분들이 일단 더운 물에 우러나게 해야 한다. 스위스 물 공정에서는 물에 우러난 카페인을 용매를 이용하여 제거하지 않고 활성탄(活性炭, activated charcoal)에 흡착시키는 방법이다. 아마도 엄밀하게 말하면 활성탄법(Swiss charcoal method)이라고 함이 더 적합하다고 하겠다. 카페인이 제거된 더운물에 다시 생두를 넣어 물속의 각종 커피 성분들이 다시 생두에 흡수되게 한다.

용매법에 의해 추출된 카페인은 약품으로 판매할 수 있는 데 비해 이 방법에서는 활성탄으로부터 카페인을 수거할 수 없어 비용이 많이 드는 공정이다. 많은 커피전문가들은 이 방법에 의한 무카페인 커피는 용매법에 의한 커피보다 플레버에 문제가 있음을 주장하고 있다. 현재 북미 대륙에서 판매되고 있는 무카페인 커피를 스위스 물 공정에 의해 제조하고 있는 캐나다의 공장들은 플레버를 높이고 공정을 개선하는 노력을 하고 있다.

(3) 이산화탄소법(二酸化炭素法, carbon dioxide method)

위에서 설명한 카페인 탈취법과는 달리 이산화탄소의 특징을 이용한 방법이다. 이산화탄소를 압축하면 가스로서의 특성과 액체로서의 특징을 가지고 있는데 이산화탄소가 선택적으로 카페인과 결합하여 제거하는 방법이다. 스팀을 가한 생두를 압축된 이산화탄소 용액에 넣어 물만 사용하는 공정에서와 같이 이산화탄소가 카페인과 선택적으로 결합하여 제거되게 한다. 상기의 모든 방법에서는 카페인을 포함하는 모든 성분이 일단 물에 용해되어야 하는 데 비해 이 방법에서는 카페인을 제외한 커피의 모든 고유 성분이 생두 안에 그대로 남아 있게 된다. 아마도 앞으로는 이 방법에 의한 무카페인 커피가 주류일 것이나 아직도 널리 보급되지 못했으며 품질의 평가에서도 상이한 견해들이 있다.

6) 인스턴트커피(卽席~, Instant coffee)

인스턴트커피란 커피에서 만들어진 음료의 일종으로, 여러 상이한 공정을 통해 탈수된 커피를 가루 또는 입자의 형태로 만든다. 이들 가루나 입자에 더운물 또는 끓는 물을 부어 만든 것이나 농축액으로 만든 것도 있다. 인스턴트커피는 원두의 분쇄 및 추출과 같은 복잡하고 긴 시간이 요하지 않고 즉석에서 만들어 마실 수 있으며 그 특성을 손실하지 않고 오래 보관할 수 있음이 장점이다. 그러나 커피의 참다운 맛과 향을 즐길 수 없으며 언제나 건조한 상태에서 보관해야만 그 맛을 즐길 수 있음이 단점이다.

현재의 인스턴트커피가 출현하기 전인 18세기에는 원두는 분쇄한 형태로 보급되었으며 미국의 독립전쟁 당시에는 식품으로 지급되기도 했다. 1901년 일본계 미국인인 가토(Satori Kato)가 처음으로 인스턴트커피를 만들었으나 상업적으로 발전시키지는 못했다. 1906년, 과테말라에 살던 영국인 화학자 워싱턴(George Constant Washington)은 은(銀)으로 만든 커피 주전자의 주둥이에 가루 성분의 응집물을 관찰하여 인스턴트커피의 대량 생산기법을 개발했다. 그리고 '레드 E 커피(Red E Coffee)'라는 상표로 생산을 시작했으나 성공하지 못했다.

1938년에 브라질 정부는 브라질 주재 네슬레(Nestle)사의 기술진에게 과잉 생산된 커피의 활용방안을 요청했다. 네슬레의 기술진은 분유가공과 같은 공정으로 커피농축액을 더운 공기 중에 분사시켜 건조시키는 분사건조법(噴射乾燥法, spray-drying method)에 의한 인스턴트커피를 개발하고 '네스카페(Nescafe)'라는 상호로 출시했다. 제2차 세계대전 중에는 전 세계적으로 커피 소모량이 일시적으로 감소했는데 당시 폭발적으로 증가하고 있던 인스턴트커피의 소모량도 감소시켰다. 1942년, 미군 병사들의 비상식량에는 네스카페와 맥스웰하우스의 인스턴트커피가 포함되었다. 당시 맥스웰하우스의 인스턴트커피가 출현하게 된 것은 전시 중의 네슬레사의 특허권의 힌정된 권한 때문이기도 하다.

인스턴트커피가 전 세계적으로 파급된 것은 제2차 세계대전 당시 전 세계에 퍼져 있던 미군병사에 의해서라고 할 수 있다. 특히 일본에 파급효과가 매우 커서 2001년 통계에 의하면 모든 커피 소모량이 세계 3위로 발전했다. 당시 미 해군의 참모장이었던 조(Daniel Joe)는 모든 함정 내에서 알코올음료를 금지시키고 커피를 마시게 하여 이에 대한 반발로 '조의 컵(cup of Joe)'이라는 신조어가 생기기도 했다.

제2차 세계대전 이후 인스턴트커피가 더욱더 확산되었는데 분사건조법이 아닌 냉동건조법(冷凍乾燥法, freeze drying method, lyophilization)에 의해 품질이 개선된 것이 원인이다. 1960년대에는 커피 본연의 맛과 향을 창출하기 위한 노력으로 품질이 월등하게 개선되었다. 원두에서 따로 추출한 커피유(coffee oils, coffeols)를 가공한 분말 또는 입자에 첨가시킴으로써 커피 본연의 맛이 나도록 했다. 카페인을 제거한 것을 무카페인 인스턴트커피라 하며 뉴욕의 한 업체는 인삼농축분말을 첨가한 인스턴트 인삼커피를 판매하고 있다.

6. 커피의 상품명

커피에는 무수한 상품 명칭 및 등급 명칭이 있어 혼란스럽기도 하나 세계적으로 잘 알려진 특급 커피를 제외하고는 몇 가지 유형에 의해 구분될 수 있다. 이를 고찰하면 다음과 같다.

1) 재배지 명칭

커피는 현재 열대 및 아열대권의 70여 개국에서 생산되고 있어 생산국 명칭을 그대로 또는 형용사로 붙여 사용하는 경우가 많다. 커피의 상거래에서 생산국명 및 생산지명을 총칭하여 산지(産地, origin)라고 한다. 콜롬비아에서 생산되는 커피를 콜롬비아커피라고 할 때는 일반적으로 재배하고 있는 커피나무의 품종과는 상관없이 콜롬비아에서 생산된 생두나 커피를 의미한다. 국가별로 주품종이 알려져 있어 커피를 다소 아는 사람들은 국가별 주된 재배 품종이 무엇인지를 알고 있다.

재배국명이 없이 재배지역의 중심 도시나 지역명칭을 상호와 아울러 사용하기도 하는데 이들은 대부분 어느 정도 품질이 세계적으로 알려진 것들이다. 코나커피(Kona coffee)는 하와이 커피 생산의 중심지인 마을의 명칭이나, 현재는 하와이 열도의 다른 도서에서 생산되는 커피 모두를 코나커피라고 부르고 있다. 옥사카커피(Oaxca coffee)는 멕시코의 한 주명인 옥사카(Oaxca)에서 유래했으며 에티오피아의 하라는 생산지인 주(州)의 명칭임과 아울러 주도(州都)인 하라에서 기원했다. 브라질의 산투스커피는 주 수출항의 명칭에서 따왔다. 재배 지역명칭임과 아울러 상호이기도 하다. 하라(Harrar)는 에티오피아라는 국명이 없이도 특급 커피임을 쉽게 알 수 있다. 상표명인 만델링과 안콜라도 수마트라산임을 쉽게 알 수 있다. 커피는 일반적으로 고산지대에서 재배되기 때문에 재배 지역의 산의 명칭을 사용하기도 하는데 자메이카 블루마운틴과 킬리만자로커피(Kilimanjaro coffee)는 각각 재배지인 자메이카의 블루마운틴과 탄자니아의 킬리만자로 산에서 유래했다.

근래 전문커피시장에서는 국가명, 지역명 또는 등급명을 상표로 사용하지 않고 에스테이트 명칭을 상표로 사용하는 경향이 높아지고 있다. 에스테이트란 커피재배농원으로, 다른 농원에서 재배된 원두와 섞지 않고 소비자에게 직접 연계되는 커피를 지칭한다. 에스테이트란 하와이의 코나지역의 예에서와 같이 비전업커피 재배농부가 운영하는 3에이커의 농장에서부터 브라질의 기계화된 농장은 거리가 수십 ㎞에 달하는 규모로 매우 다양하다. 협동조합 또는 동일지역의 여러 농장에서 재배된 커피도 에스테이트커피라 하는데 이들은 모두가 동일 가공공장에서 가공된 것이다.

2) 등급 명칭

커피에 종사하는 사람들은 등급 명칭으로 품질을 쉽게 알 수 있다. 생두를 수입하는 업자들은 수입코자 하는 생두의 품질을 직접 검사하지 않아도 등급 명칭으로 품질을 알 수 있다. 대부분의 커피 수출국들은 품질을 유지하기 위해 국가가 생산된 커피의 등급을 매겨 공인한다. 그러나 커피의 등급에 관한 국제적으로 통일된 기준은 없다. 생산국가 별로 등급의 기준과 용어가 상이하며 기준 자체가 합리적이지 못한 예도 있다. 케냐의 AA 등급은 확실히 A 또는 B 등급에 비해 품질이 월등하다. 그러나 콜롬비아의 등급인 엑셀소(Excelso)와 수프레모(Supremo)의 등급은 그 기준이 매우 막연하여 수프레모가 최상급으로 엑셀소보다 월등하다고 판정하기가 매우 어렵다.

생두의 유형과 등급은 외관상의 특징인 크기와 재배고도를 주요 기준으로 하여 정해진다. 전자인 경우 등급에 따라 커피의 맛과 향이 비례하여 높아지지는 않는다. 일반적으로 상등급일수록 맛이 균일하며 재배 당시 철저한 관리를 했음을 나타내는 잣대이다. 반면 재배고도에 따른 등급은 비교적 합리적이라 하겠다. 일반적으로 고지대에서 재배되는 커피는 성숙기간이 길어 생두가 단단해짐과 아울러 각종 커피 특성성분이 더 많이 농축되기 때문이다.

국가별 생두의 유형, 등급 및 주요 기준

국 명	주요기준	등급 및 타입
에티오피아	타입	Harra Longberry, Harra Shortberry
	등급	1, 2, 3
과테말라	재배고도	Strictly High Grown, High Grown, Standard
아이티	타입	XX, XX & XXX, XXG, XXXG, XXXX, XXXXX, BB
하와이	단두와 크기	Peaberry, Extra Fancy, Fancy, #1, Prime
온두라스	재배고도	Estrica, High, Grown; Altura, medium Grown; de menos Altura, Standard, Real High Grown
멕시코	재배고도	Strictly High Grown(SHG), High Grown Central(HGC) Standard Central (SC), Low Grown Central(LGC)
과테말라	재배고도	Strictly High Grown(SHG), High Grown(HG), Standard

국 명	주요기준	등급 및 타입
니카라과	가공 및 재배고도	Good washed Nicarguas, Washed Jinotega, Washed Metagalpa, Strictly High Grown Central, High Grown Cental, Good Washed Central, Standard Central
인도	외형, 크기	AA, A, B, C
우간다	외형, 크기	AA, A, B, C
케냐	외형, 크기	AA, A, B, C
짐바브웨	외형, 크기	AA, A, B, C
잠비아	외형, 크기	AA, A, B, C
파푸아뉴기니	외형, 크기	AA, A, B, C
푸에르토리코	외형, 크기	AA, A, B, C
잠비아	외형, 크기	AA, A, B, C
콜롬비아	외형, 크기	Supremo, Exelso
엘살바도르	재배고도	Strictly Hard Bean, Hard Bean
파나마	재배고도	Strictly Hard Bean, Hard Bean
페루	재배고도	Strictly High Grown, High Grown, Low Grown

3) 배합커피의 상품명

현재 분쇄한 원두를 깡통이나 봉지에 넣어 판매하고 있는 커피는 거의 모두가 배합커피이다. 배전업자가 순수한 전문 단종커피를 만들어 팔고자 해도 동일 상표로 지속적으로 동일한 질의 커피를 만들기 위한 생두를 확보하는 것은 거의 불가능하다. 커피전문점에서 볼 수 있는 배합커피의 상표도 커피의 기원지와 관련된 것들이 많다. 우리가 잘 알고 있는 모카자바(Mocha Java)는 예멘과 자바산 원두를 배합한 커피이다. 이는 단가를 낮추기 위해서라기보다는 두 원두에서 서로 결여되는 특성을 보완하기 위함이다. 즉, 예멘의 모카가 예리하며 과일향이 나는 뚜렷한 중등도의 바디에 자바산의 특징인 연하며 깊고 풍부한 맛을 합침으로써 각각 마실 때보다도 더 나은 커피가 된다. 그러나 때로는 모카산이 아닌 에티오피아산 하라, 그리고 자바산 대신 수마트라산으로 대체하여 사용해도 모카자바라는 상품명으로 판매되기도 한다. 이는 다른 모든 배합커피에서도 같은 현상이다.

싸구려 원두에 고가의 원두를 조금 섞어 고가의 단종커피 상품명을 배합커피 상품명으로 사용하는 경우도 많다. 자메이카 블루마운틴 및 하와이 코나 배합커피가 대표적인 예이다. 많은 사람들이 이를 상기 상표의 단종커피로 인식하고 있다. 아마도 상기 단종커피를 경제적으로 싸게 맛볼 수 있으며 아울러 업자들은 더 많은 이익을 얻기도 한다. 또한 배합업자들은 잘 알려지지 않은 생두를 이용하여 블루마운틴 및 코나식이란 상표로 만들어 팔기도 한다. 근래 배합커피 명칭에 지리적인 위치를 이용하기도 하는데 중앙아메리카 배합커피(Central America blend) 또는 캐리비안 배합커피(Caribbean blend)가 그 예이다. 또한 커피를 마시는 시간과 관련시킨 배합커피도 있는데 아침식사 배합커피(breakfast blend) 및 저녁식사 후 배합커피(after-dinner blend)가 예이다.

7. 커피의 시음(試飮)과 감정

양질의 포도주를 구입하기 위해 때로는 시음을 해보기도 하듯 양질의 커피를 구입하기 위해서는 시음이 절대적이다. 포도주에는 제조국명, 제조지역, 제조마을, 제조농원, 재배포도의 종, 재배연도, 병에 넣은 연도에 대한 모든 정보가 잘 표기되어 있어 그 특성과 품질을 쉽게 알 수 있음에 비해 커피에는 이러한 정보들이 막연하게 기재되었다. 예를 들어 에티오피아에서 커피를 구입했다면 단순히 에티오피아 또는 에티오피아산이라 기재되어 마치 프랑스산 포도주를 프랑스산이라고 기재한 것과 마찬가지이다.

일부 전문 배전업체는 프랑스 포도주 산지인 보졸레(Beaujolais)와 같이 재배지역명인 에티오피아 하라로 표기하기도 하나 대부분 그 이상의 정보는 표기하지 않는다. 때로는 재식농원, 에스테이트, 협동조합, 마을 이름 등의 정보가 표기되나 수확연도 및 창고에서 얼마나 묵었는지는 결코 표기하지 않는다. 포도주는 일단 병에 넣어 판매가 된 후에는 언제나 같은 상태로 마실 수 있으나 커피는 생산지를 떠나 배전, 분쇄 및 추출과정에서 그 특징과 특성이 상이하게 달라질 수 있어 오히려 더 예술적인 음료라 할 수 있겠다.

1) 비전문인의 시음

전문감정가(專門試飮家, professional taste cupper)가 아니어도 위에서 설명한 커피의 특성, 즉 애시디티, 아로마, 바디 및 플레버의 개념을 가지고 조금만 노력하면 커피의 맛과 향 그리고 낭만을 즐길 수 있다. 단맛, 짠맛, 신맛, 쓴맛을 누구나 구분할 수 있는 것과 같이 조금만 노력하면 쉽게 상기 커피의 특성을 구분할 수 있다. 혹자는 서로 뚜렷한 차이점을 찾기 힘든 케냐산을 수마트라산, 예멘산을 과테말라산으로 오인하여 실망하는 경우도 있으나 이 정도 되면 거의 전문시음가의 수준이다. 자신이 선호하는 기준에 따라 구분하여 즐기는 방법도 저자가 주장하는 한 방안이다.

전문 감정가들은 시음코자 하는 커피를 스푼으로 떠 입에 넣은 후 입속에서 돌려 뱉어내는 과정에서 커피의 특성과 품질을 감정하나 일반인들은 이러한 전문적인 절차는 필요 없다. 단순히 커피의 아로마와 맛을 즐기는 것만으로 충분하다. 가장 중요한 것은 상이한 배전상태의 특성을 감지하는 것이다. 검은 색상이 진하면 진할수록 플레버가 없어지며 크림이나 설탕 등을 타 마시는 경우에는 이들을 넣기 전에 그 향과 맛을 알도록 해야 한다.

대부분 커피전문점에는 15~30여 종의 단종커피를 팔고 있으며 아울러 각각의 특징에 대해 우리의 미각으로는 도저히 느끼지도 못하는 각종 미사여구가 기재되어 있어 혼동하기 쉽다. 시음하기 위해 상이한 색상으로 배전된 원두를 구입하는 경우 모두 동일한 상점에서 구입해야 혼동을 겪지 않을 것이다. 각각의 원두를 작은 프렌치 프레스 포트(French press pot) 또는 원컵 필터 콘(one-cup filter cone)을 이용하여 추출하거나 아래와 같은 전문 감정가들이 하는 방법으로 추출해도 된다. 언제나 동일 양의 생두를 분쇄하여 동일한 방식으로 추출해야 한다. 코스타리카 타라주(Costa Rica Tarrazu)나 가능하면 라 미니타 에스테이트 타라주(La Minita Estate Tarrazu), 케냐 AA(Kenya AA) 그리고 수마트라 만델링 또는 린통(Lintong)으로 시작하기를 권한다.

2) 전문인의 감정

전문적인 감정이란 커피 전문 감정가가 커피 플레버의 특성, 결함 및 배합커피를 만들기 위해 평가하는 일종의 기술이다. 시음장의 환경은 시음 결과에 영향을 미치기 때문에 주의해야 한다. 어두운 조명은 냄새 감각을 저하시키기 때문에 자연광이 권장된다. 습도는 50~70%가 유지되어야 하는데 습도가 낮아 건조한 상태에서도 냄새 감각이 저하되기 때문이다. 감정이 진행되고 있을 때는 일체의 토론이나 소음이 없어 집중할 수 있는 분위기여야 한다. 감정 시간도 매우 중요하여 식사 후 다소 시간이 경과해야 하나 배가 고프지 않은 다소 늦은 아침 또는 늦은 오후가 적기다. 감정인의 병, 스트레스 그리고 전날 저녁 충분함 잠을 자지 못한 것과 같은 정신적인 혼란도 결과에 크게 영향을 미친다.

감정 전용 테이블　　　　　　샘플 및 잔의 배치

　　위의 그림에서와 같이 맛을 이 커피를 버릴 수 있는 용기가 부착된 감정 전문 테이블이 있기도 하나 이를 위한 용기를 준비해놓으면 아무 테이블이나 문제는 없다. 테이블 위에 각 샘플당 적어도 6개의 컵을 준비해야 한다. 앞줄에 3개, 다음 줄에 2개 그리고 세 번째 줄에 1개를 놓아 삼각형이 되게 배열한다. 샘플인 배전된 원두와 생두는 삼각형 모양의 꼭대기에 놓는다. 테이블 중앙에는 방안의 온도와 동일한 물을 채운 물 잔과 스푼들을 넣은 잔을 놓는다. 감정 대상인 생두와 원두의 아로마 및 플레버의 감정 결과가 작성될 때까지는 덮어 놓았다가 맨 마지막에 그 형태에 대한 추가 언급을 할 수 있도록 함으로써 눈에 의한 감정(eye cupping)을 방지할 수 있다.

　　시료의 준비: 바로 라이트하게 배전된 원두를 프렌치 프레스(French press)나 드립 커피(drip coffee) 추출용으로 분쇄한다. 약하게 배전한 원두를 사용하는 것은 검게 배전했을 때 없어지는 아로마, 단맛 그리고 결함을 평가하는 데 있다. 감정하는 시료는 모두 동일한 상태로 배전되어야 한다. 그리고 시음과정 중에 분쇄된 커피는 시각적인 판단을 통해 다시 확인해야 한다.

　　가루향(fragrance)과 아로마 감정: 물을 붓기 전 분쇄된 원두가루에서 나는 향을 가루향이라 한다. 여과시킨 물을 끓이는 동안 커피가루의 냄새를 맡아 그 정도를 기재한다. 그런 다음 갓 끓인 물을 잔에 붓는다. 감정에 사용되는 스푼이 담긴 잔에도 갓 끓인 물을 부어 스푼의 온도가 커피의 온도와 같게 한다. 물은 넣은 상태에서 커피 최초의 아로마를 감정한다. 약 1~2분이 경과한 후에 코를 잔에 가깝게 하여 데운 스푼으로 잔 위에 떠 있는 커피가루를 제치면서 냄새를 맡는다. 아로마의 특성이 가장 뚜렷하게 발현되는 것이 이때이며 아로마 판정의 최적기다. 스푼으로 모든 가루가 다 가라앉도록 저어주면서 계속 냄새를 맡아 아로마에 변화가 있으면 이를 기재한다. 스푼을 뜨거운 물에 씻은 후 다음 시료로 넘어간다. 모든 시료에서 아로마의 감정이 끝난 후에는 잔에 계속 떠 있는 가루는 걷어낸다. 일반적으로 라이트하게 배전된 커피는 높은 밀도 때문에 대부분이 가라앉는다.

플레버 감정: 커피가 식은 후 깨끗한 스푼으로 떠서 흡입하면 혀 전체에 골고루 퍼지게 된다. 또한 심하게 흡입하면 분무 상태로 된 커피가 목구멍 및 비강(鼻腔) 속으로까지 들어가 커피의 향을 더욱 효율적으로 감정할 수 있다. 즉, 분무 상태의 커피가 콧속에서 플레버의 특성인 순수한 향을 제대로 느끼게 한다. 이후 입안 가득한 커피를 혀 주위에 돌리면서 골고루 씹게 되면 바디, 즉 입안 가득한 느낌과 아울러 신맛, 단맛, 애시디티와 같은 기본 미각을 느끼게 한다. 첫 느낌 후 다시 2차적인 맛과 향이 있는지를 아울러 감지한다.

커피 아로마의 대부분은 커피에 있는 방향족 화합물에 의한다. 커피의 아로마는 코를 막고 커피를 마심으로써 쉽게 경험할 수 있다. 코를 막지 않고 마시면 아로마가 결여되어 고급커피도 마치 인스턴트커피의 맛과 유사할 것이다. 플레버, 애시디티, 바디 그리고 뒷맛을 기재한 후 다음 시료로 넘어간다. 잔의 커피가 차가워짐에 따라 때로는 새로운 플레버가 나타나는 경우도 있다. 따라서 커피가 뜨거울 때와 상온보다 조금 높은 온도일 때의 감정도 필요하다. 그러나 1급 커피는 어떤 온도에서나 긍정적인 특징이 있다. 한 번에 여러 시료를 감정하는 경우 평가 후에는 뱉어내고 입안을 헹구는 것이 중요하다. 한 번에 여러 시료를 감정할 때는 카페인 성분 때문에 감정능력을 저하시킬 수도 있다.

미국전문커피협회가 사용하는 감정결과 표는 아래와 같다.

국가(Country): _____ 재배 기원지(Region): _____
에스테이트(Estate): _____
생두의 크기(Bean size):
품종(Cultivar): _____ Other: _____
생산연도(Year): _____
등급(Grade): _____
가공방법(Processed): _____ 수분 함량(Moisture percent): _____
배전(Roast): _____
향(Fragrance): _____ 기재(Describe): _____
아로마(Aroma): _____ 기재(Describe): _____
플레버(Flavor): _____ 기재(Describe): _____
애시디티(Acidity): _____ 기재(Describe): _____
바디(Body): _____ 기재(Describe): _____
뒷맛(Aftertaste): _____ 기재(Describe): _____
총점(Score): _____

상기 표에서의 평가항목의 세부 내역은 다음과 같다.

생두의 크기(Bean size): 미상, 15, 16, 17, 18, 19(SCAA의 크기 분류 기준)
품종(Cultivar): 부르봉, 카투라, 마라고지페, 롱베리, 티피마. 기타(Other):
수확연도(Year): 생수를 수확한 연도
등급(Grade): 1(SCAA), 2(SCAA), 3(SCAA), 4(SCAA), 5(SCAA), A, AA,
　　　　　　　Extra Fancy, High Grown, SHB, SHG, 기타.
가공방법(Processed): 건식, 습식, 반건식, 기타. 수분 함량(%):

배전(Roast):　　　Light, Medium-Light, Medium, Medium-Dark, Dark,
　　　　　　　　　Very Dark
가루향(Fragrance):　－1(빈약), －2(나쁨), －3(매우 나쁨), 0(평범), 1(좋음),
　　　　　　　　　2(매우 좋음), 3(완벽). 기술(Describe):
아로마(Aroma):　　－1(빈약), －2(나쁨), －3(매우 나쁨), 0(평범), 1(좋음),
　　　　　　　　　2(매우 좋음), 3(완벽).
플레버(Flavor):　　1(없음), 2, 3, 4, 5, 6, 7, 8, 9, 10(강함)
애시디티(Acidity):　1(없음), 2, 3, 4, 5, 6, 7, 8, 9, 10(강함)
바디(Body):　　　　1(라이트), 2, 3, 4, 5, 6, 7, 8, 9, 10(헤비).
뒷맛(Aftertase):　　1(나쁨), 2, 3, 4, 5, 6, 7, 8, 9, 10(훌륭함).

연간 5회 커피품질경연대회를 주관하고 있는 컵 오브 엑설런스(Cup of Excellence)가 경연대회에서 사용하는 품평표는 아래와 같다.

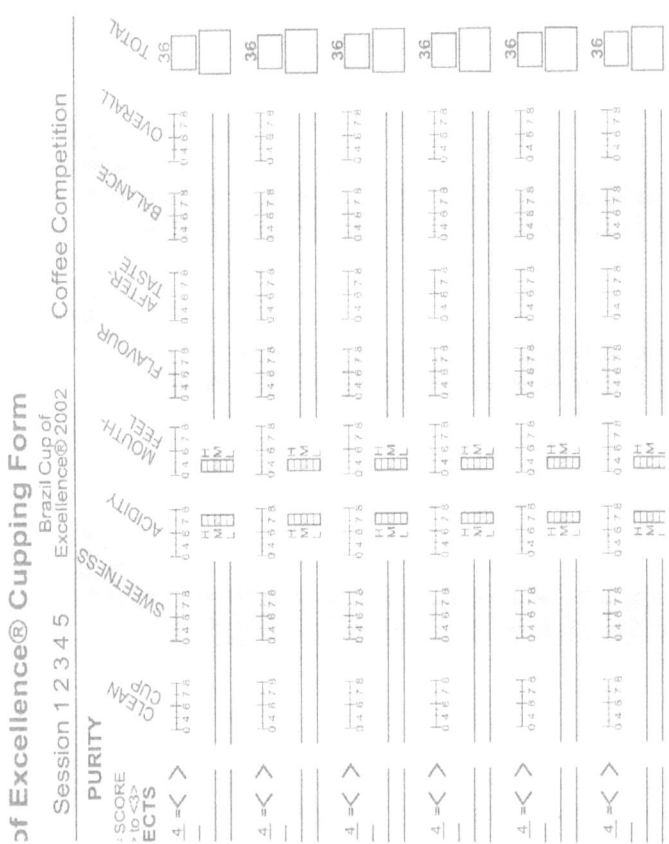

8. 커피 관련 각종 기구 및 운농

1) 국제커피기구
(國際~機構, International Coffee Organization, ICO)

국제커피기구는 커피와 관련된 유일한 정부 간 국제기구로서 커피 생산국과 소비국 사이의 커피 관련 제반 문제를 국제적인 협력을 통해 해결하는 데 목적이 있다. 커피의 경제적인 중요성 때문에 1963년 국제연합에 의해 창립되었으며 본부는 영국의 런던에 두고 있다. 2001

년에 체결되어 2001년 10월부터 발효된 최근 협약 수행업무를 담당하고 있다. 이 기구에 가입한 커피 생산국은 50개국이며 무려 1억 포대 이상을 생산하고 2천5백만 커피재배 농가에 일자리를 제공하고 있다. 생산국들의 경제는 거의 커피 생산에 의존하고 있으며 커피가 이들 수출품의 75% 이상을 차지하고 있다. 국제커피기구 가입국에 의해 생산되는 커피는 전 세계 생산량의 97%를 점유하며 소비회원국에서 소비되는 양은 전 소비량의 68%를 점유한다. 수입국은 유럽연합, 키프로스, 일본, 노르웨이, 싱가포르 및 스위스이다. 국제커피기구의 목적과 업무를 요약하면 다음과 같다.

- 수출국 및 수입국 정부대표들이 모여 의견을 교환하며, 커피정책을 조율하며 우선순위는 정기적인 고위급에서 결정한다.
- 커피의 품질 향상, 시장 확대 그리고 질병퇴치 등과 같은 커피 개발 사업을 수행한다.
- 혁신적인 홍보활동을 통해 커피 소모운동을 촉진한다.
- 식품안전 등과 같은 문제해결에 관여하고 있는 기구의 부속위원회인 16인으로 구성된 개인 자문위원회를 통해 일반 업계와 협조 및 유대를 강화한다.
- 전문가의 협조 및 연구를 통해 커피 재배에서 환경기준을 설정하고 커피가 지속적으로 생산될 수 있도록 재배 농가를 격려한다.
- 세계 커피시장에 이 기구의 목적을 알리며 정보를 제공하고 아울러 세계시장에 관한 연구를 수행한다.
- 매년 20만 건에 관한 통계 관련 기록을 커피시장에 제공하여 투명성을 인식시킨다.
- 커피 생산국에서의 심층 경제 분석, 경제모델 수립, 시장보고 등을 제공한다.

2) 미국스페셜티커피협회
(美國特級~協會, Specialty Coffee Association of America, SCAA)

미국에서 1982년에 커피전문가 몇 명이 특급커피(스페셜티커피)의 품질과 표준을 설정하기 위한 모임에서 시작되었다. 현재는 회원업체 수가 2,500여 개사로 발전한 세계 최대 커피거래와 관련된 협회로 발전했다. 회원사들은 커피 도·소매업체, 배전업체, 수출입업체와 아울러 커피 관련 각종 장비제조업체와 기타 커피 관련 업체들로 구성되어 있다. 비록 대부분의 회원사들이 미국에 소재하고 있기는 하나 전 세계적으로 커피의 생산, 배전 및 추출업무를 관장하고 있다. 커피나무의 씨에서부터 마시는 커피가 되기까지 스페셜티의 품질을 향상시키며 양질의 품질이 다음 세대에도 지속될 수 있도록 노력하고 있다. 이 협회의 주 임무를 요약하면 다음과 같다.

- 스페셜티커피의 품질 향상
  - 회원사 간의 협동정신 증대
  - 교육업무의 계속적인 지속
  - 친환경적인 커피의 재배
  - 커피 관련 사회적인 제반 문제에 기여
  - 건전한 상업행위 및 윤리의 권장
  - 소비자에 스페셜티커피의 가치 홍보.

이 협회는 배전업체 길드(Roasers Guild), 바리스타 길드(Barista Guild), 커피 키즈(Coffee Kids), 커피품질연구소(Coffee Quality Institute), 커피 크롭스(Coffee Crops), 컵 오브 엑설런스(Cup of Excellence) 등과 같은 운동 및 단체들과 연계하여 활동하기도 한다.

3) 유럽스페셜티커피협회
(Speciality Coffee Association of Europe, SCAE)

유럽 국가들을 포함하는 총 29개국의 커피 관련 업체들이 회원사인 조직이다. 주로 유럽 국가들의 회원사를 중심으로 한 협회였으나 현재는 중남미 국가, 이스라엘, 러시아 및 미국의 회사들도 회원으로 가입하고 있다. 스페셜티커피 관련 행사와 소식을 담은 〈뉴스레터(Newsletter)〉를 연간 4회 발간하고 있으며, 〈차와 거피 거래(Tea & Coffee Trade)〉라는 잡지도 아울러 발간하고 있다. 세계 바리스타 챔피언십 경연대회(World Barista Championships)를 주관하고 있으며 이 경연대회 기간에는 각종 커피 관련 회의와 전시회도 아울러 열린다. 회원사의 권익 보호와 회원국 및 국제적으로 홍보 및 대변 역할도 수행하며, 잘 정비된 자료실을 통해 회원들은 커피 관련 각종 자료를 제공받을 수 있다.

4) 내셔널커피협회(~~-協會, National Coffee Association, NCA)

미국에서 1911년에 설립된 협회로, 커피산업 최초의 협회다. 설립 이래 두 차례에 걸친 세계대전, 경제공황, 냉전, 파업 및 생산지에서의 서리에 의한 생산량의 감소 등과 같은 어려운 시기에 많은 커피 관련 업계에 도움이 되어 왔다. 커피 관련 문제가 생길 때마다 보여준 대처능력이 이 협회 성공의 기반이 되었다. 의회, 미 농무성, 식품의약청 등과 같은 정부부처에 커피업계를 대표하여 권익을 옹호했다. 또한 국제적으로도 미국커피업계를 대변하고 있다. 연구업무 수행과 아울러 1950년 이래 매년 미국의 커피 소비량 조사와 아울러 소비경향에 대한 세부 통계자료를 발간·배포하고 있다. 회원이 미국뿐 아니라 전 세계적으로 있으며 주로 커피 소매업자, 배전업자, 공급업자 및 수출입업자 협회로 구성되어 있다.

5) 커피품질연구소(~品質硏究所, Coffee Quality Institute, CQI)

1996년 설립 당시의 명칭은 스페셜티커피연구소(Speciality Coffee Institute)로 미국스페셜티커피협회(SCAA)의 교육 및 연구 부서였다. 주로 커피의 품질에 관한 제반 업무를 국제적으로 수행하며 커피 재배 농민들의 생활향상에 관한 업무를 수행했다. 2001년에 현재의 커피품질연구소로 독립하여 연구소의 업무를 확대시켰으며 원래의 업무에 지속적인 생산과 봉사업무가 추가되었다.

6) 컵 오브 엑설런스(Cup of Excellence, COE)

컵 오브 엑설런스란 품평회에서 선정된 우수한 커피를 지칭한다. 브라질은 커피의 품질을 향상시키기 위해 2000년에 커피전문가로 구성된 감정단에 의해 품질을 평가했으며 우수 커피가 고가로 경매된 것이 시초였다. 파급효과가 커 주변국들에도 확산되었으며 품평을 전문으로 하는 컵 오브 엑설런스라는 조직체가 탄생되었다. 매년 회원국별로 그해 최고급 품질의 커피를 개최국 및 국제적인 커피 전문 감정인들로 구성된 감정단이 선정한다. 감정 기간 중 적어도 다섯 번의 감점을 거치면서 80점 이상을 얻어야 최종 경연대회에 참여할 수 있으며 최종 승자가 그해의 컵 오브 엑설런스 상을 수상하게 되며 인터넷 경매를 통해 고가로 판매된다.

수상 농민은 국가적으로 고품질 생산자로 인정을 받는 명예와 아울러 많은 재정적인 혜택도 받는다. 이 상을 수상하기 위해서는 커피 오브 엑설런스가 자체 제정한 까다로운 감정규정과 절차를 통과해야 하기 때문에 실제 수상자는 별로 많지 않다. 수상 커피는 커피열매가 제대로 완전히 익었을 때 손으로 수확해야 하며, 숙성된 바디, 유쾌한 아로마 그리고 고품질의 스페셜티커피만이 갖고 있는 생동적인 단맛이 있어야 한다. 실제로는 품질경쟁 이외에도 다음과 같은 부수적인 효과들이 있다.

- 커피업체들에게 고품질 커피와 생산 농가를 용이하게 찾을 수 있게 해준다.
- 소규모 농장에서 소량의 커피로도 참가비 없이 경연대회에 참가할 수 있어 양질의 커피를 쉽게 찾아내게 한다.
- 알려지지 않았던 양질의 커피생산 지역을 찾아낼 수 있게 해준다.
- 커피 생산국 간의 경쟁 심리에서 상호 협조하는 정신이 생기게 한다.
- 커피 생산국들이 생산하는 커피의 품질을 알 수 있게 해주며 품질을 공정하게 평가할 수 있게 해준다.
- 국제적인 품평경쟁은 생산자들에게 틈새시장을 찾을 수 있게 해준다.
- 하부구조와 유통체계의 발달에 기여함으로써 양질의 커피생산농가와 비록 소량이라도 프리미엄 커피를 살 수 있는 구입자 모두에게 도움이 되게 한다.
- 생산국과 더불어 커피산업 분야의 협동정신을 증대시킨다.
- 시장에서 최고품질의 상표를 알린다. 소비자들에게 수상품의 국명을 알게 한다.
- 전 세계적으로 구매자들에게 생산농가로부터 직접 구입할 수 있는 기회를 제공한다.
- 국제적인 감정원들은 평가 주간 중 계획되어 있는 농장을 방문하는 동안 또는 생산농민과의 개인적인 유대관계를 맺음과 아울러 서로 토론할 수 있게 한다.
- 많은 구매자들이 우수상품을 구매함과 아울러 직접 커피재배 농장 및 재배지역을 방문하게 한다.

- 커피 생산국의 정부는 잠재적인 커피가격에 기준한 토지의 효율적인 활용을 할 수 있게 해준다.
- 우수 커피 생산농민에게 자긍심을 갖게 하여 품질 향상에 따른 여러 이점을 알게 한다.
- 기존의 시장으로부터 벗어나 가격체계에 새로운 벤치마킹을 하게 해준다.
- 어디에서 어떤 품질을 향상시켜야 하는지, 품질향상을 위한 길잡이가 무엇인지를 알게 해준다.
- 투명한 경매는 모든 관련자들에게 공정하게 해준다.
- 경쟁은 재배국에서의 전문 커피 감정인의 교육에도 기여하며 국제적인 감정단에게도 감정의 세부내역을 설정하는 데 도움을 준다.

7) 커피 키즈(Coffee Kids)

미국 로드아일랜드 주에서 스페셜티커피 배전업을 하면서 소매상을 하는 피시베인(Bill Fishbein) 씨가 과테말라 서부 고원지대에 있는 커피농장을 방문했을 때 재배농민들의 참담한 생활상을 목격했다. 의사는 85,000명당 한 명뿐이었으며 1,000명의 어린이 중 70명이 5세 이전 그리고 51명이 한 살이 되기 전에 죽는 어려운 상황에서 커피가 재배되고 있었다. 그가 1988년에 이들 영세농민과 특히 어린이들을 돕기 위한 운동을 시작한 것이 커피 키즈 운동이었다. 이 운동은 멕시코와 중앙아메리카의 여러 국가들에서 이들 영세농민의 삶을 향상시키고 안정적인 지역사회 발전에 많은 공헌을 했다.

현재는 이러한 운동이 라틴아메리카 전역으로 퍼지면서 국제적인 비영리조직으로 발전했다. 캐나다, 영국, 아일랜드, 스페인, 오스트레일리아, 네덜란드, 스위스, 그리스, 일본 등과 같은 선진국은 물론 멕시코 및 코스타리카 등과 같은 국가들도 참여하고 있다. 수혜국의 비영리단체들과 합동으로 커피 재배 농민과 특히 어린이들의 건강관리와 교육에 전념하고 있으며, 필요한 기금은 주로 기부금에 의존한다. 커피전문점, 배전업체 등과 같은 커피 관련 산업분야의 기부금이 소요비용의 42%, 일반 개인 기부금 30%, 물품 및 봉사 12%, 동전모금 4%, 판매수익 2% 및 조직 자체 지원금 10%로 운영되고 있다.

    이 조직의 사업 철학은 현장 중심의 일회성 도움이 아닌 자활을 유도하기 위한 지속적인 도움이라 하겠다. 따라서 성공하게 되면 더 이상의 도움이 필요하지 않도록 모든 사업이 계획되어 있다. 또한 매 사업현장이 각각 특이한 상황이어서 사업계획도 이에 맞추어 작성된다. 그러나 사람의 가치, 각 문화의 존중성 등은 각 사업에서의 유일한 공통점이다. 독자들 중에서 이들 영세농민을 돕기 원하면 홈페이지를 통해 특정 국가 및 지역을 도울 수 있으며 아울러 티셔츠, 커피 잔과 커피 재배지에서 생산된 공산품을 구입함으로써 간접적으로 도울 수도 있다.

8) 커피 콥스(Coffee Corps)

    2002년 9월에 커피품질연구소(CQI)가 설립한 봉사조직이다. 주 임무는 개발도상국 영세 커피생산농가, 노동자 및 재배업자들의 생활수준을 향상시키고 전 세계에 양질의 커피가 지속적으로 공급되게 하는 데 있다. 커피에 대한 열정과 재배농민 및 지역사회를 돕는 데 시간을 할애할 수 있는 자원봉사자로 구성되었다. 자원봉사자들은 커피연구소와 더불어 현지에서 커피 감정인 양성, 환경관리기법, 학교 및 보건센터 설립 등의 업무를 수행한다. 도움 요청을 받게 되면 업무 내용에 따른 자원봉사자를 선발하며 업무 수행에 따른 소요 경비를 확보한다. 2002년 사업 시작과 더불어 미국의 국제개발처로부터 지원을 받았다.

9) 국제품질보증
(國際品質保證, Quality Assurance International, QAI)

1989년에 설립되었으며 미국 캘리포니아 주 샌디에이고에 소재하고 있다. 유기농산물 및 가공식품에서 인체에 해로운 각종 화학물질을 사용하지 않은 데 대한 인증업무를 수행하고 있다. 각종 농산물 재배자, 거래 및 가공업체, 이를 사용하는 식당 및 소매상들이 회원으로 가입해 있다. 최근 평가에서 이들의 인증이 신뢰할 수 있음이 입증되었다. 많은 유기농커피에서 이 인증마크를 볼 수 있다. 일본, 캐나다 및 중남미 국가에 주재원을 파견하고 있으며 활동을 요약하면 다음과 같다.

- 국제적으로 누구나 이용할 수 있다.
- 범세계적으로 활동한다.
- 투자 대 효과분석에 정해진 수수료를 부과한다.
- 제3자의 입장에서 독립적인 현장 검사를 실시한다.
- 유기농산물임을 보증한다.
- 전문 인력에 의해 수행된다.

10) 유기농산물증진협회 (有機農産物增進協會, Organic Crop Improvement Association, OCIA)

유기농산물 인증분야의 세계적인 선두주자다. 회원으로 구성된 비영리조직으로서 유기농에 대한 연구, 교육 및 북미, 중남미, 아프리카, 유럽, 태평양 지역 수천의 유기영농자, 가공자 등에 유기농 인증업무를 수행하고 있다. 또한 국제유기농운동연합(IFOAM), 미국유기농프로그램(NOP), ISO 지침 65 등이 인정하는 인증업무도 수행한다. 회원 또는 회원단체가 그들의 생산물 또는 제품이 유럽연합 규정인 2092/91에 적합한지 판정해주며 일본유기농산물증진협회는 유기농산물이 일본농업

기준(JAS)에 적합한지에 대한 판정을 정부로부터 위임받기도 했다. 유기농증진협회의 마크는 전 세계적으로 인정되며 어떤 유기농 시장에서 판매될 수 있는 일종의 여권이라고 해도 과언이 아니다.

유기농증진협회의 유기농 인증 마크

11) 국제유기농운동연합(國際有機農運動聯合, The International Federation of Organic Agriculture Movements, IFOAM)

친환경적인 유기농업에 관심이 있는 기관 및 단체에 회원 자격을 준다. 전적으로 유기농에 관련된 활동을 하는 조직체들에는 임원 선거권이 주어지며 개인은 단지 후원자의 자격으로만 참여할 수 있다. 친환경적인 유기농법을 국제적인 회의 및 출판물을 통해 홍보하고 있으며 각종 국제기구에서도 로비활동을 하고 있다. 실제로 개발도상국에서 유기농법을 증대시키기 위해 직접 유기농 재배를 하기도 하며, 활동 내용을 요약하면 다음과 같다.

- 유기농업에 대한 신뢰할 수 있는 정보를 제공하며 전 세계적으로 유기농법을 확대시킨다.
- 회의, 박람회 및 출판물을 통해 지식을 교환한다.
- 국제적인 정책결정에서 유기농운동을 대표한다. 이 연합은 이미 국제연합과 세계식량 농업기구에 자문단체의 지위를 확보하고 있다.
- 유기농산물의 품질을 국제적으로 보증받기 위한 업무를 한다.
- 이 연합의 유기농산물의 기본 기준의 설정, 유기, 개정 및 인증을

위한 업무를 한다.
- 농업 종사자, 소비자, 식품산업계, 상거래 및 사회 전반에 유기농을 위한 투자의 가치를 홍보한다.

12) 공정거래연합(公正去來聯合, Fair Trade Federation, FTF)

1994년 미국의 워싱턴 D.C.에서 창립되었다. 공정거래 도·소매업체와 생산자를 회원으로 하고 전 세계적으로 영세농민들에 공정한 임금 지급, 고용기회 증대에 관여하고 있다. 이 연합은 영세 커피생산업자와 소비시장을 연계시키며 노동자의 건강과 안전 그리고 최저생계 유지비를 보장하기 위해 공정거래 품목 구입의 중요성을 소비자에게 교육시키기도 한다. 또한 공정거래 및 공정거래 물품에 대한 각종 정보도 제공한다. 미국과 캐나다에 총 115개의 회원사가 있다. 이 연합은 커피 이외에도 제3세계에서 생산되는 농산물 및 공예품의 공정거래 업무도 수행한다.

13) 국제대안거래연합(國際代案去來聯合, International Federation for Alternative Trade, IFAT)

영국에 소재하고 있으며 공정거래조직체들의 범세계적인 조직망이다. 1989년에 창립되었으며 현재 아시아, 아프리카, 라틴아메리카, 유럽, 북미, 오스트레일리아, 뉴질랜드와 일본을 포함하는 55개국에 202개의 회원사들이 있다. 공정거래운동에 동참하고 있는 생산자협회, 수출입업체, 소매업체, 국가 및 지역적 공정거래망 및 사업지원 조직체들이 참여하고 있다. 이 조직의 기본 목적은 회원들이 합심하여 개발도상국가의 영세민들의 생활과 복리를 증진시켜 국제상거래에서 불공정한 구조를 없애는 데 있다. 커피 외에 각종 농산물 및 공산품에도 관여하고 있다.

14) 공정거래협회(公正去來協會, Fair Trade Association, FTA)

공정거래조직체의 하나로 2003년에 오스트레일리아에서 창립되었다. 공정거래수입 및 도매조직체를 회원으로 하며, 역할이 오스트레일리아와 뉴질랜드에 국한되어 있으며 커피 외에 기타 농산물도 취급한다.

15) 국제공정거래인증(國際公正去來認證, Fair Labelling Organization International, FLO)

커피를 포함한 각종 식품의 공정거래 인증업무를 위해 1997년에 독일의 본에서 창립되었다. 주로 공증 업무만을 수행하는 내셔널공정거래인증이니셔티브(National Fair Trade Labelling Initiatives)를 포함하여 미국의 트랜스페어(TransFair USA), 트랜스페어 캐나다(TransFair Canada) 및 트랜스페어 저팬(TransFair Japan) 등이 회원사이다.

16) 시애틀오두번협회(Seattle Audubon Society)

조류와 자연환경의 가치를 알고 보호하기 위해 설립된 협회이다. 자연과 조화를 이룬 건전한 환경에서 인간이 즐기며 사는 것이 이 협회의 목표다. 매우 성공적인 협회인데 이는 회원, 자원봉사자 및 임원들이 열정과 재능을 가진 다양한 사람들로 구성되었으며, 업무수행에서는 서로 잘 협조하고 상호 존중하여 임수를 수행하기 위한 교육, 과학적인 정책과 프로그램, 조류와 환경업무에서 회원들이 흥미를 느끼고 자극을 받기 때문이다. 자연환경을 보존할 수 있는 음지커피재배법을 지원하여 인증마크 업무도 수행한다.

17) 우림연맹(雨林聯盟, Rainforest Alliance)

우림연맹은 자연의 무계획적인 이용과 남용을 방지함으로써 생태계, 인간 및 생물체들을 보호함을 주 임무로 설립된 조직이다. 생물의 다양성과 생태계의 지속적인 보전을 위한 엄격한 기준을 준수하는 일반회사, 협동조합 및 토지 소유자들이 참여하고 있다. 인간과 건강, 야생생물 그리고 지구를 보호하기 위해서는 토양을 지속적으로 자연 상태로 유지시켜야 한다는 것이 이 연맹의 목표다. 현재 50여 개 국가에서 농부, 노동자, 사업가, 비정부기구, 정부, 과학자, 지역사회와 더불어 사회 및 환경적으로 합당한 기준을 개발하는 업무를 수행하고 있다.

농작물과 산림의 재배방법 그리고 관광사업을 체계적으로 도움으로써 우리가 현재 의존하고 있는 생물자원이 앞으로도 계속 지속되도록 노력하고 있다. 또한 인증업무를 수행함으로써 소비자들이 구입하는 물품들이 자연을 해치지 않으며 지속적인 생산을 위한 방법으로 생산되었거나 만들어졌음을 소비자들이 알게 한다. 연맹으로부터 인증을 받은 업체들도 다른 회사와는 달리 노동자의 복리를 먼저 생각하며 자연보호에 앞장서고 있다.

현재 전 세계적으로 열대, 온대 및 한대 산림을 보조하기 위한 각종 업무가 수행되고 있으며 사람과 자연 모두가 혜택을 받을 수 있는 필수 작물에 관한 업무도 수행하고 있다. 자연을 심하게 해치지 않고 지속적으로 커피를 생산하기 위해서도 노력하고 있으며 자연친화적인 커피를 에코-오케이(Eco-OK)로 인증하고 있다. 관광사업 분야에서도 친환경적인 관광사업으로 전환시키기 위해 노력하고 있다.

18) 커피과학정보센터
(~科學情報~, Coffee Science Information Centre, CoSIC)

커피과학정보센터는 스위스에 소재한 커피과학정보연구소(Institute for Scientific Information on Coffee, ISIC)에 의해 1990년에 설립되었으며 본부를 영국의 옥스퍼드에 두고 있다. 근래 식품과 관련된 건강에 대한 우려가 높아지고 있으며 많은 식품과 음료가 검증의 대상이 되고 있다. 커피과학정보센터는 커피 자체와 커피가 우리의 건강에 미치는 영향, 커피에 대한 제반 과학적인 연구와 자료를 검토 및 검증하고 알리기 위해 설립되었다. 실험자료와 과학자들과의 접촉을 통해 현재 진행 중인 그리고 과거의 커피가 인체에 미치는 영향을 재조명하고 알리는 업무를 수행하고 있다.

현재 커피와 건강 그리고 커피에 흥미를 가지고 있는 유럽 사람들에게 일반화된 신뢰성 있는 정보를 제공하고 있다. 현재 웹사이트에서는 현재까지 발표된 커피가 우리의 인체에 미치는 의학적인 영향을 조명하고 있다. 커피과학정보센터는 입증되지 않은 연구결과나 논쟁에는 개입하지 않으며 카페인에 민감한 개인차에 대해서는 관여하지 않는다. 현재 유럽 18개국에 지부를 두고 있으며, 각 지부에서의 수집된 모든 자료는 옥스퍼드에서 통합된다.

19) National Coffee Association

1911년 최초로 미국에서 설립된 커피 관련 상거래협회다. 회원은 커피생산자, 수출업자, 수입업자, 배전업자, 도소매업자로 구성되어 있다.

20) Coffee Science Source(CSS)

National Coffee Association에 의해 설립된 기구로서 미국에서 커피, 카페인 그리고 이와 관련된 건강 관련 자료를 수집 및 배포하는 기구다. 커피, 카페인 및 건강 관련 신문, 라디오 및 텔레비전에 자료를 제공하고 있다. 또한 이 조직에서 제공하는 정보는 의사 및 의학 관련 전문기관이나 일반인도 활용하고 있다. 자료는 주로 학술지, 산업체 및 일반인들로부터 수집하며 수집된 자료들은 이 조직의 전문요원들에 의해 검정된다.

제 3 장

생물학적 특성 및 재배

1. 커피나무의 종 및 변종(變種)

커피나무의 분류학적 지위는 쌍자엽식물강(Dicotyledoneae), 루비알목(Rubiales), 루비알과(Rubiaceae), 커피아속(Coffea)에 속한 일종의 관목(灌木)이다. 세계적으로 루비알과에는 약 500여 속(屬), 6,000여 종이 있는 것으로 알려져 있다. 학자에 따라 상이하기는 하나 우리가 마시는 커피와 직접적으로 관련이 있는 종은 25~100여 종이 있는 것으로 추정된다. 이들 중 커피 생산을 위해 상업적으로 재배되고 있거나 재배될 잠재력이 대표적인 종은 아라비카(*Coffea arabica*), 리베리카(*Coffea liberica*), 스테노필라(*Coffea stenophylla*), 엑셀사(*Coffea excelsa*), 디위브레이(*Coffea dewevrei*) 그리고 캐네포라(*Coffea canephora*)를 들 수 있다.

대표적인 종은 아라비카(Arabica)이며 학술적으로는 커피아 아라비카(*Coffea arabica*)로 표기한다. 커피아는 속명(屬名, genus)이고 아라비카는 종명(種名, speices)이다. 일반적으로 커피라고 할 때는 모든 커피 속에 포함된 종들의 열매로부터 가공된 산물(産物)을 의미한다. 아라비카나 로부스타 등과 같이 종명(種名)을 말할 때는 일반적으로 커피나무의 종과 아울러 이에서 얻어진 원두나 커피를 지칭하는 것이 관례다. 실내나 온실에서도 간수만 잘한다면 잘 자랄 뿐만 아니라 열매를 맺는 특성 때문에 관상용으로 키우기도 한다. 대표적인 종인 아라비카, 로부스타 및 리베리카의 개괄적인 특징은 다음과 같다.

1) 주요 재배종

(1) 아라비카(*Coffea arabica*)

커피의 원조인 아라비카는 에티오피아의 기온 20~25℃, 강우량 연간 1,500~2,000mm, 해발고도 900m 이상의 고산지대에서 기원했다. 기온 변화에 매우 민감하여 해를 입기 쉬우며 배수가 잘되는 토양에서만 자란다. 고산기후는 열매의 성숙기간을 길게 하여 맛이 농축됨과 아울러 생두를 단단해지게 한다. 이러한 원두를 '견두'라고 부르기도 하며 1,500m 이상인 고도에서 재배된 원두는 '견견두'라고 구분하여 부르기도 한다. 키가 4~6m이나 재배농원에서는 열매 수확의 편이성과 더 많은 가지에 의해 보다 많은 열매가 열리도록 1.8~2.4m로 유지한다. 아라비카의 염색체(染色體, chromosome)는 44개로서 다른 종인 22개의 두 배나 된다.

묘목을 심은 후 3~4년 후부터는 열매를 수확할 수 있으며 상업적인 생산은 5년 후에나 가능하고 20~30년 동안 수확이 가능하다. 한 나무에서의 생두 수확량은 450~675g으로 다른 종에 비해 적다. 고가의 커피인데 이는 월등한 맛 이외에도 생산량이 적으며 산악지대에서 재배되기 때문에 재배 및 수확과정에서 기계의 사용이 어렵기 때문이기도 하다. 수작업에 의한 열매의 수확이 기계의 사용에 의한 경비의 10~12배가 들며 특히 기후에 매우 민감하여 이들을 악천후로부터 보호하는 경비가 많이 드는 것이 고가의 원인이기도 하다.

품질의 우수성 때문에 전 세계적으로 전파되었으며 이 종의 변종들이 현재 브라질에서 대량으로 재배되고 있다. 브라질에서 생산된 생두를 '브라질리스' 그리고 브라질 이외의 국가에서 생산되는 생두는 '기타 마일드(other milds)'라 부르기도 한다. 전 세계 생두 생산량의 70~75%가 이 종 및 이 종의 변종들에서 생산된다. 현재 아라비카에서 기원한 변종 중 티피카와 부르봉이 가장 잘 알려져 있다.

아라비카   로부스타

(2) 로부스타(*Coffea robusta*)

캐네포라(*Coffea canephora var. robusta*)의 변종(變種)인 로부스타는 그 어원이 질병에 대해 강인함과 아울러 견디는 능력이 매우 크다는 뜻에서 기원했다. 아라비카보다는 다소 더운 기온인 24~26℃, 낮은 해발고도 200~300m, 연간 강수량 1,500~2,000m가 환경조건이며 습도가 높은 아프리카 우간다의 야생산림지대에서 발견되어 세계 전 세계 재배지역에 전파되었다. 다 자란 나무의 크기는 거의 10m에 달하는 관목이나 수확의 용이성 및 생산성 향상을 위해 3~4m의 높이로 재배한다. 뿌리가 아라비카보다는 얕게 박혀 있다. 묘목을 심은 3~4년 후면 수확이 가능하며 아라비카와 같이 상업적인 생산은 5년이며 20~30년은 지속적으로 수확이 가능하다. 아라비카에 비해 생산량은 높아 한 나무에서 연간 1~1.5kg의 생두가 생산되며 생두의 크기는 아라비카보다 다소 작다.

아라비카   로부스타

아라비카에 비해 품질이 떨어지나 좀 진하고 풍만한 맛이 이 커피의 장점이다. 아라비카에서의 카페인 함량이 1.7%에 임에 비해 이 종에서는 4.5%여서 대부분이 인스턴트커피로 가공되고 있다. 이탈리아에서는 아라비카의 신맛을 적게 하고 연한 갈색 거품을 높이기 위해 로부스타에 아라비카를 섞기도 한다. 현재 인도네시아에서 생산되는 팔램방(Palembang), 만델링, 가봉의 한 하천의 이름을 딴 코우일로(Kouillou), 브라질의 코닐론(Conilon), 토고의 니아울리 그리고 중앙아프리카의 지멧(Gimet) 등이 캐네포라의 변종인 로부스타 커피의 상품명들이다.

아라비카와 로부스타의 특성 비교

항목		아라비카	로부스타
종의 기재연도(년)		1753	1895
원산지		에티오피아	콩고
염색체 수(개)		44	22
재배 환경	적정 기온(℃)	15~24	24~30
	적정 강우량(mm)	1,500~2,000	2000~3,000
	고도(m)	1,000~2,000	0~700
	토양	화산암 기원 토양	일반 토양
뿌리체계		깊이 박힘	얕게 박힘
개화 시기		비가 온 후	비정규적임
꽃에서부터 열매의 성숙기간(월)		9	10~11
성숙된 열매		자연적으로 떨어짐	남아 있음
질병	엽록병	민감함	강함
	트라키오마이시스	강함	민감
	커피열매병	민감함	강함
	선충류에 의한 질병	민감함	민감함
생산량	kg/헥타르	1,500~2,000	2,300~4,000
	g/나무	500	1,000~1,500
	세계적인 점유율(%)	75	25
원두	모양	타원형	둥글다
	크기	크다	작다
	용도	단종 및 배합커피	인스턴트커피
	맛의 특성	신맛	쓴맛
카페인 함유량(%)		0.8~1.4	1.7~4.0

(3) 리베리카(*Coffea liberica*)

서부 아프리카 상아 해안 옆의 라이베리아가 원산지다. 키가 18m 까지 자라며 병충해에 아주 강한 특징이 있다. 모든 특성이 로부스타 와 유사하나 꽃이 피고 열매가 맺는 시기가 일정하지 않아 열매를 수 확하는 데 어려움이 많다. 한때는 말레이시아와 서아프리카에서 대량 재배되어 커피 생산의 세 번째 수종이었다. 커피의 뚜렷한 특성이 없 어 현재는 아프리카에서 소량 재배되고 있기는 하나 국제적인 거래는 거의 없다.

2) 주요 변종

고급 커피의 대부분은 아라비카와 이에서 기원한 많은 변종(變種, cultivar)들에서 얻을 수 있다. 현재 에티오피아를 제외한 거의 모든 지역에서 재배되는 대부분의 종들은 모두 아라비카의 변종이다. 재배 지에서 오래전부터 정착된 변종을 재배업계에서는 '에어룸 (heirloom)'이라 부른다. 이들은 우연히 생기거나 우발적인 돌연변이 그리고 몇 세기를 통한 육종의 결과이기도 하다. 특정 지역에서만 재 배 가능한 변종들도 있는데 수마트라의 최상급 커피인 린통(lintong), 예멘의 이스마일(Ismail)과 마타리(Mattari) 그리고 현재는 거의 없어 진 인도의 올드 칙(Old chick)이 대표적인 예이다.

현재 많은 학자 및 전문가들이 기존의 품종에 비해 질병에 강인하 며, 보다 많은 열매를 맺고, 열매가 빨리 익는 변종을 만들려고 노력하 고 있다. 아라비카의 변종인 콜롬비아나는 이미 콜롬비아에서 많이 보 급되었고 루이루 11(Ruiru 11)은 현재 케냐에 보급되었다. 일부 전문 가들은 새로 개발된 변종 커피의 맛과 향에 의문을 제기하기도 하나 이는 애호가 각자의 취향이라 하겠다. 각 변종에 따른 맛과 향이 뚜렷 하게 다르며 같은 장소와 환경에서 재배한 변종들에서도 맛과 향이 서로 달라 애호가들을 즐겁게 해준다.

하와이에서 재배되고 있는 티피카의 변종인 코나도 코나 지역 이외의 동일 환경하의 다른 하와이의 지역에서 재배한 동일종 커피의 맛과 향이 다르다. 특히 브라질에서 재배하고 있는 부르봉은 동일 장소에서 재배하는 다른 변종들에 비해 뚜렷한 맛과 향을 가지고 있다. 최근 엘살바도르에서 개발된 육종종인 파카마라는 같은 지역에서 재배한 부르봉보다 맛과 향이 월등한 것으로 알려지기도 했다. 현재 전 세계적으로 재배되고 있는 주요 변종들을 간략하게 고찰하면 다음과 같다.

- **티피카(Typica):** 1700년대 초반 에티오피아에서 네덜란드인이 암스테르담으로 가져와 주로 라틴 아메리카 대륙으로 전파하여 현재 재배되고 있는 주류가 이 변종이다. 원종의 명칭인 아라비카 또는 니아사(Nyasa)로 부르기도 한다. 수간(樹幹)이 하나뿐인 나무는 원추형으로, 높이가 3.5~4m에 달한다. 원종에 비해 너무 무성하게 성장하여 자주 가지치기를 해주어야 한다. 생산량은 매우 저조하나 양질의 생두를 생산하며 전 세계의 많은 커피가 이 종에서 기원한다.
- **부르봉(Burbon):** 인도양에 있는 리유니온 섬(Island of Reunion, 낭시 명칭은 부르봉, Bourbon)에서 기원했다. 티피카보다 생산량이 20~30% 높으나 품질은 다른 변종의 커피에 비해 떨어진다. 한때는 브라질에서 집중적으로 재배되었으나 현재는 먼도노바(Nundo Nova) 종으로 바꾸어 재배하고 있다.
- **마라고지페(Maragogipe):** 브라질의 마라고지페 지방에서 처음 출현한 티피카의 돌연변이(突然變異, mutation) 종으로 나무는 티피카나 부르봉보다 크다. 이후 중미지역으로 재배지역이 확대되었다. 생두의 크기가 일반 생두에 비해 커서 '코끼리 생두

(elephant bean)'라고 불리기도 하며 다공성이며 생산성은 그리 높지 않다. 과테말라, 멕시코, 니카라과, 온두라스, 엘살바도르, 브라질 및 자이르 등지에서 재배되고 있다.

마라고지페 수종

- **카투라(Caturra)**: 브라질에서 나는 부르봉에서 생긴 변종으로 부르봉보다는 나무가 작다. 생산성이 매우 높으며 양질의 원두를 생산하나 잦은 시비(施肥)와 까다로운 관리가 요망되는 종이다. 모든 환경에 잘 적응하나 강우량이 연간 2,500~3,500㎜이며 고도가 450~1,650m가 적지이다. 고도가 높으면 높을수록 양질의 원두를 기대할 수 있으나 생산량은 저하된다. 콜롬비아에서 많이 재배되고 있다. 하와이에서는 다시 이 변종에 기인한 엘로 앤 레드의 변종이 생기기도 했다.

과테말라의 카투라

카투라의 미성숙 열매와 꽃

- **먼도노바(Mundo Nova)**: 브라질에서 처음으로 발견된 티피카와 부르봉의 자연 교배종으로, 질병에 강인한 것이 특징이다. 생두의 생산량이 아주 높으며 다른 종에 비해 성숙이 다소 늦은 것이 단점이다. 연간 강우량이 1,200~1,800㎜이며 해발고도 600~750m가 적지이다.
- **카투아이(Catuai)**: 이 종은 먼도노바와 카투라의 교배종으로 생산성이 매우 높다. 열매가 잘 떨어지지 않아 바람이나 비가 많은 지역에서는 매우 효율적이나 많은 시비와 특별한 관리가 요망된다. 열매가 성숙되었을 때 빨간색과 아래 그림에서와 같이 노란색이 되는 2종류가 있다.

- **파크코먼(Pache comum)**: 과테말라의 한 농원에서 처음으로 발견된 티피카의 변종으로, 해발 1,050~1,650m가 재배 적지이다. 맛이 부드럽고 평범한 것으로 알려져 있다.
- **파크콜리(Pache colis)**: 과테말라의 카투라와 파크코먼을 재배하는 한 농원에서 발견된 종으로 열매가 매우 크며 잎은 매우 거칠다. 기온 20~21℃와 해발고도 900~1,800m가 적지이며 나무의 크기는 0.8~1.25m에 달한다.
- **카티모(Caltimor)**: 1959년 포르투갈에서 만든 카투라와 녹병(綠病)

에 내성이 강한 티모(Timor)의 교배종이다. 다른 종에 비해 생산량이 월등하게 높으며 열매가 쉽게 잘 성숙되는 종이나 수정(受精)과 그늘 상태를 주의 깊게 점검해야 하는 단점이 있다. 이 종에서 기원한 카티모 T-8667은 나무의 키는 비교적 작으나 열매와 생두가 큰 것이 특징이다. 카티모 T-5269는 매우 강인하며 연간 강수량이 3,000mm 이상이며 해발고도 600~900m 지역에 잘 적응한다. 반면 T-5175는 생산성이 높고 매우 강인한 종이나 낮은 고도에서 재배하면 커피의 맛이 상업적인 다른 변종과 카티모의 커피와 맛과 거의 차이가 없으나 102m 이상의 고도에서 재배하면 부르봉, 카투라 및 카투이와 같은 좋은 품질의 커피가 생산된다.

- **켄스(Kent's):** 인도의 미소르(Mysore)에서 기원하여 현재는 동아프리카에서도 재배되고 있다. 양질의 원두가 대량 생산되나 커피 열매가 질병에 매우 약하여 현재는 질병에 강한 개량종인 S.288, S.333 및 S.795 종으로 대체되고 있다.

- **아마렐로(Amarello):** 이 종은 명칭에서와 같이 성숙된 열매가 노란색이며 재배지역은 그리 많지 않다.

- **블루마운틴(Blue Mountain):** 현재 자메이카, 케냐 그리고 하와이의 코나에서 재배되고 있는 아라비카의 변종으로 매우 우수한 생두를 생산한다. 특히 이 종은 다른 종의 열매에 많이 생기는 곰팡이균(*Colletotrichum coffeanum*)에 대한 저항성이 매우 크다.

- **바론 고토 레드(Baron Goto Red):** 코투알 레드(Cautal Red)와 동일하거나 유사한 종으로서 현재 하와이의 여러 곳에서 재배되고 있다.

- **코나(Kona):** 과테말란(Guatermalan) 종이 100년 전에 하와이의 코나지역에 정착된 종이나 현재는 이 종으로부터 카이날리우(Kainaliu), 케알라케쿠아(Kealakekua), 쿠키(Kucki), 엘레(Eleele), 호노마이우(Honomaiu), 마키(Maki), 케카하 라나이

(Kekaha Lanai), 라하이나(Lahaina) 및 카이카푸(Kaikapu) 등의 변종들이 하와이에서 재배되고 있다.
- 콜롬비아나(Columbiana): 콜롬비아에서 기원했으며 생산량은 월등하나 중급의 생두를 생산한다.
- 콜롬나리스(Columnaris): 키가 몹시 큰 나무로서 원두의 생산량이 월등하여 푸에르토리코에서 재배되고 있는데 음지성이 매우 강한 종이다.
- 프렌치 미션(French Mission): 1893년 케냐에서 생긴 변종으로 현재는 탄자니아에서 대대적으로 재배되고 있다.
- 파카스(Pacas): 엘살바도르에서 기원했으며 라틴 아메리카에서 많이 재배되는 종이다.
- 산라몬(San Ramon): 아라비카에서 기원한 변종으로 나무의 크기가 작으며 생산성이 높을 뿐만 아니라 바람 및 장기간의 건기(乾期)에 매우 강한 종이다.
- 빌라로보스(Vilalobos): 산라몬에서 기원했으며 현재 코스타리카에서 재배되고 있다.

2. 커피나무의 특성

1) 뿌리(根, Root)

커피나무는 종에 따라 다소 상이하나 매우 발달된 뿌리를 가지고 있다. 한 나무의 뿌리의 총 길이는 20~25km에 달하며 수분 흡수 면적은 400~500m²에 달한다. 수직으로 내린 주근(柱根)들이 있으며 이에서 땅속에서 수평으로 뻗는 측근(側根)들로 되어 있다. 주근들은 표토 밑 30~45cm의 깊이에 박혀 있다.

2) 수간(樹幹, Trunk)

커피아속의 종들은 자연 수령(樹齡, age)이 약 60년으로 추정되는 상록인 관목(關木)이다. 종에 따라 상이하기는 하나 약 9m 이상의 크기로 자라기도 하나 재배농장인 경우 열매 수확의 편이성을 위해 전정에 의해 약 2~4m의 높이를 유지하는 것이 관례다. 아라비카는 로부스타에 비해 키가 작다. 대부분의 커피나무가 하나의 수간(樹幹)으로 되어 있으나 여러 개의 수간을 가지고 있기도 한데 특히 로부스타가 대표적인 예이다. 아라비카는 곧게 위를 향한 곧은 수간을 가지고 있으며 여기에서 바깥쪽으로 쌍을 이룬 가지가 나 있으며 가지들은 밑으로 처져 있다.

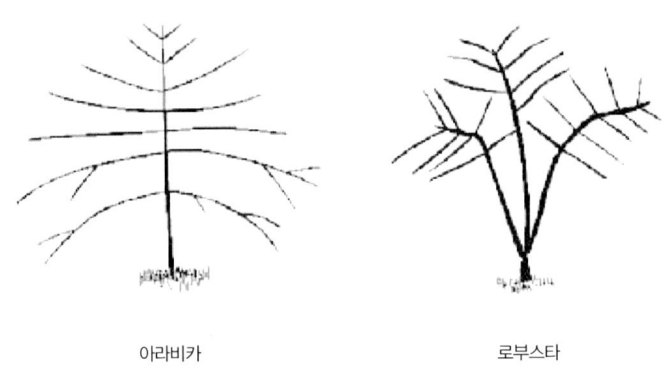

아라비카   로부스타

3) 잎(葉, Leaf)

상록(常綠)인 잎의 모양은 종에 따라 다소 상이하여 직사각형에 가까운 것도 있으나 대부분이 긴 타원 모양이다. 잎의 상단과 기부가 모두 뾰족한 피침형이다. 잎의 전면은 후면보다 녹색이 진한 진녹색으로 광택이 난다. 종에 따라 색깔이 진홍색에서 노란색인 것도 있다. 두 잎이 줄기의 잎 마디에서 서로 마주 보게 나 있다. 잎 마디 사이의 길이는 2.5~8cm이다. 어린나무 잎의 가장자리는 굴곡이 없이 균일한 형태임에 비해 성숙된 나무는 마치 물결과 같은 형태의 굴곡이 있으며 종에 따라 다소 상이하다. 잎의 기부에는 두 개의 턱잎이 나 있다. 로부스타의 잎은 아라비카의 잎보다 훨씬 큰 것이 특징이다. 잎의 길이는 10~15cm이며 폭은 2.5~8cm이다.

잎의 형태와 배열

4) 꽃(花, Flower)

대부분이 마치 별 모양의 5개의 꽃잎이 동일한 수의 꽃받침에 의해 받쳐져 있으나 종에 따라 6개를 가진 것도 있다. 꽃은 흰색이며 잎이 줄기에 부착하는 기부에 8~15개가 붙어 있다. 각각의 꽃에는 암술 주변에 5개의 수술이 있다. 커피나무를 '아라비아 재스민(Arabian Jasmine)'이라 부르기도 하는데 이는 꽃의 형태 및 향기가 재스민과 매우 흡사하기 때문이다. 아라비카의 경우 꽃은 우기(雨期)가 끝나고 건기(乾期)가 시작되는 초에 피며 3~4일 내에 수분(受扮, pollination)이 끝나면 시들어 떨어지고 작은 열매가 생긴다. 특히 수마트라와 같은 연중 강우량이 분산된 곳에서는 개화된 꽃, 미성숙 열매 그리고 성숙한 열매를 한 나무에서 동시에 볼 수 있다. 한 커피나무에는 연간 30,000개의 꽃이 핀다.

| 꽃이 피기 전 상태 | 핀 상태 | 꽃, 성숙 및 미성숙 열매 |

5) 열매(果, Fruit)

열매가 열리기 위해서는 수술대의 꽃밥에 있는 꽃가루가 암술의 암술머리와 암술대를 통해 씨방으로 내려가 난자와 수정해야 한다. 재스민 향과 같은 향내는 수분을 위해 곤충을 유인하기 위한 것으로 생각하기 쉬우나 아라비카인 경우 곤충에 의한 수분이 필요 없는 자가수정(自家受精, self fertilization)을 한다. 아라비카 수종이 전 세계에 성공적으로 전파될 수 있었던 원인은 자가수정 능력과 아울러 다른 종들에서는 염색체가 22개밖에 없는 데 비해 특이하게 44개를 가진 데 있다.

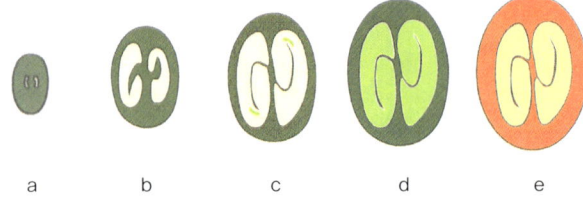

종자(생두)의 형성과정: 씨 형성기(a), 급속성장기(b), 배유성장기(c), 성숙기(d, e)

아라비카에서 결실 및 성숙은 씨 형성기(pinhead stage), 급속성장기(rapid expansion stage), 배유성장기(胚乳成長期, endosperm growth) 및 열매성숙기(cherry ripening)로 크게 나눌 수 있다. 씨 형성기에는 수정된 배(胚)가 자가수정 8주 후에 세포분열을 하면서 크기와 무게에 변화가 생긴다. 급속성장기에는 열매가 매우 빠르게 커지는

데 수정 후 10주가 경과되면서 자방(子房, ovary)이 들어 있는 포실(胞室, locule)이 추후 생두를 감싸고 있는 은피(銀皮, spermoderm, silver skin)의 빠른 세포분열과 더불어 부풀게 된다. 은피가 커지는 데는 토양 속의 수분 함량이 절대적이다. 이때 수분 함량이 충분하지 않거나 건기가 지속되면 은피가 제대로 크지 못하여 씨, 즉 생두의 크기가 제대로 커지지 못한다.

배유성장기에는 추후 생두가 되는 배유가 은피를 소비하여 은피는 얇아지게 되는데 이는 성숙했을 때 생두를 둘러싸고 있는 얇은 껍질, 즉 은피이다. 배유가 자라는 이 기간에는 마치 젤리와 같은 상태이다. 10~11주 후에는 완숙단계에 들어서면서 과육(果肉, pulp)이 계속적으로 커지며 배유는 광합성 산물의 70%를 다 흡수하여 나무 자체의 성장은 거의 없다. 열매의 형태가 완성된 후 5주 후부터는 녹색 또는 황색이 반짝이는 밝은 적색으로 변한다.

꽃이 피었던 자리에 열린 열매

식물학자들은 커피열매를 앵두, 살구, 복숭아 등과 같이 핵과(核果, drupe)라 부른다. 모든 핵과에서 내과피는 단단한 데 비해 중과피는 육질이고 외과피는 매우 얇은 것이 특징이다. 종에 따라 크기가 다소 상이하기는 하나 성숙된 열매는 직경이 15㎜이다. 과육의 두께는 약 100~300㎛ 그리고 평균 무게는 0.15g이다. 열매는 비교적 잘 손상되지 않는 외과피(外果皮, 外皮, exocarp, skin, esocarpo))에 싸여 있다. 외과피 밑에는 과육(果肉, mesocarp, pulp, fruit, flesh)으로 되어 있는데 우리가 껍질을 벗긴 복숭아에서 먹는 부위에 해당된다. 커피열매 껍질, 즉 외과피는 신맛이 난다.

일부 커피나무에서는 원두보다도 과육이 더 가치가 있기도 하다. 당분 함량이 높아 각종 곤충 및 동물들의 먹이가 됨과 아울러 과육을 발효(醱酵, ferment)시켜 술을 만들거나 차를 만들기도 한다. 과육의 바로 밑에는 점액질(粘液質)의 유조직층(柔組織, mucilage, parenchyma, slimy layer, pergamino) 층이 내과피에 단단하게 부착되어 있다. 이 유조직층은 습식가공 공정에서 발효시켜 제거된다.

비교적 단단한 내과피(內果皮, 內皮, endocarp, parchment)가 원두를 감싸 보호하고 있다. 내과피는 공정과정 중 마지막으로 탈각기로(脫殼機, huller)로 제거한다. 내과피 내에 들어 있는 씨, 즉 생두는 다시 얇은 막인 종피(銀皮, spermoderm, seed skin)에 의해 감싸여 있다. 이 종피는 상업적인 거래에서 은피(銀皮, 銀膜, silver skin, silver film, chaff)로 더 많이 알려져 있다. 은피는 선별과정 또는 배전과정에서 제거된다.

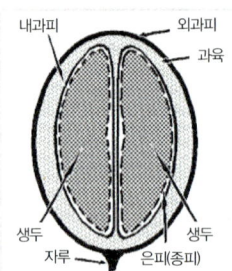

녹색인 핵과는 종에 따라 다소 상이하나 나무에서 약 6~9개월 동안 성숙한다. 대부분 종의 핵과가 성숙되었을 때는 매우 밝은 적색이나 일부 종에서는 황금색인 것도 있다. 가운데 금이 있는 두 개의 생두가 핵과의 내과피에 의해 보호되고 있으나 3개가 들어 있는 경우도 있다. 한 커피나무에서의 연간 450g~4.5kg의 생두가 수확되나 이는 종, 기후, 토양 그리고 기타 환경요인에 따라 다르다.

커피 열매의 성숙과정

　내과피 안에 때로는 한 개의 배유(生豆)밖에 들어 있지 않는 것들이 섞여서 수확되기도 하는데 이들을 피베리(peaberry), 카라콜(caracol), 피베리 생두(peaberry bean) 또는 피베리 커피(peaberry coffee) 등으로 부른다. 이는 두 개의 자방(子房, ovary) 중 한 개의 자방에서만 수분되어 생긴다. 이들은 선별과정에서 피베리 등급으로 분류된다. 재배과정 중 두 개의 씨로 가야 할 좋은 성분이 한 개의 씨로만 가서 맛이 우월하다는 근거에서 일반 생두에 비해 비싸게 거래되고 있다.

　일반인은 명확히 구분할 수 없으나 맛이 다른 것만은 확실하다. 일반적으로 다른 커피에 비해 피베리 커피는 상급의 아로마를 가지나 바디는 비교적 라이트하다. 커피전문점에서 막연히 피베리라고 하면 그 기원지를 문의해야 한다. 근래에는 유전자 조작에 의해 피베리가 많이 열릴 수 있는 변종을 만들기도 한다. 아라비카의 변종인 마라고지페 종에서 생산되는 생두는 다른 종의 생두에 비해 현저하게 크기 때문에 일명 '코끼리 생두(elephant bean)'라고도 한다.

3. 재배환경

커피의 세계적인 수요와 재배의 경제성에 기인하여 에티오피아의 아라비카는 세계적으로 파급되어 재배되고 있다. 재배환경을 고찰하면 다음과 같다.

1) 고도(高度, altitude)

대부분의 커피농장이 열대 및 아열대 산악지대에 위치하고 있는데, 이는 이들 지역이 커피 재배의 적지이며 주요 요인이기 때문이다. 아라비카를 열대지역의 낮은 고도에서 재배하면 품질이 조잡한 열매가 많이 열리며 이 때문에 나무가 약해져 쉽게 병에 걸리게 된다. 그러나 해발고도 900m 이상에서 재배하면 생산성이 높고 단단한 양질의 견두(堅豆)를 얻을 수 있다. 반면 로부스타는 고도가 180~450m의 습도가 높고 더운 기온에서도 잘 재배되나 서리에 매우 약하다. 하와이의 코나(Kona) 및 몰로카이에서 재배되는 변종들은 고도가 낮은 곳에서도 잘 성장하며 양질의 원두를 생산한다.

고산지대의 농원에서 성숙되고 있는 커피 열매

2) 기온(氣溫, air temperature)

커피 재배에서 기온은 결정적인 환경요인이며 종에 따라서도 다르다. 아라비카는 연 평균 기온변화 범위가 15~24℃임에 비해 로부스타는 24~30℃이다. 특히 아라비카와 기타의 종 모두가 큰 기온 변화에 매우 민감하여 해를 입는다. 성장한 나무는 영하의 기온에서 일시적으로 견딜 수는 있으나 일단 이러한 저온에 노출된 후에는 새 가지가 자라지 않는다. 17세기 스페인 및 프랑스는 자국에서 커피나무 재배를 시도했으나 서리에 의해 모두가 실패했다. 그러나 온실에서는 잘 성장하며 열매까지 열린다. 적정 기온이 아닌 높은 기온에서는 대사작용(代謝作用, metbolism)의 저하에 의해 잎이 옅은 녹색으로 변한다. 짙은 녹색이 오래 지속됨은 커피나무가 건강함을 나타내기도 한다.

3) 강수량(降水量, rainfall)

적정 강수량도 종에 따라 달라 아라비카인 경우 8개월간 1,500~2,000㎜가 되어야 하는 데 비해 로부스타인 경우에는 2,000~3,000㎜가 되어야 한다. 강수량은 연중 분산되어 있어야 하며 적어도 2~3개월 동안은 몇 ㎝을 상회하지 않아야 한다. 건기(乾期)에만 꽃이 피고 새 가지가 자란다. 커피나무 재배에는 충분한 수분공급이 필수이나 물이 잘 배수되지 않으면 복숭아 과수원에서와 같이 제대로 자라지 않는 중요한 특성이 있다. 연간 강수량이 1,500㎜ 이하인 경우 인위적으로 물을 공급해주어야 한다. 강수량이나 토양의 수분 함량이 많으면 너무나 많은 열매를 매우 짧은 기간 동안 맺어 나무 자체가 소진됨에 비해 강수량이 적으면 꽃이 피지 않아 열매가 맺지 않는다. 중등도의 습도도 아울러 중요한 요인이다. 대부분의 대형 재식농원들은 인위적인 살수 및 배수체계를 갖추고 있는 데 비해 소규모 농장들에서는 자연 강수량에 의존한다.

인위적인 살수와 배수 체계를 갖춘 브라질의 한 농장

4) 토양(土壤, soil)

화산암에 기인한 토양은 배수가 잘되기 때문에 최적의 토양이나, 일반적으로 모든 토양에서도 잘 자라며 배수가 잘되는 토양에서는 뿌리가 잘 발달된다. 토양은 반드시 산성(酸性, acid)이어야 하며 특히 깊이 20cm까지의 수소이온농도(pH)는 4.5~5.5를 유지해주어야 한다. 수소이온농도가 7 이상인 알칼리성 토양에서는 백화병(白化病)이 발생한다. 베어낸 풀, 퇴비 또는 버리는 채소 등을 나무 주변의 땅 위에 덮어놓아 필요한 양분을 흡수하게 하기도 한다.

표토를 보호하기 위해 덮어놓은 베어낸 풀과 퇴비

석회(石灰)의 살포 등에 의해 토양의 적정 수소이온농도를 유지시킨 경우 생산량이 500%까지 증가했다는 보고도 있다. 브라질에서 생산성이 가장 높은 한 재식농원 토양의 수소이온농도는 6.0~6.5, 양이온 교환은 40~50% 그리고 표토로부터 20cm 깊이까지의 염기포화도(鹽基飽和度)는 60%였다. 토양의 높은 수분 함량이 지속되면 뿌리가 호흡을 하지 못해 썩게 되며 잎이 노란색으로 변하고 가지들이 시들어 죽는다.

5) 일광(日光, radiation)

커피나무는 일반적으로 일광 노출에 매우 약하여 매일 약 2시간 이상 직접 노출되지 않아야 한다. 적절한 재배를 위해서는 일정 시간 그늘이 있어야 한다. 자연 상태에서는 산림의 수관(樹冠)에 의해 그늘이 조성된다. 중앙아메리카, 멕시코, 콜롬비아, 에티오피아 및 기타 지역들에서도 아라비카는 그늘에서 자생 및 재배되며 이러한 그늘은 자연적으로 자생하는 잡목들에 의하거나 인위적으로 그늘이 생기도록 나무들을 심기도 한다. 음지에서 재배된 커피를 음지커피(陰地~, shade coffee) 또는 음지재배산(shade grown)이라 한다. 음지재배는 커피 품질의 우수성과 아울러 우리에게 많은 혜택을 주는데 이를 요약하면 다음과 같다.

- 이수조류(移住鳥類) 및 텃새들에게 서식처를 제공한다. 양지재배에서는 조류의 종이 거의 90%까지 감소된다.
- 산림의 수관은 커피나무를 일광 및 강우로부터 보호하며 아울러 토질이 지속되게 돕는다.
- 서식조류들이 해충을 구제한다.
- 하천수계의 오염이 방지되고 수질보호에 기여한다.
- 토양의 침식을 방지한다.
- 생물의 다양성을 높여준다.

- 재배 커피나무의 수령이 양지재배인 경우 불과 10~15년임에 비해 음지재배에서는 거의 50년 동안 지속적으로 커피를 생산할 수 있다.

술라웨시의 열대 야자수에 의해 생성되는 음지

　음지는 일시적으로 생기는 그늘, 영구적인 그늘, 산림에 의해 생기는 그늘 및 표토가 받는 그늘로 크게 나눈다. 표토가 그늘이 없이 태양에 직접 노출되면 뿌리가 죽기 때문에 직접 노출되지 않게 하는 것이 매우 중요하다. 일부농원에서는 *Leucaena glauca* 등과 같은 식물을 심어 표토의 직접 노출을 방지하기도 한다. 그늘이 필수적이나 하루 중 어느 정도는 직사광선을 반드시 받아야 하기 때문에 계속적으로 지속되는 그늘은 오히려 해가 되기도 한다. 특히 다른 나무를 심어 인위적으로 그늘을 만드는 경우 이를 감안해야 하며 아울러 이들 나무에 의한 영양분의 경쟁도 고려해야 한다.

　다소 막연하기도 한 음지와 양지의 개념을 멕시코의 과학자들은 다섯 가지 유형으로 나누고 정의했으며 실제로 적용되고 있다.

　(1) 원시적 재배법(原始的 栽培法, rustic, rusticano): 기존 산림을 거의 해치지 않고 커피나무를 심는 방법이다. 이 방법은 경비가 저렴하여 소규모 농원 및 가족 중심의 농장에서 채택하고 있으며 수확량은

별로 많지 않다. 이 방법을 채택하는 농원은 별로 없으며 요사이는 수확량을 높이기 위해 수관을 없애기도 한다.

원시적 재배법　　　　　　　재래식 다종재배법

(2) 재래식 다종재배법(在來式 多種栽培法, traditional polyculture, policultura tradicional): 커피나무와 아울러 과일, 채소 및 약용식물을 함께 재배하는 방법으로, 상업적인 다종재배법에 비해 종의 다양성이 높다. 커피 값이 폭락할 때도 타격을 적게 받는다. 타종들은 야생종이 될 수도 있으나 일반 재배종이 될 수도 있으며, 재배농장의 지역적인 위치와 계절에 따라 재배하는 종들도 있을 수 있다.

(3) 상업적인 다종재배법(商業的 多種栽培法, commercial polyculture, policultura comercial): 재래식 재배법과 동일한 방법이나 나무들을 다소 세서하여 보나 많은 커피나무를 심는 방법이다. 생산량은 높으나 비료 및 살충제 등을 사용해야 한다. 음지 조성종을 인위적으로 심기도 하며 종의 다양성은 전문 음지재배법에 비해 다양하다.

상업적인 다종재배법　　　　　　　전문 음지재배법

(4) 전문 음지재배법(專門陰地栽培法, specialized shade, sombra especializada): 음지를 조성하기 위해 주로 잉가(*Inga*), 에리스리나(*Erythrina*), 글리리시디아(*Gliricida*) 또는 그레빌리아(*Grevillea*) 속의 식물들은 심는다. 이들 속의 나무를 심으면 커피나무를 더 조밀하게 심을 수 있어 농장이 매우 잘 정돈된 모양을 보여주며 아울러 생산성도 높여준다. 중남미에서는 잉가 속에 속하는 콩과 수목을 주로 심는다. 이 속(屬)에는 8종이 있으며 이들 모두가 음지재배 수관수목으로서 이용되고 있다. 조류와 곤충들이 이들의 넥타를 몹시 좋아하여 모여들게 한다. 또한 잉가에는 착생식물(着生植物)이 붙어 서식한다. 종의 다양성이 일광재배 농장에 비해 다소 높기는 하나 비료와 각종 농약을 많이 사용해야 하는 것이 단점이다.

잉가 속의 음지 제공 수관수목

다종재배법 및 전문 음지재배에서 얻는 부산물

음지재배법을 일명 친조류적인 농법이라고도 한다. 친조류적(Bird-friendly)이란 용어는 미국 스미소니언연구소(The Smithsonian Institute)의 스미소니언 이주조류센터가 주조(鑄造)한 용어다. 이주조류를 보호하기 위해 음지의 종류 및 정도의 기준을 설정했다. 센터는 음지재배의 까다로운 기준에 따라 재배된 커피에는 '친조류적'이라는 인증 업무도 수행하고 있다. 커피재배업자가 이러한 인증을 받기 위해서는 다음과 같은 규정을 준수해야 한다.

- 농장에는 최소 10종 이상의 음지 제공 수목이 있어야 하며, 이 중 잉가가 70%를 상회하지 않아야 한다.
- 정오에 최소 40%의 음지가 조성되어야 한다.
- 음지조성 수목의 높이는 10m 이상이어야 하며 큰 나무와 작은 나무가 혼합되어 있어야 한다.
- 가능한 수목의 가지치기는 자제해야 하며 수목에 부착 서식하는 착생식물은 제거해야 한다.
- 도로와 하천이 있어야 한다.

(5) 일광재배법(日光栽培法, full-sun, monocultura in sombre): 수관이 없이 일광에 직접적으로 노출되게 하여 재배하는 방법이다. 농약과 살충제 등을 사용하면 수확량이 월등하게 높아진다. 하와이, 수마트라의 만델링(Mandheling) 지역, 자메이카의 블루마운틴 지역에서는 자주 오는 비, 안개 등에 의해 그늘이 없어도 되는 데 비해 예멘과 브라질 등에서는 노출 상태에서 재배하기도 하나 이들 종은 이러한 환경에 적응된 변종이다. 일광에 직접 노출되게 하여 재배한 커피를 일명 일광커피(sun coffee) 또는 일광재배산(solar grown)이라 한다.

일광재배 농장

현재 그늘에서 재배했던 농원들이 양지에서 잘 자람과 아울러 열매를 많이 맺은 품종으로 대체하여 재배하고 있거나 바꾸고 있다. 양지에서 재배한 커피는 맛과 향의 다양성이 없기 때문에 향료를 첨가하거나 우량품과 섞기도 한다. 이주 또는 서식조류가 음지재배지에 비해 거의 90%가 적으며 토양 침식이 심각한 문제로 대두되었다. 막대한 양의 화학비료, 살충제, 살균제와 아울러 일 년 내내 많은 노동인력이 계속적으로 관리하고 있어야 함은 경제적인 부담임과 아울러 환경 파괴의 주요 원인이 된다. 음지재배에서 커피나무에서의 수확 가능 수명이 50년간 지속됨에 비해 양지 재배지에서는 불과 10~15년밖에 안 된다.

음지재배와 양지재배의 비교

항목	음지	양지
생산량	저조(25~40%)	높음
나무의 수/헥타르	1,000~2,000	3,000~7,000
kg/헥타르/연	550	1,600
나무의 수령	24~30년	12~15년
부수작물	많음	전혀 없거나 적음
플레버	쓴맛이 약함	매우 씀
생산자	소규모 영농	대규모 재식농원
잡초 제거	적음	많음
화학비료	적음	많음
살충제	적음	많음
관계수로	적음	많음
토양침식	적음	많음
토양의 산성화	적음	많음
유해물질 배출	적음	많음

6) 바람(風, wind)

강한 바람이 부는 곳에서는 재배가 어려운데 이는 잎의 수분이 과다하게 손실되게 하기 때문이다. 특히 어린 나무는 뿌리가 발달되어 있지 않아 더욱 많은 피해를 입는다. 덥고 건조한 바람은 더욱더 치명적이다. 선선한 기후와 그늘에서는 열매의 성숙이 길어져 생두의 밀도가 조밀하며, 수분 함량이 적고 보다 좋은 향의 생두가 된다. 하와이 코나(Hawaii Kona), 수마트라 린통(Sumatra Lintong) 그리고 자메이카 블루마운틴(Jamaica Blue Mountain)과 같은 상표의 원두들은 모두가 견두다. 방풍림(防風林, living fences)을 심어 바람으로부터 보호하기도 한다.

7) 영양성분과 시비(施肥, nutrient and fertilizer)

유기농법을 채택하지 않는 한 생산성을 향상시키기 위해서는 시비가 필수 요인이다. 많은 사람들이 커피나무도 토양 속의 영양성분을 직접 흡수하는 것으로 알고 있으나 직접 흡수하지 않고 토양 속에 있는 곰팡이들로부터 흡수한다. 따라서 시비를 하는 것은 토양 속의 유익한 곰팡이류를 번성하게 하는 데 있다. 묘판에서 5개월이 경과되어 8쌍의 가지가 나오기 전 또는 4쌍의 가지가 나왔을 때 재배지에 옮겨 심으면서 시비를 해야 한다. $0.4 \times 0.4 \times 0.4$cm의 크기의 구멍을 파고 P_2O_5 0.2g, K_2O 12g, 200g의 백운암 계열의 석회, 0.2g의 보론, 0.2g 구리 그리고 1.0g의 아연으로 시비하는 것이 권장된다. 뿌리가 정착되면 다시 5g의 질소비료를 4회 살포해야 한다. 첫해에는 10g의 질소비료와 K_2O 3~4회 그리고 2년째에는 12g의 질소와 K_2O를 3~4회 살포해야 한다. 이후부터는 생산성에 따라 시비해야 하는데 그 비율은 다음 표와 같다.

시비량

헥타르당 생두 60kg 포대 생산	질소	P₂O₅	K₂O
10	80~90	15~20	80~90
15	90~110	20~25	90~110
20	110~130	25~30	110~130
25	130~150	30~35	130~150
30	150~170	35~40	150~170

토양의 화학적 성분 분석 대신 잎의 화학적 성분 분석을 통해 부족한 영양성분을 규명할 수 있으며 결과에 따라 시비하기도 한다. 가지의 열매가 열리는 곳으로부터 세 번째 또는 네 번째 잎을 분석용으로 사용해야 한다. 브라질의 한 토양 분석실에서 권장하고 있는 토양 속 주요 비료 성분 함량은 다음과 같다.

토양 속의 권장 영양성분 함량

영양성분	단위	저조	중등도	적정 함량
질소	g/kg	< 23	23~27	28~31
인	g/kg	< 1.2	1.2~1.6	1.7~1.9
가리	g/kg	< 18	18~21	22~25
칼슘	g/kg	< 6	6.0~9.0	10~13
마그네슘	g/kg	< 2	2.0~2.6	2.7~35
유황	g/kg	< 1.2	1.2~1.7	1.8~2.3
아연	mg/kg	< 5	5.0~10	11~20
보론	mg/kg	< 30	30~49	50~80
구리	mg/kg	< 6	6.0~9	10~15
망간	mg/kg	< 70	70~99	100~150
철	mg/kg	< 80	80~119	120~200

주요 영양성분 함량 부족이 가장 빨리 그리고 뚜렷하게 잎에서 형태의 변형 및 색상의 변화 등으로 나타나는데 그 예는 다음의 그림과 같다.

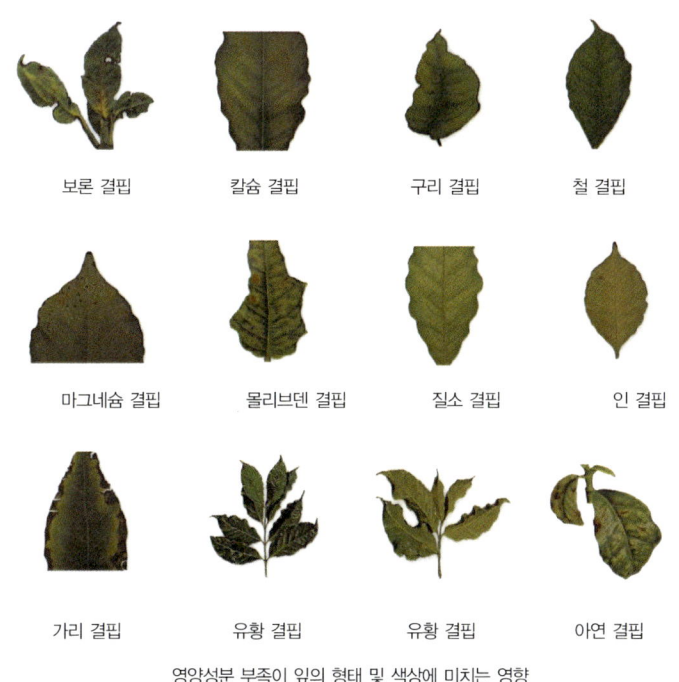

영양성분 부족이 잎의 형태 및 색상에 미치는 영향

4. 종묘 생산(種苗生産)

1690년 홍해에 정박했던 네덜란드 선원들이 호기심에서 커피나무 몇 가지를 잘라 암스테르담으로 가져가 온실에 심었다. 의외로 온실에서 무성하게 잘 자람과 아울러 열매까지 열리는 것을 보고 인도네시아로 전파시켰다. 종자의 발아에 의한 종묘 생산과 삽목(揷木)에 의하기도 하며 근래에는 조직 배양과 아울러 유전공학 기법에 의해 질병 및 제초제에 강인한 종을 만들기도 한다.

삽목 시에는 넝쿨과 같이 자라는 특성을 방지하기 위해 위로 곧게 자라는 줄기나 가지를 이용해야 한다. 먼저 곧은 줄기나 가지를 묘판(苗板)에서 뿌리를 내려야 한다. 묘판에 충분한 습도를 유지해주어야 하며 뿌리가 나오는 기간에도 90%가 넘는 충분한 습도를 유지해주어야 한다. 약 75일이 경과되면 뿌리가 나온다. 봄이나 잎이 떨어진 후에 삽목하는 것이 효율적이다.

씨를 이용하는 경우는 먼저 열매의 생산량이 높고 질병이 없는 나무로부터 잘 익은 열매의 씨를 사용해야 한다. 손으로 열매의 껍질과 과육을 벗겨낸 후 물로 세척하고 소형 용기에 넣어 발효시켜 내과피에 붙어 있는 점액질인 유조직을 완전히 제거해야 한다. 발효과정 중에 위로 떠오르는 씨는 선별하여 제거한다. 세척된 씨는 직사광선을 받지 않는 야외의 건조한 상태에서 망 위에 놓고 수분 함량이 20%가 될 때까지 건조시켜야 한다.

껍질, 과육 그리고 내과피에 부착되어 있는 점액질을 제거한 직후 씨의 수분 함량은 60~70%이므로 건조시키는 과정 중 저울에 달아 20%까지 조절할 수 있다. 저울이 없을 경우에는 깨물어 보아 씨의 표면, 즉 내과피는 말라 있으나 내면이 약간 부드럽고 수분이 있으면 20%의 상태다. 이와 같이 처리된 씨는 즉시 심을 수 있으며 적절하게 보관만 잘하면 1년 이상 보관했다가 심을 수도 있다. 씨의 획득이 용이하지 않으면 구입하여 사용할 수도 있다. 수확 후 1년이 지나지 않은 씨가 권장되는데 씨가 발아하는 데 약 2.5개월이 소요됨에 비해 1년 이상이 된 씨는 6개월이 소요되기 때문이다.

발아 후 자라는 싹

씨를 24시간 동안 물에 담가놓은 후 과도한 수분을 배수시킨 모래로 된 배지(培地, medium)나 물기가 있는 생두커피 포대 또는 밀집 위에 놓아 싹이 나오게 한다. 이때는 하루 두 번 물을 주고 배수가 잘 되도록 해야 한다. 대안으로서는 씨를 수분이 함유된 흑운모(vermiculite)와 섞어 비닐 주머니에 넣어 20~40cm까지 자라게 할 수도 있다. 일단 발아가 된 후에는 종묘 배양장에 옮겨 심어야 한다. 종묘배양장의 토양에는 잘 썩은 가축 배설물의 함량이 평방미터당 10~20리터(ℓ), 인산비료 100g를 함유하고 있어야 하는데 동물의 뼛가루 및 건조시킨 동물의 혈액을 섞어주면 훨씬 효율적이다.

화분에서 첫 잎이 생긴 어린 나무

배양장의 토양에 1.25cm의 깊이로 구멍을 파고 발아된 씨를 조심스럽게 납작한 면을 아래로 놓은 후 흙을 덮는다. 흙을 덮을 때는 눌러주지 말아야 한다. 흙을 덮은 후에는 베어낸 풀을 덮어주어 수분을 유지할 수 있도록 해주어야 하나 씨가 완전히 발아되었을 때는 제거해야 한다. 매일 물을 주어야 하나 과도하거나 수분이 부족하면 쉽게 죽는다. 종묘 배양지의 크기는 폭이 1m, 깊이가 50cm 되게 해야 하며 종묘가 20cm의 크기까지 키울 때에는 간격을 12~15cm, 30~40cm의 크기로 키우기를 원할 때는 20cm 간격으로 심어야 한다.

수마트라의 종묘배양장   비닐봉지에서 자란 종묘

종묘배양지에는 첫 몇 개월간은 50%의 그늘이 생기게 해주어야 하며 서서히 줄여 경작지로 옮기기 2개월 전에는 완전히 그늘이 없도록 해주어야 한다. 종묘배양지의 토양은 낮은 산성이며 질소 성분이 많고 배수가 잘되게 하기 위해 왕모래나 현무암 석분(石粉)을 첨가해 주어야 한다. 비료도 주어야 하며 일반 과수원에서 사용하는 비료를 시비해도 된다. 낮은 산성도를 유지하기 위해 회분(灰分, ash)을 뿌려 주기도 한다. 실내의 조명에서도 잘 자라나 실외의 너무 덥거나 찬 기온에서는 잘 자라지 않는다. 일주일에 두 번 물을 주는데 물을 준 후에 배수가 되게 하는 방법과 물을 주고 난 후에 배수가 되게 한 다음 다시 비료를 녹인 물을 주고 배수시키는 두 가지 방법이 있으나, 두 가지 방법 모두 수분을 유지시키는 것이 목적이며 반드시 배수가 제대로 되게 하는 것이 제일 중요하다.

경작지에 심은 어린 커피나무

5. 질병과 해충

커피나무의 재배과정 중에는 일반 작물에서와 같이 무수한 질병이 발생한다. 대체로 치유 불가능한 질병, 치유가 가능한 질병, 주로 곤충에 의한 질병 및 피해로 크게 나눌 수 있는데 주요 질병들은 다음과 같다.

1) 치명적인 질병

● 엽록병(葉綠病, leaf rust)

1860년대에 처음으로 스리랑카에서 발생한 이 질병은 전 세계로 전파되었으며, 특히 1970년 브라질에서 창궐하여 생산량을 현저하게 감소시켰다. 또한 1800년대에도 실론(Ceylon)과 인도에서뿐만 아니라 기타 지역에서도 커피 재배를 전멸시켰다. 곰팡이(*Hemileia vastratrix*)의 포자(胞子, spore)가 바람에 날리거나 동물에 의해 전파되는 질병이다. 땅에 떨어진 포자가 비가 오거나, 특히 우기 중에 나무로 올라가 잎에 퍼진다. 잎에 붙은 포자는 잎에서 발아(發芽)하여 잎에서 양분을 취해 번식한다. 감염된 잎은 마치 녹이 슨 것과 같은 반점이 온 잎에 퍼진다. 엽록병은 보리, 밀 및 기타 작물에서도 많이 발생하는 질병이다.

특히 이 질병은 저지대에서 재배하는 커피나무에 몹시 심했던 것이 특징이며 치료법이 없어 차(茶), 질병에 강한 로부스타 또는 아라비카 변종으로 대체해야 한다. 이 질병의 발생은 기온과 관련이 있어 높은 기온에서는 급속하게 진전됨에 비해 낮은 기온에서는 포자가 발아되지 않거나 발아 속도가 매우 늦다. 특히 고지대의 낮은 기온과 습도에서는 발아의 속도가 매우 더뎌 비록 감염이 되어도 잎들이 원래의 수명을 다하고 죽는다. 이 질병이 창궐한 한 재식농원에서 감염되지 않고 살아남은 변종이 켄트 종인데, 이 명칭은 재식농원 주인의 이름에서 기원했다. 이 켄트 종은 인도, 동아프리카 및 기타 녹록병이 문제점인 지역으로 전파되었다. 이 종은 헤밀리아 속의 2종의 변종을 제외한 기타 헤밀리아 속의 종들에게서 내성이 매우 높다.

엽록병에 감염된 잎   엽점병에 감염된 잎   윤문병에 걸린 뿌리

● 미국엽점병(美國葉點病, American leaf spot)

일종의 곰팡이(*Mycena flavida*)에 의해 생기는 병으로 잎에 반점(斑點)이 생겨 죽게 되는데 진행 속도가 엽록병보다 훨씬 빠르다. 이 질병은 멕시코, 과테말라, 코스타리카, 콜롬비아 및 브라질 등지에서

창궐하는데 전 재식농원들을 황폐화되게 하기도 했다. 땅에 떨어진 포자(胞子)들이 거의 죽지 않기 때문에 발병 지역에서는 영구히 이 질병에 시달려야 한다. 이 곰팡이는 커피뿐만 아니라 카카오 및 밀감류도 고사하게 하나 로부스타 및 로부스타 계열의 변종은 이 질병과 무관하다. 적정 환경만이 이 질병을 예방하고 치료하는 방법이나 페레녹스(Perenox), 캡탄(Captan) 등과 같은 약제나 40갤런의 물에 1kg의 석회 그리고 황산동 1kg를 용해시켜 분무하면 질병의 속도를 지연시킬 수 있다.

● 커피열매병(Coffee berry disease, CBD)

일명 CBD로 알려진 이 질병도 곰팡이(*Colletotrichum coffeanum*)에 의해 생기는데 1920년 케냐에서 처음으로 발생했다. 균체(菌體)는 나무껍질 속에 있으며 균체에서 생긴 포자가 열매를 공격한다. 열매가 맺히기 시작하면서부터 발생한다. 처음에는 열매의 표면에 번식하여 씨에까지 퍼져 작물을 수확할 수 없게 한다. 감염된 열매의 표면에 갈색 반점(斑點)이 생기는데 마치 작은 구멍이 생긴 것 같이 보인다. 감염 부위가 점점 검게 되고 열매 전체가 회갈색이 된다. 이 질병은 케냐와 콩고에서 막대한 타격을 입혔다. 자메이카 블루마운틴 및 루이루 11종은 이 질병에 매우 강하다. 석성 환경조건이 최선의 예방 방법이나 이 질병은 특히 찬 기온과 관련이 있어 기온이 1℃ 이하로 내려가지 않아야 한다. 페레녹스 또는 구리 성분을 포함한 살균제를 연간 네 차례 살포하면 예방 및 피해를 감소시킬 수 있다.

● 트라키오코마이코시스 감돈병(Tracheomycosis wilt)

토양 속에 있는 곰팡이(*Fusarium xylorioides*)가 나무의 하단부나 뿌리의 상처를 통해 감염되어 나무 전체의 관다발에 퍼진다. 증상은 잎이 노랗게 되어 죽는다. 주로 아프리카 열대지역의 건조하고 높은 지온(地溫)에서 재배되는 로부스타 계열의 종들에서 발생하며 한번에 10만 에이커를 황폐화시키기도 했다. 일단 질병이 발생하면 불로 태워버리고 아울러 뿌리까지 뽑아내어 완전히 소각시켜야 한다.

● 윤문병(輪紋病, collar-rot)

곰팡이(*Rosellinia bunodes*)에 의해 야기되는 질병으로 주로 산림지역의 커피나무에서 자주 발생한다. 감염된 나무는 뿌리 내부의 색이 변하며 증상은 잎이 말라 죽는 것으로 알 수 있다. 이 질병은 전 세계적으로 발생하며 고무나무에도 발생한다. 이 질병은 적절한 토양 관리로 예방할 수 있다. 감염된 나무는 뿌리째 모두 뽑아 태워버려야 하며 질병은 퇴치하는 것 보다 예방이 더 효율적이다.

● 뿌리부패병(根r腐敗病, root rot)

산림 지역에 많은 버섯류(*Armillaria mellea*)의 포자가 바람에 날려 전파된다. 전 세계적으로 발생하는데 일반 과수목에서도 이 질병을 흔히 볼 수 있다. 특히 생육 상태가 허약한 나무의 그루터기와 뿌리에서 자주 발생한다. 감염되면 잎이 노랗게 되고 시들어 나무를 죽게 한다. 나무의 주변에 이 종의 버섯이 생기는 것이 이 병의 시작이며 증상이다. 예방하기 위해서는 죽는 나무의 그루터기나 뿌리를 완전히 없애야 한다.

뿌리부패병을 일으키는 아르밀라리아 버섯

2) 경미한 질병

● 잘록병(damping disease)

곰팡이(*Rhizoctonia bataticola*, *Rhizoctonia solani*)에 의한 질병으로 씨가 발아한 직후에 흔히 발생한다. 과다한 수분 공급, 조밀한 씨 심기, 과다한 그늘, 물이 계속적으로 질퍽한 상태에서 발생한다. 감염되면 씨 및 씨눈이 썩는다. 26갤런의 물에 2온스의 황산동 그리고 11온스의 중탄산암모늄(Ammonium carbonate)을 용해시켜 묘판의 바닥에 부어주면 치유된다.

● 뿌리병(root disease)

주로 개미에 의해 곰팡이(*Rhizoctonia lamellifera*)가 전파되는 질병이다. 잔뿌리에서 발생하여 뿌리 전체로 퍼진다. 발생하면 나무와 뿌리를 제거해야 하며 땅을 깊게 갈아준 후 다시 심으면 감염률이 현저하게 저하된다. 일명 '신비한 질병'이라고도 하는데 이는 나무의 외형상 뚜렷한 증상이 나타나지 않고 죽는 데서 기인했다. 감염된 나무 주변에는 언제나 개미들이 있는 것이 특징이다. 완전한 치유법은 아니나 먼저 개미를 없애는 것이 가장 효과적인 예방법이다.

● 끝단괴사병(tip die-back)

곰팡이(*Rhizoctonia* sp.)에 의해 야기되는 질병으로 줄기가 끝에서부터 아래쪽으로 죽어간다. 감염된 줄기를 잘라낸 후 바로 태워버려야 한다.

● 암종병(trunk and shoot canker)

곰팡이(*Ceratostomella fimbriata*)에 의해 감염된다. 로부스타보다는 아라비카의 수간과 어린 싹에 발생하는 질병이다. 곤충 및 동물들에 기인한 물리적인 상처 그리고 사람에 의한 나무의 상처에 의해 감염되는 것으로 알려져 있다. 나무껍질이 비틀리며, 칼로 벤 것과 같은 금이 생긴다. 감염된 부위는 모두 떼어내 태워버려야 한다. 떼어낸 나무의 부위는 10%의 포르말린으로 처리한 후 황산동과 칼슘카바이드(Calcium carbide) 연고를 발라주어야 한다. 농원 작업 인부들에 대한 적절한 교육과 동물 및 곤충의 통제가 예방법이다.

● 뿌리경련증(root-collar disease)

곰팡이(*Helicobasidium compactum*)에 의한 질병으로 주로 자바의 차농원 근처의 커피농원에서 자주 발생한다. 감염되면 건기가 시작되면서 어린 나무가 말라 죽는다. 인도에서는 '주홍뿌리썩음병'으로 알려져 있는데 이는 뿌리에 균사(菌絲)가 번식하기 때문이다. 물기가 많고 알칼리성인 토양 환경에서 쉽게 감염된다. 환경 개선, 즉 토양을 산성으로 해주고 병원균 전파와 관계되는 제반 물질을 없애주는 것이 예방법이다.

● 갈색뿌리썩음병(brown root rot)

곰팡이(*Fomes lamaoensis*)에 의해 생기는 질병으로 인도의 미소르 재배단지의 커피나무와 아울러 고무나무에 주로 발생한다. 자바, 말라야 및 필리핀에서도 보고되었다.

● 백색뿌리썩음병(white root rot)

곰팡이(*Fomes lignosus*)에 의해 발생하며 고무나무와 관련이 있는 것으로 사료되는 질병이다. 그러나 고무나무가 없는 콩고에서도 발생한다. 황백색의 균사들이 감염된 뿌리에서 무수하게 번식한다.

● 흑색뿌리썩음병(black root rot)

곰팡이(*Xylaria thwaitesii*)에 의해 생기는 질병으로 균체는 고무나무에서 기원한다.

● 영양과부족증(nutrient disorders)

일반 식물체에서와 같이 과다한 영양 또는 필요한 영양성분의 결핍이 나무를 죽게 하는 질병이다. 영양 성분의 종류에 따라 잎 전체 혹은 잎의 끝부분이 황색, 백색 또는 갈색으로 변한다. 토양 속에 일부 미량원소(微量元素, trace elements)가 부족해도 문제가 생기며 시비에 의해 예방 및 치료할 수 있다.

● 열매 및 잎떨어짐병(berry and leaf fall)

토양이 알칼리성으로 변하거나 알칼리성이면 열매와 잎이 떨어지게 되는데 시비에 의해 토양의 적정 수소이온농도(pH)를 조절해주면 치유된다.

● 가지마름병(die-back)

일반적으로 아래와 같은 원인에 의해 가지나 새로 나온 잎의 끝부분에서부터 안쪽으로 시들어 죽는 질병이다. 직정기온이 아닌 너무 높거나 낮은 기온에 노출되거나 열매를 맺기에 적정 기온이 유지되지 않는 것과 부적절한 일광 그리고 과다한 물주기에 의해 발생된다. 일광에 과다하게 노출되면 잎이 화상을 입게 된다. 예를 들어 습도가 매우 높고 구름이 별로 끼지 않은 날씨에서 그 다음날에는 습도가 0으로 떨어지고 하늘에 구름이 없게 되면 사흘째 날 아침에는 나무에 전체 또는 일부가 죽어 있는 경우도 있다. 기온이 영하로 떨어지거나 또는 갑자기 변하면 가지마름병이 발생하며 표토 밑층의 토양이 건조하게 되면 나무는 즉시 죽는다.

● 바이러스(viruses)

물집이나 원형의 점이 생기는 질병은 바이러스에 의해 발생하는 것으로 알려져 있다. 일반적으로 바이러스 질병은 곤충들에 의해 매개되어 이들 곤충을 박멸하는 것이 바이러스 질병을 예방하는 방법이다. 커피나무는 일반적으로 바이러스에 대해서는 내성이 강하여 바이러스의 기원을 차단하면 회복되는 것이 특징이다.

3) 해충 및 동물에 의한 질병과 피해

해충으로서는 진딧물, 진드기, 모충, 민달팽이, 나비류, 파리류, 나방이류, 선형동물류, 딱정벌레류, 반시류, 원숭이, 초식동물 그리고 인간을 들 수 있다. 이들 이외에도 무수하게 많은 해를 미치는 곤충, 동물 및 조류들이 있으나 이들에 의해 재식농원 전체에 큰 피해를 입힌 대표적인 종들에 대하여 간략하게 고찰하면 다음과 같다.

● 커피삽주벌레(coffee thrips)

소형 곤충(*Diarthrothrips coffeae*, *Taeniothrips xanthoceros*)의 일종으로 잎의 뒷면에서 살면서 잎에서 영양을 빨아 먹어 잎을 죽게 한다. 주로 건조한 바람이 부는 기간에 많이 번성하며 습도를 높여 주면 창궐이 억제된다.

● 얼룩커피벌레(variegated coffee bug)

곤충(*Antestiopsis lineaticollis*, *Antesitiopsis faceta*)의 일종으로 침을 열매에 찔러 넣고 빨아 먹는다. 주로 성숙되지 않은 열매에서 많이 볼 수 있으나 성숙된 열매에도 있다. 열매가 빈 껍질이 되거나 열매를 가공했을 때 씨가 없거나 손상된 형태가 되게 한다. 한 나무에 2~3마리만 있어도 나무 전체의 열매가 해를 입는다. 이들은 먹을 열매가 없을 때에는 눈이나 어린 싹 및 잎까지도 먹어 치운다. 해를 입은 가지를 잘라내는 것만으로는 원상으로 다시 복구가 되지 않아 살충제를 사용해야 한다. 40갤런의 물에 6% 용액의 피레트럼(pyrethrum)과 알드린 분말 5%를 섞어 살포해주어야 한다. 얼룩커피벌레가 있는 곳에는 언제나 이보다도 더 해를 미치는 리프마이너 벌레가 있기 때문에 동시에 모두 박멸해야 한다.

● **리프마이너(엽굴착유충)**

일종의 나방(*Leucoptera* spp.)의 유충에 의한 피해다. 유충이 잎을 파고 들어가 살기 때문에 약제 살포 방법 외에는 박멸하기가 어렵다. 파리티온, 메틸파라티온 또는 다이아지논 등과 같은 살충제로 박멸된다.

류콥테리아 나방이

● **쥐똥나무벌레(*Planococcus. spp*)**

이 벌레는 기생충 및 조류, 파충류 및 포유동물에 잡혀 먹혀 쉽게 번식하지는 않는다. 때때로 개미에 의해 보호되어 전파되기도 하는데 이때는 통제하기 어렵다. 나무를 긁어 먹어 해를 입히며 많은 국가들에서 나무를 띠로 둘러 싸 개미가 나무에 기어오르지 못하도록 권장하고 있으며 다소 효과가 있는 것으로 사료된다. 그러나 디엘드린이나 클로데인을 토양에 살포하는 것이 가장 확실한 방법이다.

● 그린 스케일(Green scale)

이 곤충(*Coccus*)은 나무를 죽게 하는 일종의 곰팡이를 전파한다. 그린 스케일은 개미에 의해 보호되어 전파되며 쥐똥나무벌레에서와 같이 나무에 띠를 둘러 이들 개미가 오르지 못하게 하는 것이 예방책이다. 디에그린 또는 클로데인을 토양에 살포하여 개미를 죽여야 한다.

● 스타 스케일(Star scale)

케냐에 있는 해충으로서 커피나무 줄기에 타르를 칠한 띠를 둘러 통제하거나 다아존을 살포하여 박멸할 수 있다.

● 커피열천공충(Coffee berry borer)

아주 작은 딱정벌레(*Stephanoders hampei*)의 일종으로 성체 및 유충 모두가 열매를 파먹어 구멍이 생기게 하여 큰 피해를 입힌다. 열매에 구멍이 생김과 아울러 열매 색깔이 변한다. 원래는 풀이 무성한 지상에 사는 해충이어서 주변 풀만 잘 관리하면 예방할 수 있다. 디엘드린을 수확기간 중 2회 살포하면 통제할 수 있다.

● 흰줄기천공충(white stem borer)

긴 촉수(觸手, antenna)를 가진 딱정벌레(*Xylotrechus quadripes*)의 한 종류로, 주로 오래된 나무에서 볼 수 있다. 굵은 줄기의 수피(樹皮) 밑에 알을 낳는다. 부화된 흰색의 유충은 나무속으로 파고 들어간다. 줄기에 있는 작은 구멍 주위에 파낸 나무조각들을 볼 수 있다. 일단 이들 유충이 나무속으로 깊게 파고 들어가면 죽이기가 어려워 초기에 구제해야 한다. 이 해충이 농원의 전 나무들을 모두 죽인 예도 있다. 메틸렌블루와 혼합한 디엘드린을 일 년에 1~2회 비가 오기 전에 붓으로 줄기에 발라 알을 낳는 성충의 부착을 방지해야 한다. 일단 유충이 나무속으로 파고들어 가면 어떠한 약제에 의해서도 구제가 불가능하며 나무를 뿌리째 뽑아내어 태워버리는 방법밖에 없다.

● 흙줄기천공충(Black stem borers)

딱정벌레(*Apate*)로, 한 나무 또는 몇 나무에만 피해를 주는 특징이 있다. 나무에 구멍을 파는 딱정벌레로 구멍 속에 철사 줄을 넣어 눌러 죽이는 방법을 사용하며 주로 아프리카 지역에 많으나 기타 지역에서 발견되기도 했다.

● 줄기천공충(stem borer)

아프리카산 딱정벌레(*Bixadus sierricola*)로, 이 종이 번식하게 되면 커피나무의 재배 적지가 아니거나 관리의 잘못에 기인하기도 한다. 음지에서 머물면서 나무를 파먹어 구멍을 낸다. 디엘드린이나 기타 살충제의 계속적인 살포가 요망된다.

● 가지천공충(twig borers)

나뭇가지에 흠집을 내거나 침을 찔러 양분을 빨아 먹는 곤충(*Baxadus sierricola*)으로, 가지를 전정하거나 디엘드린 및 기타 살충제에 의해 쉽게 구제된다.

● 커피풀잠자리벌레(Lace wing coffee bug)

아프리카의 하부로칠리아(*Habrochilla*) 속에 속한 곤충으로 여러 종이 있다. 잎에서 살면서 영양분을 빨아 먹는다. 여러 곳에서 발견되기도 하나 주로 우간다와 케냐에 많다. 주로 다른 곤충들에 비해 번성이 활발하지 못하나 다른 곤충들의 수가 적어지면 갑자기 그 수가 증가한다. 말라티온 또는 파라티온으로 잘 박멸되나 번식속도가 빨라 자주 살포해야 한다.

● 나방이 및 나비

많은 종류의 나방이 및 나비들의 유생이 커피나무에 해를 미친다. 일반적으로 이들 곤충의 유생을 '카타필라(caterpillar)'라 부르는데, 이들이 잎과 열매를 먹는다. 디아존으로 쉽게 박멸된다.

● 선충류(Nematods)

여러 종류의 선충류들이 뿌리, 열매, 줄기 등을 먹어치워 해를 입히는데 특히 *Meloidogyne exigua*, *M. incognita*, *M. coffeicola*, *Pratylenchus brachurus*와 *P. coffeae* 등과 같은 종은 뿌리에 많은 피해를 입힌다. 특히 아라비카 관련 변종들에게서 피해가 더 크다.

제 4 장

수확 및 가공

1. 수확(收穫, harvest)

 열매의 수확 기간은 생산국의 지리적 위치에 따라 다름과 아울러 성숙 상태에 따라서도 상이하다. 일반적으로 일 년에 한 번 수확하지만 콜롬비아와 케냐에서는 건기와 우기로 나누어 두 번 수확한다. 에티오피아와 중미 같은 북반구 나라에서는 9~12월, 브라질이나 짐바브웨 같은 남반구에서는 4~5월경, 우간다 콜롬비아 같은 적도 부근 나라에서는 일 년 내내 수확하기도 한다. 일반적으로 건기(乾期)에 열매가 익어 적색 또는 심홍색이 되고 윤기가 있으며, 단단한 상태일 때가 수확의 적기이다. 열매가 성숙(成熟)되는 데는 종에 따라 달라 약 6~9개월이 걸린다. 커피나무에는 꽃, 익은 열매와 익지 않은 열매 그리고 과도하게 익어 외표피가 벗겨지는 열매가 한 나무에 동시에 있을 때도 있다.

제대로 성숙된 열매   성숙 및 미성숙 혼합   미성숙 열매

 잘 익은 열매로 가공된 커피는 최고의 품질로 자연적인 단맛, 꽃과 과일의 은은한 맛과 향을 느낄 수 있는 데 비해 제대로 익지 않은 열매로 가공한 커피는 녹색의 떫은 냄새와 아울러 색깔이 연하다. 또 과도하게 익은 열매를 수확하여 재가공하지 않고 만든 커피는 곰팡이 냄새가 나 마시기 어려운 경우도 있다. 급수와 시비가 제대로 된 농원에서

잘 성숙된 열매의 생산량은 헥타르당 16톤에 달한다.

　열매의 수확은 지역 및 각 농원에 따라 다르며 4가지 방법으로 크게 나눈다. 첫 번째 방법은 잘 익은 열매만을 선별하여 손으로 일일이 따거나 빗과 같은 도구를 이용하기도 한다. 한 나무에서 성숙된 열매만을 수확하는 경우 연간 3~4회의 수확이 가능하다. 인건비가 싸거나 가족 단위의 소규모 농장에서는 수확 기간 동안 계속적으로 잘 익은 열매만을 수확할 수 있다. 스페셜티커피 및 양질의 커피가 되기 위해서는 이 방법으로 수확해야 한다. 숙련된 사람은 하루에 90kg의 열매를 딸 수 있는데 이를 생두 및 배전된 원두로 만들면 각각 23kg 및 17kg이 된다.

수작업에 의한 수확

　두 번째 방법은 손이나 간단한 도구로 나뭇가지에 있는 모든 열매와 꽃까지 함께 훑어내는 방법이다. 과도하게 익은 열매 및 익지 않은 열매가 동시에 수확되기 때문에 양질의 커피는 기대할 수 없다. 아직도 아프리카와 브라질의 일부 지역에서는 이 방법에 의존하고 있다.

　세 번째 방법은 기계를 이용한 수확방법으로 인건비가 비싸거나 노동력이 부족한 지역에서 채택하고 있다. 기계로 나무를 흔들어 열매가 떨어지게 한다. 흔들림의 강약으로 익은 열매만이 떨어지게 하나 선별 수확이 제대로 되지 않는 것이 관례다. 트랙터 옆에 회전 솔을 달아 수확하기도 하는데 이 방법은 선별 수확이 되지 않을 뿐만 아니라 나뭇잎, 꽃, 수확되지 않는 열매에 상처를 입히는 단점이 있다.

자메이카 블루마운틴에서의 수확　　　브라질의 기계를 이용한 수확

브라질에서는 한 나무에서 일 년 동안 세 번 수확하는데 들어가는 경비가 익은 열매들을 선별하여 수확하는 비용보다 더 비싸다. 따라서 브라질에서는 익은 열매가 약 75%되었을 때 기계를 이용하여 수확한다. 특히 브라질에서 재배하는 커피나무의 열매는 모두가 거의 같은 시기에 균일하게 성숙되는 특성이 있어 기계에 의한 수확이 가능하며 아울러 경제적이다. 수확한 열매를 용량이 60리터인 바구니에 담는데 바구니 수에 의해 노동자의 노임이 결정된다.

2. 가공(加工, processing)

1) 열매의 가공

수확한 열매로부터 생두를 얻기 위한 공정을 가공이라 하며, 다음과 같은 방법에 의한다.

(1) 습식법(濕式法, wet method)

수확한 열매로부터 생두를 얻기 위해서는 일련의 가공공정을 거쳐야 한다. 먼저 외과피와 과육을 기계적으로 제거하고, 기계적으로 제거되지 않은 과육과 내과피 사이의 점액질(粘液質, mucilage)인 유조직은 발효에 의해 제거하는데 이 공정을 습식공정(濕式工程, wet milling)이라고 한다. 커피의 품질이 이 공정에서 결정되기 때문에 가공공정 중 가장 중요하고 까다로운 공정이다. 이 공정을 마쳐도 생두는 내과피와 은피에 감싸여 있어 내과피를 건조시킨 후 이를 제거하는 탈각공정(脫殼工程, hulling)을 마쳐야 생두를 얻을 수 있다. 후자를 건식공정(乾式工程, dry hulling)이라고 한다.

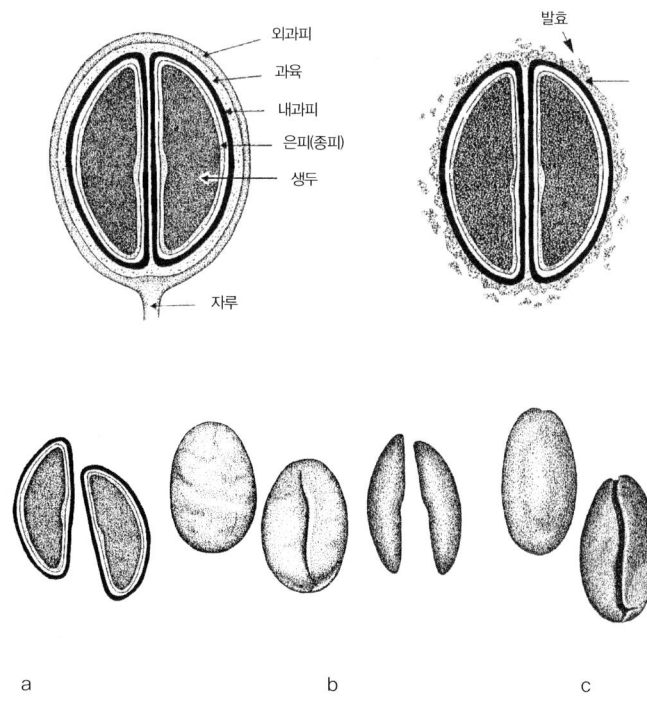

가공 및 탈각: a. 외과피와 과육 그리고 점액질인 유조직은 기계에 의해 분리되지만 점액질인 유조직은 발효공정을 통해 제거한다. b. a 공정 후 세척하여 건조시킨 단단한 내과피에 싸여 있는 생두. c. 탈각공정을 통하여 내과피를 제거한 생두

양질의 커피를 생산하기 위해서는 일일이 잘 익은 열매만을 손으로 따내는 것이 최상의 수확법이다. 그러나 기타의 수확법에서는 너무 많이 익은 열매, 제대로 익지 않은 열매, 벌레 먹은 열매와 아울러 각종 잡물도 포함되어 있어 이들을 선별해야 한다. 1차적으로 모든 수확물을 물에 넣게 되면 지나치게 익은 열매, 미숙한 열매, 나뭇잎 등은 물에 뜨는 데 비해 제대로 익었거나 상품가치가 있는 것들은 가라앉게 되어 분리가 용이하다. 물 위에 뜬 열매들은 수거하여 건식법에 의해 가공하기도 하는데 품질이 조잡하여 주로 생산국의 내수용으로 이용한다. 물에 가라앉는 열매들은 외과피와 과육을 제거하는 공정으로 옮긴다.

외피 및 과육 분리기

외과피 및 과육분리기(果치分離機, pulper)에 옮겨진 열매들은 내과피 생두만이 빠져나갈 수 있는 철망 위에서 짓이겨주면 외과피와 과육이 벗겨지면서 분리된다. 반면 완전히 성숙하지 않아 단단한 열매들은 그대로 남아 다시 과육분리기의 후단부에 있는 원통상의 부위에서 보다 높은 압력을 가해 다시 분리된다. 압력을 조절하여 상품 가치가 없거나 낮은 열매 및 제거된 껍질과 과육은 제거된다.

점액질을 제거하기 위한 발효 공정

이 과정에서 껍질과 과육은 제거되나 내과피에 붙어 있는 점액질들은 기계적으로 제거되지 않는데 이러한 상태로 건조장으로 옮겨 건조시키거나 발효수조(醱酵水槽, fermentation tank)에서 발효과정을 거쳐 완전히 제거한다. 발효수조는 일반적으로 시멘트로 만드는 것이 관례다. 물로 채워진 발효수조에 넣어 약 16~36시간 발효시키면 점액질이 제거된 깨끗한 내과피 생두를 얻을 수 있다. 발효수조 내에서의 발효는 내과피 생두의 양, 수온, 발효균의 종류와 양에 따라 발효 시간이 결정된다. 이들 점액성 물질은 프로토펙틴(33%), 글루코오스와 과당(30%), 포도당(20%) 그리고 섬유소와 회성분(17%)으로 되어 있다. 발효과정 중 젖산과 프로피온산이 생성되면 발효가 완료되있음을 의미한다.

발효를 위해 발효수조에 물을 넣을 때는 습식발효법(濕式醱酵法, wet fermentation)이라 한다. 반면 근래에는 발효과정 중 발효수조 내에 물을 넣지 않고 발효시키기도 하는데 이를 건식발효법(乾式醱酵法, dry fermentation)이라 구분하기도 한다. 발효가 완료되면 다시 물로 세척한 후 건조시켜야 한다. 양질의 원두를 생산하기 위해서는 상기의 전 공정을 시작하기 전에 소량의 시료를 채취하여 가공 후 전문 감정가가 맛을 보아 압력의 강도와 세부 공정을 결정하기도 한다. 이 습식법에 의해 과육이 제거된 것을 내과피커피(內果皮~, parchment coffee), 세척생두(洗滌生豆, washed beans), 수세식 커피 또는 세척커피(washed coffee)라고도 한다. 인도에서는 이를 플랜테이션 커피라고도 한다.

(2) 건식법(乾式法, dry method)

이 방법은 가장 오래된 재래식 방법으로 일명 자연법(自然法, natural method)라고도 한다. 수확한 열매를 마당이나 건조대에 펴놓고 일광에 의해 말리는 방법이다. 건조과정 중 자주 갈퀴질을 하여 모든 열매가 골고루 말려지도록 해야 한다. 건조되는 데는 10일에서 약 3주가 걸린다. 이 방법을 채택하는 대규모 농원에서는 건조기(乾燥機, dryer)를 이용하기도 한다. 완전히 건조된 것을 건조열매(dry cherry)라고 부르기도 한다.

건조된 열매는 탈각공정에서 마른 껍질, 과육, 점액질 및 내과피가 생두와 분리된다. 강우량이 적어 물이 부족하거나 전기가 없는 지역의 소규모 농원에서 주로 채택한다. 인도네시아, 에티오피아, 브라질, 예멘에서 많이 채택하고 있으며 특히 중앙아메리카에서는 수출용이 아닌 자체 소모용 커피는 이 건식법에 의한다. 건식법은 건식가공(乾式加工, dry process)이라 하며 건식가공에 의한 생두를 비수세식 생두(非洗滌生豆, washed bean), 자연생두(自然生豆, natural bean) 또는 자연커피(自然~, natural coffee) 등의 다양한 명칭으로 부른다. 인도에서는 이를 체리커피(cherry coffee)라고도 한다.

건조과정 중의 성숙 및 미성숙 열매의 선별

(3) 반습식법(半:濕式法, semi-wet method)

수확한 열매를 습식법에서와 같이 외과피, 과육을 제거하고 발효 과정을 거치지 않고 건조시키는 방법이다. 건조과정에서 건조된 내과 피에 붙어 있는 마른 점액질은 탈각공정에서 내과피와 더불어 제거된 다. 이 습식법에 의한 커피를 반수세식 커피, 반비수세식 커피 등으로 부른다.

커피 상거래에서는 수세식 및 비수세식 용어를 사용하지 않고 다 음과 같이 사용하기 때문에 혼동하지 말아야 한다.

수세식 아라비카(Washed Arabica) → 플랜테이션(Plantation)
비수세식 아라비카(Unwashed Arabica) → 아라비카체리(Arabica Cherry)
수세식 로부스타(Washed Robusta) → 로부스타 파치먼트(Robusta Parchment)
비수세식 로부스타(Unwashed Robusta) → 로부스타 체리(Robusta Cherry)

상기 방법에 따른 커피 품질의 상업적인 등급은 다음 표와 같다.

세척 및 비세척 커피의 품질 등급표

수세식 아라비카	비수세식 아라비카	수세식 로부스타	비수세식 로부스타
일반 등급			
Plantation PB	Arabica Cherry PB	Robusta Parchment PB	Robusta Cherry PB
Plantation A	Arabica Cherry AB	Robusta Parchment AB	Robusta Cherry AB
Plantation B	Arabica Cherry C	Robusta Parchment C	Robusta Cherry C
Plantation C	Arabica Cherry Blacks/Browns	Robusta Parchment Blacks/Browns	Robusta Cherry Blacks/Browns
Plantation Blacks	Arabica Cherry Bits	Robusta Parchment Bits	Robusta Cherry Bits
Plantation Bits	Arabica Cherry Bulk	Robusta Parchment Bulk	Robusta Cherry Bulk
Plantation Bulk			Robusta Cherry Clean Bulk
프리미엄 등급			
Plantation AA	Arabica Cherry AA	Robusta Parchment A	Robusta Cherry AA
Plantation PB Bold	Arabica Cherry A	Robusta Parchment PB Bold	Robusta Cherry A
	Arabica Cherry PB Bold		Robusta Cherry PB Bold

2) 건조(乾燥, drying)와 탈각(脫殼, hulling)

가공공정에서 외과피, 과육 및 내과피에 붙어 있는 점액질이 제거된 후의 내과피 및 생두의 수분 함량은 일반적으로 60%다. 습식법과 건식법에 의해 가공된 모든 생두는 탈각과 보관을 위해서는 수분 함량이 11~12%가 되도록 건조시켜야 한다. 아스팔트나 시멘트 바닥 또는 건조대에서 건조시키거나 1차 야외에서 전조시킨 후 다시 건조기(乾燥機, drier)에 옮겨 건조를 마무리하기도 한다. 야외에서 말릴 때는 매 30~40분에 한 번씩 뒤집어주어야 하며 그림에서와 같이 높이가 약 5cm 정도 되게 긴 골을 만들어 말린다.

하와이의 한 소규모 농장에서의 건조시설

골과 골 사이는 노출시켜 일광에 의해 더워지고 바싹 마르도록 한 후 다시 옮겨놓아 건조를 촉진시키며 발효와 곰팡이가 생기지 않도록 주의해야 한다. 발효가 되거나 곰팡이가 생기면 이들의 냄새가 생두에 스며들어 때로는 거의 상품가치가 없기 때문에 각별히 주의해야 한다. 이 건조법은 브라질에서 많이 사용하는 데 비해 코스타리카와 과테말라에서는 쌓아놓고 말리는 방법을 사용한다. 습식공정을 거쳐 건조되는 데 약 6~7일 걸리는 데 비해 반습식공정을 거쳐 건조시키는 데는 8~9일, 그리고 수확한 열매를 직접 말리는 데는 12~14일이 소요된다. 이와 같이 야외에서 말리게 되면 원두 내 수분 함량이 15%가 되는데 때로는 건조기에 옮겨 11~12%가 되도록 다시 건조시킨다.

건조대 위에서의 건조 　　　　　시멘트 바닥에서의 건조

생두의 수분 함량이 약 25%가 되었을 때 야간에는 전부 모아서 쌓아놓고 면으로 된 천으로 덮어놓아 원두들이 호흡할 수 있게 해야 한다. 만일 비가 오면 이 위에 비닐을 덮어 비를 맞히지 말아야 한다. 마대로는 절대 덮지 말아야 하는데 이는 마대의 냄새가 원두 내에 스며들어 커피의 향과 맛을 해치기 때문이다. 건조과정 중의 원두의 수분 함량에 따라 다음과 같은 6단계로 구분하기도 한다.

① 내과피의 건조: 수분 함량 55~45%
② 백색건조 단계: 수분 함량 44~33%
③ 연한 흑색 단계: 수분 함량 32~22%
④ 중등도의 흑색단계: 수분 함량 21~16%
⑤ 진한 흑색단계: 수분 함량 15~12%
⑥ 완전 건조 및 숙성단계: 수분 함량 11~10%

생두의 수분 함량 측정기

양질의 생두를 얻기 위해서는 위의 3단계까지는 필연적으로 거쳐야 한다. 기온이 40~50℃가 유지되면 원두에서의 온도는 평균 35℃가 되는데 이 경우 이후의 건조 단계에서 품질이 크게 변할 염려는 없다. 마지막 단계인 건조기에서는 온도를 40℃로 하여 정확히 6시간을 건조시켜야 한다. 여러 유형의 건조기들이 있는데 수평 바렐형 건조기가 가장 효율적이다. 이 건조기는 건조과정 중 원두들을 혼합해주어 각 생두들이 고르게 건조되게 하며 아울러 발효되지 않게 한다.

습도가 높은 지역에서는 모두 건조기에서 건조시켜야 하는데 건조기 내의 온도가 절대 40~45℃을 넘지 않게 해야 한다. 건조기에서 건조시킨 생두를 구입할 때에는 반드시 이를 확인해야 한다. 높은 온도에서는 생두의 배아(胚芽, germ)가 죽어버려 맛의 잠재력이 없어지기 때문이다. 아주 높은 온도에서는 원두가 결정화되어 망치로 치면 마치 유리와 같이 깨어진다. 최상의 원두는 상기에서와 같이 일광과 건조기에 의해 건조시킨 것인데, 특히 손으로 펴 말린 원두는 균일하게 건조됨과 아울러 거의 건조과정 중에 발효도 되지 않는다. 대부분의 아프리카산 원두는 이 방법을 채택하고 있다.

가공과정: a. 수확한 열매 b. 과육과 점액질 분리과정 중의 생두 c. 건조 직전의 생두
d. 건조된 생두 e. 내과피가 부분적으로 제거된 생두 f. 내과피가 완전히 제거된 생두

3) 가공과 품질

커피의 맛과 향은 수확법 및 가공법에 따라 현저하게 차이난다. 가공과 건조과정 중 부주의와 잘못은 커피의 맛에 직접적으로 영향을 미친다. 습식법에 따라 가공을 시작할 때 수확 후 즉시 과육을 제거하지 않으면 과육 내의 당분이 발효되어 요망되지 않는 발효와 연관된 단맛이 나게 한다. 건조시키기 전에 과육과 점액질인 유조직을 완전히 제거하지 않으면 또한 위의 맛과는 다른 발효의 맛이 난다. 건조과정 중에 생기는 당분이 발효되었을 때도 발효의 맛이 나기도 한다. 발효의 맛이 약하거나 깨끗하고 단맛이 가미된 맛이면 마시기에 특별한 결함은 없으나 발효 맛의 강도에는 무관하게 유쾌하지 않고 플레버에 결함이 있는 것으로 간주한다.

건조과정 중에 생기는 각종 미생물들도 맛에 영향을 미친다. 미생물이 번식하게 되면 거칠고, 무미한 곰팡이 냄새가 나며 심한 경우 전혀 마실 수 없기도 하다. 가공된 원두의 보관 및 수송 컨테이너에 습도가 높아 미생물이 발생하면 흔히 배기네스(bagginess)라 부르는 곰팡이 냄새가 나게 된다. 습식법에 의해 가공된 커피는 애시디티가 높으며, 깨끗한 맛 그리고 드라이(dry)한 것이 특징이다.

건식법에 따라 가공된 커피는 품질이 언제나 균일하지 않으며, 달고, 부드럽고, 신맛이 약한 반면 바디가 헤비하고 때로는 흙냄새가 나는 경향이 있다. 또한 과일 향이 나기도 하는데 이는 긴 건조 기간 동안 과육의 향이 생두에 스며들기 때문이다. 그러나 브라질의 최상급 커피, 예멘의 고급 커피 그리고 에티오피아의 하라(Harrar) 지역에서 나는 이들 3대 프리미엄 커피는 모두가 건식법에 따라 가공된 커피이다.

반습식법에 의해 가공된 커피는 건식법과 습식법에 의해 가공된 각각의 맛과 향을 동시에 갖고 있는 것이 특징이다. 습식법에 의해 가공된 커피보다 단맛과 신맛이 더 진한 데 비해 건식법에 의한 바디를 갖고 있다. 이 가공방법은 습도가 낮으며 점액질인 유조직이 빨리 말라버릴 수 있는 환경에서 가능하다. 이 방법은 브라질에서 개발되어 파급되었다. 이 방법에 의해 가공된 커피가 최상급이기도 한데 근래 브라질의 커피경연대회에서 수상한 커피들은 모두 이 방법에 의해 가공되었다.

가공과정 중 너무 익었거나 물 위에 떠올라 폐기시키는 열매를 다시 가공한 커피를 리패스트(re-passed) 또는 레이진(raisin)이라 한다. 전문가들은 기존의 가공법에 의해 가공된 커피보다도 단맛이 더 많은 것으로 판정하고 있다. 브라질에서 개발되었는데 가공과정 중 물 위에 뜨는 열매들을 원통분리기를 이용하여 수거하여 가공한 제품이다. 생산량이 소량이어서 아직 많이 알려져 있지 않으나 이미도 네 번째 가공과정이 될 것으로 추정된다.

많은 커피 생산자들은 자신의 가공법을 고집하며 장점을 말하고 있다. 예를 들어 과테말라에서는 건식법 자체를 부정하며 실제 이들의 주장이 맞기도 한데, 이는 높은 습도 때문에 건식법에 의한 가공이 어려울 뿐만 아니라 건식법에 의한 커피의 품질이 항상 나쁘기 때문이다. 반면 브라질에서는 대부분이 습식법에 의존하는데 이는 달고, 복합적이며 헤비 바디의 커피를 제공하기 때문이다. 따라서 생산 지역의 환경 특성에 따른 상이한 가공법과 이에 따른 맛과 향이 상이하다고 하겠다.

고의적 또는 부주의에 의해 생산지나 수출항의 창고에서 오래 보관된 생두를 묵은 커피, 에이지드 커피(aged coffee) 또는 빈티지 커피(vintage coffee)라 한다. 창고에 보관하는 기간 동안 맛이 변하는데 선선하고 어두운 곳에 보관하면 신맛이 떨어지게 된다. 덥고 습한 열대지역의 창고에서 오래 보관하게 되면 플레버가 매우 심하게 변화된다. 수확 및 가공 직후 로스트 업자들에게 배달된 생두를 뉴 크롭(new crop)이라고 하는 데 비해 다소 시간이 경과되어 배달된 생두를 올드 크롭(old crop)이라고 한다. 뉴 크롭과 올드 크롭 사이의 차이점은 별로 크지 않을 수도 있으나 묵은 커피와는 차이점이 있다. 올드 크롭은 깊은 맛과 성숙되지 않은 기름 냄새가 없으나 맛이 탁하거나 나무 냄새 맛이 나는 것이 단점이다. 반면 뉴 크롭은 밝고 신선한 맛이 있다. 로스트 업자들은 올드 크롭과 뉴 크롭을 혼합하여 각각의 장점을 살리기도 한다.

올드 크롭에 비해 묵은 커피는 3~10년 동안 묵힌 커피로서 달고, 과일 맛이 나며, 시럽 같으나 실제 깨끗한 맛을 주는 특징이 있다. 요사이 인도네시아와 같은 나라에서는 인도의 몬순 말라바(Monsooned Malabar)와 같이 고의적으로 생두를 습한 공기에 노출시켜 묵은 커피로 만들기도 한다. 이들의 묵은 커피는 신맛이 낮아짐에 비해 바디와 떫은맛이 높아지는데 일부 애호가들은 이와 같이 짙어진 떫은맛을 더 선호하기도 한다. 반면 라틴아메리카의 묵은 커피는 부주의나 실수에 의한 묵은 커피이다. 근래에 수마트라 및 술라웨시 등의 묵은 커피는 고의적으로 습한 상태에 노출시켜 만들어진 것들이다.

생두를 계절풍에 인위적으로 노출시켜 만든 묵은 커피를 몬순 커피(monsooned coffee)라 하며 기원지는 인도이다. 과거 목조선으로 원두를 인도에서 유럽까지 운송하는 데는 희망봉을 돌아가야 하기 때문에 6개월 이상이 걸렸다. 운송 도중 습기가 많은 바닷바람에 의해 생두에 변화가 생겼다. 생두의 크기 및 모양뿐만 아니라 일반 커피에 비해 특이한 맛과 향이 나 몬순 커피가 생기게 했다. 현재는 인위적으로 수확한 생두를 아시아 지역에서 6월부터 9월 사이 부는 습도가 높은 계절풍에 노출시켜 몬순 커피를 만드는데 그 과정은 다음과 같다.

실내에서 인위적인 통풍을 통해 몬순에 노출시킴

- 성숙된 열매를 수확하여 모두 건식법에 의해 건조시킨다.
- 탈각 후 생두를 크기별로 AA, A 등급으로 분류하여 몬순이 시작될 때까지 창고에 보관한다.
- 몬순 계절풍이 부는 6월부터 9월까지 12~16주간 통풍이 잘되는 창고 바닥에 널어놓아 습기가 많은 계절풍에 노출시킨다.
- 노출 시간 중 규칙적으로 뒤집어 골고루 계절풍에 노출되게 한다.
- 계절풍의 습기를 흡수한 생두는 크기가 커지며 연한 황금색으로 색상이 변한다.
- 선별하여 불량품을 제거한 후 공인기관으로부터 몬순 커피임을 공인받는다.

3. 탈각(脫殼, hulling, milling) 및 선별(選別, sorting)

상품 가치가 있는 생두를 탄생시키기 위해서는 가공공정의 최종 단계인 탈각과 선별과정을 거쳐야 하는데 이 공정을 건식탈각공정(乾式脫殼工程, drying milling)이라고 한다. 모든 1차 공정을 거쳐 건조된 건두(乾痘)는 다소 두껍고 쉽게 깨어지는 내과피에 싸여 있어 이를 제거해야 하는데 이를 '탈각'이라 한다. 현재까지도 예멘 등지에서 사용하고 있는 맷돌로부터 기계적인 충격을 주어 마른 내과피를 깨트리는 다양한 종류의 탈각기(脫殼機械, hulling machine)들이 있다. 일반적으로 은피는 수입업자가 특별히 요청을 하지 않는 한 벗기지 않고 출하하는 것이 관례다.

스크린 선별기에서 크기 및 무게에 따라 선별된다.

탈각된 생두는 선별기(選別機)를 통과하면서 내과피와 이물질이 1차적으로 선별된다. 이후 상이한 망목(網目)으로 된 스크린, 즉 일종의 체(sieves)로 옮겨 크기에 따라 선별된다. 생두는 밀도, 크기, 품질과는 서로 밀접한 연관성이 있다. 다소의 예외는 있으나 일반적으로 고산지대에서 재배된 원두는 저지대 재배산에 비해 밀도가 높고 크기가 크다. 또한 오랜 성숙기간을 통해 최상의 플레버가 되기 때문에 일반적으로 고품질이며 고가이다. 크기별로 선별하는 또 하나의 이유는 배전 시 모든 생두가 고르게 배전되는 장점이 있다.

생두의 크기를 말할 때는 일반적으로 폭의 길이를 의미한다. 그러나 때로는 길이로 표기하기도 하는데 이때 전자는 L자와 W자를 첨언하여 사용하기도 한다. 생두는 5.5~8mm (14/64~20/64인치)인 상이한 망목을 통과하면서 크기별로 선별되는데 일반적으로 최대형(very large), 대형(large), 중형(medium) 및 소형(small)의 4등급으로 분류된다. 그러나 생산지역 및 국가별로 등급 기준은 서로 상이하다. 중앙아메리카 및 멕시코에서는 생두의 크기가 6.75~8mm인 것을 슈페리어(Superior), 6~6.5mm인 것을 세건다스(Segundas) 그리고 5.5mm인 것을 테세라스(Terceras)의 3등급으로 분류한다. 반면 콜롬비아에서는 단지 2등급만으로 분류하여 7~8mm인 것을 수프레모(Supremo), 6~6.75mm인 것을 엑셀소(Excelso)라 한다. 아프리카와 인도에서는 일반적인 4등급 체계를 따르나 각 등급별로 크기가 다르다. 즉, 7.25~8mm인 것을 AA, 6.75~7mm인 것을 A, 6~6.5mm인 것을 B, 5.5mm인 것을 C로 분류한다.

생두의 폭의 크기에 따른 등급 구분표

1/64"	mm	일반 구분	중미 및 멕시코	콜롬비아	아프리카, 인도
20.0	8.00				
19.5	7.75	Very large			AA
19.0	7.50		Superior	Supremo	
18.5	7.25				
18.0	7.00	Large			A
17.0	6.75				
16.0	6.50	Medium	Segundas	Exelso	B
15.0	6.00				
14.0	5.50	Small	Terceras		C
13.0	5.25		Caracol		
12.0	5.00				
11.0	4.50	PB	Caracolli		PB
10.0	4.00				
9.0	3.50		Caracollio		
8.0	3.00				

생두의 폭의 크기별 일반 영어 명칭

1/64"	mm	일반 영어 명칭	1/64"	mm	일반 영어 명칭
20	8.00	Very large bean	13	5.25	Small bean
19	7.50	Extra large bean	12	5.00	Extra little bean
18	7.00	Large bean	11	4.50	Extra small bean
17	6.75	Bold bean	10	4.00	Very little bean
16	6.50	Good bean	9	3.50	Very small bean
15	6.00	Medium bean	8	3.00	Unacceptable bean
14	5.50	Little bean			

아프리카와 인도에서는 모든 피베리를 크기에 상관없이 단순히 PB(피베리)로 취급하나 중미와 멕시코에서는 이것도 크기에 따라 등급을 결정한다. 크기가 5~5.25㎜인 것을 카라콜(Caracol)이라 하여 최상급이며, 4~4.5㎜인 것을 카라콜리(Caracolli), 3~3.5㎜인 것을 최하위급인 카라코릴로(Caracollo)라 한다.

수작업에 의한 불량품 선별

1차적으로 선별되었어도 작은 나뭇조각, 돌, 형태적으로 그리고 색상에 이상이 있는 불량 원두들을 다시 제거해야 한다. 노동력이 풍부하고 인건비가 싼 곳에서는 수작업에 의해 불량품을 골라낸다. 최상급의 생두는 이와 같은 수작업과정을 두세 번 반복한 제품이며 이 과정을 일명 유럽식 프리퍼레이션(European preparation)이라고도 한다. 인건비가 비싼 곳에서는 이것도 기계에 의존하고 있는데 솔텍스(Sortex)와 젤트론(Xeltron) 등과 같은 여러 유형의 색채 선별기가 있다. 색채 선별기는 원두가 CCD 카메라 앞을 통과할 때 각 원두의 색상에 따른 파장을 감지하여 기계적으로 불량품을 선별하도록 되어 있다. 이 장비는 고가여서 영세업체들은 구입하기가 어려우나 인건비가 비싼 하와이나 브라질의 몇몇 곳에서는 필수이며 아울러 많이 보급되었다.

가공 및 선별된 생두는 출하될 때까지 농장 또는 협동조합 창고에 보관된다. 보관 장소는 습기가 없고 선선해야 한다. 직사광선에 노출되거나 습도가 높으면 쉽게 변질된다. 생두는 마대 자루에 넣어 보관하는데 종이나 플라스틱 재질에 비해 공기가 잘 통하기 때문이다. 마대 자루를 잘 말려 마대 자루에서 나는 냄새가 다 없어지게 한 후에 생두를 넣어야 한다. 씨로 사용할 원두는 습도가 41%가 되게 한 비닐봉지에 넣어 15℃에서 보관하면 약 2년이 경과한 후에도 심으면 싹이 난다.

부상 생두   돌이나 나뭇가지   파손 생두

곤충에 의해 파손된 생두   비정상적인 형태의 생두   껍질뿐인 생두

악취 생두   흙빛 생두

선별의 대상이 되는 불량 원두 및 이물질

4. 생두의 품질등급(品質等級)

　품질등급을 결정하는 국제적인 표준기준은 없다. 2차 세계대전 당시 미국이 뉴욕커피 및 설탕거래소(New York Coffee and Sugar Exchange)를 폐쇄한 이후 생산국들은 기존 체계나 자체의 기준을 만들어 사용하고 있다. 원두가 생산지에서 출하되기 전에 원두의 결함, 크기, 맛, 향 등에 따라 품질의 등급이 결정된다. 결함을 점수화함으로써 품질의 특성을 쉽게 알 수 있다. 품질등급 결정을 위한 국제적인 기준은 없으나 일반적으로 미국스테셜티커피협회(SCAA)와 멕시코생두 분류법에 따른 2가지 기준이 있다. 전자는 스페셜티커피에 적합한 기준임에 비해 후자는 좀 더 치밀한 방법이나 시간이 많이 걸리는 단점이 있다.

　그러나 근래에는 산지 및 각 재배농원의 특성이 잘 알려져 있어 상기의 등급보다는 재배자 또는 농원들이 스스로 보다 높은 값을 받기 위해 품질 관리를 하기 때문에 재배자 및 협동조합 등의 명칭이 더 중요하다. 지속적인 수출과 품질 관리를 위해 정부가 기준을 설정하기도 한다. 케냐 정부는 커피 재배업자에게 재배에 필요한 보조금을 지급하여 매우 까다로운 품질 기준을 설정하여 시행하고 있다. 이는 이미 국제적으로도 케냐 제품의 품질을 인정받게 했다. 또한 정부가 자국산 커피의 우수성을 소비국에서 광고 등을 통해 선전함으로써 간접적으로 재배업자들을 보호하고 있는데 콜롬비아가 대표적인 국가이다.

1) 미국스페셜티커피협회(SCAA)의 분류법

이 분류법에서는 생두의 결함을 커피의 맛과 향에 연계시킨 분류법이어서 다른 분류법에 비해 장점이 있다. 그러나 몇몇 중요한 결함을 품질과 연계시키지 못한 단점도 있다. 탈각한 생두 300g를 망목이 각각 5.5, 6, 6.5, 6.75, 7mm인 체로 쳐 크기별로 1차 분류한다. 크기별로 무게를 측정한 후 백분율을 기재한다. 300g을 모두 분류하는 데는 시간이 걸려 일반적으로 100g을 사용하는 것이 관례이다. 결함이 거의 없는 고품질 생두인 경우 300g 모두를 분류하나 결함이 많은 저품질 생두인 경우 100g만으로도 쉽게 기준 이하 여부를 알 수 있다. 결함의 요인들을 1차 결함(primary defect)과 2차 결함(secondary defect)으로 정하고 각 요인의 출현횟수에 결함점수를 1점으로 하여 총 결함점수를 산출한다.

1차 결함	출현횟수*
생두 전체가 검게 된 것	1
뚜렷한 시큼한 맛	1
열매	1
큰 돌	2
중간 크기의 돌	5
큰 나뭇조각	2
중간 나뭇조각	5

* 출현횟수를 각각 결함 1점으로 간주한다.

2차 결함	출현회수*
파치먼트	2~3
껍데기	2~3
쪼개진 것	5
곤충 피해	2~5
부분적으로 검은 것	2~3
다소의 시큼한 맛	2~3
부상을 입은 것	5
빈껍데기	5
작은 돌	1
작은 나뭇가지	1

(1) 스페셜티 등급(Speciality Grade)

300g에서 총 결함점수가 5점을 상회하지 않아야 하며 1차 결함이 전혀 없어야 한다. 크기별로 각각 5% 전후의 차이는 용인한다. 바디, 플레버, 아로마 및 애시디티 특성 중 적어도 한 특성이 뚜렷하게 나타나야 한다. 결점이나 오점이 없어야 하며 제대로 익지 않은 열매에 기원한 생두는 절대 없어야 한다. 생두의 수분 함량은 9~12%여야 한다.

(2) 프리미엄 등급(Premium Grade)

300g에서 결함이 8점을 상회하지 않아야 한다. 1차 결함은 용인된다. 크기별로 각각 5% 전후의 차이는 용인한다. 바디, 플레버, 아로마 및 애시디티 특성 중 적어도 한 가지 특성이 뚜렷하게 나타나야 한다. 결점이 없어야 하며 미성숙 열매에 기인한 생두 3개는 허용된다. 생두의 수분 함량은 9~12%여야 한다.

(3) 익스체인지 등급(Exchange Grade)

300g 중 결함이 9~23점 사이다. 생두의 크기가 6mm 이상인 것이

무게로 50%, 5.5㎜ 이하인 것이 5% 이상을 상회해서는 안 된다. 커피의 맛과 향에서의 결함은 인정되지 않으며 미성숙 열매 기원의 생두가 최대 5개까지는 허용된다. 생두의 수분 함량은 9~12%여야 한다.

(4) 기준 이하 등급(Below Standard Grade)

300g 중 결함이 24~86점 사이인 것.

(5) 무등급(Off Grade)

300g 중 결함이 86점 이상인 것.

SCAFF 커피등급 포스터

2) 브라질 생두분류법

이 방법을 일명 '뉴욕법(New York Method)'이라고도 한다. 커피의 맛과 향에 대한 특성은 전혀 고려되지 않은 분류방법이다. 이 방법에서도 300g의 생두를 사용하며 생두 자체의 결함과 이물질의 유입에 의한 결함으로 크게 구분하여 점수를 매긴다. 300g 중 빈껍데기인 생두가 3개 나오면 이를 1점의 결함 점수로 간주하며 한 개의 큰 돌이나 큰 나뭇가지가 나오면 이를 5점으로 간주한다. 만일 생두의 결함이

1점 이상인 경우 가장 높은 점수를 채택한다. 예를 들어 곤충에게 먹힌 검은 생두인 경우는 검은 특성 때문에 1점의 결점으로 간주한다. 생두 자체의 결함과 이물질 유입에 의한 결함으로 구분하고 있는데 이는 브라질 정부의 법규가 생두 내의 이물질의 양을 최대 1%밖에 허용하지 않기 때문이다.

생두 자체에 의한 결함 요인, 출현횟수 및 점수

생두 자체의 결함	개수	결함 점수
흙빛 생두	1	1
악취 생두를 포함하는 시큼한 신맛의 생두	1	1
껍데기만 있는 것	3	1
녹색 생두	5	1
쪼개진 생두	5	1
곤충에게 먹힌 생두	5	1
비정상형 생두	5	1

생두에 이물질의 유입에 의한 결함 요인, 출현횟수 및 점수

이물질 유입에 의한 결함	개수	결함 점수
마른 열매	1	1
부상 생두	2	1
큰 돌 및 나뭇가지*	1	5
중형의 돌 및 나뭇가지	1	2
소형의 돌 및 나뭇가지	1	1
큰 외과피 또는 내과피	1	1
중형 외과피 또는 내과피	3	1
소형 외과피 또는 내과피	5	1

* 큰 돌 및 나뭇가지는 7~8mm, 중형인 것은 6~6.75mm인 것을 의미한다.

상기의 두 번째 표에 따라서 결함 점수가 산출되면 아래 표에서와 같이 점수에 따라 원두의 유형(type)과 점수가 결정되어 상거래에 이용된다. 유형의 숫자 앞에 NY를 첨부하여 NY2 등과 같이 표기하기도 하기도 하는데 이는 뉴욕의 머리글자에서 따온 것이다. 따라서 NY2인 경의 결함 점수는 4이며 NY3인 경우 12 등으로도 표기한다.

브라질 생두분류법에 의한 결함 점수에 따른 유형 및 점수

결함 점수	유형	점수	결함 점수	유형	점수
4	2	100	49	5~5	-55
4	2~5	95	53	5~10	-60
5	2~10	90	57	5~15	-65
6	2~15	85	61	5~20	-70
7	2~20	80	64	5~25 5/6	-75
8	2~25 2/3	75	68	5~30	-80
9	2~30	70	71	5~35	-85
10	2~35	65	75	5~40	-90
11	2~40	60	79	5~45	-95
11	2~45	55	86	6	-100
12	3	50	93	6~5	-105
13	3~5	45	100	6~10	-110
15	3~10	40	108	6~15	-115
17	3~15	35	115	6~20	-120
18	3~20	30	123	6~25 6/7	-125
19	3~25 3/4	25	130	6~30	-130
20	3~30	20	138	6~35	-135
22	3~35	15	145	6~40	-140
23	3~40	10	153	6~45	-145
25	3~45	5	160	7	-150
26	4	0	180	7~5	-155
28	4~5	-5	200	7~10	-160
30	4~10	-10	220	7~15	-165
32	4~15	-15	240	7~20	-170
34	4~20	-20	260	7~25 7/8	-175
36	4~25 4/5	-25	280	7~30	-180
38	4~30	-30	300	7~35	-185
40	4~35	-35	320	7~40	-190
42	4~40	-40	340	7~45	-195
44	4~45	-45	360	8	-200
46	5	-50	>360	>8	

3) 기타 분류법

품종별로 등급을 구분하기도 하는데 아라비카인 경우 AAA, AA, A, B 및 C로 그리고 로부스타인 경우 I, II 및 III으로 구분하기도 한다. 에티오피아에서는 1, 2 및 3과 같은 아라비아 숫자로 등급을 표기한다. 등급이 1인 경우 최상급으로서 왕실이나 고위층에만 공급되며

등급 2인 경우 외국으로 수출된다. 등급 3인 경우 주로 내수용으로 사용된다. 인디스(Indies)에서는 1, 2, 3 및 4등급으로 분류하는데 등급 1은 고가로 판매되며 등급 2는 평균보다 낮은 값으로 판매된다. 등급 3 및 4는 하위급으로 저가에 거래된다.

    생두의 밀도, 즉 단단함의 정도에 따라 견두(Hard Bean)와 견견두(Strictly Hard Bean, S. H. B. 또는 SHB)로 구분하는 곳도 있다. 또한 생두의 견고함의 정도와 재배지역과 재배고도를 연계시켜 분류하기도 하는데 고지산(High Brown, H. G. 또는 HG), 저지산 중앙(Low Grown Central, L. G. C. 또는 LGC)이 예이다. 과학기술의 발달에 따라 생두의 색상을 기계에 의해 분류할 수 있어 앞으로의 등급 결정의 한 방법이 될 것이다.

5. 생두 구입 시 유의사항

    생두의 판매자는 판매 전에 먼저 등급별로 분류해야 한다. 추출한 커피의 맛을 보아 그 등급을 알 수 있으나 생두의 외형적인 모양과 상태에 따라 가공조건 등을 쉽게 알 수 있다. 다음은 양질의 생두 구입 시의 유의사항이다.

    (1) 생두는 크기 등급별로 모양과 색상에 편차가 적어야 한다. 이는 모든 생두가 배전 시 고르게 배전되게 함으로써 원두의 모양, 색상이 균일하게 함과 아울러 고유의 맛을 지니게 한다. 한 등급에 소형인 것이 너무 많으면 모든 생두가 다 고르게 배전되지 않아 커피 맛에 영향을 미친다. 색상이 균일하지 못함은 건조 과정 중에 문제가 있었음을 의미하며 형태가 다른 것은 다른

종의 생두가 섞였다는 것을 의미한다.

(2) **생산자가 원두를 지리적인 위치 및 품종별로 구분하여 포장했는지 확인해야 한다.** 아울러 수확 및 가공방법과 감정 결과의 확인도 필요하다.

(3) **수세식 아라비카는 모두가 균일하며 밝은 색상이어야 한다.** 모두가 균일하지 못하고 어두운 색상이면 가공 및 건조과정 중에 문제가 있었음을 의미한다.

(4) **에스테이트에서 건조과정에 대한 문의도 매우 중요하다.** 건조과정 중에 기후조건을 감안하여 시간과 노력을 투자했다면 양질의 커피임이 분명하다. 마당이나 건조기에서 건조시킨 생두는 육안으로도 쉽게 알 수 있다. 건조기에서 빠르게 건조시킨 생두는 어두운 갈색 등과 같은 어두운 색깔이다. 배전했을 때 퀘이커스가 되거나 반점이 있는 생두를 마당에 너무 얇게 펴 말림으로써 너무 빠르게 건조되었거나 또는 자주 뒤섞어주지 않았다는 데 기인한다. 일부 전문가는 색상의 발현을 위해서는 먼저 마당에서 외과피를 건조시키고 건조기로 옮겨 건조시킨 후 다시 마당에서 건조시키기를 권장하고 있다.

(5) **생두의 가공에 대해서도 문의해야 한다.** 수확 후 즉시 가공하지 않으면 커피에서 발효의 맛과 냄새가 나기 때문에 이를 확인해야 한다. 발효 공정도 확인해야 한다. 즉, 발효과정 중 발효수조의 표면에 떠오르는 열매의 수거 여부, 과육을 제거한 후 밀도에 따른 선별 후 발효수조에 넣는지의 여부 등을 들 수 있다. 가공과정 중 과육이 발효수조에 남아 있으면 원두 표면이 엷은 갈색이 된다. 이러한 색깔은 과숙된 열매에서도 기인한다.

(6) **자연법에 의해 가공된 생두에는 갈색 은피가 붙어 있는 경우가 있다.** 브라질에서는 이러한 생두를 여우생두(fox bean)라고 한

다. 비전문가는 이를 결함생두라고 생각하나 실제로는 결함으로 간주하지 않는다. 덜 익은 생두를 가공했을 때도 은피가 붙어 있는 경우가 있는데 이는 비벼도 잘 벗겨지지 않는다. 수세식 커피에서도 여우생두가 있는데 시큼한 신맛, 과일 향 또는 리오 맛이 난다. 이들 사항은 시각적으로는 판별할 수 없으며 맛으로 판별해야 한다.

(7) 생두나 생두 내부가 다소 핑크색이 나는지를 확인해야 하는데, 일반적으로 이는 생두의 결함으로 간주하지 않으나 일부 지역에서는 결함으로 간주한다. 이는 어떤 커피등급 규정에도 언급되지 않아 문제는 없으며 소비자들에게는 스페셜티커피로 간주되기도 한다. 이들 생두는 선별하여 맛에 의해 결함 여부를 판정해야 한다.

(8) 생두의 가장자리가 흰색이거나 퇴색되었는지도 확인해야 하는데 이는 건조과정에서 충분히 건조되지 않았거나 습도가 높은 창고에 보관하는 데 기인한다. 이런 커피는 약한 플레버를 가진 보통 커피에 지나지 않는다. 생두가 균일하게 건조되지 않았을 때도 이러한 백색 또는 퇴색륜(退色輪)이 생긴다. 또한 이는 산화, 흙과의 접촉 및 오염수에 의해서도 생긴다.

(9) 생두의 냄새도 확인해야 한다. 발효나 연기에 의해 손상된 생두의 냄새는 배전 후에는 세기가 약해져 감지할 수 없기 때문에 생두로 확인해야 한다.

(10) 생두를 손에 쥐어 그 감촉도 확인해야 한다. 유리나 깨어지기 쉬운 감촉을 느꼈다면 이들 생두는 과도하게 건조되었거나 높은 온도에서 과도하게 건조되었음을 의미한다. 다소 무르다는 느낌이 들면 충분히 건조되지 않았다는 것을 의미한다. 이들 생두는 곰팡이의 번식이 수반되기 때문에 구입하지 말아야 된다.

제 5 장

배 전

1. 배전(焙畑, 볶음, Roast)

커피가 세계적인 음료가 된 것은 생두의 볶음, 즉 배전 때문이라고 하겠다. 별다른 맛과 향이 없는 생두를 볶음으로써 생두의 각종 성분들이 화학적 반응에 의해 여러 종류의 향과 맛이 창출된다. 참기름의 고소한 향이 참깨를 볶음으로써 생기는 것과 같은 원리이기도 하다. 열에 의한 화학적 반응은 매우 복잡할 뿐만 아니라 아직도 규명되지 않은 반응들이 많다. 생두는 배전과정 중에 수분이 손실되어 무게가 줄어들며, 아울러 단백질 그리고 총 카페인 함량이 약 10~15%, 그리고 기타 미량성분들도 손실된다. 당분은 열에 의해 캐러멜이 되어 원두를 갈색에서 검어지게 하며 아울러 단맛, 바디, 복합성 및 플레버에도 영향을 미친다.

　배전은 이론적으로는 매우 간단하여 생두에 열을 가해 볶는 과정에 지나지 않는다. 철제 용기에 생두를 넣은 후 열을 가하며 볶는 중에 휘저어주어 모든 생두가 타지 않고 골고루 다 볶아지게 한 후 원하는 색상이 발현되었을 때 가열을 중단하고 식히는 과정이다. 이론적으로는 매우 간단하나 이는 특급 기술이며 모든 배전업자의 비밀 사항이다. 배전 시간과 배전 온도가 적절하지 못해 생두 내의 유류성분이 스며 나오지 못했을 경우 추출한 커피에서는 나무나 빵과 같은 냄새가 난다. 반면 너무 오래 또는 아주 높은 온도에서 배전하면 약한 바디, 탄 냄새 또는 공장에서 느낄 수 있는 공장 특유의 냄새가 난다. 아주 심하게 탄 경우에는 더운 곳에 올려놓은 오래된 운동화에서 나는 냄새가 난다. 또한 낮은 온도에서 오랫동안 배전한 경우에는 탄 냄새가 난다.

　생두에서 다른 성분들과 결합되지 않은 상태로 존재하는 수분은 배전 초기에 유리된다. 이어 다른 성분과 결합된 수분이 유리되면서 생두가 커지면서 깨어지는 듯한 파열음(破裂音, cracking noise)이 나게 되나 색상에는 아직 뚜렷한 변화가 없으며 유류성분은 아직 휘발되지 않은 상태다. 생두의 온도가 약 188℃가 되면 유기성분들이 분해되어 유류성분이 생성되는데 이를 '열분해(熱分解, pyrolysis)'라고 하며, 색상이 검어지기 시작한다. 배전에서는 열분해가 시작된 얼마 후, 즉 바로 타기 전 순간이 가장 중요하여 적절한 순간에 배전을 중단해야 한다. 이러한 순간의 결정은 기술로서 오랜 경험에 의해 터득할 수 있다. 배전된 원두를 자연 상태에서 그대로 식히면 화학반응이 계속되기 때문에 가능한 한 빠르게 식혀주어야 한다. 소규모 배전업체나 가정에서는 실온의 선풍기 바람으로 휘저어주면서 식히는데 이러한 방법을 '공기냉각법(空氣冷却法, air quenching method)'이라 한다. 대규모 배전기에서는 공기 대신에 잠깐 동안 물을 분무시켜 식히는데 이를 '분무냉각법(噴霧冷却法, water quenching method)'이라 한다. 물을 제대로 분무시키면 표면에서 금방 증발되면서 식어 커피의 맛과 향에 영향을 미치지 않는다. 일반적으로 분무냉각법에 의해 식힌 커피가 공기냉각법에 의한 커피보다 품질이 우수하나 비전문인인 경우 이 방법의 사용을 권장하지 않는다. 배전 전문가를 기술배전 전문가(技術焙煦專門家, technical roaster)와 기능배전 전문가(技能焙煦專門家, craft roaster)의 두 가지 부류로 대별한다. 전자는 한 체계, 즉 배전기에서의 배전 시간 및 배전 온도 등과 같은 배전 요인들을 세속 준수하는 전문가를 지칭하는 데 비해, 후자는 주로 눈, 귀, 코 그리고 축적된 경험에 의존하는 전문가를 말한다. 기술배전 전문가들은 배전기에 장착된 전자온도계 또는 열감지기 등에 의해 원두의 온도와 배전기 내의 공기 온도를 측정한다. 여러 공식을 사용하여 상기의 두 온도 간의 최적의 상관관계를 규명하는데 배전기 내의 뜨거운 공기의 유동, 배전 상태, 배전 시간, 열분해의 강도를 아울러 조절한다. 일부 전문가는 동일 생두를 기계적인 방법과 기능적인 방법에 의해 배전했을 때 맛이 뚜렷하게 차이가 난다고 평하고 있다.

　기능배전 전문가들도 배전이 진행되는 과정에서 배전기 내의 온도와 유동 공기의 유속을 조절한다. 이들은 어떤 공식에 따르지 않고 사용하는 원두의 특성과 사용 장비의 특성을 감안한 오랜 경험에 의존한다. 배전기 내의 원두의 온도만이 배전 상태를 나타내는 것은 아니다. 배전 중의 생두는 내부에서의 변화가 외부의 형태적인 변화로 나타난다. 색상의 변화는 물론이고 생두에서 두 번의 파열음이 나는데, 첫 번째 파열음은 열분해가 시작되었음을 알리는 소리이고 두 번째 파열음은 생두의 목질성분인 섬유질(纖維質, cellulose)에 변화가 시작되었으며 이때의 커피 맛은 얼얼하고, 쓰고 신맛이 난다는 것을 알리는 일종의 신호이다. 기능배전 전문가들에게 이들의 비법에 대해 문의한다면 "바로 두 번째 소리 전, 바로 두 번째 소리가 날 때, 바로 두 번째 소리가 나기 시작할 때, 바로 두 번째 소리가 났을 때" 등으로 제2 파열음을 매우 강조한다.

　배전과정 중에 나는 연기의 냄새로도 배전 상태를 알 수 있다. 제1 파열음이 나기 전에 나는 연기에서는 빵과 같은 냄새가 나며 첫 번째와 두 번째 파열음 사이에서 나는 연기에서는 진하고 달며 원숙한 냄새가 난다. 두 번째 파열음 때의 연기는 얼얼하고 날카로우며 기름 냄새가 나는 것이 특징이다. 일류 기능배전 전문가들은 냄새만으로도 배전 상태를 조절할 수 있다. 기술적이나 기능적으로 배전된 원두는 일반인이 배전하는 원두에 비해 그 품질이 월등하다. 기능배전 전문인이 되기 위해서는 오랜 교육과 경험이 있어야 한다. 비전문인이 배전업이나 커피점을 개설하기 위해서는 기술배전에 관한 교육과 장비를 구입하면 가능하다.

2. 배전의 역사

기원전부터 사람들은 일반 견과에서와 같이 커피 열매의 달콤한 과육을 즐겨 먹었으며, 아울러 과육과 씨를 짓이겨 일종의 약품 또는 전사(戰士)들의 비상식량으로 사용했다. 생두의 볶음이 바로 커피 역사의 시작이며, 오늘날 세계적으로 가장 많이 마시는 음료이자 아울러 세계적으로 석유 다음으로 물동량이 가장 많아진 계기가 되었다. 배전 동기는 오직 전설로만 설명된다. 1550년경에 내과피 생두 또는 생두가 오늘날의 배전과 유사한 배전방식으로 터키와 시리아에서 행해졌으나 아마도 그 이전부터 배전되었던 것으로 사료된다.

최초의 배전은 아라비아에서 시작되었을 것으로 추정되며 그 방법에 대해서는 자세히 알 수 없으나 아마도 현재도 아라비아에서 행해지고 있는 배전 방식과 동일했을 것이다. 아라비아 반도를 여행한 팔그레이브(William Palgrave)가 1863년, 그의 여행기에 남긴 기록에 의하면 "……아라비아 반도 주민들은 모여 앉자 생두를 볶고 가루로 만든 후 추출하여 한가롭게 마신다. 이러한 모든 일이 한 자리에서 조그마한 불을 피워놓고 이루어진다. 배전 중의 생두는 한쪽 끝이 넓적한 쇠막대기로 휘저어준다. 식은 후에는 절구에 넣어 찧어 성근 가루로 만든다. 이 가루에 카르나몸(cardamom) 또는 사프란(saffron)을 첨가하여 끓이고 찌꺼기를 거른 후 컵에 따라 마시는데 설탕을 첨가하지 않는다."라고 기록하고 있다.

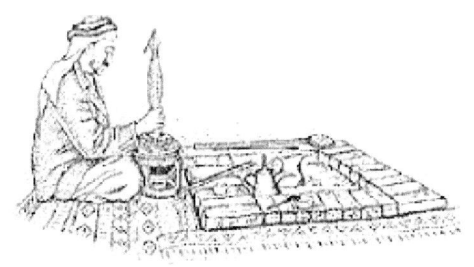

아라비아에서는 비교적 연한 갈색으로 배전하는 것이 특징이다. 커피 역사의 초기인 1600년 전에는 터키, 시리아, 이집트 등지에서는 아라비아에서와는 달리 매우 검게 배전하여 미세한 분말로 분쇄한 후 추출하여 설탕을 첨가했다. 향신료를 첨가하지 않았으며 여과하지 않은 채로 작은 잔에 따서 마셨는데 아라비아에서 사용하는 큰 잔과는 대조적이다. 이러한 커피를 오늘날에도 터키시 커피(Turkish Coffee)라고 부르며 애용되고 있다. 터키시 커피는 16세기에 팽창하던 오스만 튀르크에 의해 베니스에서 북부 이탈리아 그리고 이후 중앙 유럽의 발칸에서 비엔나로 전파되었다. 유럽에 커피가 처음으로 보급될 당시에는 모두가 아주 검게 배전했으며 설탕이 첨가된 터키시 커피 타입으로 마셨다.

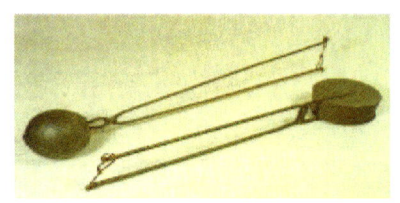

원시적인 볶는 기구들

17세기와 18세기 커피는 전 세계적으로 급속도로 보급되고 대중화되었어도 배전기술에는 전혀 변화와 발전이 없었다. 원두를 철제 팬에 넣고 휘저어주면서 갈색이 되게 했다. 좀 더 발전한 배전기로서는 원통형이나 구형의 철제용기 내에 생두를 넣어 불 위에 매달아 놓고 손으로 돌려주는 방식이었다. 후자인 배전기는 한 번에 많은 양을 배전할 수 있어 커피하우스나 소매점에서 애용된 데 비해 소량을 배전하는 가정에서는 전자를 선호했다. 문화적인 차이에 의해 배전의 정도, 즉 원두의 색상은 지역에 따라 상이하다. 16~17세기 대부분의 유럽인들은 터키 유형인 검은 배전을 선호했다. 그러나 북유럽, 즉 독일, 스칸디나비아 국가들 및 영국에서는 기타 유럽지역과는 달리 다소 연한 배전을 선호했다. 현재 북미에서 약한 배전을 선호하는 것은 영국과 북유럽의 영향에 기인했으며 남유럽의 식민지가 많았던 남미국가들에서는 검은 배전을 선호한다. 반면 아라비아와 아프리카에서는 원래의 배전방식인 연한 배전을 선호하고 있으며 설탕은 첨가하지 않으나 향신료는 첨가하는 형태로 마신다.

18세기에 사용된 배전기

19세기에 사용된 배전기

19세기에도 가정이나 작은 상점 또는 커피하우스에서 소규모로 배전을 하였다. 19세기 말에 들어서서 새로운 도시 중산층에서 커피 수요가 급격하게 증가함에 따라 새로운 배전기가 등장했으며 처음으로 원두에 상품명이 부착되고 포장되어 판매되기 시작했다. 이때부터 배전기는 기술적인 측면에서 발달하기 시작했는데 배전 시간과 배전 온도를 정확하게 조절할 수 있었으며 배전과정 중 개개의 생두가 골고루 배전되게 할 수 있는 장비가 개발되었다. 1867년부터는 배전된 원두를 자동으로 식히는 선풍기 또는 공기펌프가 사용되기 시작했다. 커다란 팬이나 쟁반에 배전된 원두를 붓고 동력에 의해 작동되는 장치로 휘저어주면서 선풍기로 공기를 불어넣어 원두를 식히며 아울러 배전과정 중에 생긴 연기를 없애주었다.

배전 방법은 20세기 들어 더욱 발달하여 1934년에 자베즈 번스사(Jabez Burns Compnay)는 원통용기에 열을 전혀 가하지 않고 뜨거운 공기를 유입시켜 배전하는 방법을 개발했다. 전문 배전업체의 출현과 더불어 대용량의 생두를 연속적으로 배전하기 위한 연속배전기(連續焙畑器, continuous roaster)가 출현하게 되었다. 연속배전기는 긴 원통형의 드럼 내에 스크루(screw) 장치를 하여 원두가 입구에서 뜨거운 공기에 의해 배전되면서 뒤로 밀려나가며 뒷부분에서는 다시 찬 공기의 유입에 의해 배전된 원두를 식히는 방법이다. 이러한 대용량의 상업적인 배전방식은 오늘날에도 사용하고 있다.

연속배전기

21세기의 발달된 기술은 배전과정을 모니터하고 조절할 수 있게 했다. 모든 것이 다 자동화되었다. 그러나 기능배전 전문인들은 배전기의 시료 채취구를 통해 시료채취기(trier)를 넣어 시료를 채취하여 배전을 시각, 후각, 경험에 의해 판정한다. 배전기 내의 온도조절은 경험과 생두의 특성에 따른 경험으로 조절한다. 그러나 근래에는 인간의 감각과 경험이 과학화·기계화되어 가고 있다. 오늘날 최신의 배전기 내에는 분광광도계(分光光度計, spectrophotometers)가 장착되어 색상의 변환과정이 계기판에 숫자로 표기되며, 기계 자체가 미리 설정해 놓은 색상에 도달했을 때는 자동적으로 종료되도록 되어 있다. 아무리 배전기가 발달해도 맛 자체는 판정할 수 없다. 따라서 맛을 감정한 후 배전 정도를 조절해주는 것은 역시 인간의 몫이다. 따라서 아무리 기계가 발달해도 인간의 몫은 계속 남아 있게 될 것이다. 20세기 전반, 산업화된 유럽과 미국에서 원두와 분쇄된 원두가 상품화되어 판매되었어도 옛 관습은 그대로 남아 있다. 1960년대만 해도 유럽의 남부지역에서는 많은 사람들이 가정에서 직접 배전했으며 미국에서도 배전을 전문으로 하는 소규모 상점들이 무수히 많았다. 그러나 1960년 후반에 들어서자 가정에서의 배전과 소규모 배전 상점들이 대규모 기업체의 원두에 밀려나게 되었다.

그러나 살아남은 소규모 배전가게들이 품질의 우월성 때문에 미국과 기타 많은 산업화된 국가들에서 다시 등장하고 있는데 이를 스페셜 커피 운동이라고도 한다. 따라서 20세기 후반부터는 사람들이 이들을 구입하여 직접 분쇄하여 추출한다.

3. 배전과정

배전과정 중의 생두는 소리, 냄새와 더불어 색상으로 배전자에게 배전 상태를 알린다. 변화하는 색상, 향기와 더불어 생성되는 연기와 양이 중요하기도 하나 생성되는 파열음은 더욱더 확실하게 배전 상태를 알려준다. 배전 상태를 오페라와 비교하여 설명하면 다음과 같다.

서곡(序曲, Overture): 배전이 시작되면서 생두는 서서히 황갈색으로 변하며 마치 빵이나 삼베 포대에서 나는 냄새가 난다. 이 단계에서는 배전이 아직 시작도 되지 않았기 때문에 중단하지 말고 계속해야 한다.

제1막(Fisrt Act): 생두는 일반적으로 연한 갈색으로 변하면서 약간의 연기가 나기 시작하며 빵 냄새보다는 커피 냄새가 다소 나기 시작한다. 처음 발현되는 색상은 생두의 종류에 따라 다소 상이하기도 하다. 생두에서 튀는 소리 또는 파열음이 나기 시작하는데 이는 배전 과정에서 매우 중요한 순간이다. 이는 생두 내의 여러 성분들이 열에 의해 화학적 변환이 시작되었음을 의미한다.

제2막(Second Act): 연한 갈색에서 중등도의 갈색으로 변하기 시작하면서 파열음이 더 커지게 된다. 첫 파열음의 중간에서 배전을 완료한 커피에서는 시고 단맛이 나나 곡물이나 차와 같은 플레버가 특징이다.

제3막(Third Act): 파열음의 횟수가 점점 줄어들면서 생두들은 중등도의 갈색으로 변한다. 파열음이 나지 않으면서 연기가 심해지며 달콤한 냄새가 나기 시작한다. 이 단계, 즉 마지막 제1 파열음 직후에 배전을 중단한 커피에서는 전형적인 아침식사형의 중등도 배전커피의 특징인 브라이트하고, 애시디하며, 하이 톤의 커피 맛을 즐길 수 있다.

제4막(Fourth Act): 배전이 진행되면서 좀 작은 두 번째 파열음이 난다. 제1 파열음이 옥수수를 튀길 때 나는 소리라고 한다면 제2 파열음은 마치 종이를 구길 때 나는 소리에 비교할 수 있다. 두 번째 파열음이 나기 바로 직전부터는 많은 연기가 나며 진한 단맛의 연기가 난다. 바로 제2 파열음이 나기 시작할 때 중단한 배전커피는 라운드하고 단맛이 나며 흔히 풀시티 또는 비엔나배전이라 부르며 브라이트한 맛을 즐길 수 있다.

제5막(Fifth Act): 배전을 계속하면 제2 파열음이 계속해서 나면서 후각을 심하게 자극하는 많은 연기가 난다. 생두는 검은 갈색으로 변한다. 이때 즉, 제2 파열음이 최고조에 달했을 때에 중단한 원두에서는 애시디티가 결여되었고, 톡 쏘는 맛이 있으나 단맛은 그대로 남아 있으며, 풀 바디를 즐길 수 있다.

종막(Denouement): 배전을 계속하여 제2 파열음이 최고조에 달했을 때는 맵고, 달콤한 연기가 매우 심하게 나는데 이는 배전의 마지막 단계에 달했음을 의미한다. 이 이상의 배전은 필요하지 않다. 더 이상의 검은 배전을 원하면 배전을 계속할 수 있는데 이를 일명 '다크 프렌치 배전'이라 하며 커피는 탄 맛과 다소 미약한 단맛이 나는 옅은 바디가 특징이다.

일반적으로 배전 상태는 색상에 의해 결정하나 생두의 종류에 따라 예외도 있다. 예를 들어 수마트라 생두는 색상이 시티로스트 상태이나 실제는 제2 파열음에 진입할 때의 색상이다. 케냐, 세인트헬레나(St. Helena)와 건식 브라질 생두에서는 검은색이 더 진하게 배전되는 경향이 있다. 또한 자연생두는 균일하게 배전되지 않아 중등도의 배전을 만들기가 어렵다. 그러나 이러한 어려움이 생두의 품질과는 전혀 상관관계가 없다.

원두의 종류별로 어떤 상태의 배전이 최상의 배전인지에 대해 많은 사람들이 혼동하고 있다. 흔히 '깊게 배전된(deep roasted)' 또는 '천천히 배전된(slow roasted)'이라는 광고문구들이 있는데 배전인들이 자신의 배전을 강조하기 위해 임의로 사용하는 용어들이다. 실제 최상의 배전은 생두의 특성을 가장 많이 발현되게 하고 생두 기원지의 특이한 특성인 맛과 향을 최대로 발현되게 하는 것이다. 개개인의 기호에 따라 상이하기는 하나 전문가들은 색상이 균일한 풀 시티 배전보다 색상이 제대로 발현되지 않은 약배전, 즉 시티 로스트가 최적의 배전상태라고 주장하고 있다. 원두의 색상, 모양보다는 추출한 커피의 맛과 향에 의해 품질이 결정된다. 때로는 배전에 너무 중점을 두어 생두의 기원지가 2차 요인으로 되는 경우도 종종 있다. 아주 검게 배전된 원두에서는 생두의 기원지 및 생두의 특징은 전혀 발현될 수 없다.

배전과정 중 온도에 따른 배전 상태를 고찰하면 다음과 같다.

(1) **생두**: 크기가 17~18/64이며 고산지대산(SHB)으로 습식법에 의해 가공한 과테말란 안티구아 벨라 카모나(Guatemalan Antigual Bella Carmona) 생두를 이용한 배전 온도에 따른 색상의 변화를 고찰하면 다음과 같다. 아래 그림에서 생두는 은피가 아직 완전히 제거되지 않아 부분적으로 남아 있는 상태를 보여주고 있다. 일반적으로 흔히 볼 수 있는 생두의 모양이나 종류에 따라 다소 상이할 수도 있다. 대부분의 건식 생두는 시각적으로 분급이 되어 개개의 생두가 모두 균일하게 배전되지 않는 특성이 있다.

생두　　　　　황색 단계　　　　라이트 브라운(light brown)

제1 파열음의 시작　　시티 로스트(city roast)　　풀 시티 로스트(full city roast)

풀 시티 로스트+(full city roast+)   비엔나 로스트(vienna roast)

 (2) 황색 단계(黃色段階, Yellow Stage): 배전기 내의 생두 온도가 93~121℃에 달하게 되면 황색으로 변한다. 생두 내의 수분이 유리되면서 습한 건초 또는 풀 냄새가 나며 배전기에서 증기가 생기는 것을 볼 수 있다. 생두의 종류에 따라 색상이 오렌지색으로 변하는 종류가 있는가 하면 어떤 것은 황갈색으로 변하는 종류도 있다. 수마트라는 배전 초기에 특이한 아로마와 흙과 풀 냄새가 혼합된 냄새가 난다. 아래 그림의 황색 단계는 과테말라 안티구아 벨라 카모나의 사진을 구할 수 없어 코스타리칸 타라주의 황색 단계의 사진으로 대체했다.

 (3) 라이트 브라운 단계(Light Brown Stage): 생두의 온도가 66~149℃에 도달하면 다소 볶아져 구운 빵 냄새가 난다. 열에 의해 생두 내에서 화학적 변화가 일어난다.

 (4) 제1 파열음의 시삭: 계속 온도가 상승하여 179℃(배전기 내의 온도는 202~207℃)에 도달하게 되면 첫 번째 파열음이 나며 반점들이 있어 색상이 균일하지 않다. 원두는 파열에 의해 크기가 다소 커진다. 생두 내의 수분이 유리되며 형태적인 변화에 의해 남아 있는 은피들이 떨어져 나온다. 생두 내의 열이 방출되면서 첫 파열음을 나게 하며 이후 다시 생두 내에 2차적 화학변화가 일어나기 위해 다시 열을 흡수한다. 171~204℃에 도달하게 되면 당분이 캐러멜화된다. 이때 충분한 열이 없으면 긴고리사슬 중합(long-chained polymerization)이

중단되어 구운 냄새가 난다. 당분이 녹는 온도는 188℃이다.

　(5) 시티 로스트(City Roast, City+ Roast): 생두의 온도가 204~213℃(배전기 내의 온도는 218~224℃)에 도달하게 되면 제1 파열음은 더 이상 없으며 색상이 다소 갈색으로 변하나 아직 제2 파열음은 들리지 않는다. 생두 표면이 다소 거칠어지며 희미한 검은 줄이 나타나기도 한다. 이때 생두 내의 가스가 분출되면서 크기가 다소 커진다. 이 단계와 라이트 풀 시티 로스트에서는 생두의 특성이 가장 잘 나타나는 커피를 즐길 수 있다. 이 단계에서는 생두 당분의 50%가 캐러멜화된 상태이다. 당분이 캐러멜화되지 않은 커피는 캐러멜화된 커피가 쓴맛이 가미된 단맛이 있음에 비해 단맛이 탁월하다.

　커피 전문가들은 시티와 풀 시티 로스트를 +로 표시하여 더 세분하기도 한다. 일부 전문가들은 시티 로스트를 트루 시티 로스트(True City Roast)로도 표기하는데 이는 배전기 내의 온도가 218~221℃에서 배전된, 즉 제1 파열음이 완전히 없어진 배전 상태다. 시티 +는 제1 파열음이 없어지고 일반적으로 배전기 내의 온도가 약 224℃에서 생두의 표면이 균일한 상태를 의미한다. 풀 시티 로스트(트루 풀 시티 로스트, True Full City Roast)는 제2 파열음이 나기 바로 직전 상태로서 이때 배전기 내의 온도는 227~229℃이다. 풀 시티 +는 제2 파열음이 나기 직전에서 다소 진전되었으나 제2 파열음이 나기 전에 중단한 배전 상태로서 이때 배전기 내의 온도는 229~252℃이다. 위의 온도는 사용하는 온도계의 종류에 따라 다소 큰 오차가 있을 수도 있다.

　(6) 풀 시티 로스트(Full City Roast, Full City+ Roast): 생두의 온도가 213~218℃(배전기 내의 온도는 226~231℃)에서는 라이트 풀 시티 로스트 단계로서 바로 제2 파열음이 나기 전 단계. 생두의 온도가 230℃도에 달했을 때 제2 파열음이 들린다. 일반적으로 제2 파열음은 제1 파열음에 비해 소리가 아주 작다. 제1 파열음이 큰 것은 생

두 내의 수분과 이산화탄소의 생성 및 이들의 유출에 의해 물리적으로 생두가 깨어지면서 나는 소리인 데 비해 제2 파열음은 생두 내의 세포가 파열되기 때문에 소리가 작다. 생두 세포의 세포벽을 이루고 있는 물질은 목질성분, 즉 섬유질(纖維質, cellulose)로서 열에 의해 쉽게 탄다. 생두의 물리적인 특성, 즉 크기나 밀도가 품종별, 기원별, 재배고도에 따라 상이하기 때문에 세포벽을 이루고 있는 섬유질의 특성도 상이하며 아울러 물과 이산화탄소 생성률도 상이하다.

(7) 풀 시티 로스트 +(Full City Roast+): 생두의 온도가 221~229℃(배전기 내의 온도는 232℃)에 도달하게 되면 제2 파열음이 나면 생두는 더욱 검은 갈색으로 변한다. 풀 시티 로스트와 풀 시티 로스트 +의 차이점은 원두의 크기나 형태적인 특성에 의해 구분을 하기보다는 두 번째 파열음에 의한 구분이 더 용이하다.

(8) 비엔나 로스트(Vienna Roast): 생두의 온도가 232~241℃(배전기 내의 온도는 235~241℃)에 달하게 되면 더욱 진한 갈색으로 변하는데 배전에 의해 생두의 특성이 전혀 없게 된다. 에스프레소는 배전 상태가 아니며 이탈리아 북부 스타일의 에스프레소는 생두의 온도가 227~238℃에서 배전된 것을 사용하는 데 비해 이탈리아 남부 스타일의 에스프레소는 프렌치 배전을 사용한다.

(9) 풀 프렌치 로스트(Full French Roast-Italian Roast): 생두의 온도가 246~266℃(배전기 내의 온도는 243~254℃)에서 배전된 원두로 당분이 매우 심하게 캐러멜화되어 분해되기 시작하는 단계이다. 원두 세포의 세포벽인 섬유질이 다 탄 상태이며 생두는 팽창되나 부피는 줄어든다. 배전과정 중에 방향성 성분, 유류 및 기타 고형성분들이 모두 타버렸기 때문에 바디는 아주 약한 특성이 있다.

(10) 스페니시 로스트(Spanish Roast): 생두의 온도가 271~277℃에서 배전한 커피로서 커피의 플레버에 기여하는 성분들이 다 분해되

고, 생두 세포의 세포벽이 모두 파괴되고, 용해성 고형성분이 현저하게 감소되어 바디의 특성이 없고 맛이 약한 커피가 된다.

4. 가정에서의 배전

　신선하고 양질의 커피를 원한다면 자신이 직접 배전하는 것이 최상의 방법이다. 다소 기술이 필요하나 음식을 만든다든지 가정에서 직접 맥주를 만드는 것보다는 훨씬 간편하며 쉽다. 19세기 말까지만 해도 대부분의 사람들이 가정에서 직접 배전했으나 번거로움 때문에 요사이는 분쇄된 원두를 많이 이용하는데, 아직도 전 세계적으로 가정에서 직접 배전하는 인구가 상당량에 달한다. 최초의 연속배전기를 처음으로 개발한 번스(Jabez Burns)도 자신이 마신 가장 훌륭한 커피는 가정에서 팝콘 제조기로 배전한 커피라고 했다. 또한 근래 에티오피아를 방문한 커피 전문가는 옛날의 재래식 방법에 의해 숯불 위의 팬에서 배전한 커피 맛을 잊을 수 없다고도 했다.
　가정에서 자신이 직접 배전하는 경우 간단한 몇 가지 기초 기구가 필요하다. 배전에는 무게의 정확성이 필요하므로 저울이 준비되어 있어야 한다. 가정용 전문 배전기 외에는 일반적으로 온도 측정기가 부착되어 있지 않아 배전 중의 배전기 내 그리고 생두의 온도를 측정하기 위한 온도계가 있어야 하는데 300℃까지 측정할 수 있어야 한다. 배전 시간을 측정할 수 있는 타이머(timer)도 아울러 필요하다. 배전 과정 중에 연기가 몹시 나기 때문에 환풍 시설이 있는 곳에서 배전을 해야 하며 환풍 시설이 없는 경우는 선풍기도 아울러 준비되어 있어야 한다. 때로는 은피에 불이 붙기도 하여 당황하기 쉬운데 만일을 대비하여 소형 소화전도 준비하는 것이 현명한 방법이다.

저울   연속 온도측정기   온도계   타이머

1) 배전의 유형(Roast Styles)

커피 맛을 결정하는 것은 생두의 품종과 배전이다. 동일한 생두여도 배전 상태에 따라 풀과 같은 맛, 탄 맛, 쓴맛, 브라이트하고 드라이한 맛, 풀 바디와 달콤한 맛, 라운드하고 신맛이 가미된 단맛, 숯과 같은 맛 등 다양하다. 색상도 생두 표면이 건조한 옅은 갈색에서 기름기가 감도는 검은 갈색 그리고 기름기가 매우 많은 검은 갈색 등으로 다양하다. 지역 및 민족에 따라 선호하는 배전 상태가 전통으로 오늘날까지도 유지되고 있으며 커피의 주 소비국인 미국 커피산업계에서는 뉴잉글랜드식(약배전), 미국식(중배전), 비엔나식(다소 검은 배전), 프렌치(검은 배전) 그리고 이탈리안(아주 검은 배전) 등으로 구분하기도 한다.

최적 배전: 각자의 기호가 상이하여 어떤 것이 최적의 배전 상태인지는 말할 수 없다. 집에서의 배전의 장점은 자신의 기호에 가장 적합한 배전을 할 수 있다는 데 있다. 초보자는 자신에게 적합한 최적의 배전 상태를 재현하려 할 때 제대로 되지 않는 경향이 있으나 익숙해지게 되면 언제나 동일한 배전 상태를 유지할 수 있다. 자신의 배전은 일종의 로맨스이며 아울러 모험심이라고도 할 수 있다.

기본 표준: 배전에는 기본 요인들이 있어 이를 지키지 않았을 때는 누구나 쉽게 알 수 있는 부적절한 배전이 된다. 배전 시 생두의 온도가 199℃ 이상이 되지 않으면 생두가 약한 갈색이 되고 플레버의 요인인

유류성분이 생성되지 않으며, 이때의 커피는 아로마가 전혀 없는 풀맛과 쓴맛이 난다. 반면 생두의 온도가 249℃ 이상으로 올라가면 아주 검게 배전되며 생두의 플레버를 결정하는 대부분의 유류성분과 생두 내의 섬유질이 다 타버린다. 이러한 커피는 딘 바디, 탄 맛과 공장에서 흔히 나는 냄새가 난다. 낮은 온도에서 오랫동안 배전하거나 생두의 겉면만 탔을 때도 제대로 된 커피 맛을 기대할 수 없는데 이는 초보자들에서 흔히 있는 일이다.

배전의 명칭: 현재 사용하고 있는 배전에 관한 명칭들은 유럽과 미국에서 기원한 두 부류의 명칭으로 대별할 수 있다. 전자는 대부분의 국민들이 선호하는 배전 상태를 유럽의 국가별로 구분한 것이며, 후자는 19세기에서 20세기 초 미국의 커피산업에서 기원했다.

유럽 국가별 명칭은 다음과 같다.

- **뉴잉글랜드식 배전(New England Roast):** 생두의 표면이 건조한 상태로서 약한 갈색(light brown) 배전과 동일하다.
- **미국식 배전(American Roast):** 생두의 표면이 건조한 상태로 중등 배전(medium brown)과 동일하다.
- **비엔나식 배전(Viennese Roast):** 생두의 표면에 다소의 기름기가 있는 상태로서 중등도의 검은 갈색(medium dark brown)에 해당한다.
- **프렌치(French Roast):** 생두 표면에 기름기가 있는 상태로서 비엔나식보다는 약간 더 검은 갈색(moderately dark brown)이다.
- **이탈리안식 배전(Italian Roast):** 생두 표면에 기름기가 아주 뚜렷하게 나타나며 아주 심한 검은 갈색으로, 대부분의 배전이 이 상태의 배전이다.
- **다크 프렌치 또는 스페니시식 배전(Dark French or Spanish**

Roast): 생두 표면에 기름기가 매우 많으며 거의 검은색에 가까운 배전.

미국식 배전의 구분 및 명칭은 다음과 같다.
- **시나몬 배전(Cinnamon Roast)**: 아주 약하게 배전한 것(very light)
- **라이트 배전(Light Roast)**: 미국의 기준에서 약배전의 마지막 단계
- **미디엄 배전(Medium Roast)**: 미국의 표준 배전과 라이트 배전의 중간 단계
- **미디엄 하이 배전(Medium-high Roast)**: 미국의 표준 배전
- **시티(City Roast)**: 미국의 기준보다 다소 어두운 색상
- **풀 시티(Full City Roast)**: 미국의 기준보다 분명히 어두운 색상으로 때로는 원두 표면에 유류 반점이 있다.
- **다크(Dark Roast)**: 검은 갈색으로 원두 표면이 유류에 의해 반짝이며 에스프레소나 프렌치 배전과 동일한 배전이다.
- **헤비(Heavy Roast)**: 매우 검은 갈색으로 원두의 표면이 기름기에 의해 반짝이며, 이탈리안식 배전과 동일한 배전이다.

미국스페셜티커피협회는 최근 자체 표준 색상표를 채택했는데 이 색상표에서는 8가지 색상으로 구분하고 색상이 아닌 수치로 표기하도록 되어 있다. 이 방법에 의하면 가장 약한 배전이 95, 그다음의 약한 배전이 85에서부터 10씩 저하되어 일반적으로 검은 것이 25이다.

2) 배전과 플레버

각 배전 상태에 따른 커피의 애시디티, 바디, 아로마, 품종의 특성 그리고 맛이 어떻게 상이한지를 고찰하면 다음과 같다.

- 가장 약한 배전인 시나몬 배전은 생두의 온도가 205℃에서 중단한 배전 상태로서 일반적으로 시나몬 배전(Cinnamon Roast)이라고도 하며, 미국스페셜티커피협회의 색상 번호는 95이다. 원두의 표면이 건조한 상태이며 매우 약한 갈색이다. 추출한 커피는 강하며 때로는 시큼한 애시디티, 약한 아로마, 곡물과 같은 맛 그리고 딘 바디가 특징이다.
- 위의 배전 상태에서 약간 더 진전된 배전으로 약배전(light) 또는 뉴잉글랜드 배전(New England Roast)이라 한다. 생두의 온도가 205℃에서 위의 시나몬 배전보다 색상이 약간 더 발현되었을 때 중단한 배전 상태로서 약한 갈색이며, 미국스페셜티커피협회의 색상 번호는 85여서 시나몬 로스트와 뚜렷하게 구분된다. 추출한 커피는 애시디티가 매우 뚜렷하며 생두의 특성이 아주 명확하게 나타난다. 바디는 발현되는 단계여서 완전히 다 발현된 상태는 아니다. 원두 표면은 건조한 상태이며 플레버의 물질인 유류가 원두 내에서 생성되는 단계여서 플레버의 특징도 그다지 뚜렷하지 않다.
- 생두의 온도가 213~224℃에서 배전된 원두를 미디엄(medium), 미디엄 하이(medium high), 아메리칸(American), 시티(City) 등의 상이한 명칭으로 불리고 있는데 이는 중등도의 갈색으로 배전된 원두로서 미국스페셜티커피협회의 색상 번호는 55이다. 추출한 커피의 애시디티는 아주 뚜렷한 상태여서 이 배전에서 더욱더 뚜렷한 경우도 있다. 반면 생두의 특성이 나타나지 않기 시작하며 바디가 풍부하다. 이 배전은 미국의 서부지역에서 선호되고 있다.
- 생두의 온도가 224~229℃에서 배전된 원두를 풀 시티 배전(Full City Roast) 또는 비엔나식 배전(Viennese Roast)라고 하며 미국스페셜티커피협회의 색상 번호는 55와 45의 중간에 해당한다. 추

출한 커피의 애시디티는 다소 감소된 상태이나 바디는 약간 높아졌다. 원두 표면은 건조한 상태이나 원두 내에서 생성된 기름성분이 분출되어 반점의 형태로 나타나 있다.

- 어느 정도 검은 갈색으로 배전되었을 때 이를 에스프레소(espresso), 유로피안(European) 또는 하이(high) 등으로 통용된다. 생두의 배전 온도는 229~235℃이며 미국스페셜티커피협회의 색상 번호는 45와 35의 중간 단계이다. 추출한 커피의 애시디티는 거의 없어져 풍만도로 대체되며 생두의 특성은 전혀 발현되지 않는다. 풍부한 바디와 쓴맛이 가미된 단맛이 난다. 생두에서는 기름기가 돌며 때로는 기름기에 의해 반짝이기도 한다.

- 235~241℃에서 배전된 원두는 검은 갈색으로 미국스페셜티커피협회의 색상 번호는 35이다. 이 배전 상태를 프렌치(French), 이탈리안(Italian) 및 다크(dark) 배전이라고 한다. 추출한 커피는 쓴맛이 가미된 단맛이 특징이며 바디는 약해지기 시작하고 생두의 특성 및 애시디티가 얼얼한 풍만도로 대체된다. 원두의 표면은 지방성분에 의해 밝게 반짝인다.

- 생두의 배전 온도가 241~246℃에서 배전된 원두는 보다 검은 갈색으로 이탈리안(Italian), 다크 프렌치(Dark French) 또는 스페니시(Spanish) 배전이라 한다. 미국스페셜티커피협회의 색상 번호는 35와 25의 중간 단계이다. 추출한 커피에서는 바디가 더욱더 약해졌으며 유류성분이 휘발됨에 따라 쓴맛이 가미된 단맛 중 쓴맛이 우세하며 다소 탄 듯한 맛이 난다. 표면으로 유출된 기름성분에 의해 표면이 반짝인다.

- 생두의 온도가 246~249℃에서는 아주 검은색으로 배전되는데 이를 다크 프렌치(Dark French), 스페니시(Sanish)라고 하며 미국스페셜티커피협회의 색상 번호는 25이다. 추출한 커피에서는

바디가 더욱더 미약해져 있으며, 단맛보다는 쓴맛이 월등하게 우세하다. 탄 냄새 맛이 더욱 우세하며 품종별 특징은 전혀 없어 모든 커피가 다 동일한 맛을 낸다. 원두 표면은 기름기에 의해 반짝인다. 이 배전 이상의 배전에서는 원두가 완전히 탄 상태여서 커피의 특성은 전혀 없다.

3) 배전 온도와 배전 시간과의 상관관계

원두는 배전 상태에 따라 그 특성이 뚜렷하게 구분된다. 일반적으로 높은 온도에서 빠르게 배전한 커피는 낮은 온도에서 오랫동안 배전한 커피보다 애시디티가 잘 발현된다. 반면 낮은 온도에서 오래 배전한 커피에서는 바디가 풍만하고 맛이 복합적인 특성이 있어 본인의 기호에 따라 배전해야 한다. 배전 시간과 온도는 사용하는 장비에 따라 특성이 상이하며 특성에 따라 원하는 배전을 용이하게 달성할 수 있다. 가정에서 배전에 이용하는 열(熱)에 따라 배전용기에 석탄, 장작 또는 숯불과 같이 열을 직접 가하는 방법, 뜨거운 공기를 이용한 방법, 가스오븐, 전기전도오븐을 이용한 네 가지 방법으로 대별된다.

- 밝고 애시디티가 뚜렷하게 발현되기를 원하는 사람은 뜨거운 공기에 의한 만들어지는 가정용 팝콘 제조기를 이용하면 효율적이다.
- 풍만한 바디와 전반적인 커피의 특성을 선호하는 사람은 다소 배전에 시간이 걸리는 가장 원시적인 방법인 프라이팬이나 일반 가정용 팝콘 제조기를 권한다.
- 가스오븐을 이용하여 배전한 커피는 복합성과 플레버의 깊이가 아주 뚜렷한데 이는 다른 방법에서보다 배전 생두가 모두 균일하게 배전되지 않는 데 기인한다고 하겠다. 이는 결함이기도 하나 각자의 기호에 따라서는 장점이 될 수도 있다. 가스오븐에서의 비

교적 긴 시간을 통해 배전하면 풀 바디와 비교적 라운드디드하고 신맛이 약한 플레버의 특성이 생긴다.

- 배전이 느리게 오래 계속되는 전기 대류식 오븐을 이용한 배전은 깔끔한 맛과 풀 바디가 특징이나 애시디티가 부족한 단점이 있다. 무딘 맛이 있으나 일부는 이를 순한 맛으로 표현하기도 한다.

4) 생두의 선택

생두는 비밀스러운 식물성 특성을 가지고 있으며 가정에서의 배전은 이러한 비밀을 찾아내는 것이 재미이자 즐거움이기도 하다. 무수히 많은 품종이 있으며 품종별로 그 특성이 상이할 뿐 아니라 복잡하다. 배전 시 어떤 품종을 선택해야 할지 고민하는 경우도 있으나 배전의 목적은 원두의 품종, 등급 또는 상업적인 제반 문구들에 있는 것이 아니라 자신의 기호에 적합한 커피 맛을 찾는 것이라 하겠다. 양질의 커피 맛을 즐기기 위해서는 다음과 같은 사항을 유의하여 생두 구입처에 문의하기를 권장한다.

(1) 생두의 종류

생두에는 여러 종 및 변종들이 있으나 단종 커피를 즐기기 위해서는 아라비카나 이에 기원한 변종의 생두를 선택해야 한다. 로부스타는 쉽게 그리고 싸게 구입할 수 있으나 참다운 커피 맛을 기대하기는 어렵다. 아라비카에서만이 애시디티와 복합성을 제대로 즐길 수 있다. 로부스타는 인스턴트커피와 배합커피용이며 아울러 가격도 저렴하다.

(2) 생두의 배합 여부

판매되고 있는 생두에도 두 가지 유형이 있다. 하나의 수확물 또는 한 지역 이상에서 기원한 생두를 혼합한 것을 배합생두(blended beans)라고 하는 데 비해 하나의 수확물 또는 한 지역에서만 기원한 생두를 비배합생두(unblended beans), 스트레이트커피(straight coffee) 또는 품종커피(varietal coffee)라고도 한다. 품종별 특성을 알며, 추후 배합커피의 특성을 창출하기 위해서는 비배합생두로부터 시작하는 것이 요망된다.

(3) 상품에 부착된 여러 명칭을 확인해야 한다.

- 생산국명: 원두는 생산국명을 케냐, 콜롬비아 등과 같은 국가명으로 표기하고 있는데 동일한 생산국이어도 재배지역 및 고도에 따라 특성이 상이하기 때문에 구입하기 전에 국가별·지역별 원두의 특성에 대한 지식을 다소 가지고 있어야 한다.

- 상품명: 원두의 상거래에서는 일반적으로 상품명으로 거래된다. 양질의 생두는 예를 들어 과테말란 안티구아, 멕시칸 옥사카 등과 같이 재배국과 재배지역으로 상품명을 표기하고 있다. 그러나 브라질의 브라질리안 산투스 등과 같은 상품명은 브라질 커피 수출항의 명칭이며, 예멘 모카의 모카도 수출항의 명칭이나 현재는 없어진 항구다. 상품명 중에는 재배지역과 아울러 맛의 특징이 표기된 경우도 있다. 일부 상품명은 생산국의 이름보다 더 잘 알려진 경우도 있는데 하와이안 코나가 그 대표적인 예이다.

- 등급명: 생두는 케냐 AA 및 콜롬비안 수프레모 등과 같이 등급명을 상품명으로 채택한 경우도 있다. 등급명은 국가에 따라 상이하여 생두의 크기, 재배고도 및 맛에 기준한 등급으로 구분하기도 한다. 등급명은 커피 상거래에서 중요한 기준이 되고 있으며 커피 전문점에서는 국가명, 상품명 그리고 등급명을 표기하고 있다. 생두의 크기에 따른 등급에서 특정 등급에서 크기의 차이가 많으면 균일하게 배전되지 않아 커피 맛에 영향을 미친다. 상이한 색상이

많은 경우 배전 시 색상 발현에 영향을 미치며 상이한 형태는 한 품종에 의한 원두가 아님을 의미한다.

(4) 재배고도: 일반적으로 상품명에는 재배고도가 표기되어 있는 것이 관례다. 높은 고도에서 재배된 아라비카는 저지대 재배산에 비해 성숙 기간이 길어 밀도가 높으며 추출한 커피는 애시디티가 높으며 복합성도 아울러 훌륭하다. 재배고도는 커피의 품질과 플레버에 미치는 가장 중요한 요인이다.

(5) 가공법: 수확 즉시 가공한 생두를 선택하는 것이 중요하다. 그렇지 못한 경우 커피에 발효 냄새가 나는 것이 관례다. 발효탱크에서의 처리과정에 대해서도 문의해야 한다. 즉, 발효시작 전에 물 위에 뜨는 내과피 생두를 제거했는지 또는 과육을 제거하고 밀도에 의해 선별한 후 발효를 시작했는지를 문의해야 한다. 고품질의 생두만을 만드는 농장만이 상기 과정의 중요성을 알고 있다. 발효과정 중의 과육이 남아 있다면 생두에 옅은 갈색 톤이 있는데 이러한 현상은 과숙된 열매를 가공했을 때도 나타난다.

건식가공 생두는 때로는 갈색 은피가 붙어 있는 경우가 있다. 브라실에서는 이를 여우생두(fox bean)라 부르며 결점으로 간주하지 않는다. 초보자들은 이를 생두의 결함으로 간주하나 결함이 아니다. 미성숙 열매를 가공했을 때도 갈색 은피가 붙어 있는데 손으로 비벼도 잘 제거되지 않아 여우생두와 쉽게 구분할 수 있다. 수세식 생두에서 볼 수 있는 여우생두는 시고, 과일 맛 또는 리오 맛이 특징이다.

수세식 아라비카인 경우 생두 표면이 균일하고 밝아야 한다. 그렇지 못한 경우 제대로 건조되거나 가공된 것이 아니어서 기대하는 맛이 나내지 않는다. 가공 시 건조조건을 문의해야 한다. 건조지에서의 기후조건을 감안하여 충분하게 제대로 건조되었다면 맛에서 그 특성이 발현된다. 마당이나 기계적인 건조기에서 제대로 건조되지 않았다면 외형으로 나타난다. 즉, 기계적인 건조기에서 빨리 건조시키면 색상이 어둡거나 갈색이 나타난다. 생두에 반점 또는 얼룩이 있다면 생두가 매우 빠르게 건조되었거나, 매우 얇게 펴 말렸거나 또는 제대로 뒤섞어주지 않고 말린 것이다.

일부 전문가들은 처음에는 마당에 널어 표면만을 말리고 다음에는 기계적인 건조기에 말리고 마지막으로 다시 마당에 널어 건조시키도록 권장하는데 이 방법이 생두의 색상을 제대로 발현시키는 것으로 생각한다. 일부 전문가들은 건조기간 중 자주 생두를 건조기에 넣어다 꺼냈다 하여 꺼낸 기간 중에 생두 내의 수분 함량이 균형이 되게 해야 한다고도 주장한다. 이는 생두의 외부가 내부에 비해 빠르게 마르기 때문이다. 건조기에서 건조시킨 생두인 경우 건조 온도를 문의해야 한다. 만일 200℃가 넘었다면 커피에서는 구운 맛과 냄새가 날것이다.

(6) 재배방식: 우리의 건강과 자연보호를 위해 근래 유기농커피가 선호되고 있으며 품질도 양호한 것으로 알려져 있다.

(7) 은피나 생두의 홈에 다소 핑크색이 도는지를 확인해야 한다. 대부분 사람들은 이를 중대한 결함으로 간주하지 않으나 일부 지역에서는 이를 중대한 결함으로 간주한다.

(8) 생두의 가장자리가 흰색이거나 퇴색되었다면 제대로 건조되지 않았거나 습도가 높은 곳에 보관되었던 것이다. 건조과정 중에 균일하게 건조되지 않은 생두에서도 흰 마크를 볼 수 있다. 생두 중의 흰색 부분은 다른 부분보다 수분 함량이 높다. 또한 이러한 부위는 산화, 건

조과정 중의 흙과의 접촉 또는 오염수에 의해서도 생긴다.

(9) 냄새를 맡아보아 발효 냄새 또는 연기 냄새가 나는 생두에서는 양질의 커피를 기대할 수 없다.

(10) 생두를 손으로 만져보아 마치 유리 표면을 만진 것 같거나 깨어질 듯한 촉감이 있는 경우에는 지나치게 건조되었거나 높은 온도에서 건조되었음을 의미한다. 또한 만일 유연한 촉감을 느낀다면 제대로 건조되지 않았음을 의미하며 곰팡이의 번식이 시작되었거나 곧 곰팡이가 번식할 수 있으므로 구입하지 말아야 한다.

5) 배전 시 주의사항

자신이 마실 커피를 직접 배전하는 것은 일종의 취미이며 또한 자신의 기호에 맞는 커피를 만들어 마실 수 있는 장점이 있다. 배전과정 중에 준수해야 할 일반적인 사항을 고찰하면 다음과 같다.

- 배전은 일종의 취미이기도 하며 그렇게 어렵지 않다. 균열음에 당황하지 말고 전 과정에 주의를 집중해야 하는데 배전 완료기에 특히 주의해야 한다.
- 배전과정에 나는 냄새는 아주 향기로우나 다크 로스트로 하는 경우 배전방법에 따라 다소 차이는 있으나 많은 연기가 나기 때문에 반드시 환풍 시설이 있는 곳이나 실외에서 해야 한다.
- 은피가 제거되지 않은 생두를 배전할 때는 많은 양의 은피가 유리되어 수집 장치가 있어야 하며 주의를 게을리 하면 은피가 온 집 안에 다 퍼진다.
- 배전 완료 후 필요한 물품들을 빠짐없이 준비해놓아야 한다. 즉,

배전된 원두를 담아 식힐 수 있는 용기, 고르게 식히기 위해 휘저 어줄 수 있는 목재 주걱 그리고 수랭식을 선택한다면 증류수 분무 기 등을 들 수 있으나 후자는 가정에서는 절대 권장되지 않는다.

- 온도계가 부착되어 있지 않는 배전기에서는 온도계가 필수이며 300℃까지 측정할 수 있어야 한다.
- 특히 팝콘 제조기를 이용하는 경우 제조기 내면에 부착된 커피를 정기적으로 청소해주어야 한다.

6) 배전 기구와 방법

가정에서의 배전 시 가정의 주방에 있는 일반 기구를 이용한 배전과 상업적으로 제조된 가정용 배전기로 구분하여 고찰하면 다음과 같다.

(1) 주방용 일반 기구

① 프라이팬(frying pan) 또는 냄비 이용

가장 오래되고 원시적이나 배전 후 청소하기가 가장 쉬운 방법이다. 주방에서 흔히 사용하는 프라이팬이나 냄비를 이용하며, 비용이 가장 저렴한 배전법이다. 뚜껑이 있는 냄비나 프라이팬, 배전 중에 원두를 고루 섞을 수 있는 목재로 된 큰 스푼, 막대기만 있으면 배전이 가능하다. 다음과 같은 절차를 따르면 초보자도 만족할만한 원두를 만들 수 있다.

일반 가정용 프라이팬을 이용한 배전

- 주방에 있는 환풍기를 작동시키거나 창문을 열어놓는다.
- 냄비나 프라이팬이 큰 경우 무게로는 255g의 생두를 준비한다.
- 생두를 넣기 전에 냄비나 프라이팬의 뚜껑을 닫은 후 열을 가해 약 260℃가 되게 해야 한다. 온도계가 없다면 물방울을 떨어뜨렸을 때 물방울이 튀길 때까지 가열하면 된다. 이때 프라이팬이나 냄비에는 소금 또는 기름 등은 절대 넣지 말아야 한다.
- 생두를 한 층이 되게 붓고 덮개를 덮은 후 생두가 고르게 배전되게 하기 위해 팬이나 냄비를 앞뒤 또는 좌우로 계속 움직여주어야 한다. 또한 목재 스푼이나 막대를 이용하여 자주 섞어준다. 생두가 배전과정 중 어느 한 곳에 오랫동안 머물러 있게 하지 말아야 한다.
- 약 5분이 경과되면 생두에서 깨어지는 듯한 소리가 나며 연기가 나기 시작하는데 이때도 계속 흔들어주어야 한다. 소리와 연기가 나기 시작한 지 1분 후에 뚜껑을 열어 색상을 확인한다. 생두가 갈색으로 변하면서 다시 검은색으로 변하는데 매 1분 주기로 색상의 변화를 계속 관찰하고 있어야 한다. 모든 생두가 동시에 같은 색상으로 변하지 않으며 연한 점들이 나타나는데, 이는 정상적인 배전과정의 일부이다. 은피가 있는 생두를 사용했을 때는 벗겨져 팬에 널려 있게 된다.
- 약 90%의 생두가 검게 되었을 때 다른 용기에 옮겨놓아 모두 고르게 식히기 위해 스푼이나 막대기로 휘저어주어야 한다.
- 은피가 잔재들이 남아 있다면 바람에 의해 쉽게 제거할 수 있다.
- 배전이 종료된 뒤 약 12시간은 방치하여 이산화탄소가 다 유리되게 한 후 공기의 유통이 없는 병에 넣어 직사광선이 비치지 않는 곳에 보관해야 하는데 냉장고나 냉동고에는 보관하지 말아야 한다.
- 갓 배전된 원두에서 추출한 커피 맛도 훌륭하나 커피의 참맛은 배

전 후 4~24시간 사이가 절정에 달한다. 위와 같은 방법으로 저장하면 적어도 6일 간은 신선한 커피 맛을 즐길 수 있다.

② 오븐(Radiant heat oven)

가정의 주방에 있는 오븐을 이용해도 풀 시티에서 프렌치 로스트를 만들 수 있다. 오븐은 전기, 가스, 나무를 열원으로 사용하는 세 종류가 있다. 가스나 나무를 열원으로 사용하는 오븐은 전기오븐보다 생두가 탈 위험성이 있다는 단점이 있으나 오븐 자체는 전기오븐보다 구조가 더 단단하다. 오븐은 배전과정 중에 생기는 연기와 은피를 배출하지 못하는 단점이 있으나 근래의 오븐은 통풍장치에 의해 밖으로 배출되도록 되어 있다. 배전과정 중에 계속 보고 있지 않아도 되며 다른 방법에서보다 많은 양을 한 번에 배전할 수 있다는 장점이 있다. 그러나 배전 생두 모두가 균일하게 배전되지 않는 단점이 있다. 오븐을 이용한 배전법을 간략히 고찰하면 다음과 같다.

주방의 오븐

- 구멍이 있는 철판이나 철사망 위에 생두를 1층으로 고르게 펼쳐 놓는다.
- 생두를 오븐에 넣기 전에 오븐 내의 온도가 약 260℃가 되게 예열(像熱)한다.
- 철망 위에 펼쳐놓은 생두를 오븐의 중압부에 넣는다. 철망이나 구멍들이 있는 철판을 사용하는 것은 오븐 내에서의 뜨거운 공기의

대류에 의해 생두가 고르게 배전하기 위함이며 구멍이 없는 철판을 사용할 수도 있으나 이 경우 골고루 배전되지 않는 단점이 있다.
- 약 5분이 경과되면 첫 번째 깨어지는 소리가 나며 다시 2분 후부터는 색상의 변화를 관찰해야 한다. 오븐을 이용한 배전에서는 다른 배전법에서보다 시간이 많이 소요되나 12분이 경과되어도 미디엄 로스트가 되지 않으면 온도를 270~277℃로 높여야 하고 다음 번 배전은 이 온도에서 시작해야 한다. 배전 시간이 20분이 넘은 원두에서는 맛이 플랫(flat)하게 된다. 오븐을 230℃까지 예열한 후 생두를 넣는 방법에서는 골고루 배전되지 않아 카페올이 제대로 발현되지 않는다. 또 한 방법에서는 오븐 내의 온도가 서서히 올라가게 하면서 배전하거나 또는 배전 소요시간 중 1/3에 해당하는 시간 동안 121℃로 하기도 한다. 이론적으로 서서히 온도를 높일 때는 중심 부위의 생두들만이 고르게 배전된다. 약 7분간 다소 데운 상태에 놓아둔 후 232~260℃로 배전하는 방법도 있다. 정확한 시간과 온도를 일반적으로 명기할 수 없는데 이는 오븐의 특성이 제작회사마다 상이하고, 이들을 사용하는 장소의 고도, 생두의 크기와 밀도, 양 등이 상이하기 때문이다.
- 배전 중에 매 1분 간격으로 생두를 섞어주는 경우 매우 빨리하여 오븐 내의 열이 손실되지 않도록 해야 한다.
- 원하는 색상에 조금 못 미치는 색상에 도달했을 때 꺼내어 식힌다. 식히는 과정 중에도 배전이 계속되어 식었을 때 원하는 색상이 된다. 꺼냈어도 연기가 계속 나기 때문에 실외에서 식히는 것이 좋다. 다소 탄 듯해도 우려하지 않는 것이 좋다. 이것도 맛의 발현에 도움이 되는 요소이다. 식히는 과정에서도 휘저어주어 모든 원두가 다 골고루 식게 해주어야 하며 이때 은피의 잔재들이 제거된다.

- 병에 넣기 전에 12시간 동안 방치하여 이산화탄소가 모두 유리되게 한 후 공기의 유통이 없는 병에 넣어 직사광선이 닿지 않는 곳에 보관한다. 냉장고나 냉동고에 보관하지 않아야 한다. 방금 배전한 원두에서 내린 커피도 훌륭하나 참다운 커피 맛은 배전 후 4~24시간 사이이며 상기와 같은 방법으로 보관하면 이러한 맛이 약 6일간은 지속된다.

③ 바비큐 용기(barbecue)

바비큐 용기를 이용하는 방법은 실외에서 하기 때문에 화재 및 연기로부터 가장 안전한 방법이다. 비록 화재가 발생해도 당황하지만 않으면 아무런 해가 없다. 그러나 배전을 조절할 수 없는 것이 큰 단점이다. 생두를 알루미늄 박(箔) 위에 놓고 배전되어 연기가 날 때까지 기다렸다가 꺼내면 된다. 알루미늄 박 대신에 프라이팬을 사용해도 된다.

④ 팝콘 제조기(popcorn popper)

㉮ 뜨거운 공기를 이용한 팝콘 제조기

뜨거운 공기를 이용하여 옥수수를 튀기는 팝콘 제조기를 배전기로도 사용할 수 있다. 재질은 철에서 플라스틱까지 종류가 매우 다양하다. 어떤 종류든 배전에 사용할 수 있으나 온도가 232~260℃까지 상승해도 견딜 수 있는 제품이면 된다. 뜨거운 공기 주입방법에 따라 여러 유형이 있으나 튀기는 부위의 전 하단 부위에서 뜨거운 공기가 유입되는 제품은 배전과정 중 은피에 불이 붙는 경향이 있어 권장하지 않는다. 시티에서 프렌치 로스트까지는 모든 생두가 다 균일하게 배전되는 특징이 있으나 다크 로스트로 만드는 데는 다소 문제점이 있다는 단점이 있다.

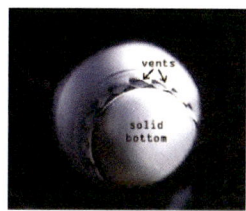

팝콘 제조기　　　　　뜨거운 공기가 회전하도록 나열된 공기 출구

- 배전과정 중에 발생하는 연기 때문에 주방의 환풍구 근처에서 작업해야 하며, 배전 상태를 수시로 확인하기 위해서는 밝은 조명이 있으면 더욱 좋다.
- 제작업체가 권장하는 양을 제조기 내에 넣는다. 일반적으로 11g이 최대 용량이다.
- 제조기의 플라스틱 덮개를 덮고 은피를 수집할 수 있는 사발을 팝콘 배출구 밑에 놓는다.
- 약 3분이 경과하면 첫 번째 깨어지는 듯한 소리가 나며 향기로운 연기가 나기 시작한다. 다시 1분이 경과된 후부터는 자주 뚜껑을 열어 배전 상태를 관찰한다.
- 라이트 로스트 및 풀 시티 로스트에 도달하는 데는 각각 4분 내지 5분이 소요되며 보다 검게 배전되는 데는 6.5분이 걸린다. 배전 상태가 매우 빠르게 진행되기 때문에 주의 깊은 관찰이 요망되며 원하는 색상이 도달되기 전에 꺼내어 식혀야 원하는 배전을 얻을 수 있다.
- 큰 용기나 철망 위에 널어놓고 휘저어주어 모든 원두가 일시에 고르게 식게 해야 한다.
- 약 12시간은 그대로 방치하여 이산화탄소가 모두 유리되도록 한

후 공기의 유통이 되지 않는 병에 넣어 보관한다. 커피의 참다운 맛은 배전 후 4~24시간이나, 제대로만 보관하면 5일까지도 신선한 커피 맛을 즐길 수 있다.

㉔ 가열식 팝콘제조기(Stovetop Popcorn Popper)

이 제조기는 뜨거운 공기가 아닌 열을 직접 가하는 방법으로 다양한 배전을 할 수 있으나 라이트 로스트용으로는 별로 적합하지 않다. 공기식 제조기보다 한번에 225~453g까지 배전할 수 있으나 스테인리스 재질로 된 제조기는 이보다 더 많은 양을 배전할 수 있다. 옛 방식에 의한 배전방법이어서 전자장치가 전혀 없이 모두 다 기계적으로 제작되었다. 비교적 소음이 적어 첫 번째 및 두 번째 균열음을 쉽게 들을 수 있다. 배전 시간을 자유롭게 조절할 수 있으며 일부 사람들은 에스프레소용으로는 이 장비가 적격이라고 주장한다. 다소 공학적인 재질이 있다면 휘저어주는 정동장치를 부착함으로써 효율을 증진시킬 수 있다.

많은 양을 배전하는 데 기인한 연기가 많이 나기 때문에 반드시 환풍기 시설이 있거나 야외에서 배전해야 하는 단점이 있다. 이 장비는 몇 번의 시행착오에 의한 경험을 필요로 하며 배전시간이 8~15분이어서 다른 공기식 배전법보다 시간이 오래 걸린다. 또한 일반인도 쉽게 고칠 수 있는 고장이 다소 많은 것 또한 단점이다. 크기가 작은 생두, 즉 에메니 생두가 다른 배전기에서는 문제점을 제기하나 이 장비에서는 전혀 문제되지 않는다.

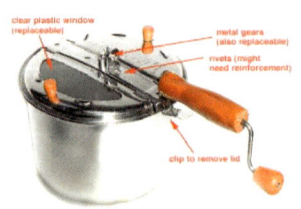 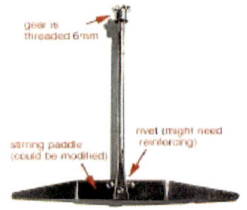

배전과정을 간략히 고찰하면 다음과 같다.
- 주방의 환풍구 근처나 유리창을 연 상태에서 배전을 시작한다.
- 생두를 무게로는 227~255g을 준비한다.
- 낮은 불꽃 또는 전열기인 경우 중등도로 설정하여 제조기 내의 온도가 약 205℃가 될 때까지 덮이는데, 이때 온도계는 실제 온도보다 다소 높게 나타난다.
- 생두를 제조기 내에 넣고 손잡이를 천천히 돌려 휘저어주면 제조기 내의 공기의 온도가 177℃로 떨어지는데, 149℃ 이하 그리고 최종 단계에 진입하기 전에는 205℃가 되지 않게 해야 한다. 아마도 몇 번 하다 보면 이러한 온도를 쉽게 조정할 수 있게 된다.
- 약 6분이 경과되면 첫 번째 균열음과 아울러 연기가 나는 것을 볼 수 있다. 1분이 경과된 후에는 온도를 약간 낮추어 배전이 급속하게 진행되지 않게 조절한다. 이때부터는 1분 간격으로 창을 통해 배전 상태를 관찰해야 한다. 두 번째 균열음은 9분에서 12분 사이에 일어나는데 원하는 배전 상태에 도달했을 때는 꺼내 식혀야 한다. 냄새와 소리만으로 배전 상태를 판정한다면 배출되는 연기 양을 줄이고 온도를 낮춰야 한다.
- 원하는 색상에 도달하기 바로 전 단계에서 꺼내 식혀야 한다. 식는 과정 중에도 배전이 계속되어 원하는 배전 상태에 도달한다.
- 꺼낸 원두를 모두 고르게 일시에 균일하게 식히기 위해서는 휘저어주어야 한다.
- 혹시 아직도 은피가 원두에 붙어 있다면 휘저어주는 과정에서 쉽게 제거되며 약한 바람에도 쉽게 날아가 버리는데 이러한 작업은 실외에서 해야 한다.
- 보관은 위의 뜨거운 공기법에서와 같다.

⑤ 마이크로웨이브 오븐(Microwave oven)

가정에서 흔히 사용하고 있는 마이크로웨이브 오븐도 훌륭한 배전기가 될 수 있으며 빨리 배전을 할 수 있는 것이 장점이다. 마이크로웨이브 오븐은 진동하는 전자기장(電氣磁氣場)이 물 분자의 진동을 초래하는 원리에 의한 기구이다. 식품 내의 물 분자가 진동하게 되면 열이 생성되어 식품이 익는다. 생성되는 열에 의해 100℃에 달하게 되면 액상의 수분은 기체상태의 증기로 되며 평균 해면상에서는 100℃ 이상으로 온도가 올라가지 않는다. 마이크로웨이브 오븐에 넣는 빵과 고기 등이 절대 타지 않는 것은 바로 이러한 이유 때문이다. 생두는 일반적으로 149~232℃에서 배전되기 때문에 마이크로웨이브에서의 온도를 상기와 같은 높은 온도로 높여주기 위해서는 물과 같은 동일 주파수대에서 진동은 하나 수분이 증발되지 않는 물질을 같이 넣어주어야 한다.

쉽게 구할 수 있는 한쪽 면이 회색인 판지(板紙, cardboard)를 이용하여 온도를 높여준다. 이러한 물질은 핫 포켓(Hot Pockets), 치킨 포트 파이(Chicken Pot Pies), 터키 포트 파이스(Turkey Pot Pies) 등과 같은 상품명으로 시판되고 있다. 마이크로크리스프(Microcrisp)라는 종이 롤(paper roll) 형태로도 시판된다. 이들 판지를 구하기 힘들면 물에 작용하는 동일 주파수대에서 녹지 않는 마이크로웨이브용 비닐봉지나 용기도 사용 가능하다.

마이크로웨이브 오븐 사용 시에는 시간 설정이 매우 중요한데 오븐의 종류별로 출력이 상이하여 실험에 의해 시간을 설정해야 한다. 오븐의 출력이 400~600와트(watt)인 경우 2분으로 설정하며, 800~1,000와트인 경우 1분으로 설정한다. 오븐의 종류에 따라서는 반출력(半出力, half power)이라는 조절기능이 있는 종류도 있는데 이는 출력이 반감하는 것이 아니고 시간의 반은 작동 상태 그리고 반은 작동되지 않는 상태가 연속됨을 의미하며 이러한 상황 하에서는 제대로 배전되지 않는다는 것을 명심해야 한다. 배전 시간 결정은 한 컵의 물과 생두를 동시에 오븐 내에 넣고 최대출력으로 작동시킨 후 생두를 관찰하면서 적정 색상이 발현될 때의 시간을 최적시간으로 설정하면 편리하다. 여러 번 반복하여 배전 시간을 결정하는 것이 관례이며, 자신의 오븐 특성과 시간을 터득하게 되면 언제나 동일한 방법에 의해 배전하면 된다. 마이크로웨이브 오븐 내에서는 모든 부위가 다 균일하게 익거나 배전되지 않기 때문에 회전판이 부착된 오븐의 선택도 중요하다.

마이크로웨이브 오븐을 이용한 배전에는 여러 가지 방법이 있는데 이를 간략하게 고찰하면 다음과 같다.

- 판지를 오븐 내의 회전판 위에 색상이 있는 면이 위로 오게 놓는다. 회전판의 중앙 부위는 제대로 배전되지 않아 마치 도넛의 형태와 같이 중앙 부위는 비워놓아야 한다. 먼저 빈 밥공기를 올려놓고 그 주위에 생두를 한 층으로 펼쳐놓는다. 공기를 들어낸 후 다시 판지의 색상이 있는 면이 생두를 향하도록 덮은 후 마이크로웨이브 오븐을 작동시키면 된다.
- 마이크로웨이브 오븐 내에 들어갈 수 있는 유리잔을 이용하는 방법으로, 사용하는 유리잔이 작을수록 더 골고루 배전된다. 높이가 3인치 그리고 폭이 1.5인치인 유리잔이 적합하다. 그러나 작은 잔을 여러 개 이용하면 큰 잔 하나로 배전하는 것보다 좋은 결과를 얻을 수 있다. 원형의 판지 위에 잔을 놓고 판지의 색상이 있는 면을 안으로 되게 하여 잔을 감싼다. 생두를 넣고 다시 잔 위에 색상이 있는 면이 위로 되게 하여 잔을 덮는다. 유리잔은 오븐의 회전판 중앙이 아닌 가장자리에 놓은 후 작동시킨다.
- 또 다른 방법은 생두를 배전용 플라스틱 주머니에 넣은 후 오븐의

판 위에 놓는 방법이다. 작은 주머니에 넣은 후 회전판의 가장자리에 놓게 되면 골고루 배전되는 특징이 있다.

일반적으로 600와트의 출력을 가진 오븐에서 약 17g의 생두를 배전하는 데는 약 2~3분이면 충분하다. 생두의 양을 배로 늘려도 배전시간을 배로 늘리지 않아야 한다. 배전이 진행되면서 깨어지는 듯한 소리를 들을 수 있으며 이후 곧 연기가 나는 것을 볼 수 있다. 연기가 나면 배전이 진행 중임을 의미한다. 모든 생두가 다 골고루 배전되는 않는 것이 마이크로웨이브 오븐법의 단점이나, 빠르며 배전경비가 다른 방법에 비해 현저하게 적은 것이 장점이다.

(2) 가정용 전문 배전기

가정용으로 제작 판매되고 있는 모든 배전기의 조작 및 사용은 아주 간단하고 단순하나 아울러 주의해야 할 몇 가지 사항들이 있어 이를 고찰하면 다음과 같다. 비록 배전 시간이 자동으로 조절되나 이에 절대적으로 의존하지 말고 언제나 주의 깊게 관찰하고 있어야 한다. 특히 원하는 배전 상태에 도달하게 되면 배전의 정도가 매우 빠르게 진행된다. 약하게 배전되면서부터 나는 냄새는 매우 매혹적이나 검게 되면서부터는 연기가 많이 난다. 냄새와 연기를 제거하기 위해 문을 열어놓을 수 있으나 갑작스러운 주변의 찬 공기는 배전이 제대로 되지 않게도 한다.

은피가 제거되지 않은 생두를 사용할 때는 배전과정 중에 은피가 유리되며 타기도 한다. 대부분의 배전기는 은피 수집기능이 있어 별 문제는 없으나 다음의 배전을 위해서는 배전기와 같이 제공되는 솔로 아주 깨끗하게 청소를 한 후 사용해야 한다. 비록 배전 시간과 식힘 주기를 조절할 수 있는 장치가 있어도 혹시 화재의 발생 등의 우려 때문에 배전기와 함께 있어야 한다. 배전기 내부가 배전 시 생성되는 기름에 의해 화재의 위험이 있거나 배전 상태를 관찰할 수 없게 되었을 때 외에는 너무 자주 청소하지 말아야 하나 은피 수집기는 새로운 배전을 하기 전에 반드시 깨끗하게 청소해야 한다.

각 배전기가 제시하는 배전 생두 양을 반드시 준수해야 하는데 이를 준수하지 못하면 원하는 배전 상태에 도달하지 못함과 아울러 배전 상태가 균일하지 못한 원두를 얻게 된다. 규정 양보다 적으면 오히려 배전이 오래 걸리며 규정량보다 많은 양을 넣으면 더 빠르게 배전되는데 이는 우리가 생각하는 것과 반대현상이다. 배전 양은 용량보다는 무게로 정하는 것이 권장된다. 대부분의 가정용 배전기는 소량만 배전할 수 있으나 계속해서 배전할 수도 있는데 다음 배전을 위해서는 배전기가 완전히 식은 다음에 해야 한다. 배전된 원두는 상온에서 철망 위에 놓아 식힌 후 저장용 유리용기에 옮겨 넣은 후 약 12시간이 경과하면 이산화탄소가 전부 빠져나가며 커피의 맛이 절정에 달하는 시간은 12~72시간 사이다.

배전은 배전기에 사용하는 전압의 변화에 매우 민감하게 변하기 때문에 각별히 주의해야 한다. 한 전원에 여러 전기기기와 같이 사용하는 경우 전압의 변화가 심하며 아울러 전압이 약해진다.

① 프레시 로스트(Fresh Roast)

프레시 로스트라는 상품은 여러 모델이 있으나 최신형인 프레시 로스트 플러스 8(Fresh Roast Plus 8)은 10만 원대로 비교적 단순하며, 조용하고 빠르게 배전할 수 있는 장점이 있다. 신선한 커피를 원하는 사람들을 위주로 한 배전기로 주로 1인 또는 최대 2인분의 생두만을 배전할 수 있는 것이 단점이다. 배전을 시작하는 초보자들에 권장되는 배전기로, 다른 배전기로 전환 시 배전에 관한 기초 지식과 경험을 얻게 해주는 장비이다. 풀 시티(full city) 상태로 배전하는 데 2분 주기로 식힘이 반복되어 6분이면 배전을 완료할 수 있다. 계속하여 배전하면 다소 많은 양을 배전할 수 있으나 15~20분간 기다렸다가 배전기가 완전히 식은 후에 배전해야 한다.

　기계적인 시간 장치가 부착되어 있으며 매우 단순하나 효율적인 은피 수집 장치가 부착되어 있다. 하트웨어 고멧에 비해 유리 전관이 작아 뜨거운 공기를 많이 통과시키지 않아도 되기 때문에 모터가 크기 않아 소리가 조용한 것이 특징이다. 제작업체는 한 번에 85~99g의 생두를 배전할 수 있다고 하나 많은 사용자들의 경험에 의하면 골고루 배전이 되지 않아 64 g이 권장되고 있다. 가격에 비해 성능은 매우 우수하며 아울러 좋은 커피 맛과 향을 기대할 수도 있다.

프레시 로스트 플러스 8

　이 배전기를 이용하여 배전 상태에 도달하는 시간과 색상은 다음과 같으나 실제 사용자가 수회의 실험결과에 의한 시간 설정이 더 중요하다고 하겠다.

프레시 로스트 플러스 8을 이용한 배전 시간 및 색상

② 하트웨어 고멧 커피 로스터(Heartware Gourmet Coffee Roaster)

이 상품도 프레시 로스트와 유사한 가격으로 판매되고 있다. 생두는 배전기 바닥의 회전판과 이에 크기가 상이한 구멍들을 통해 유입되는 뜨거운 공기에 의해 배전된다. 무게로 약 85g의 생두를 배전할 수 있으며 113g이 넘으면 골고루 배전되지 않는다. 이 배전기의 특징은 모든 생두가 다 고르게 배전되며 은피는 뚜껑 부위에서 수집된다. 여러 번 계속하여 배전할 때는 상기의 일정량을 유지해주어야 하며, 은피 수집함을 구입 시 제공되는 솔로 깨끗이 청소해주어야 하며 배전기가 식은 후 사용해야 한다. 소음이 너무나 큰 것이 이 장비의 단점이다.

하트웨어 고멧 커피 로스터

작동법과 청소는 매우 쉽고 간편하다. 배전 시간을 쉽게 조절할 수 있으며 2분 간격으로 식힘 주기가 설정되어 있다. 풀 시티 배전에는 2분 간격의 식힘을 포함하여 8분이면 된다. 은피는 배전 초기에 뚜껑 부위에서 아주 효율적으로 수집된다. 또한 이 장비는 위의 그림에서와 같이 각 부분별로 구입할 수 있는 장점도 있다.

③ 알펜로스트 로터리 드럼 홈 커피 로스터

(Alpenrost Rotary Drum Home Coffee Roaster)

모양이 마치 잉크젯 프린터와 유사한 이 배전기는 30만 원대의 저렴한 가격과 다른 배전기에서보다 약 3배에 달하는 양인 225g까지 배전할 수 있는 것이 장점이다. 반면 배전과정 중 배전 상태를 관찰할 수 없는 것이 단점이다. 대부분이 뜨거운 공기를 이용하여 배전하나 이 장비는 직접 열을 가하여 배전하는 형식을 채택하고 있다. 뜨거운 공기에 의한 배전보다 배전 시간이 길어 약 20분이 소요되며 이러한 긴 시간의 배전은 커피에서 바디가 풍만하게 하나 밝은 맛은 손실되게 한다. 에스프레소용으로 적격이다.

공기식 배전보다 소음이 적어 가정용 믹서를 느린 속도로 돌릴 때의 소음 수준이다. 효율적인 은피의 수집뿐만 아니라 배전 완료 시 드럼에서 배전된 원두를 쉽게 꺼낼 수 있다. 전문가들의 평에 의하면 이 장비는 사용지침서의 세부사항을 정확히 준수해야 함을 강조하고 있다. 배전할 원두의 무게가 정확해야 한다. 즉, 198g의 원두가 227g의 생두보다 동일 배전조건하에서 더 검게 배전되기 때문이다.

회전을 하는 원통형 철망 내에는 사각(死角)으로 설치된 철판들이 있어 배전과정 중에 모든 생두가 다 골고루 배전되게 하며 배전 완료 시 모터를 반대로 돌게 하면 배전된 원두가 배출구를 통해 배출되도록 되어 있다. 회전을 하는 원통형 철망 밑에는 열선들이 배열되어 있다.

아래 그림의 두 번째 화살표의 2 날개(vane)는 배전이 완료되었을 때 배전기 내의 뜨거운 공기를 배전기 외부로 유출되게 한다. 세 번째 그림은 뚜껑을 연 상태에서 회전 원통형이 열선 위에 있는 상태와 화살표는 은피 수집함을 빼낸 상태를 보여주고 있다. 원통형의 철망의 망목보다 생두의 크기가 작으면 문제점을 제기하곤 한다. 네 번째 그림은 날개 뒤에 설치되어 있는 환풍기 모터를 보여주고 있다. 배전기 외부에 돌출된 부위는 통풍구로서 실내인 경우 위아래로 조절하여 실내의 환풍구와 연결하여 사용할 수 있다. 비교적 많은 양을 배전하기 때문에 배전과정 중 생기는 많은 연기를 배출하기 위함이다.

원두 배출구   열선 및 은피 수집부   빼낸 은피 수집부(화살표)   환풍용 모터

배전기 외부의 조절판은 1~15의 숫자로서 조절하게 되어 있는데 이는 배전 시간이 아닌 배전 상태 조절용이며 8인 경우 미디엄 배전이다. 시작과 식힘은 각각의 버튼에 의해 쉽게 조작된다. 기타의 배전 주기 조절이나 열 및 환풍량은 조절할 수 없도록 되어 있다. 이미 기술했으나 원통형 철망에 생두가 끼거나 빠져나가면 다 타버리는 문제점이

있어 언제나 생두의 크기에 유의해야 한다. 은피의 수집 부위가 열선의 바로 밑에 있어 은피가 다른 커피에서 탄 맛이 우려되나 제대로 수집 부위에 수집되어 이러한 우려는 없다. 배전과정 중에 연기가 많이 나며 배전 양이 많으면 더 많은 연기가 나나 실내의 다른 환풍 장치와 연결하면 문제되지 않는다.

④ 잭 앤 대니 홈 로스터(Zach & Dani's Home Roaster)

이 배전기는 투명한 배전관 내에 마치 땅에 구멍을 파는 오거(auger)와 같은 장치가 있어 열판 위의 생두가 배전과정 중에 잘 섞이게 하며 다른 배전기에 비해 소음이 월등히 적다. 배전과정 중에 생성되는 연기를 촉매 컨버터(catalytic converter)가 있어 없애거나 줄여주는 특징이 있어 특히 가정에서는 매우 적절한 장치이다. 검은 색상으로 배전하는 데 시간이 오래 걸리며 지정된 전압보다 낮은 전압에서는 풀 프렌치 로스트에 도달하는 데 문제점이 있다. 그러나 이는 오히려 장점이 될 수도 있다. 일반적으로 다른 배전기에서는 첫 깨어지는 듯한 소리 후에 곧이어 두 번째의 깨어지는 듯한 소리가 이어지는 데 비해 이 장비에서는 시간이 다소 길어 특히 약한 또는 중등도의 배전을 하는 데 적격이며 특히 이 장비에 의한 중등도 배전 커피의 맛은 아주 훌륭하다.

배전관 내의 오거는 빠르게 계속 회전하면서 모든 생두가 골고루 뒤섞이게 한다. 배전과정 중 배전관 내에는 공기의 유동이 거의 없기 때문에 은피가 생두와 뒤섞이게 되나 이들 은피가 커피의 맛에 미치는 영향은 없다. 은피의 수집 장치가 없어 소형 진공 흡입기를 사용하거나 배전 완료 후 체에 넣어 체질을 하여 제거해야 한다. 배전이 완료된 후에는 즉시 용기에 부어 모든 원두가 다 동시에 식게 해야 한다. 환풍기를 이용하면 더욱더 효율적이다. 각 원두 모두가 다 동시에 식지 않으면 각 원두의 화학반응의 차이점에 의해 커피 맛에 이상이 생길 수 있다.

유리 배전관과 생두   유리 배전관을 위에서 본 그림   고르게 배전된 원두

배전은 시간에 의해 조절하며 113g이 적정 배전 용량이다. 검게 배전하기 위해서는 알펜로스트에서와 같이 배전 시간이 아닌 배전 용량으로 조절해야 한다. 이 장비는 상단 뚜껑에 은피가 끼는 것을 청소해 주는 것 이외에는 조작 및 사용이 아주 간편하여 초보자도 쉽게 사용할 수 있다. 뚜껑을 제대로 닫지 않았을 경우 은피와 내부 열이 유출된다. 위의 그림 중 유리 배진관 내의 생두는 기의 첫 번째 깨어지는 소리가 들릴 때의 상태로서 모든 곳에 널려 있는 은피를 볼 수 있으나 커피 맛에는 영향을 미치지 않는다. 널려진 은피와 생두에 의해 오거는 보이지 않는다. 두 번째는 배전이 완료된 후에 위에서 내려다본 사진으로서 흩어져 있는 은피를 보여주고 있다. 세 번째 사진은 모든 생두가 다 균일하게 배전된 상태를 보여주고 있다.

⑤ 핫탑 드럼 커피 로스터(HotTop Electric Drum Roaster)

이 장비도 가정용 배전기로서 한 번에 250g까지 배전할 수 있으며 가격은 70만 원대이다. 전문 배전업체에서 사용하는 드럼형이며 17~23분의 비교적 긴 배전 시간이 소요되나 다른 가정용 배전기에서 보다 월등한 전문커피점 수준급의 결과를 얻을 수 있다. 긴 시간의 배전에 의한 양질의 커피 그리고 좀 더 견고한 장비를 원하며 커피에 대해 아는 사람들이 주로 애용한다. 이 장비를 이용하여 최적의 결과를 얻기 위해서는 시각, 청각 및 후각을 모두 이용해야 하는 번거로움이 수반된다. 많은 양의 배전에 따라 생기는 연기의 양도 많아 반드시 주방의 환풍구와 연결하여 사용해야 한다. 특히 에스프레소 추출용으로 적격이나 전문가들은 라이트 로스트인 경우 아로마와 섬세한 밸런스가 수준급으로 평가하고 있다.

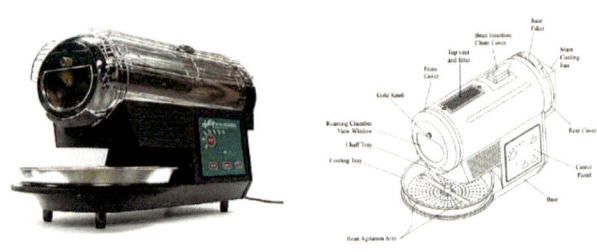

위의 그림 중 첫 번째 사진에서와 같이 구멍이 있는 드럼 내면에는 나선형의 철사가 붙어 있으며 교반날개(agitator fins)가 있어 배전 중

에 생두가 계속 움직이게 하여 모든 생두가 다 균일하게 배전되게 한다. 두 번째 사진에서와 같이 드럼에는 구멍을 통해 은피들이 떨어져 수집함에 모이며 수집함을 화살표 방향으로 빼내어 쉽게 제거할 수 있다. 세 번째의 전면 사진에서 배전 상태를 관찰할 수 있는 창이 있으며 그 밑에는 배전이 완료되었을 때 원두 수집 쟁반에 원두가 수집된다. 수집된 원두는 쟁반의 흔들림에 의해 모든 원두가 균일하게 식게 한다.

이 배전기는 동일 온도의 설정 하에 처음 배전했을 때와 두 번째 이상 장비가 데워진 상태에서 배전 결과가 상이함을 언제나 기억해야 한다. 아래 사진에서와 같이 왼쪽의 첫 번째 사진은 배전 온도를 3으로 설정했을 때의 배전 결과를 보여주며 다음 2 사진은 동일한 온도에서 장비 자체가 데워진 상태에서의 배전 결과가 상이함을 보여주고 있다.

이 배전기를 이용할 때 유의사항을 간략히 고찰하면 다음과 같다.

- 모든 것이 자동화되었어도 배전 시에는 안전을 위해 결코 배전기 옆을 떠나지 말아야 한다. 배전을 시작하기 전에 배전기가 수평을 제대로 유지하고 있는지를 확인해야 한다.
- 배전 중에 냄새와 연기가 나는데 라이트 로스트일 때는 연기가 심하게 나지 않으나 다크 로스트인 경우 주변의 환풍구와 연결한다.

창문을 열어놓아 연기를 뺄 수도 있으나 창을 통해 유입되는 찬 공기는 배전에 영향을 미친다.

- 배전 중에 생두의 은피가 유리되는데 배전 전에 반드시 은피 수집함에 수집된 은피와 이에 끼어 있는 원두를 반드시 제거해야 한다. 열 번에 한 번씩은 배전 드럼의 구멍들에 끼어 있는 원두를 제거해야 한다. 건식법에 의해 가공된 생두에서는 더 많은 은피가 생성된다. 배전과정 중에 자세히 관찰하면서 혹시 배전 드럼 내에서 불이 나면 그대로 놓아둔 상태에서 전원을 차단하여 저절로 꺼지게 해야 한다. 그러나 만일의 사태에 대비하여 소화전을 준비해 놓는 것도 좋은 방안이다.

- 이 장비는 배전 중량에 매우 민감하여 언제나 생두의 중량을 일정하게 해야 한다. 1회 배전 중량을 255g를 추천한다. 만일 원하는 다크 로스트로 배전되지 않는다면 배전 중량을 198g 또는 227g로 줄이면 된다.

- 배전기를 처음으로 차가운 상태에서 사용할 때는 설정된 동일 온도 하에서는 언제나 동일한 배전 결과를 얻을 수 있으나 배전기가 완전히 식지 않은 상태에서 배전하면 전자와는 상이한 결과를 얻는다. 따라서 여러 번 배전을 할 경우에는 처음 배전에서도 장비에 부착된 예열(preheat) 전원 단자로 예열시킨 후 배전하나 일반적으로 만족한 결과를 얻지 못한다. 그러나 배전하기 전에 배전기의 온도조절기를 최고로 한 후 플러스 버튼으로 시간을 입력하여 배전기를 덥힌 후 전원을 차단한 후 배전을 시작하면 동일한 결과를 얻을 수 있다.

- 모든 가정용 배전기는 계속하여 배전을 할 수 없도록 되어 있다. 또 다음 배전을 하기 위해서는 배전기 자체가 식은 상태가 되어야 한다. 주변에 온도에 따라 다소 상이하기는 하나 배전 후 약 20분

이상을 기다리면 일반적으로 배전기가 식는다.
- 크기가 작은 생두는 알펜로스트 배전기에서는 문제가 되나 이 장비에서는 예메니 생두(Yemeni coffee)와 같은 작은 생두도 문제가 되지 않는다. 때때로 한두 개의 생두 또는 깨어진 생두가 드럼에 끼어 이상한 소리를 내기도 하나 배전에는 전혀 영향을 미치지 않는다.
- 이 장비에서의 식히는 기능은 아주 우수하여 장비 자체에만 의존해도 된다. 배전 후 4~24시간 동안 모은 이산화탄소가 다 유리되었을 때 양질의 원두가 되며 12~72시간 사이에서 최고의 플레버가 발현된다. 에스프레소인 경우 배전 후 4~5일이 경과되었을 때 플레버가 최대가 된다.

이 배전기에서 배전과정의 생두에서 일어나는 변화를 요약하면 다음과 같다.

- 배전을 시작하여 8분이 경과되어도 색상의 변화가 없으나 곧이어 밝은 색상이 되면서 풀과 같은 냄새가 나기 시작하면서 생두 내의 수분이 분출되면서 익게 된다.
- 유리되는 수분에서는 향기로운 냄새가 난다. 15~17분이 경과되면 첫 번째 깨어지는 듯한 소리가 나는데 이는 배전이 제대로 시작되었음을 알리는 것이다. 즉, 이때 당분이 캐러멜이 되며 수분이 유리되고 생두의 구조에 변화가 생기면서 유류가 생두 외부로 유리된다.
- 첫 파열음이 난 후에는 각자의 취향에 따라 배전 상태를 결정할 순간이 된다. 첫 파열음은 일종의 신호이며 이때 생기는 냄새와 색상은 배전 상태를 말해준다.

- 캐러멜화가 계속되면서 유류가 유리되며 점점 더 검게 되면서 생두의 크기가 커진다.
- 약 19~20분이 경과되면 두 번째 파열음이 나며 첫 번째보다 더 심한 냄새가 난다. 작은 생두는 마치 유탄과 같이 튀어 오르기도 한다. 이때 플러스 버튼을 눌러 시간을 연장해 원하는 색상에 도달하게 한다.
- 점점 검게 되면서 더욱더 매운 연기가 나는데 이는 드럼의 뜨거운 표면에서 기름성분과 당분이 타는 데 기인하며 생두의 크기는 점점 작아진다.
- 당분이 완전히 다 타버리면 배전은 완료된다.

1. 배합(配合, Blend)

단종커피에서는 특성이 품종별로 한정되어 있으나 배합커피에서는 기본 원두를 중심으로 여러 원두를 배합하여 단종커피에 부족한 맛과 향을 보완한다. 배합커피는 특성이 상이한 원두를 조합함으로써 풍미를 차별화할 수 있으며, 또한 특성이 유사한 원두를 조합함으로써 전체의 맛을 조절하고 개성이 있는 풍미를 창출하며, 특정 원두의 특성을 강조하는 데도 목적이 있다.

시중에서 판매되는 배합커피에는 경제적인 측면도 있다. 대형 배전업체들이 경쟁하기 위해서는 양질의 커피를 값싸게 만들어야 하며 생두 또는 원두를 소량으로 판매하는 전문 커피점에서도 배합커피에 의해 더 많은 이익을 얻을 수 있다. 상급품의 생두나 원두는 높은 가격과 아울러 생산량도 한정되어 있어 구입하기가 어려운 경우가 많다. 자메이카 블루마운틴이나 화와이안 코나 원두나 생두를 전혀 사용하지 않아도 값싼 생두나 원두를 배합하여 이들의 맛을 흉내 내거나 자메이카 블루 마운틴식 또는 하와이안 코나식의 커피를 만든다.

커피 애호가들은 자신의 취향에 맞는 커피를 즐기기 위해 자신이 직접 배합하거나 전문 커피점에 배합을 의뢰하기도 한다. 배합에는 생두의 배합, 원두의 배합, 상이한 카페인 함량의 원두 배합, 상이한 국가 기원의 단종 원두의 배합 등으로 다양하다. 일반적으로 진한 색상으로 배전된 원두와 약하게 배전된 원두를 배합하여 이들 양자의 특성과 복합성을 높이는 배합이 많이 이용되고 있다. 카페인 함량을 줄이기 위해 배합하는 경우도 있다. 일반적으로 무카페인 원두는 종류가 다양하지 않아 무카페인 원두와 선호하는 단종 원두를 배합하여 추출하면 낮은 카페인 함량과 아울러 단종 원두의 특성도 즐길 수 있다.

1) 커피의 구분

일부 커피전문가들은 생두의 지리적인 기원과 맛의 특성을 감안하여 커피를 다음과 같이 여덟 가지 부류로 구분하고 있다. 배합커피에서 사용되는 기본 원두 및 사용 원두의 특성은 배합에 필수 사항이어서 이를 간략히 고찰하면 다음과 같다. 산유국별 원두의 특성은 마지막 장인 '커피의 생산국'에서 좀 더 자세히 설명하였다.

(1) **클래식커피(Classic Coffees)**: 고품질의 라틴아메리카 및 하와이산 원두를 총칭하여 클래식커피라 한다. 풀 바디, 밝은 애시디티와 깔끔한 맛이 특징이다. 이러한 맛의 일부는 수세식 가공법에 의해 플레버가 뚜렷하게 발현된 데 원인이 있다. 고품질의 라틴아메리카와 하와이 커피는 모두가 다 수세식에 의해 가공하나 건식법 및 반수세식으로 가공한 생두 중 일부에서는 그 품질이 우수한 것도 있다.

(2) **빅클래식(Big Classics)**: 코스타리카, 과테말라, 콜롬비아의 고품질 커피를 지칭하며 상쾌하고 풍부한 애시디티와 풀 바디가 특징이다. 미디엄에서 미디엄 다크로 배전했을 때 애시디티의 특성이 가장 잘 발현된다.

(3) **캐리비안 클래식(Caribbean Classics)**: 푸에르토리코, 자메이카, 도미니카공화국 그리고 베네수엘라 연안의 고품질 커피를 지칭하며 특성이 뚜렷하나 일반적으로 톤이 다소 낮다. 애시디티가 깊으며, 달고 뒷맛의 풍만도가 높다. 월렌스포드 에스테이트 블루마운틴과 같은 자메이카 블루마운틴은 커피의 모든 특성을 맛볼 수 있는 최상급 커피로서 캐리비안 클래식의 대표적인 예이다.

(4) 젠틀 클래식(Gentle Classics): 양질의 브라질, 페루 그리고 멕시코의 원두를 지칭하며 빅 클래식 커피에 비해 바디가 약하며, 애시디티보다는 생동감이 있으며, 플레버가 라운드한 것이 특징이다. 이들은 에스프레소용으로 아주 검게 배전하는 데 적격이다. 애시디티가 약한 커피를 선호하는 사람들에게 적격으로, 특히 검은 색상과 설탕을 첨가하지 않는 사람들이 선호한다. 니카라과, 파나마, 에콰도르 및 엘살바도르 등과 같은 중앙 및 남아메리카 국가들의 커피는 구입이 용이하지 않으며, 모두가 연한 것이 특징이다.

(5) 하와이안 클래식(Hawaiian Classics): 화와이산 커피는 선전과 광고를 통해 잘 알려져 있으나 다소 과도한 가격이 문제다. 최상급의 에스테이트 커피인 하와이안 코나 커피는 자메이카 블루마운틴과 대등하며, 커피의 모든 것을 갖춘 최상급 커피이다. 이 커피의 특징은 애호가들이 커피농원 방문과 이들 커피에 대한 모든 정보를 쉽게 얻을 수 있는 것이 또한 장점이다.

(6) 로맨스 커피 I(Romance Coffee I): 아프리카, 아시아 및 말레이 반도(인도네시아, 파푸아 뉴기니)산 원두를 통칭해 로맨스 커피라 한다. 이 중 동아프리카와 예멘산 커피를 분리하여 로맨스 커피 I이라 한다. 예멘 및 동아프리카산은 다른 커피에서 느낄 수 없는 뚜렷한 특성, 즉 포도주에서와 같은 애시디티를 느낄 수 있다. 하라, 짐마와 같은 비수세식 에티오피아 커피에서는 애시디티가 거칠고 야생적이며, 케냐산에서는 풍부하나 다소 거칠고, 예멘의 모카에서는 다소 미묘한 특징이 있다. 짐바브웨, 말라위 및 우간다산에서도 포도주에서와 같은 애시디티가 뚜렷하다. 배전을 시작하는 초보자들은 케냐산 생두로 시작을 권장하며 다른 고급 원두에 비해 구입도 용이하다.

아라비카의 원산지인 에티오피아산은 그 어떤 다른 지역의 커피에서보다 원두별로 다양한 커피 맛을 보여주고 있다. 에티오피아산 이가체페는 세계 최상급의 커피로서 모든 커피 특성이 다 갖추어져 있어 바디가 풍만하며, 연하고 풍부한 맛에 아주 뚜렷한 꽃향기가 특성 중 특성이다. 에티오피아 및 예멘산 커피의 철자법은 다양하여 모카는 Mocha, Moca, Mocca 또는 Moka 등으로 표기되며 하라는 Harar, Harer, Harrar 또는 Harari, 짐마는 Jimma, Djimah, Jima, 짐비는 Gimb, Ghimbi 그리고 이가체페는 Yirgacheffe, Yrgacheffe 등으로 표기하여 혼동하기 쉽다.

(7) 로맨스 커피 Ⅱ(Romance Coffee Ⅱ): 인도의 서남지역에서 수마트라, 술라웨시, 자바에 이르기까지 뉴기니 지역의 원두를 총칭하며 바디가 부드럽고, 풍부함과 아울러 헤비하여 여운이 남는 것이 특징이다. 이러한 특성이 가장 잘 발현되는 것은 양질의 수마트라와 술라웨시(옛 명칭은 셀레베스)로서 풍부한 바디에 깊은 맛이 나는 애시디티가 다른 커피와 쉽게 구분된다.

(8) 로맨스 커피 Ⅲ(Romance Coffee Ⅲ): 묵은 커피와 몬순 커피를 총칭한다. 일반적으로 수출 또는 배전이 되기까지 3년간 창고에서 묵었으나 일부는 10년 이상 묵은 것도 있다. 이들 커피에서는 신맛이 거의 없으며 풍부함보다는 시럽과 같고 맛에 활기가 없다. 이러한 특성을 선호하는 사람들도 많으며 배합용으로 아주 적격이다. 이러한 묵은 커피의 특성을 인위적으로 생두를 몬순 계절풍의 바람에 노출시켜 만들기도 한다.

아라비카의 생두 및 원두와 이에서 추출한 커피는 미세한
크림과 향이 탁월하며 옅은 황갈색이다.

로부스타의 생두 및 원두와 이에서 추출한 커피는 크림의
양이 많으나 빨리 없어지는 특성이 있다.

2) 배합의 기본 커피

커피업체에 근무하는 배합 기술자들은 사업성을 위해 보다 많은 사람들에 취향에 맞게 배합해야 하기 때문에 오랜 경험과 기술이 필요하다. 또한 업체들은 생산비의 절감을 위해 배합하는데 제품의 품질이 언제나 동일하게 유지되게 해야 하는 어려움도 있다. 언제나 동일 품질의 생두를 구입하기가 불가능하여 요망하는 생두를 전혀 구입할 수 없는 경우와 아울러 생두의 가격변동이 심하기 때문에 동일 품질을 유지하기가 매우 어렵다. 동일 품질을 언제나 유지하는 것이 이들의 기술이다. 배합 전문가들은 모든 품종으로부터 항상 각 제조업체의 특징인 동일한 품질을 만들어내야 하며 아울러 생산단가도 절감해야 한다.

양질의 상업적인 배합커피는 신맛과 아로마를 살리기 위해 일반적으로 콜롬비아, 코스타리카 또는 멕시코산 원두를 기본 원두(基本原豆, base coffee, base bean)로 사용한다. 또한 브라질산 로부스타를 첨가하며 바디의 특성을 살리고 생산비를 절감한다. 고품질의 배합커피를 만드는 경우에는 예를 들어 밝고, 신맛과 균형을 이루는 풍부한 풀 바디를 위해서는 두 종류 이상의 브라질산 고급 원두를 배합한다. 싼 배합커피는 고산 재배산과 브라질산의 비율을 줄이며 로부스타의 특성이 기술적으로 제대로 발현되게 하지 않는다. 가장 싼 배합커피는 고지 재배산 원두를 전혀 사용하지 않고 양질의 브라질산과 로부스타만을 배합한다.

커피전문점의 고급 배합커피는 단순히 값을 낮추는 것보다는 이들의 제품에 특성이 있으며 언제나 품질이 동일한 커피를 배합하는 데 중점을 둔다. 소규모의 스페셜티 배전업자들은 대개 한 종류의 배합커피, 즉 가정배합(家庭配合, house blend)을 만들지만 때로는 몇 종류를 만드는 경우도 있다. 다소 큰 스페셜티 배전 기술자들은 대형 회사들에서와 같이 가격을 위해 배합하기도 하나 이들은 대형업체와 같이 많이 타협하지 않는 것이 차이점이다.

3) 생두와 원두의 배합

생두를 배합한 후 함께 배전을 해야 할지, 또는 배전된 각 원두를 배합해야 할지 그리고 어떤 것이 더 나은 방법인지에 대한 의문이 생길 것이다. 이미 생두가 배합되어 있는 경우에는 함께 배전할 수밖에 없다. 반면에 배합의 특성을 최대화하고 자신의 기호를 강조하기위해서는 각 생두를 이들의 특성에 따라 각각 배전한 후 배합할 수 있다. 일반적으로 편의를 위해서 배전된 원두를 커피전문점에서 구입하여 배합하는 경우가 많다. 배합된 생두를 배전하는 경우 생두의 특성에 따라 밀도 및 크기의 차이에 따라 모든 생두가 다 균일하게 배전되지 않으나 드럼형 배전기(drum roaster)를 사용했을 때는 이러한 단점이 많이 완화된다. 각 생두의 특성에 따라 배전된 원두를 배합한 커피를 멜란즈(melange)라고 한다. 같은 종의 배전 상태가 상이한 것을 배합하는 경우도 있다.

(1) 멜란즈(Melange)

① 진한 색상으로 배전된 커피에서의 플레버와 약하게 배전된 케냐 또는 중미산 커피의 활기찬 애시디티를 원한다면 다음과 같은 비율로 배합을 권장한다.

40%: 풀 시티의 콜롬비안 툴루니(Colombian Tuluni)는 바디의 특성이 나타나게 한다. 기타 콜롬비아산 원두, 니카라과의 라 일루션(La Illusion) 또는 브라질 몬테 카멜로(Brazil Monte Carmelo)로 대체가 가능하다.

30%: 프렌치식으로 배전된 멕시칸 트레스 플레차스(Mexican Tres Flechas)는 탄 듯한 플레버가 나타나게 함.

30%: 시티 로스트인 케냐 에스테이드는 밝고 활발한 신맛이 나게 한다. 코스타리카나 기타 중미산으로 대체가 가능하다.

② 애시디티를 그대로 유지하면서 양질의 바디와 쓴맛이 가미된 단맛의 플레버를 가지면서 탄 듯한 맛이 없는 멜란즈를 원한다면 다음의 배합을 권장한다.

60%: 풀 시티로 배전된 콜롬비안.

40%: 시티로 배전된 케냐 또는 중미산 원두.

③ 고급 중미산에서 뚜렷한 균형, 애시디티와 바디를 원하는 경우 동일종이나 배전 상태가 상이한 것을 배합하기도 한다.

60%: 풀 시티 로스트 +인 콜롬비안 툴루니, 나카라과 라 일루션
40%: 상기와 동일 원두로서 배전과정 중 제1 파열음이 막 종료된 시티 로스트.

(2) 모카자바

모카자바는 배합커피의 원조이며 대표적인 예이다. 네덜란드의 식민지였던 자바의 장원에서 생산된 커피의 풀 바디와 옅은 맛의 특성이 모카의 중등도의 바디, 꽃과 과일의 향과 합치된 것이 모카자바이다. 커피가 전파된 초창기에는 모카와 자바의 두 종류만 있었으며 어떻게 모카자바가 탄생하게 되었는지는 의문이다. 당시의 원시적인 배전과 추출법에서도 이러한 배합커피의 탄생은 놀랄만한 일이다. 현재 많은 상업적인 배합커피가 싸고 결함이 있는 원두로부터 양질의 배합커피를 만듦에 비해 양질의 두 원두를 배합하여 양질의 커피를 만드는 것은 쉬운 일이기도 하다. 현재의 모카자바는 인도네시아산 커피와 예멘의 커피를 배합한 것으로 또는 인도네시아 커피와 아프리카 커피를 배합한 것으로 통용되며 그 배합 비율은 50 : 50이거나 인도네시아산 55~60% 그리고 아프리카산 40~45%의 비율로 배합하고 있다. 배합 생두의 종류와 배합 비율에 따른 여러 종류의 모카자바 커피들이 있는데 다음과 같다.

① 하라와 술라웨시 생두를 배전과정 중에 유류가 생두 표면에 나타나기 전의 건조 상태의 시티 로스트로 배전한 것을 동량으로 배합한 것: 아주 훌륭한 꽃 향과 과일에서와 같은 신맛, 중등도에서 풀 바디의 특성이 있다.

② 하라와 수마트라 생두를 풀 시티로 배전하여 동량으로 배합한

것: 일반 모카자바보다 좀 더 도전적이며, 보다 깊은 맛과 바디가 특징이며 흙냄새가 뚜렷하다. 배전과정 중에 생성되는 쓴맛이 가미된 단맛은 복합성을 증대하거나 하라 고유의 애시디티를 다소 감소시키는 것이 단점이다.

③ 하라와 술라웨시 토라자(Toraja)를 각각 동량으로 배합한 것으로 하라의 꽃향기가 가미된 것이 특징이다.

④ 예멘산과 술라웨시 토라자를 각각 25% 및 75%의 비율로 배합한 커피로서 모카커피 중 최상이다. 예멘커피의 특성에 술라웨시 토라자의 시럽과 같은 바디와 깊은 맛이 함께 조화를 이룬다.

⑤ 에티오피안 디지마, 하라 및 수마트라를 각각 15%, 35% 및 50%의 비율로 배합한 모카커피의 일종으로 3종의 특성이 모두 제대로 발현된다.

3) 가정에서의 배합

자신의 기호에 맞는 최상의 커피는 자신이 직접 배합해야만 달성될 수 있으며 자신이 배합하는 경우 균일성 등과 같은 까다로운 사항들을 우려하지 않아도 된다. 커피전문점에서 판매되고 있는 프리미엄급 생두나 원두는 고가여서 배합에 의한 단가의 절감은 기대할 수 없다. 대형업체에서 생산단가의 절하는 저품질의 원두를 대량으로 흥정에 의해 싼 가격에 구입하는 데 기인한다.

자신이 직접 배합하는 방법은 아주 간단하다. 즉, 각 생두나 원두의 단점을 보완하여 배합하면 된다. 예를 들어 세계에서 가장 오래되고 유명한 예멘 모카는 아마도 커피 전파 초기에 쉽게 구할 수 있는 원두가 상기 두 종류밖에 없었기 때문이기도 하다. 이들 2종의 생두는 장단점의 상호보완이 아주 잘되는 대표적인 예이기도 하다. 즉, 예멘의 모카는 신맛, 과일 맛과 포도주와 같은 애시디티가 특성인 데 비해 자바는 라운드하고 깊은 맛의 특성이어서 이들이 배합되면 각 고유의 특성이 다소 감소되면서 균형 잡히고 포괄적인 특성으로 변한다. 자신이 직접 배합하는 경우 예를 들어 수세식 에티오피아 커피에서의 꽃향기, 수마트라의 톡 쏘는 맛, 케냐의 건과(乾果)와 같은 맛 등과 같이 커피의 특성인 애시디티, 바디 플레버 등을 구분할 수 있어야 한다. 또한 자신이 선호하는 특성이 무엇인지 그리고 무엇을 위해 배합하는지가 아울러 중요하다.

특성이 뚜렷하거나 아주 강한 2종의 커피는 배합하지 않아야 한다. 케냐와 짐바브웨산과 같이 밝고 포도주에서와 같은 애시디티가 뚜렷한 특성을 가진 커피를 배합한다고 하여 이들 특성이 더 강조되지는 않으며 무의미한 배합커피가 된다. 반면 브라질의 산투스와 같은 커피는 거의 어떤 배합에도 잘 어울린다. 예멘의 모카, 수세식 가공 에티오피아와 대부분의 중미산은 약방의 감초와 같이 거의 모든 배합커피에 이용되며 어떤 배합에서도 이들의 특성을 유지한다. 배합커피에서 부족한 맛과 향을 보완하는 데 사용되는 원두나 생두의 예를 들면 다음과 같다.

- 코스타리카, 콜롬비아, 과테말라 또는 고지 재배의 중미산 커피를 첨가하게 되면 밝고 활기찬 맛과 애시디티가 보완된다.
- 바디와 풍만도를 높이기 위해서는 비수세식 브라질 산투스나 에스테이트 커피 또는 양질의 수마트라 만델링을 넣어야 한다.
- 바디와 단맛을 보완하기 위해서는 비수세식 브라질 산투스나 고품질의 인도산 커피를 첨가한다.

- 플레버와 아로마를 보완하기 위해서는 케냐, 과테말라, 뉴기니, 예멘 모카 또는 짐바브웨산을 첨가한다.
- 향을 더욱더 강조하기 위해서는 에티오피아 이가체페나 케냐산을 첨가해야 하며 복합성을 강조하기 위해서는 수마트라 만델링이나 전통적인 방법에 의해 가공된 술라웨시산을 첨가해야 한다.
- 포도주와 같은 신맛과 과일 맛을 강조하기 위해서는 예멘, 에티오피아 하라 또는 케냐산을 첨가해야 한다.

한 전문가는 커피를 5가지 유형으로 구분하고 각 유형 특성을 발현시키는 데 사용해야 할 원두를 다음과 같이 설명하고 있다.

- **제1유형** : 이 유형을 빅 클래식 생두(Big classic coffee)라고 하며 바디, 애시디티 그리고 클래식한 플레보와 아로마가 제대로 발현되게 하는 배합의 기본 생두이다. 생두들이 배합커피를 만들기에는 좀 아까운 면도 있으나 순한 특성과 신맛이 다소 덜한 특징이 있게 한다.

    과테말라산: 안티구아, 코반 AAAa, 후에테낭고(Hueheuetenango) 및 기타 양질의 과테말라산 생두.
    코스타리카산: 타라주 AAAu, 트레스 리오스 AAAi 및 기타 코스타리카산 생두.
    콜롬비아산 생두.
    베네수엘라산: 타키라 AAAFIRSTa, 메리다 AAAe.

- **제2유형** : 이 유형을 스몰러 클래식 생두(Smaller classic coffee)라고 하며 아주 좋은 기본 생두들이다. 바디와 애시디티가 뚜렷하게 발현되게 하며 다소 검게 배전했을 때는 아주 만족스러운 단맛

이 나게 한다.

멕시코산: 옥사카, 코테펙(Coatepec), 치파스(Chiapas), 타파출라(Tapachula) 도미니카 공화국 또는 산토 도밍고.

페루산 생두: 애시디티를 선호하는 경우에는 찬차메요(Chanchamayo), 그렇지 않은 경우 노던스(Northerns)

브라질산: 애시디티를 강조하는 경우에는 수세식 산투스, 바디와 단맛을 선호하는 경우 반수세식 산투스

파나마산: 양질의 엘살바도르, 에콰도르, 니카라과, 아이티 그리고 베네수엘라 연안 지역산을 사용할 수도 있다.

- **제3유형**: 동아프리카 및 예멘 커피라고도 하며 포도주와 같은 신맛의 특성이 강하여 배합용 기본 원두로 사용하기에 적절하지 않으나 기본 원두로 사용하는 경우 복합성과 생동감이 있는 커피가 되게 한다. 케냐산을 기본 원두로 사용하면 바디의 특성이 잘 발현된다. 검 게 배전된 생두를 사용하는 경우 신랄한 맛 때문에 이를 선호하는 사람들도 있으나 이를 싫어하는 사람들도 있으니 조심해야 한다.

예멘산: 예멘 모카(풍만도, 바디 그리고 애시디티가 풍부하게 한다)

케냐산: 케냐산은 풍만도 및 바디가 풍만하게 하며 애시디키가 더 강하게 한다.

짐바브웨산

우간다산: 우간단 부기수(Ugandan Bugishu)

에티오피아산: 에티오피안 하라(다소 거칠고, 과일 향 및 뚜렷한 애시디티를 나타나게 하나 바디가 위의 다른 원두에서보다 다소 약하게 한다.

말라위산

- **제4유형** : 이를 일명 아시아-태평양 및 유사커피라고도 하며 풍만도와 바디를 높이기 위한 기본 생두로 사용하여 배합에서 기타의 생두들과 잘 조화되는 특성이 있다. 깊은 맛의 애시디티가 아주 뚜렷하며 공명감을 느낄 수 있다.

수마트라산

술라웨시산

자바산 아라비카산

뉴기니산

에티오피아산 수세식 원두(이가체페와 리무가 최고임)

인도산 미소르(힘은 없으나 무게가 있게 한다)

- **제5유형:** 묵은 커피와 특별취급 커피라고도 하며 배합에서 무게와 바디가 발현되게 한다. 묵은 원두인 경우 풍만도와 복합성이 발현되게 한다.

인도산 몬순 말라바

모든 묵은 커피

2. 분쇄(粉碎, Grind)

16세기 이전에는 망치나 돌을 이용하여 생두를 분쇄했을 것이다. 커피가 의약품이나 출정병사들의 비상식량용이어서 분쇄 정도와 입자의 균일성과는 아무 상관이 없었다. 16세기에 생두를 배전하기 시작할 때에는 이미 빵을 만들기 위해 밀이 제분되고 있었다. 기존의 절구와 아울러 제분의 원리를 이용한 소형의 굴림대 분쇄기(roller grinder)도 출현했다. 오늘날에도 터키와 그리스에서는 터키시 커피를 만드는 데 수동으로 작동되는 터키시 분쇄기를 사용하기도 한다. 과거에는 원두의 분쇄 정도와 추출커피와의 상관관계는 알고 있지 못했으며 추출법이 발달하면서 분쇄 정도, 즉 분말입자의 중요성을 알게 되었다.

절구   굴림대 분쇄기

나무 또는 돌로 된 절구는 가정에서 조미료나 약을 분쇄하는 데 요사이도 많이 애용되고 있다. 이들은 원두를 분쇄하는 데는 많은 단점이 있으나 비용이 매우 저렴한 것은 장점이다. 절구나 굴림대 분쇄기는 모두 수작업에 의존하기 때문이 힘이 들며, 시간이 오래 걸렸을 뿐만 아니라 미세분말 형태로 만들기는 어려웠다. 조미료 및 향신료를 분쇄하기 위한 기계적인 분쇄기는 비로 원두의 분쇄에 이용 되었으며 상업적인 원두 분쇄기의 원조이다.

1800년대 들어 급속한 커피의 보급과 애용은 상업적 원두 분쇄를 시작되게 했으며 원두가 아닌 분말 형태로 상점에서 판매되기 시작했다. 1800년대 중반 독일에서는 커피분쇄기에 대한 전문서적이 출판되기도 했는데 이는 급속한 커피 보급과 무수히 늘어난 커피하우스에 기인한다. 상업적인 대형 분쇄기가 제작되었으며 아울러 가정용 소형 분쇄기들도 대량으로 제작되기 시작했다. 이 당시 제작된 분쇄기는 칼날

(blade)의 간격을 좁힌 후 너트(nut)로 고정하여 분쇄의 정도를 조절할 수 있게 제작되었다. 이와 같은 분말 입자의 크기 조절은 각자의 추출기에 가장 적합한 입자의 크기가 어떤 것인지를 알게 했으며 그 중요성이 대두되게 했다. 가정용 분쇄기 중 각광을 받았던 분쇄기는 벽에 부착할 수 있는 분쇄기였다.

 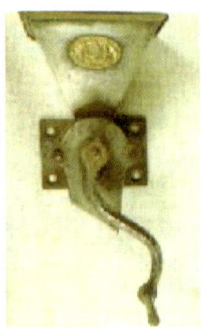

　　　탁상용 분쇄기　　　　　벽걸이 분쇄기

　커피가 최적의 맛과 향을 내기 위해서는 추출법과 아울러 원두의 분쇄도 아울러 중요하며 다음과 같은 사항을 유념하는 것이 중요하다.

(1) 분쇄과정 중 마찰열이 많이 발생하면 열에 의해 플레버가 발현되지 않는다.
(2) 분쇄입자의 크기가 균일할수록 추출을 더 용이하게 조절할 수 있다.
(3) 입자의 크기가 작을수록 추출면적이 더 커져 더 풍부한 플레버의 커피가 추출된다.
(4) 입자의 크기가 작을수록 물의 통과 저항이 커지기 때문에 추출하는 물이 통과하는 데 더 많은 압력이 요구된다.

초기의 전동 분쇄기 　　　　　　근래의 전동분쇄기

　　전기가 보급되면서부터는 인력에 의한 분쇄가 전동기에 의한 분쇄로 바뀌었다. 대형업체들에서는 대용량 분쇄기가 필수품이 되었다. 호퍼(hopper)에 넣은 원두는 몇 초 후에 분쇄되어 배출된다. 대형업체들에서는 배전과 분쇄를 동시에 수행하며 아울러 포장하여 판매할 수 있게 되었다. 언제나 동일한 맛의 대형업체의 커피에서 식상한 일반인을 위한 몇만 원대의 가격으로 구입할 수 있는 가정용 소형 분쇄기도 출현하게 되었다. 또한 전문 커피점 모두에 분쇄기를 가지고 있어 이곳에서 직접 분쇄할 수도 있다. 자신이 직접 분쇄하는 경우 지켜야 할 원칙은 다음과 같다.

　　(1) 자신의 추출기의 특성에 맞도록 분쇄한다.
　　(2) 분쇄된 후에는 맛이 급속하게 변한다.

1) 분쇄기의 종류

　　현대에는 기술이 많이 발전했으나 원두를 분쇄하는 데는 4가지 방법밖에 없다. 절구를 이용한 분쇄가 가장 오래된 방법이며, 다음은 맷돌 방식인데 이는 현재 맷돌의 돌 대신 철판으로 대체되었다. 다음은 대형 분쇄업체에서 사용하는 롤러(roller mill)를 이용한 분쇄기와 모터를 이용한 칼날 분쇄기이다. 일반적으로 추출기의 유출구나 여과지를 추출액이 잘 통과할 수 있도록 분말 형태로 분쇄해야 한다. 분말의 입자가 미세할수록 뜨거운 물과의 접촉 면적이 많아져 수용성 및 유류 성분이 더 잘 그리고 빨리 용해된다. 반면 너무나 미세한 분말 형태가 되면 분쇄과정에서 휘발성 성분이 손실되며 아울러 분쇄 중에 발생하는 마찰열에 의해 커피의 주요 성분이 파괴된다. 또한 추출기의 유출 부위를 막히게 하는 단점도 있다.

다양한 분말 입자의 크기

(1) 칼날 분쇄기(Blade Grinder)

가정에서 많이 사용하고 있는 전기 믹서와 같이 원두 수용기의 하단에 있는 소형 모터에 의해 빠른 속도로 회전하는 철제로 된 칼날(blade)의 회전에 의해 원두가 작은 조각으로 깨어지게 한 원리의 분쇄기이다. 버(burr) 분쇄기에서는 버 사이의 간격에 의해 분말의 크기가 조절되나 이 분쇄기에서는 작동 시간에 의해 조절된다. 에스프레소용의 미세 분말로 만드는 데 1분 또는 그 이상의 시간이 소요되나 만족스러운 분말의 크기로는 되지 않는다. 터키시 또는 중동스타일 커피(Middle Eastern Style Coffee)용 미세분말로 만들기에는 적합하지 않다. 칼날 분쇄기는 종류에 따라 다소 상이하기는 하나 거친 분말로 분쇄하는 데는 10~25초면 된다. 드립 추출기용으로는 25~45초가 걸린다. 이 분쇄기는 분쇄된 분말을 꺼내는 데 다소의 번거로움이 있으며 아울러 청소의 어려움도 있다. 가격이 2~4만 원대로 저렴하며, 아주 간편하고 빠르게 분쇄할 수 있으며 또한 보관 공간을 많이 차지하지 않는 장점도 있다.

가정용 칼날 분쇄기

또한 분말입자 모두가 균일하게 분쇄되지 않는 것이 가장 큰 단점이다. 그러나 여과지(濾過紙, filter paper)를 이용한 추출법에서는 비록 분말입자가 균일하지 않아도 별로 문제는 되지 않으나 플런저식(plunger style) 추출, 여과하지 않는 드립형 추출, 오픈포트 추출과 에스프레소용으로는 적합하지 않다. 분쇄과정 중 회전 칼날의 마찰에 의해 열이 발생하는데 특히 오래 분쇄할 때는 더욱 단점이 된다. 이러한 단점들이 추출 커피에 어떻게 영향을 미치는지를 간략히 고찰하면 다음과 같다.

분쇄 목적은 추출과정 중 뜨거운 물과의 접촉면을 증가시켜 커피의 용해성 성분과 특히 유류성분들이 용해 및 유리되게 하는 데 있다. 분말의 입자가 크면 클수록 추출 시간이 오래 걸리며 반면 입자가 작을수록 더 많이 추출되어 결국은 쓴맛만 나는 커피가 될 것이다. 거친 분말을 이용하여 에스프레소 추출기로 추출한 커피는 커피 성분이 제대로 우러나지 않아 크림이 전혀 없는 희미한 색이 된다. 추출 방법과 추출기의 특성에 따라 분말입자의 크기를 결정해야 한다. 회전 칼날의 마찰에 의해 생기는 마찰열은 분말에서의 각종 화학적 변화가 일어나게 하는데 만일 야채에 열을 가하면 어떻게 될지 상상하면 된다. 열은 분말 표면에서 산화(酸化, oxidation)를 촉진시켜 방향성 물질이 유리되게 하여 실제 추출한 커피에서는 향이 결여되게 한다. 일반적으로 상기와 같은 치명적인 단점 때문에 칼날 분쇄기를 많이 사용하지 않으며 산업용으로도 제작되지 않는다.

(2) 버 분쇄기(Burr Grinder)

두 개의 철 구조물 사이에 원두를 넣고 비벼서 분쇄하는 것이 기본 원리인데 마치 맷돌과 같은 원리다. 2개의 편평한 철판, 굴곡이 있는 철판 또는 두 개의 원추형으로 된 것도 있다. 원두가 두 개의 철 구조물 사이를 통과하는 중 짓이겨져 분말이 되어 나온다. 하나의 철 구조물은 고정되고 다른 철 구조물은 움직이게 되어 있는 종류가 있는 데 비해 두 구조물 모두가 서로 움직이는 종류도 있다. 분말의 크기는 이들 두 구조물의 간격으로 조절한다. 산업용 버 분쇄기는 원두의 유입구에서 하단으로 향하면서 두 구조물의 간격이 좁아져 하단에서는 거의 서로 닿을 듯한 간격으로 정밀하게 조절할 수 있도록 되어 있다. 값이 싼 가정용 버 분쇄기는 철 구조물의 간격이 제대로 설정되어 있지 않거나 분쇄과정 중 두 구조물의 간격이 일정하게 유지되지 않아 분말 입자가 균일하게 분쇄되지 않는 경우도 있다. 또한 사용한 철 구조물의 재질이 저질이어서 문제점을 야기하기도 한다.

버 분쇄기와 내부의 원추형 버

원추형 버 분쇄기는 평판 버 분쇄기에 비해 열을 더 잘 발산시키는 장점이 있다. 평판은 분쇄의 편의성과 대량의 원두를 분쇄할 수 있어 대형업체에서 많이 사용하며, 발생하는 열은 냉각기를 장착하여 해결한다. 가정용에서는 상기 두 가지 유형의 분쇄기가 거의 차이점이 없다. 버 판의 가격이 12만 원대인 가정용 분쇄기에서는 수천 달러인 산업용 분쇄기에서와 같은 균일한 분쇄를 기대할 수 없다.

(3) 수동 분쇄기(Manual Crank Grinder)

수동 분쇄기는 칼날 또는 버 분쇄기이나 동력을 전기가 아닌 인력에 의해 철판 또는 칼날을 움직이게 하는 것이 차이점이다. 12만 원대의 전동 버 분쇄기보다 안정성이 더 높다는 평도 있다. 대부분 외형의 재질이 플라스틱이 아니어서 분말 수납함에 정전기가 발생하지 않아 분쇄된 가루가 수납함의 내부 벽 등에 달라붙지 않는 장점도 있다. 수납함은 대부분 목재나 자기로 되어 있다. 수동으로 작동해야 하는 것이 단점이나 시간과 여유가 있다면 전동 칼날 분쇄기와 버 분쇄기에 버금가는 균일한 분말을 얻을 수 있다. 현재 여러 종류가 상품으로 판매되고 있으나 다소의 편의성 첨가와 분쇄 양에 따른 차이점밖에 없다. 대표적인 몇 종을 부류별로 나눈 특징은 다음과 같다.

① 박스형 분쇄기(Box mill)

버, 호퍼 및 분말 수납함 모두가 목재 상자 내에 들어 있으며 장식용 가치도 있다. 6잔을 만드는 데 필요한 분말을 분쇄하는 데 1~2분이 소요된다. 매우 균일하게 분쇄되며 분말입자의 크기도 조절하여 분쇄할 수 있어 여과방식, 프렌치 프레스식 추출기 및 에스프레소 추출용으로 사용 가능하다. 원추형 버가 공구용 강철로 제작되어 구입 후 보증 기간이 무려 10년이나 되는 단단한 분쇄기다. 원두를 작은 원두 유입구를 통해 상자 내 원두 수납함에 넣고 손잡이를 돌리면 분쇄된 분말이 하단의 분말 서랍에 수집되어 서랍을 꺼내기만 하면 된다.

② 열린 호퍼 분쇄기(Open hopper mill)

모든 특성이 상자 분쇄기와 동일하나 원두 호퍼의 상단이 열려 있는 것이 차이점이다. 6인분의 커피를 추출하기에 충분한 원두를 분쇄할 수 있으며 버가 원추형이어서 매우 균일한 분말로 분쇄할 수 있다.

박스 분쇄기

열린 호퍼 분쇄기

닫힌 호퍼 분쇄기

무릎받침 분쇄기

③ 닫힌 호퍼 분쇄기(Closed hopper mill)

열린 호퍼 분쇄기의 특성과 원리가 동일하나 호퍼에 경첩이 장착되어 있어 쉽게 열고 닫을 수 있는 구조적인 차이점밖에 없다.

(4) 무릎받침 분쇄기(Knee mill)

상자 분쇄기와 작동원리 및 모든 것이 동일하나 분쇄 시 상자를 무름 사이에 끼워 넣음으로써 손잡이의 돌림을 다소 용이하게 한 것이 특징이다. 상자의 폭이 좁고 높이를 길게 하고 측면에 다소의 굴곡이 있어 무릎으로 고정시키는 데 다소 편리하게 했다. 원두는 상단의 유입구를 통해 넣는다.

(5) 벽걸이 분쇄기(Wall-mounted mill)

벽에 고정시키도록 제작된 분쇄기다. 약 250g의 원두를 넣을 수 있으며 뚜껑에는 고무 바킹이 있어 공기를 차단할 수 있어 필요량 이상을 분쇄하고 남은 원두를 보관할 수도 있는 특징이 있다. 버가 측면에 장착되어 있어 원두는 오거형 장치에 의해 버에 유입된다. 분쇄된 분말은 하단의 투명한 플라스틱 재질의 서랍에 수집된다. 상기의 분쇄기들이 분쇄 시 고정되지 않아 한 손으로는 분쇄기를 잡고 다른 한 손으로는 손잡이를 돌려야 하나 이 분쇄기에서는 한 손만으로 돌리기만 해도 되는 편리함이 있다.

벽걸이 분쇄기

곡물 분쇄기

(6) 곡물 분쇄기(Grain mill)

이 분쇄기는 원두뿐만 아니라 모든 곡물, 견과 및 조미료의 분쇄용으로 제작되었으며 대부분이 버를 제외한 모든 부분이 다 강화 플라스틱으로 제작되었다. 상단의 원두 유입구는 여닫이로 되어 있어 버를 청소하기가 용이하며 테이블 등에 쉽게 고정시킬 수 있는 장점도 있다. 대부분의 제품 보증기간이 10년임에 비해 이 분쇄기는 단 1년인 것이 단점이다.

(7) 이탈리안 분쇄기(Italian Mill)

고급 목재로 제작되어 장식용으로도 많이 사용되고 있다. 원추형의 버에 의해 분쇄되며 사용이 아주 간편한 것이 장점이다. 분쇄된 분말은 하단의 목재 수집함에 수집된다. 원두는 상단의 호퍼에 넣어 걸으면서도 한 손으로는 본체를 잡고 한 손으로는 손잡이를 돌리기만 하면 된다. 분쇄의 정도를 조절할 수 있는 장치도 아울러 있다.

이탈리아안 분쇄기 본체와 분말 수납함

(8) 소금 분쇄기(Salter mill)

50여 년 전 영국에서 소금장수들이 광염(鑛鹽)을 분쇄하기 위해 개발하였으며, 일명 '소금장수 분쇄기'라고도 한다. 모든 부위가 다 철제로 되어 있어 매우 견고하며 현재도 우리의 재래시장에서 많이 볼 수 있다. 조절이 가능한 매우 원시적인 버에 의해 분쇄되나 분말의 품질은 아주 우수하다. 또한 7~8만 원대로 현재도 구입할 수 있으며 벽이나 테이블에 쉽게 장착을 할 수 있는 것이 장점이기도 하다.

소금 분쇄기　　　　　　　전면　　　　　　　후면

(9) 터키시식 분쇄기(Turkish Mill)

모든 부분이 다 구리로 만들어졌으며 가정에서 향신료 분쇄용으로도 사용된다. 터키시식, 아라비아식 또는 그리스식 커피를 위한 미세 분말 제조용으로는 적격이다. 분쇄의 정도를 조절할 수 있으며 중등도의 미세분말에서 아주 미세한 분말로 분쇄가 가능하다. 상단부의 수납함에 원두를 넣은 후 필요량을 분쇄하고 남은 원두는 추후에 분쇄할 수 있어 여행용으로 도 적격이며 손잡이는 원두 수납함에 넣을 수 있다. 크기에 따라 원두를 60g 및 48g까지 수납할 수 있다. 수작업에 의해 만들어지며 터키나 그리스 여행 시 실용적인 기념품이 될 수 있다.

  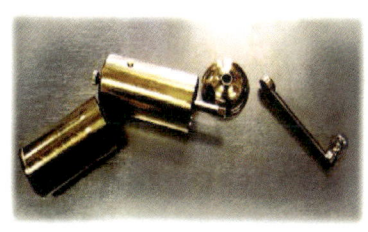

본체, 버가 장착된 내부구조. 뚜껑, 손잡이, 본체 및 분말 수납함으로 분해된다.

분말의 크기와 추출 특성을 간략히 고찰하면 다음 표와 같다.

용도	분말의 크기	비 고
에스프레소	거의 미세한 가루에 가까운 분말	에스프레소 추출기의 압축된 스팀에 의한 뜨거운 물이 1~2분 동안 미세한 분말을 통과하면서 추출함.
미세분말	에스프레소용 분말에 미치지 못하는 정도	거의 끓인 물에 가까운 뜨거운 물이 커피와 혼합되고 진공인 여과포트에서 1~4분 동안 추출됨
드립용	분쇄 상태가 여과지 또는 여과 용기의 구멍을 통과하지 못하는 크기	드립이나 여과포트에서 끓는 물과 빠른 접촉에 의한 추출로서 모래알보다 약간 미세하게 분쇄한다. 프렌치 드립포트를 위해서는 드립용과 레귤러용의 중간 정도로 분쇄한다.
레귤러 또는 거친 분쇄	거친 분쇄	물이 얹어놓은 바스켓 위의 분말을 통해 스며 드는 과정 또는 물에 담그는 추출로서 6~8분이 소요된다.

제 7 장

추출
(抽出, Brew)

아마도 동일 재료로부터 커피만큼 다양한 맛과 향이 창출되는 음료는 없을 것이다. 커피를 추출하기 위한 기본요소는 원두 분말, 물, 용기이며 기호에 따라 찌꺼기와 분리할 수 있는 여과 수단이다. 어떤 추출법이나 추출기 모두에서 원칙은 원두 분말을 물에 넣어 커피성분을 우려내는 것이다. 방법에 차이점이 있다면 분말을 물에 넣어 함께 끓이는 것, 끓인 더운 물이 분말 사이를 통과하면서 또는 끓인 더운물에 분말을 넣어 잠긴 상태에서 추출되게 하는 것이다. 이러한 간단한 추출을 위한 수천 종류의 추출기가 과거 수세기 동안 출현하였는데 이는 추출방법 및 추출기의 중요성을 의미한다고 하겠다.

1. 추출기의 종류와 추출법

1) 이빅 추출기(Ibik Brewer)

커피가 비록 아랍에서 기원했으나 그들은 제대로 된 추출법을 개발하지 못했다. 대부분이 끓인 물을 이용하는데, 이는 미세한 분말을 이빅(Ibik, Ibrik)이라는 용기에 넣어 끓여 추출하는 방법인데 일명 지중해식 추출법(Mediterranean method) 또는 중동식(Middle Eastern Method)이라고도 한다. 끓이는 과정 중에 각종 맛과 향이 손실되어 오직 진한 맛의 커피가 된다. 현재도 아랍국가, 그리스 및 터키에서는 이 방법에 의해 추출하는데 이러한 커피를 아랍 커피(Arabic coffee), 그리스 커피(Greek Coffee) 또는 터키시 커피(Turkish Coffee)라고 한다. 서구의 일급 식당들에서 마실 수 있는데 아마도 맛과 향을 위해서라기보다는 낭만을 즐기기 위함이라 하겠다. 커피를 끓이는 일종의 주전자를 터키어로는 이빅, 그리스어로는 이브릭 그리고 아랍어로는 브리키(briki)라고 하며 이브릭 추출기(Ibrik brewer)라고도 한다. 구리나 기타 철재 재질의 주전자 부위와 긴 손잡이로 되어 있으며 주둥이 부위를 돌출되게 하여 고풍스럽게 한 것도 있다. 근래 제작되는 이빅 중에는 아래 그림에서와 같이 초자를 이용한 것도 있다.

상이한 형태와 장식의 이빅

추출법에서 다시 그리스식과 터키식의 두 가지 방법이 있으나 서로 유사하여 실제에는 큰 차이점이 없다. 이빅을 이용한 추출 절차는 다음과 같다.

- 끓이는 열원으로서는 숯불, 전기, 가스 등과 같은 버너로서 어느 것이나 다 가능하나 낮거나 중등도의 강도에서 끓인다.
- 이빅을 구입하여 처음으로 사용할 때에는 이빅에 물을 절반쯤 채우고 필요하지 않거나 한번 사용한 커피 분말을 넣고 끓인 후 버리고 씻으면 추출 준비가 된 것이다.
- 이빅의 용량에 맞추어 생수를 넣고 약 1~2분간 데우고, 물 2~7oz에 대해 7g의 비율로 아주 미세하게 분쇄된 커피 분말을 넣는다. 기호에 따라 더 넣어도 된다.
- 설탕이나 카르다몸 등과 같은 향신료를 넣기 원하면 커피 분말과 함께 넣고 휘저어준다.
- 서서히 온도가 올라가면서 약 2분이 경과되면 끓기 직전에 도달

하게 된다. 거품이 이빅의 가장자리에 생기면 버너에서 이빅을 약 20초 동안 들어내어 분말들이 침전되게 한다.
- 버너의 불꽃을 가장 낮게 한 후 이빅을 다시 올려놓아 버너의 강도를 조절하여 다시 끓기 직전에 이빅을 20초 동안 들어내어 분말이 침전되게 하고 이 과정을 한 번 더 반복한다.
- 분말들이 침전되게 약 1분 정도 기다린 후 작은 잔(demittase)에 따라 마신다.
- 전 과정에 소요되는 시간은 약 7분이나 너무 시간이 오래 걸리면 다음번부터는 온도를 높여주면 된다.

2) 냉수추출법(冷水抽出法, Cold Water Method)

커피 분말을 유리잔의 찬물에 12~24시간 동안 넣어두면 커피가 추출된다. 무명천이나 여과지를 이용하여 여과한 추출액을 병에 넣어 뚜껑을 닫은 후 냉동고에 넣어 보관한다. 오랜 시간 추출하여 농도가 진하여 마실 수 있는 커피를 만들기 위해서는 컵에 끓는 물을 부은 후 약 1~1.5찻술의 추출액을 넣어 섞으면 된다. 이 방법을 다소 개량한 더치식 냉수추출법(Dutch Coffee Concentrate Method)에서는 미세하게 분쇄한 분말을 여과천 위에 놓고 찬물이 매우 느린 속도로 조금씩 떨어지게 하여 추출한다.

3) 퍼컬레이터(Percolator) 추출기

용기의 중앙에 있는 관을 통해 끓는 물이 위로 상승하여 커피 분말이 담겨진 용기 내로 떨어지면서 추출되게 한 원리를 이용한 추출법이며 이러한 용기를 퍼컬레이터라고 한다. 추출된 커피가 계속 끓으면서 순환되는데, 이는 지중해식 방법과 유사하며 상단의 용기에서 다소 여과되는 차이점밖에 없다. 현재의 새로운 추출법이 개발되기 전에는 세계적으로 많이 사용되던 추출기로서 미국 가정의 필수품이기도 했다. 추출하는 물은 절대 팔팔 끓이지 않아야 되며 커피 분말에서 한 번 이상은 추출하지 않아야 한다는 커피 추출원칙에 맞지 않는 추출법이다. 이 커피에서는 커피의 특성을 거의 즐길 수 없다.

다양한 퍼컬레이터 상품

4) 프렌치 프레스 추출기(French Press)

1850년대에 프랑스에서 개발된 추출기로서 플런저 포트(plunger pot), 카페티에르(cafetiere) 또는 임프레시브 추출기(Impressive brewer) 및 프레스 포트(press pot) 등의 다양한 명칭으로 불리고 있다. 미국의 보덤(Bodum)사는 이 추출기의 판매 명성 때문에 보덤 추출기(Bodum brewer)로 통용되기도 한다. 추출기의 하단에 성글게 간 분말을 넣고 끓인 물을 부어 약 3~5분 동안 커피가 추출되게 한다. 원형의 철제 여과망이 장착된 막대기, 즉 플런저(plunger)를 용기의 하단으로 밀게 되면 커피가 분말과 분리된다. 매우 간단하고 추출 효율도 비교적 높다. 추출 커피는 아주 순하고 라이트한 맛이 특징이다. 과도하게 추출되지 않게 하기 위해 분말 입자를 크게 한 것을 사용해야 한다.

플런저 포트의 유형

여과지를 사용하지 않아 방향성 성분이 제대로 추출되며 종이 냄새가 전혀 나지 않는다. 추출 시간과 온도를 쉽게 조절할 수 있어 자신의 기호에 맞는 커피를 쉽게 만들 수 있는 것이 이 방법의 장점이다. 아울러 청소도 용이한 것이 장점이다. 철망을 통해 여과되기 때문에 커피에 분말이 다소 남아 있는 것이 단점이다. 그러나 원두의 분쇄 시 균일하게 분쇄하면 찌꺼기의 양을 다소 줄일 수 있다. 이 방업은 신선한 커피를 마시기 위한 방법이어서 추출 즉시 마셔야 한다.

플런저 포트를 이용한 추출 절차는 다음과 같다.

- 분말이 철망 필터를 통과하지 못할 정도의 크기로 분쇄한다. 일반 여과법에서 사용되는 입자의 크기보다 조금 더 크면 된다. 모든 입자가 다 균일해야만 찌꺼기가 많이 생기지 않는데 버 분쇄기에 의한 분쇄가 권장된다.
- 아래 그림 a에서와 같이 추출용기의 뚜껑을 열고 플런저를 꺼낸다. 물 118~147cc에 7.25g의 비율로 분말을 넣는다.
- 그림 b에서와 같이 상기 분말의 비율에 해당하는 91~94℃의 뜨거운 물을 처음에는 천천히 추출용기에 부음으로써 분말이 뭉치지 않게 한 후 추출용기의 주둥이 부위까지 붓게 되면 분말이 표면에 뜨게 된다.
- 그림 c에서와 같이 플런저를 넣고 뚜껑을 닫고 약 1분간 기다린다.
- 1분이 경과한 후 뚜껑을 열고 스푼으로 휘저어주거나 또는 뚜껑을 열지 않은 채로 손으로 잡고 원형으로 흔들어주면 분말들이 밑으로 가라앉으나 다시 표면으로 뜨는 입자들도 많다. 약 5분간 놓아두면 추출이 되나 추출 시간은 여러 번의 실험에 의해 자신의 기호에 맞는 추출 시간을 결정할 수 있다.

- 추출이 완료되었으면 그림 d에서와 같이 한 손으로 뚜껑 부위를 잡고 다른 손으로 플런저를 조심스럽게 아래로 밀게 되면 찌꺼기들은 여과망을 통과하지 못하고 아래로 내려가게 된다. 여과판과 추출용기의 벽면에 찌꺼기가 많이 끼거나 여과 판이 뒤틀려 찌꺼기가 제대로 분리되지 않으면 플런저를 꺼낸 후 뜨거운 물에 씻은 후 다시 시도하면 된다.
- 플런저를 천천히 밀어 거의 바닥 부위까지 도달하는 약 20~30초가 소요된다. 추출된 커피의 상단에 황갈색의 크렘이 생기면 제대로 추출되었음을 의미한다. 추출 후 10분 이내에 마셔야 최상의 맛과 향을 즐길 수 있다. 추출한 커피는 절대 다시 데워서는 안 된다.

플런저 포트를 이용한 커피의 추출 절차

5) 드립추출기(Drip Brewer)

이 방법의 원리는 아주 간단하여 여과천이나 여과지 위의 커피 분말에 끓은 물을 가능한 한 고르게 부어주거나 또는 뿜어주어 분말 사이를 통과하면서 추출시킨 후 여과하는 원리다. 세계적으로 많이 사용되며 특히 미국과 독일에서 가장 많이 애용되는 추출법이다. 이 방법을 드립(drip) 방식이라고도 한다. 추출하는 커피 양에 따라 추출 시간이 상이하나 일반적으로 8~10분이 소요된다. 이 추출법에서는 분말 입자의 크기가 가장 중요하다. 추출 시간이 길어 입자의 크기가 비교적 큰 것을 사용해야 한다. 분말 입자가 미세하면 커피의 참맛을 즐길 수 없다. 추출이 아주 쉬워 누구나 할 수 있으며 상이한 입자의 크기와 물의 양을 조절함으로써 자신의 기호에 적합한 커피를 추출할 수 있는 것이 이 방법의 장점이다.

코멕스 추출기

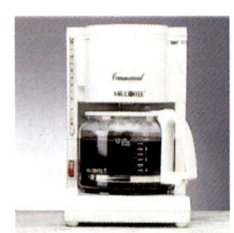
자동드립추출기

　이 원리에 의한 추출기를 여과추출기(filter brewer) 또는 드립추출기(drip brewer)라 한다. 가정에서 깔때기와 여과천 또는 여과지만 있으면 주방의 유리잔 등을 이용하여 누구나 아주 쉽게 추출할 수 있다. 미국의 코멕스(Comex)사는 1942년 깔때기와 추출용기를 초자로 제작하여 판매하기 시작했다. 당시 많은 사람들이 퍼컬레이터를 이용하고 있어 추출 커피에서의 찌꺼기와 맛에 식상하고 있던 때여서 빠르게 보급되었으며 현재는 코멕스 추출기로 통용되고 있다. 물을 따로 끓여 붓는 번거로움이 없이 자동적으로 되며 아울러 추출커피를 계속 뜨겁게 할 수 있는 전열판이 추가된 것이 현재 어느 가정에서나 흔히 볼 수 있는 자동드립추출기(Auto drip brewer)다. 자동드립추출기는 편의성이 장점이나 물의 온도가 추출 적정 온도에 못 미치는 단점이 있는 것으로 전문가들은 평가하고 있다. 반면 코멕스 추출기에서는 물을 따로 끓여야 하기 때문에 온도를 조절할 수 있는 것이 장점인 반면 추출커피의 온도를 계속 유지할 수 없음이 단점이다.

(1) 여과지를 이용한 추출법

여과지는 주로 드립추출기와 자동여과추출기에 이용되나 하리오 누보 진공추출기(Hario Nouveau vacuum brewer) 및 기타 진공추출기 등에 사용하는 제품도 있다. 여과지의 재질이 매우 중요하여 저질인 경우 추출한 커피에서 종이 냄새가 나는 경우도 있다. 여과지의 최대 단점은 추출 중 여과지가 휘발성 아로마 성분을 흡수하여 여과되지 않는 큰 단점이 있다. 깔때기를 이용하여 여과하는 경우 중등도 또는 보다 미세한 분말이 적합하다.

여과지를 이용하는 코멕스 추출기에서의 추출 절차는 다음과 같다.

- 일반 여과지인 경우 유류성분이 여과지에 흡수되어버리기 때문에 이를 방지한 커피용 여과지를 반드시 사용해야 한다. 코멕스용 여과지를 사용하는 경우 아래 사진 a에서와 같이 사각형인 여과지를 두 번 접고 세 번째 면을 안쪽으로 원추형이 되게 하여 깔때기에 끼워 넣는다. 코멕스 전용 여과지는 찌꺼기가 완전히 걸러지게 하기 위해 일반 여과지에 비해 두께가 더 두껍다.
- 약간의 뜨거운 물을 여과지에 부어 여과지 전면이 깔때기에 밀착되게 한다.
- 드립용으로 분쇄한 분말을 매 여과지에 붓는다.

a   b   c   d   e

코멕스 추출기를 이용한 추출 절차

- 물을 끓인 후 약 30초가 경과되면 추출의 적정온도인 91~96℃가 된다. 처음에는 분말이 적셔질 정도의 소량을 붓는데 이는 분말들이 팽창되어 균일하게 추출되게 한다. 자동드립추출기에서는 이 과정이 없어 코멕스 커피와 맛의 차이점이 나게 한다. 그러나 일부 애호가들은 깔때기의 절반 정도까지 붓도록 권장하는데 이는 온도의 변화를 우려한 데서 기원한다.
- 곧이어 깔때기 용량의 3/4이 되도록 물을 계속 부어준다. 물의 양은 자신의 선호도에 따라 조절할 수 있다.
- 추출이 완료되면 여과지를 들어내고 따라 마시면 된다.
- 추출된 커피는 다소 식는 경우가 많은데 이때는 다시 가열하거나 절대 끓여서는 안 된다.

(2) 여과천을 이용한 추출법

여과천은 주로 깔때기를 이용한 추출과 진공추출기에서 많이 이용된다. 과거에는 모슬린(muslin), 유포(油布, oil cloth), 양말 제조용 면직물 그리고 비단도 사용되었다. 현재의 직조기술은 여러 종류의 천들을 탄생하게 했으나 과거의 재질이 더 우수하다고 주장하는 사람들이 많다. 한 겹은 올실이 촘촘하지 못한 천과 촘촘하게 짜여진 두 겹으로 된 천을 사용한다. 편리성을 위해 추출기의 종류에 따라 철제 루프에 부착한 평면형 또는 원추형 등으로 그 형태도 다양하다. 여과지가 소모성임에 비해 천은 세탁 후 계속 사용할 수 있는 장점이 있다. 여과지는 여과과정 중 커피의 휘발성 성분을 흡수하는 데 비해 여과천에서는 흡수하지 않아 이를 선호하는 애호가들이 많다.

깔때기와 여과천을 이용한 추출기

　깔때기를 이용한 추출이나 코멕스 추출기에서 여과지 대신 천으로 사용할 수 있으며 천의 형태는 문제가 없으나 편의성을 위해 상단의 루프에 천을 고정시켜 깔때기에 맞게 원추형으로 만들면 사용이 편리하다. 이 방법에 의한 추출 절차는 다음과 같다.

- 두 겹의 여과천을 원추형으로 만들어 깔때기 내면에 주름이 지지 않게 펼쳐놓는다. 다소의 뜨거운 물을 부어 여과천을 깔때기 내면에 밀착시킨다.
- 일반적으로 중등도로 분쇄된 분말이 선호되며 계량된 양을 여과천 위에 붓는다. 분말의 양이 많을 때에는 가운데 부분을 오목하게 하는 것이 좋다.
- 추출의 효율을 높이기 위해서는 한 번에 끓인 물을 다 붓지 않는 것이 좋다. 처음에는 91~96℃의 뜨거운 물을 조금 부어 약 20~30초가 경과되면 물이 분말입자에 흡수되어 팽창되게 한다.
- 다시 2~3번 부으면 많은 거품이 생기면서 커피의 주성분이 추출된다. 다시 4~5번 더 부으면 추출이 완료되는데 3잔 이상을 추출할 때는 약 3분이 소요된다. 된다. 거품이 없어진 상태에서 물을 붓게 되면 온도의 저하로 제대로 추출되지 않을 뿐만 아니라 시간

이 더 소요되는 것이 중요한 주의점이다.
- 추출 후 여과천은 깨끗이 세척하여 보관해야 한다.

6) 진공추출기(眞空抽出器, Vacuum brewer)

진공(眞空, vacuum)의 원리를 이용한 추출법으로서 1840년경 스코틀랜드의 해양기술자인 네이피어(Robert Napier)가 고안했다. 20세기 전반에 많이 애용되었으며 일명 흡입(吸入, suction) 또는 사이펀(siphon) 추출법이라고도 한다. 일반 여과법에서는 뜨거운 물이 원두 분말 사이를 흘러가면서 추출됨에 비해 이 방법에는 뜨거운 물에 잠긴 상태에서 추출된 후 진공의 원리에 의해 여과 장치를 통해 유출되게 했다. 추출커피가 섬세하며, 연함과 아울러 풍미한 특성 때문에 근래 다시 많이 사용되는 경향이 있으며 일부 전문가들은 최적의 추출법이라고도 한다. 진공추출기(Vacuum brewer, Vac Pot)는 일반적으로 초자 용기로 되어 있으나 철재로 된 것도 있으며 상품에 따라 이들 용기의 구조가 매우 다양하다.

진공추출기　　부분별 분해　　철제 진공추출기　　부분별 분해

물을 끓이는 용기, 분말을 담는 용기, 이 두 용기를 연결하는 관 그리고 여과판으로 되어있다. 하단의 용기에 물을 넣고 알코올램프나 열판 위에 놓아 끓이면 하단 용기 내에 증기가 생기며 이의 압력에 의해 관을 통해 물이 위의 용기 내로 올라가게 된다. 하단의 용기 밑에 전열

기가 부착된 상품도 있다. 커피가 상단의 용기 내에서 추출되면 알코올램프를 끄거나 열원으로부터 추출기를 옮겨놓아 식으면 하단 용기 내의 진공 상태는 상단의 추출 커피가 여과판을 통해 하단으로 흡입된다. 상단의 용기를 분리한 후 컵에 따르면 된다.

진공추출기에는 유동(流動)이 한 방향만인 밸런스 추출기(Balance Brewer)와 네이피어가 최초로 고안한 네이피어 추출기(Napier Brewer)가 있다. 네이피어 추출기는 현재 거의 이용되지 않는 반면 밸런스 추출기는 고풍스러운 특성 때문에 다소 애용된다.

아래 그림에서와 같이 네이피어 추출기에서는 좌측 그리고 밸런스 추출기에서는 우측 용기에서 끓인 물이 각각 우측 및 좌측의 커피분말이 있는 용기 내로 증기압에 의해 유입된다. 먼저 커피가 추출되게 한 후 다시 소량의 물을 넣어 끓이게 되면 발생하는 증기가 유입되면서 추출 효율을 높여준다. 알코올램프를 제거하면 진공 상태가 생성되어 추출된 커피가 물을 끓였던 용기 내로 유입된다. 일반 진공추출기에서는 뜨거운 물이 아래에서 위로 다시 추출된 커피가 위에서 아래로 두 번 유동하나 이들 추출기에서는 한 번밖에 유동하지 않는 것이 차이점이다. 20세기 초반, 각종 전기기구의 출현과 더불어 추출의 전 과정이 자동으로 작동되는 자동진공추출기가 등장했으며 매우 다양한 상품들이 판매되고 있다.

네이피어 추출기 　　　　　　　　　　밸런스 추출기

각 추출기에 따라서 여과에 사용되는 재질이 상이하다. 밸런스 추출기와 네이피어 추출기에서는 동관의 한쪽 끝에 있는 원형의 동판에 있는 작은 구멍들을 통해 여과가 됨에 비해 자동진공추출기에서는 플라스틱 재질의 여과판을 사용하기도 한다. 대부분의 진공추출기들이 여과 효율이 높은 여과천을 사용하고 있으며 각 제품의 특성에 따라 다양한 형태로 만들어 판매하고 있다. 또한 영구적인 철망을 이용한 제품도 있다.

하리오 누보 진공추출기   자동진공추출기

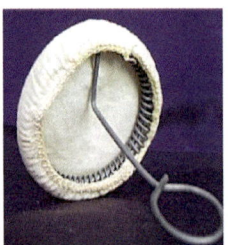

플라스틱으로 된 여과기   천으로 만든 여과기

철망으로 만든 여과기

진공추출기 중에는 여과장치를 유리막대기로 만든 것도 있다. 코리(Cory)사가 원래는 홍차를 추출하기 위해 개발했으나 크기와 형태를 변형시켜 진공여과추출기에서 사용하고 있다. 이를 코리 유리막대(Cory Glass Rod)라 한다. 아래 사진에서와 같이 유리막대의 중간 부위를 둥글게 했으며 둥근 부위의 면을 거칠게 갈아놓았다. 사이펀 관 내에 장착하여 찌꺼기는 거친 면 사이에 끼고 추출된 커피만이 통과하게 한 것이 원리이다. 그러나 추출한 커피에 찌꺼기가 많고 소형 진공추출기에서는 사용할 수 없는 것이 단점이다.

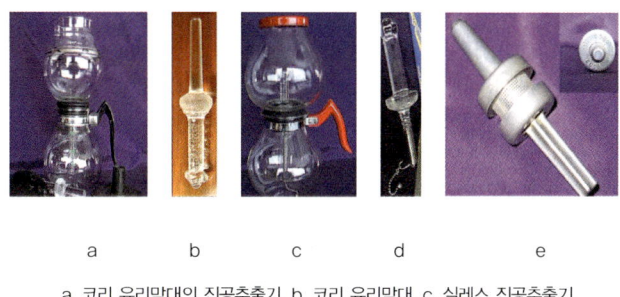

a. 코리 유리막대의 진공추출기, b. 코리 유리막대, c. 실레스 진공추출기,
d. 실레스 록인 유리막대기, e. 알루미늄 재질의 여과기.

특히 소형인 코리막대 진공추출기에서는 유리막대가 고정되지 않아 물이 끓는 중 또는 진동 등에 움직이는 단점이 있다. 2차 세계대전 중 미국의 실렉스(Silex)사는 이를 개신하여 실렉스 록인(Silex lockin)이라는 개선된 유리막대를 제작했다. 코리 유리막대와 유사한 구조로, 중간의 여과 부분이 사이펀 관 내에 밀착시키고 하단에 쇠줄을 달아 무게에 의한 유리막대의 동요를 없게 했다. 이 추출기에서도 추출되는 커피에 많이 생기는 찌꺼기 완전히 제거하지 못한다. 근래에는 유리가 알루미늄 재질로 된 제품도 출현했다.

진공추출기를 이용하여 5인분의 커피를 추출하는 절차는 다음과 같다.

(1) 분리된 하단 용기에 약 700㎖의 물을 넣는다. 붓는 물은 먼저 다른 용기를 이용하여 끓인 더운 물을 권장한다.
(2) 상단의 용기를 하단의 용기에 끼워 넣은 후 상단 용기 바닥에 제품의 종류에 따라 여과천, 철제 여과망, 플라스틱 여과망을 올려놓거나 코리 여과막대를 끼워 넣는다. 그리고 이 위에 미세한 분말 60g을 펴놓는다.
(3) 알코올램프 또는 전열판 위에서 가열한다. 하단 용기 내의 증기의 압력에 의해 끓는 물이 사이펀 관을 통해 상단의 용기 내로 올라간다. 추출의 효율을 증대시키기 위해 대나무 주걱 등으로 휘저어주기도 한다.
(4) 약 45~60초간 커피가 추출되게 한다. 이때 대나무 주걱 등으로 휘저어주고 고루 섞이게 한다.
(5) 하단 용기의 가열을 중지하면 용기 내의 수증기가 응축되면서 진공 상태가 되어 상단의 추출된 커피가 하단으로 흘러내린다.
(6) 흘러내리는 커피 위에 거품이 생기면 제대로 추출되었음을 의미한다.

2. 추출에서 지켜야 할 사항

품종, 가공법, 배전법 등이 커피의 특성을 결정하나 아울러 추출도 중요하며 추출 시 반드시 지켜야 할 사항은 다음과 같다.

(1) 먼저 신선한 원두를 배전 직전에 분쇄하여 사용해야 한다. 배전 원두는 냉장고에 보관했어도 배전 후 7~10일이 경과되면 신선도가 크게 저하된다.

(2) 사용하는 추출법과 추출기에 맞도록 분쇄해야 한다. 분쇄기의 종류에 따라 원하는 상태로 분쇄할 수 없는 종류도 있으니 주의해야 한다. 추출커피가 너무 강하거나 쓴맛이 난다면 너무 미세하게 분쇄했거나 과량의 분말을 사용하는 데 기인했다. 또한 커피에서 플레버가 결여되었거나 약하다면 너무 거친 분말이나 이를 너무 적게 사용했음에 기인한다. 일반적으로 미세한 분말 형태에서는 추출 시간이 적게 소요된다.

자동드립용　　　　프렌치 프레스용　　　　에스프레스용

(3) 커피는 99%가 물로 되어 있기 때문에 추출 시 사용하는 물이 매우 중요하다. 물이 마시기에 적절하지 않으면 추출용으로는 적합하지 않다. 염류 및 염소의 함량과 기타 냄새가 나는 물질들이 과량으로 용해되어 있는 경우 추출커피에 영향을 미친다. 수돗물이 마시기에 적합하면 수돗물이나 생수의 이용이 권장된다. 물에는 약 100~200ppm 농도의 각종 염류가 용해되어 있어야 물맛이 나며 이도 커피 맛의 발현에 도움이 된다. 순수한 증류수에는 이러한 염류가 전혀 용해되어 있지 않기 때문에 사용하지 말아야 한다.

경수는 플레버와 아로마에는 직접적으로 영향을 미치지 않으나 커피 중의 산성 성분 일부를 약하게 하며 드라이한 밝은 맛이 적은 부드러운 맛이 나게 한다. 연수기(softener)로 처리한 물을 사용하는 경우 맛은 더욱 없어진다. 경수 지역에 사는 사람들은 산성성분이 강한 아프리카산, 아라비아산 및 고급 중미산 원두를 사용하거나 또는 생수 등으로 추출해야 한다. 일부 자동드립추출기에는 여과기가 장착되어 판매되는 것도 있다.

(4) 권장하고 있는 물과 원두의 비율을 따라야 한다. 일반적으로 레귤러커피를 추출하기 위해서는 물 240㎖(1컵에 해당)에 분말 2찻술(7g)의 비율로 한다. 각자의 기호에 따라 다소 비율을 증감시킬 수 있으나 감소시키지는 말아야 한다. 일반적으로 조금 강하게 되면 플레버를 더 뚜렷하게 느낄 수 있다. 경수를 사용하거나 커피에 밀크를 타 마시는 경우 다소 진하게 추출해야 한다. 카페인의 함량을 조절하고자 하면 무카페인 분말을 첨가해도 된다.

(5) 추출기나 추출에 관련된 모든 용구들을 언제나 씻어 청결하게 해야 하며 추출하기 전에 뜨거운 물로 한 번 더 씻어주어야 한다.

(6) 중동식과 냉수법 이외에서는 결코 미지근하거나 끓고 있는 물이 아닌 93℃의 뜨거운 물을 사용해야 한다.

(7) 특히 여과법에 의해 추출하는 경우 언제나 추출기의 추출 용량에 따라 전량을 다 추출해야 한다. 만일 전 용량 이하의 용량으로 추출하면 커피가 제 맛이 나지 않는다.

(8) 커피에서의 쓴맛이 없애기 위해서는 추출 완료 시 찌꺼기를 즉시 제거해야 하며 이를 다시 추출에 사용하지 않아야 한다.

(9) 추출 즉시 마셔야 하며 드립이나 플런저로 추출한 커피는 마시기 전에 한 번 저어주어야 한다. 추출된 커피의 플레버는 약 20분간 지속되며 최대 한 시간 내에 마시면 제 맛이 살아 있다.

(10) 한 번 추출한 커피를 다시 데우면 플레버가 없어지며 끓인 경우는 쓴맛 때문에 마실 수 없는 상태가 된다. 그러나 내부가 유리 또는 스테인리스 재질로 된 보온병에 보관하면 원래의 맛이 어느 정도 유지된다.

제 8 장
에스프레소

1. 에스프레소(Espresso)란?

뜨거운 물이 잘 다져진 원두 분말 사이를 압력에 의해 여과장치를 통해 흘러내리면서 커피가 추출되는 방법을 다른 추출법과 구별하여 에스프레소라 한다. 일반적으로 진한 갈색으로 배전된 원두를 사용하며 추출되는 양도 한 번에 1~2잔밖에 추출되지 않는 것도 다른 커피와의 차이점이다. 그러나 에스프레소 커피를 만드는 데 관련된 배전, 분쇄 및 분쇄기, 추출 및 추출기, 물을 끓이고 우유거품이 나게 하는 기술 및 에스프레소 커피 종류 등을 총칭하여 에스프레소라고도 한다. 에스프레소 커피숍에서 볼 수 있는 특이한 구조의 추출기는 매우 인상적이며 에스프레소 커피의 가장 중요한 부분이라 할 수 있다. 에스프레소 체계는 원래 업소용으로 개발되었다. 현재 가정용으로도 제작 판매되고 있으나 몇십만 원대의 제품은 그 성능에 다소 의문점이 있는 것으로 평가되고 있다.

가정용 에스프레소　　　　　전문업소용 에스프레소

기술적인 측면에서 에스프레소는 "중등도에서 진한 갈색으로 배전된 원두의 미세 분말을 추출 용기에 잘 다져넣은 후 뜨거운 물이 약 9기압(氣壓)의 압력 하에서 짧은 시간에 통과하게 함으로써 추출된 커피이다."라고도 정의한다. 일반적으로 추출 커피는 헤비한 바디, 방향성 향, 쓴맛이 가미된 단맛이 특징이며 일반적으로 우유에 스팀으로 기폭(氣爆)을 가하여 뜨겁게 하고, 거품이 생기게 한 후 추출커피에 얹어 마시는 것이 관례이다. 기술적인 정의를 다소 확대하여 커피를 만드는 전 과정, 즉 배합, 배전, 추출 그리고 이미 분쇄된 분말로부터 추출하지 않고, 마시기 직전에 분쇄한 후 즉시 에스프레소 추출기를 이용하여 추출함으로써 신선도를 보장하는 모든 것을 하나의 체계로 간주하여 에스프레소라고도 한다.

문화적·역사적인 정의는 다소 복잡하기도 하다. 어느 정도 에스프레소와 유사한 검고 진한 커피에 설탕을 첨가하여 작은 잔으로 마시는 방법은 15세기 초반 이집트 카이로의 커피하우스에서 기원했다. 오랫동안 기술의 발달은 여러 종류의 추출기를 탄생하게 했으나 커피에 대한 이탈리아인의 열정이 에스프레소에서 가장 잘 나타난다. 에스프레소의 어원은 급행열차와 같이 빠르며, 목적지에 도달할 때까지 중간에 정차하지 않으며, 직접이라는 의미 이외에도 매우 빠른 맞춤 추출을 의미한다. 발달된 기술은 실제 추출과정에 적용되었을 뿐만 아니라 추출 속도에 영향을 미쳐 새로운 에스프레소 문화가 탄생하게 했다. 에스프레소의 개발자인 이탈리아인들은 커피의 추출 기술과 맛을 현대화하는 데 가장 크게 기여했다.

에스프레소는 난순한 커피의 한 종류로서도 징의될 수도 있다. 미국인들은 여과법으로 추출한 활기차고 연한 바디의 커피를 큰 잔으로 여러 잔 마시는 경향이 있으며 일반적으로 우유와 설탕을 첨가해 마신다. 반면 에스프레소는 즉석에서 추출한 바디가 헤비한 커피를 작은 잔에 따라 마신다. 에스프레소 커피는 일반적으로 설탕을 넣고 또한 우유 거품이나 초콜릿이나 향료 물질을 얹어 마신다.

미국식 에스프레소

　이탈리아에서의 전통적인 에스프레소는 아주 단순하여 추출한 후 우유만을 첨가하여 마시는 데 비해 미국의 에스프레소는 시럽, 초콜릿 등의 첨가물이 매우 다양하다. 미국의 이탈리아인 거주지역이나 예술가들이 모이는 카페에서 마실 수 있는 일명 비트족식 에스프레소(Beatnik espresso), 즉 이탈리아–미국식 에스프레소는 전통적인 이탈리아식 에스프레소와 유사하나 색상이 좀 더 검으며, 큰 잔으로 마시고, 맛이 다소 거친 것이 차이점이다. 에스프레소는 미국에서 지역에 따라 여러 유형으로 변형 및 발전되었다.

2. 에스프레소의 역사

　바바우(Louis Bernard Babaut)는 1821~1824년 사이에 압력을 이용한 커피추출기에 대한 개념을 제시했으며 산타이스(Edward Loysel de Santais)가 1843년에 처음으로 상품으로 내놓았다. 1855년에는 파리박람회에 출품함으로써 새로운 개념의 추출법을 전 세계에 알리게 되었다. 끓는 물의 수증기 압력에 의해 물이 상단으로 올라가 원두 분말 위에 떨어져 분말 하단의 여과장치를 통해 유출되게 한 것이 기본 원리다. 추출 속도는 매우 빨라 1시간에 무려 2,000잔을 추출한 것으로 기록되었으며 이에서 에스프레소, 즉 급행(express)이라는 말이 쓰이게 되었다. 초기의 추출기는 압력에 의해 터지거나 고장이 잦았을 뿐만 아니라 커피가 타버리는 경우도 있었다. 증기압은 1.5~2기압밖에 되지 않았으며 계속 증기압을 높이면 커피가 타버리곤 했다.

이 추출기를 제대로만 작동시키면 당시 기존의 커피에서 맛보지 못한 특이한 맛의 특성 때문에 애용되었다. 이 커피는 물이 압력에 의해 분말 사이를 빠르게 흘러내림으로써 일부 커피 성분이 유화(乳化, emulsify)되게 한다. 배전 후 지방성분에 부착한 휘발성 아로마 성분이 유화되는 과정에서 유리되어 향이 높아지고 아울러 바디도 높아진다. 또한 추출된 커피의 점도가 낮기 때문에 표면장력(表面張力, surface tension)도 아울러 낮은데, 이는 미뢰(味蕾)에 깊게 스며들게 하여 플레버를 잘 느낄 수 있게 해준다. 추출커피 중에 생성되는 이산화탄소의 미세한 방울은 미뢰에서 쓴맛을 많이 느끼지 못하게 해준다. 교질상의 성분들과 유화된 유류성분도 미뢰에 깊게 스며들어 향 성분이 서서히 유리되게 함으로써 뒷맛도 좋게 한다.

초기에는 에스프레소를 추출하는 것이 일종의 예술이었다. 배전 상태, 분쇄 입자 크기, 분말 수용기(필터 홀더)에 제대로 다져넣는 것, 스팀 압력 그리고 추출에 사용하는 물의 양 등이 모두 중요한 사항이었다. 초기의 에스프레소 추출기에는 분쇄 분말을 적게 사용하여 제대로 된 커피가 추출되지 않는 일이 있는 데 비해 과량의 물을 사용함으로써 묽은 커피와 아울러 원하지 않는 성분들도 동시에 추출되었다. 당시에는 에스프레소 추출기를 제대로 사용하기 위해서는 많은 경험과 훈련 그리고 아울러 지식도 요구되는 기술이었다.

커피 분말에서 최대의 향과 맛을 내게 하는 화학적 반응이 일어나고 추출되는 데는 온도와 압력이 가장 중요한 요인이다. 추출 적정 온도는 88~92℃이며 압력은 9~10기압이다. 당시의 추출기에서는 증기압(蒸氣壓)을 이용했기 때문에 최대 2기압의 압력까지밖에 얻을 수 없었으며 더 높은 압력을 얻기 위해 가온을 계속하면 용기가 파열되거나 원두 분말이 다 타버렸다.

20세기 초반 이탈리아의 밀라노에 살던 베제라(Luigi Bezzera)는 식당에서 사용할 수 있는 추출기를 개발했는데, 이는 증기의 힘에 의해 물이 직접 원두 분말 사이를 통과하게 하는 원리다. 베제라 추출기는 또한 추출 커피와 아울러 증기와 물까지도 컵에 따를 수 있게 했다. 베제라 추출기는 오늘날 에스프레소 추출기의 기본형이다. 베제라 추출기에서는 커피 분말 수용기를 작게 하는 대신 추출 밸브를 여러 개로 하여 여러 잔을 동시에 추출할 수 있게 했다. 당시에도 오늘날과 같이 진한 갈색으로 배전된 원두 분말을 매우 미세하게 분쇄하여 작은 금속 여과기, 즉 필터 홀더(holder)에 다져넣었다. 원두 분말을 다져넣은 홀더를 추출기 전면에 돌출된 그룹(group)에 고정시켰다. 오늘날의 버튼이나 핸들 조작이 아니라 밸브를 열어 뜨거운 물이 여과기를 통해 컵에 따라졌다.

1948년에 가지아(Achille Gaggia)는 오늘날의 에스프레소 추출기와 거의 유사한 추출기를 개발했다. 철제 캐비닛 내의 측면에 물 저장 용기를 설치했으며 밸브 대신 스프링이 장착된 피스톤으로 대체하여 누르면 커피가 더 빨리 추출되게 했다. 긴 지렛대를 누르면 이 힘이 스프링이 장착된 피스톤에 전달되어 압력에 의해 뜨거운 물이 커피 분말을 통아여 유출되게 했다. 좀 더 개량된 추출기에서는 이와 같은 피스톤에 의한 압축의 힘이 커피 추출에 가장 이상적인 압력인 9기압에 달하게 했다.

가지아 압력식 추출기   현대식 수동 추출기

　1960년대에는 수작업에 의해 압력을 만들어주던 것이 자동화되기 시작했다. 수작업이 아닌 최초의 자동추출기는 단순한 유압펌프(hydraulic pump)를 이용했다. 전자 장비의 발달에 의해 오늘날에는 물을 데움과 아울러 온도와 압력을 정확히 조절할 수 있도록 모든 것이 자동화되었다. 오늘날 에스프레소 추출기는 모든 관련 장비들이 단일 용기 내에 수용되어 있으며 버튼으로 조작된다. 모든 것이 자동화되어 쉽게 사용할 수 있으나 누구나 양질의 에스프레소를 만들 수 있는 것은 아니다. 일부 전문가들 중에는 과거의 피스톤형 추출기가 보다 더 추출 조절을 잘할 수 있어 이를 고수하기도 한다.
　에스프레소는 강하고 농축된 커피이다. 유럽식 전통에 따르면 에스프레소에 우유를 첨가하여 마셨는데 우유를 데우지 않으면 커피를 식게 했다. 에스프레소 추출기의 발달사 초기인 1901년에 베제라는 커피가 추출되게 압력을 가하는 증기를 우유를 데우는 데도 사용할 수 있을 것으로 생각했다. 그래서 오늘날의 스팀분사기가 창안되었다. 밸브를 열어 증기가 노즐을 통해 우유 내로 분출되게 하여 데움과 아울러 거품이 생기게 했다.

3. 에스프레소의 종류

에스프레소는 단순히 커피를 만드는 한 가지 방법임과 아울러 여러 종류의 에스프레소 커피를 총칭한다. 원래 에스프레소는 이탈리아에서 커피 종류의 하나였으나 에스프레소 기술이 많은 나라로 전파되면서 각자의 문화에 맞는 여러 종류의 에스프레소로 발달했다. 여러 종류의 에스프레소가 있으나 모두 에스프레소 추출기로 추출하며, 우유 또는 우유 대체물 그리고 첨가하는 감미료 및 향료라는 차이밖에 없다. 한때는 초콜릿을 많이 첨가했으나 미국에서는 상이한 종류의 시럽과 기타 물질을 첨가한다. 에스프레소를 전통적인 이탈리아 북부 에스프레소, 이탈리아-미국식 에스프레소 그리고 미국식 에스프레소로 구분하기도 한다. 미국식 에스프레소는 20년 전부터 시애틀에서 각종 향료를 첨가하기 시작하면서 기원했으며 미국 전역으로 전파되었다. 미국식 에스프레소는 그 특성에 따라 포스트모던 에스프레소(post-modern espresso), 시애틀식 에스프레소(Seattle-style espresso), 카트 에스프레소(Cart espresso), 우편 에스프레소(mail espresso) 또는 라테 에스프레소(Latte espresso) 등으로 매우 다양하다. 미국의 커피 문화의 메카가 된 시애틀에서는 세계 최고의 순수한 에스프레소와 아울러 다양한 에스프레소를 즐길 수 있다. 또한 시애틀은 계속 새로운 종류의 에스프레소를 개발하고 있으며 스타벅스사도 시애틀에서 개발된 에스프레소의 한 종류로서 전 세계 시장을 석권하고 있다.

에스프레소 카트

1) 정통 이탈리아식 에스프레소

정통 이탈리아식 에스프레소는 추출한 에스프레소를 잔에 따라 마시는 것과 에스프레소에 우유 거품을 첨가하여 마시는 두 가지 종류로 대별한다. 추출한 에스프레소를 아무것도 첨가하지 않고 작은 잔에 따라 마시는 것을 스트레이트 에스프레소(straight espresso)라 하며 뜨거운 우유거품을 얹어 마시는 것을 카푸치노(cappuccino)라 한다. 이탈리아에서는 아메리칸 카페라테와 유사한 에스프레소를 라테 마키아토(latte macchiato)라고 하는데 라테는 우유로 물들이는 것 또는 표시했다는 의미다. 양은 아메리칸 카페라테보다 적으나 긴 유리잔에 뜨거운 유유와 우유 거품을 얹어 마신다. 카페라테는 이탈리아에서는 별로 선호되지 않으며 아메리칸 카페라테의 유리잔은 16온스의 큰 것임에 비해 6~10온스의 유리잔을 이용한다. 미국인 관광객들이 많은 곳을 제외하고는 일반 에스프레소 커피점에서는 판매하지 않는다. 이탈리아 가정에서는 카페라테는 프렌치 플런저로 추출한 일반 커피에 뜨거운 우유를 타 마시는 것을 의미한다. 제과점이 딸린 이탈리아의 에스프레소 바, 카페에서는 뜨거운 초콜릿에 휘핑크림을 짜 넣은 것을 에스프레소와 같이 내놓은 경우가 많다. 이는 두 가지를 하나로 만들어놓은 미국식 카페모카(Caffe Mocha)와 유사하다.

2) 이탈리아-미국식 에스프레소

1920년대에서 1940년대 사이에 미국에 거주하던 이탈리아인들에 의해 개발된 에스프레소로서 1950년대에 미국 전역으로 전파되었다. 1960년대에는 미국에서 가장 많이 마시는 에스프레소로 발전했으며 커피산업의 원동력으로까지 발전하게 되었다. 첨가물에 따라 카페라테와 카페모카로 대별되나 이에서 파생된 에스프레소, 리스트레토(ristretto), 카푸치노 등 종류가 다양하다. 또한 마시는 잔이나 컵이 커진 것이 특징이며 스트레이트 에스프레소의 양도 많아졌다. 또한 맛에서도 이탈리아 전통 에스프레소와는 차이가 있다. 미국에서는 아라비카 생두가 비교적 저렴하고 쉽게 구할 수 있어 아라비카를 배합에 많이 사용함으로써 커피에서 날카롭고 톡 쏘는 맛이 난다. 그러나 이탈리아에서는 대다수가 스트레이트 에스프레소를 선호하여 부드럽고 플레버가 약해야 한다. 따라서 이탈리아 에스프레소에서는 저지대 재배산인 브라질의 로부스타를 배합의 주 생두로 사용한다. 미국 서부지역에서 애용하는 에스프레소는 배합 생두를 북부 이탈리아보다 더 검게 배전함으로써 더 뚜렷한 플레버가 특징이다.

이탈리아와 이탈리아-미국식 에스프레소는 마시는 풍습에서도 차이가 있다. 이탈리아에서는 추출하기 직전에 원두를 분쇄하여 소량을 25초 내에 추출한다. 작은 잔에 따라 식는 동안 그 향을 즐기며 조금씩 빠르게 마신다. 이에 비해 이탈리아-미국식 에스프레소는 다소 한가한 마음으로 마신다고 하겠다. 많은 미국인은 에스프레소에 뜨거운 거품 우유를 얹기 때문에 추출과 마시는 사이의 시간에는 그다지 개의치 않는다. 예술인, 떠돌이꾼, 대학생, 비정규직 전문가들이 특히 애호하는데 이들은 주문 후 식탁에 앉아 잡담을 하거나 신문을 읽는다.

3) 전통적인 에스프레소의 종류

미국과 이탈리아 북부지방에서 즐겨 마시는 에스프레소의 종류는 다음과 같다.

- **에스프레소**: 에스프레소용 데미타제 잔에 이탈리아에서는 추출한 에스프레소를 1/3, 미국에서는 2/3를 부어 마시는데 양으로는 각각 1온스 및 2온스에 해당한다. 일반적으로 설탕을 타 마신다. 데미타제란 프랑스어로 '반 잔'이라는 뜻으로 식후의 블랙커피용 작은 커피 잔이며 이러한 잔에 담긴 커피를 의미하기도 한다.

데미타제(demitasse)

- **에스프레소 로마노(Espresso Romano)**: 미국, 이탈리아-미국식 모두에서 얇게 썬 레몬 조각을 에스프레소 위에 띄워놓거나 잔의 상단 가장자리에 끼워 넣은 에스프레소다. 대부분의 이탈리아인들은 이를 선호하지 않는다.

- **에스프레소 리스트레토(Espresso Ristretto)**: 이탈리아에서는 코르토(Corto) 그리고 미국의 서북 지역에서는 쇼트(short)라 한다. 매우 강하고 진한 에스프레소로서 일반 에스프레소보다 추출하는 물의 양을 절반으로 줄여 추출한 것이다. 이탈리아에서는 데미타제 잔에 1/3 또는 용량으로는 3/4온스, 그리고 미국에서는 잔에 절반이 차거나 1.25온스가 되었을 때 추출을 중단한다. 데미타제 잔이나 유리잔으로 마시며 추출된 커피는 매우 진하고 일반 커피보다 향을 더 느낄 수 있다. 더블 에스프레소와는 다르다.

- **에스프레소 룽고(Espresso Lungo)**: 미국과 이탈리아 모두에 있는 에스프레소의 일종으로 미국의 서북 태평양 지역에서는 이를 롱(Long)이라고도 한다. 에스프레소 추출 시 다소 물의 양을 많게 하여 데미타제에 2/3가 되도록 추출한 에스프레소다. 다소 쓴맛이 강하다. 미국에서는 에스프레소가 이탈리아의 에스프레소보다 희석된 상태여서 이 용어를 많이 사용하지 않는다.

- **에스프레소 콘 파나(Espresso con Panna)**: 카페 콘 파나(Caffe

con Panna)라고도 하며 6온스의 잔에 에스프레소를 한 번, 두 번 때로는 세 번 채우고 위에 휘핑크림을 얹은 후 기호에 따라 당분이 없는 초콜릿 가루를 뿌려 마신다.

에스프레소 콘 파나(왼쪽: 추출한 에스프레소, 오른쪽: 휘핑크림이 첨가된 것)

- **더블(Double)**: 이탈리아에서는 도피오(Doppio)라고 한다. 한 컵에 두 번 추출한 에스프레소를 담은 것으로, 용량으로는 이탈리아에서는 2.5온스, 미국에서는 3~5온스에 해당한다.
- **카푸치노(Cappuccino)**: 이탈리아에서는 약 1.25온스, 미국에서는 2온스의 에스프레소에 뜨거운 우유를 넣은 후 거품우유를 얹어 마시는 에스프레소다. 전통적인 이탈리아-아메리카식에서의 카푸치노는 6온스의 무거운 컵에 에스프레소, 우유 그리고 거품우유를 각각 1/3의 비율로 만든다. 이탈리아에서는 미국에서와 같이 우유에 거품을 심하게 생기지 않게 하여 에스프레소 위에 얹지 않고 붓기 때문에 농도가 진해진다. 카푸치노에는 뜨거운 거품이 생긴 우유를 첨가해야 하며 일반적으로 설탕을 첨가해 마신다. 취향에 따라 거품우유를 얹지 않고 마시기도 하며 시애틀식 에스프레소를 주문을 할 때 우유 거품이 적거나 많게 또는 거품이 뜨도록 제시해야 한다. 때로는 유리잔으로 마시기도 한다.

- **카페라테(Caffe Latte)**: 라테라고도 하며 주로 미국에서 많이 마시는 에스프레소의 일종이다. 사발이나 주입구가 넓은 유리잔에 에스프레소와 우유의 비율을 1 : 3으로 혼합하고 거품을 약간 얹는 에스프레소이다. 카푸치노보다 우유의 양이 훨씬 더 많아 맛이 약하며 우유 맛이 더 많이 난다. 사발이나 유리잔에 따를 때에는 우유와 에스프레소를 동시에 함께 따라야 한다. 유럽 남부 지역에서 주로 아침식사 때 많이 마신다. 이탈리아에서는 카페라테라는 용어를 별로 많이 사용하지 않으며 우유의 함량이 높은 커피를 원할 때는 라테마키아토나 우유 거품이 없는 카푸치노를 더 선호한다. 미국에서는 카페오레(cafe aulait)와 구분하여 사용하는데 전자는 에스프레소로 만든 커피인 데 비해 후자는 일반 여과 커피로 만든 것이 차이점이다.

카페라테

- **에스프레소 마키아토(Espresso Macchiato)**: 에스프레소에 소량의 뜨거운 우유 거품을 첨가한 에스프레소의 일종으로, 에스프레소용 데미타제로 마신다.
- **라테 마키아토(Latte Macchiato)**: 뜨거운 우유와 우유 거품을 유리잔에 먼저 붓고 에스프레소를 조심스럽게 부어 잔에 세 개의 층이 생기게 한 에스프레소의 일종이다. 카푸치노에서는 잔에 먼저 에스프레소를 붓고 그 위에 우유 거품을 얹으며, 카페라테에서는 큰 사발이나 유리잔에 에스프레소와 우유를 동시에 같이 붓는 것이 차이점이다.

- **카페모카(Caffe Mocha)**: 주로 미국에서 애용되는 이탈리아-미국식 에스프레소의 일종이며 모카자바와 혼동하기 쉽다. 전통적인 카페모카는 1.25온스의 에스프레소를 매우 강하고 뜨거운 2온스의 초콜릿과 섞은 후 그 위에 뜨거운 우유 거품을 얹은 것이다. 일반적으로 8온스 머그(mug) 잔을 이용한다. 근래에는 카페라테에 초콜릿과 시럽을 첨가하여 이를 모카라고도 한다. 과거 이탈리아 북부에서 커피에 초콜릿을 첨가한 커피가 한때 유행하기는 했으나 현재 이탈리아에서는 카페모카가 없다.

4) 미국식 에스프레소

이탈리아에서 개발된 에스프레소가 미국에 상륙하면서 이탈리아-미국식의 다양한 종류의 에스프레소가 출현했다. 특히 약 20년 전부터는 미국의 시애틀에서 다양한 에스프레소가 출현하여 전 미국으로 퍼졌는데 이를 미국식 에스프레소라 한다. 미국식 에스프레소의 특징은 커다란 용기에 때로는 3잔에 해당하는 에스프레소를 넣은 후 뜨거운 거품이 인 우유를 첨가함과 아울러 취향에 따라 각종 향료나 시럽을 첨가하며, 첨가하는 향료에 따라 여러 상이한 명칭이 붙는다. 또한 마시는 장소에서도 차이가 난다. 이탈리아식에서는 서서 마시는 바(bar)임에 비해, 이탈리아-미국식에서는 테이블과 의자가 있는 카페에서 신문을 보거나 가벼운 음식 등을 먹으면서 에스프레소를 마신다. 반면 미국식에서는 이탈리아식과 이탈리아-미국식과 혼합된 형태다.

미국식에서는 잔, 유리잔 및 접시 등이 커다란 일회용 플라스틱 컵 등으로 대체되었다. 고객들도 전통적인 카페에서와 같이 앉아 신문을 읽거나 담소하며 에스프레소를 마시기도 하나 대다수가 산 커피를 가지고 나가 각자가 원하는 장소에서 마시는 것 또한 특징이다. 또한 에스프레소점에서의 격식이 없어진 것도 특징이며 에스프레소 메뉴도 매우 다양해졌다. 우유와 향신료 시럽을 너무 많이 첨가하여 거의 에스프레소의 맛을 느낄 수 없는 에스프레소가 있는가 하면 버터를 넣어 마시는 종류 등 매우 다양하며 아울러 마시는 습성도 매우 다양하다.

5) 미국인들의 마시는 습성

미국인들은 전통적인 에스프레소를 그들의 문화에 맞게 다양하게 발전시켰다. 아마도 전통적인 작은 잔에 마시는 에스프레소는 언제나 크고 많은 것을 원하는 미국인들에게는 적합하지 않은 데 기인한 것으로도 생각된다. 미국인들이 에스프레소를 마시는 습성은 다음과 같다.

- **아메리카노(Americano)**: 카페 아메리카노(Caffe Americano)라고도 하는데 매우 희석시킨 에스프레소이다. 원래는 에스프레소와 물의 비율을 1 : 1로 했으나 일반적으로 6온스의 컵에 1회분의 에스프레소를 넣고 뜨거운 물을 채워 넣은 후 마시는 것이다.
- **뎁스 차지(Depth Charge)**: 일반 여과커피 한 잔에 에스프레소 커피 한 잔을 섞어 마시는 것.
- **더블 카푸치노(Double Cappuccino)**: 일반 에스프레소를 두 배로 농축되게 추출한 후 3~5온스의 뜨거운 우유와 우유 거품을 첨가하는데, 특히 우유 거품을 강조한 것이다. 일반적으로 8~10온스의 컵이나 머그잔으로 마신다.
- **트리플 카푸치노(Triple Cappuccino)**: 12온스의 머그잔이나 16온스의 유리잔에 3잔의 카푸치노를 넣어 마시는 것을 지칭하는데, 이는 아마도 건강에 별로 도움이 되지 않을 것으로 사료된다.
- **더블 카페라테(Double Caffe Latte)**: 분쇄 원두의 분량을 배로 하여 추출한 커피에 단일 카페라테에 첨가하는 양의 뜨거운 우유와 거품을 채우거나 동일 양의 추출 커피를 16온스의 유리잔에 부은 후 우유와 거품을 가득 채우기도 한다. 따라서 더블 카페라테는 카페라테보다 강하다.
- **트리플 카페라테(Triple Caffe Latte)**: 매우 강한 카페라테로서 3배로 농축되게 추출한 것이다.
- **모카라테(Mocha Latte)**: 에스프레소, 초콜릿 및 우유와 우유 거품을 각각 1 : 1 : 3의 비율로 만든 에스프레소로서 우유 맛이 압도적인 에스프레소의 일종이다.
- **카페오레(Cafe Au Lait)**: 일부 미국의 카페에서 마실 수 있는 에스프레소의 일종으로 12 또는 16온스의 유리잔에 미국식 배전 여과커피 절반에 뜨거운 우유와 우유 거품을 채워 만든 것이다. 에스

프레소에 비해 여과커피의 플레버는 매우 섬세하고 바디가 약하기 때문에 에스프레소를 사용한 카페라테보다는 우유보다 커피의 비율이 좀 더 많게 해야 한다.

- **향 카페라테(Flavored Caffe Latte)**: 미국식 에스프레소의 일종으로 에스프레소에 각종 향료를 첨가한 것. 카페라테가 초콜릿과 박하향의 시럽이 첨가되었을 때 초콜릿-민트라테, 석류시럽이 첨가되었을 때 석류라테, 체리가 첨가되었을 때 체리라테 등과 같이 첨가하는 물질과 시럽에 따라 상이한 명칭들이 있다. 향 커피라테는 에스프레소에 약 8온스의 뜨거운 우유를 붓고 약 1/2~1온스의 원하는 시럽을 첨가하여 만드는데 약해진 우유와 시럽의 맛이 상호 균형을 이룬 것이 특징이다.

- **아이스 카푸치노(Iced Cappuccino)**: 바로 추출한 에스프레소를 차게 한 후 잘게 깬 얼음 위에 붓고 1~2온스의 찬 우유를 넣은 후 다시 찬 우유 거품을 얹는다. 언제나 유리잔으로 마심으로써 커피, 우유 그리고 우유 거품 등이 어우러져 특히 더운 날 시원한 시각적인 효과를 준다.

아이스 카푸치노   에스프레소 그라니타

- **에스프레소 그라니타(Espresso Granita)**: 전통적인 이탈리아-미국식인 그라니타는 당분이 가미되지 않은 진한 에스프레소나 약

간 달게 한 에스프레소를 냉동실에 넣어 얼린 후 꺼내어 잘게 부순 후 다시 냉동실에 넣어 냉동 후 꺼냈다가 다시 잘게 부수는 과정을 수차례 반복하여 아주 작은 얼음조각으로 부서진 상태에서 파르페 잔(parfait glass)이나 선디(sundae) 접시 위에 놓고 이 위에 다소 달게 한 휘핑크림을 올린 것이다. 파르페 잔은 유리로 된 잔이나 스테인리스로 만든 것도 있으며 일반적으로 아이스크림을 담는 용기이다.

파르페 잔

스테인리스 재질의 선디

- **그라니타 라테(Granita Latte)**: 그라니타라고도 하며 현재 미국에서 유행하고 있는 에스프레소의 일종으로 언 에스프레소와 우유 결정체를 혼합하여 설탕을 첨가하거나 때로는 바닐라를 첨가한다. 즉석에서 만들어 마시며 특히 여름철에 많이 애용된다. 전문가들은 그라니타 제조용 기계로 만들어 낸 그라니타는 제 맛이 나지 않는다고 평하고 있다.

그라니타 제조기

그라니타

- **차이라테(Chai Latte):** 차이라고도 하며 원래의 뜻은 차이다. 차이라테는 생강, 시나몬, 카르다몸 등과 같은 향신료, 홍차, 꿀 또는 설탕을 우유 거품에 섞어 혼합한 후 라테 크기의 목이 긴 유리잔으로 마시는 음료다. 원래 차이는 중앙아시아에서 기원했으나 미국에서는 시애틀에서 에스프레소 카트 문화로 변형되어 발전되었다. 차이라테에는 에스프레소나 커피 성분이 전혀 포함되지 않았으나 우유 거품을 사용한 데서 에스프레소의 일종으로 취급한다.

4. 배전

플레버의 특성이 배전에 의해 결정되는 것과 같이 에스프레소에서도 배전은 매우 중요하다. 에스프레소에서는 일반적으로 다소 검게 배전하는데 이는 생두 자체 맛의 특성을 경감시키나 새로운 특성이 생기게 한다. 에스프레소의 추출법은 원두의 플레버를 아주 효율적으로 추출할 수 있어 플레버의 특성들이 지나치게 강조되는 경향도 있다. 에스프레소는 아마도 가장 효율적인 추출법이라고도 할 수 있으며 단종커피에서의 어떤 뚜렷하거나 색다른 특성이라기보다는 깊고, 달고, 정교한 플레버의 특성을 가지고 있다고 힐 수 있다. 따리서 에스프레소를 추출하기 위한 배전은 미국 표준보다 다소 더 검게 배전해야 한다. 라이트에서 미디엄의 끝 단계까지 배전한 원두에서 추출한 커피는 지나치게 애시디티하며 브라이트하고 에스프레소에서와 같이 쓴맛이 난다. 반면 지나치게 검게 배전한 원두에서 추출한 커피는 아주 옅으며 물과 같고 탄 냄새가 난다.

에스프레소용으로 배전이 완료된 원두를 식히는 과정

에스프레소용으로 배합된 원두가 덜 검게 배전한 것을 선호하는 사람들이 있는 반면에 검게 배전한 것을 선호하는 사람들도 있어 배전 상태는 개인적인 선호도에 의해 결정해야 한다. 일부는 신맛을 구분할 수 있고 검게 배전했을 때 나타나는 쓴맛이 가미된 단맛이 막 발현될 때, 즉 생두의 표면이 건조된 상태에서 막 유류 반점이 나타나기 시작할 때 배전을 중단한다. 반면 일부는 원두 표면이 기름기로 반짝이는 검은 갈색으로 배전하여 쓴맛이 가미된 단맛이 신맛을 압도한 배전을 선호하기도 한다.

또한 에스프레소용 배합 생두 종류의 특성이 배전에 영향을 미치기도 한다. 유명한 일리카페(Illy Caffe)와 같은 전통적인 북부 이탈리아식에서는 풍만한 바디와 약한 신맛에 자연적인 단맛이 있는 브라질산 생두를 사용한다. 브라질산 생두는 중등도로 검게 배전해야만 애시디티가 억제되어 단맛이 제대로 발현된다. 반면 미국 서부 연안 지역들에서는 에스프레소의 배합에 중미의 고산지대산을 사용함으로써 신맛이 너무 강하여 다소 검게 배전한다. 검게 배전한 두 종류의 원두가 시각적으로는 동일하게 보이나 배전 기술에 따라 전혀 다른 맛이 나기도 한다. 배전 기술이란 플레버의 손실이 없이 배전하는 것을 의미하는데 이는 배전기 내의 온도를 조절함으로써 생두 내의 당분이 타지 않고 캐러멜화되게 하는 것이다. 당분이 타버린 커피는 맛이 약하고, 쓰며, 탄 맛이 나는데 이는 에스프레소의 맛이 아니다.

5. 배합

배합이란 상이한 배전 상태의 원두의 배합, 카페인이 상이한 함량의 원두의 배합, 상이한 기원의 단종커피의 배합 등을 총칭한다. 전문 배합업체들은 단종커피의 특정한 특징보다는 상업성을 위해 여러 특성들이 동시에 발현되는 제품 생산이 목적이다. 에스프레소는 그 추출법의 특성 때문에 농축된 커피가 특정한 특성이 강조되는 단종커피보다 균형과 완전성이 요구되어 배합이 더욱 중요하다. 에스프레소에서는 완전성과 만족도가 강조되는데 이는 상대적이어서 배합업체, 고객들의 기대 그리고 배전업체와 고객들이 추구하는 전통에 따라서 상이하다.

1) 배합의 이유

어느 곳에서나 에스프레소의 배합이 추구하는 것은 가능한 한 풍만한 바디, 보다 더 뚜렷한 단맛, 보다 좋은 아로마 그리고 길게 여운이 남는 뒷맛임에 비해 애시디티와 쓴맛이 가미된 단맛은 별로 강조하지 않는다. 대부분의 북부 이탈리아 배합업체들은 거의 신맛이 없도록 배합하는 데 비해 북미에서는 다소의 신맛이 나도록 배합하여 다소 약하게 배전한다. 미국 및 캐나다인들은 애시디티를 선호하여 라틴아메리카의 고산 재배산 생두를 선호하는 데 비해 이탈리아인들은 아프리카산 로부스타나 브라질의 저지대 재배산인 아라비카를 선호한다.

애시디티는 원두의 기본 특성이나 검은 색상이 진해짐에 따라 애시디티가 줄어들어 결국에는 쓴맛이 가미된 단맛, 톡 쏘는 플레버로 대체된다. 쓴맛이 가미된 단맛을 배합에 의해 조절하는데 이탈리아와 이탈리아식 배전업체들은 단맛 쪽에 더 중점을 두는 반면 미국의 배전업체들은 쓴맛이 가미된 단맛에 치중한다. 따라서 이탈리아와 이탈리아식 에스프레소에서는 약한 배전을 하는 데 비해 북미에서는 검게 배전한다. 북미인들은 박력이 있고 톡 쏘는 맛과 신맛이 나는 에스프레소를 선호한다. 북미인들은 에스프레소에 우유를 첨가함으로써 상기와 같은 플레버를 즐기는 데 비해 이탈리아인들은 일반적으로 에스프레소를 희석시키지 않고 마심으로써 단맛을 즐긴다. 그러나 이탈리아인들 중에서 에스프레소에 설탕을 넣어 마시는 사람들도 더러 있다. 배합 에스프레소는 단순히 전통과 문화의 차이에 기인한다고도 할 수 있다.

2) 배합의 원칙

만일 강한 바디, 매혹적인 아로마, 약한 애시디티 그리고 미국식 에스프레소에서와 같이 톡 쏘는 단맛이 강조된 에스프레소를 원한다면 어떻게 배합해야 할지가 문제점이다. 배합업자들은 일반적으로 배합에 사용하는 기본 생두(base coffee)에 밝음, 에너지와 뉘앙스 그리고 바디와 무게감을 강화하는 생두를 첨가한다. 에스프레소 배합에 사용하는 기본 생두는 특이한 애시디티가 없어야 하며, 라운드하고 달아야 하고, 쉽게 검게 배전될 수 있어야 한다. 에스프레소 배합에 전통적으로 사용되는 생두는 단맛과 바디가 제대로 발현되게 하는 비수세식으로 가공한 브라질산이다. 수세식으로 가공한 페루나 일부 멕시코산 생두도 기본 생두로 사용되기도 한다. 인도네시아의 수마트라 도서(島嶼) 지역산 생두도 기본 생두로 사용되는데 주로 미국의 서부 연안지역 배합업자들이 선호한다. 브라질산과 같이 수마트라산에서는 풍만한 바디가 특징이나 검게 배전했을 때 쓴맛이 가미된 단맛이 나며 톡 쏘는 맛이 있다.

흔히 에너지(energy)와 힘(power)의 특성이 있는 커피를 하이라이트 커피(highlight coffee)라 한다. 아마도 에스프레소에서 추구하는 것은 에스프레소의 특징, 에너지 그리고 힘이라고도 할 수 있다. 많은 미국의 배합업자들은 여운이 남으며 포도주와 같은 애시디티가 뚜렷한 케냐산을 기본 원두로 꼽고 있다. 반면 다른 배합업자들은 양질의 코스타리카산의 라운드한 특성, 과테말라 안티구아의 교활한 과일 맛 그리고 수세식 에티오피아의 꽃향기의 달콤한 맛의 생두를 선호하기도 한다.

무게를 중시한 커피를 보텀노트 커피(bottom-note coffee)라고도 하는데, 특히 에스프레소에서는 여운과 바디가 최고에 달하는 보텀노트를 중요시한다. 보텀노트를 강조하기 위해서는 수마트라의 만델링, 인도의 몬순 말라바 또는 묵은 커피를 기본 원두로 사용한다. 이탈리아의 배합업자들은 바디를 향상시키고, 크레마가 많이 생기게 하기 위해 로부스타를 기본 원두로 사용한다. 반면 북미의 배합업자들은 로부스타를 거의 기본 원두로 사용하지 않는다. 로부스타는 비록 바디는 향상시킬 수 있으나 커피의 제 맛이 제대로 발현되지 못하게 하는 것으로 받아들여지고 있다.

6. 구입

가정에서 에스프레소를 추출하기 위해서는 제대로 배합된 원두의 구입이 중요하다. 검게 배전된 단종 원두에서는 커피의 제 맛을 느낄 수 없으나 에스프레소용에서는 그 맛이 매우 다양하여 가정에서 한번 실험하거나 경험해 볼만하다. 가정에서 추출하기 위한 에스프레소는 분쇄하여 깡통에 담긴 것, 소위 포드(pod)라 불리는 1회용 봉지에 담긴 것, 깡통에 담긴 원두, 그리고 대용량 포장의 원두의 4가지 형태로 판매되고 있다. 생두를 구입하여 직접 배전한 후 배합할 수도 있으나 이는 매우 번거롭다.

1) 깡통에 든 배합분말

슈퍼마켓에서 쉽게 구입할 수 있는 깡통에 든 에스프레소용은 이미 배합되어 분쇄한 것이다. 대부분이 가정에서 추출하기 위해서는 너무 거칠게 분쇄하여 제대로 추출되지 않는 것이 일반적인 경향이다. 구입 시 반드시 에스프레소 추출용으로 미세하게 분쇄된 것을 확인한 후 구입해야 한다. 또한 유형도 다양하여 유명한 일리 카페(Illy Caffe)와 같이 전통적인 이탈리아인의 기호에 맞는 순하고 단 유형이 있는가 하면 라틴인들의 기호에 맞는 다소의 흙냄새가 나는 것 등 다양하다. 후자인 경우에는 드라이하고 애시디티하며 쓴맛 중 단맛이 나는 100% 콜롬비아산이라고 표기되어 있기도 하다. 분쇄되어 깡통에 든 이들 커피에는 비록 포장 기술이 발달했다고는 하나 추출하기 전에 분쇄하여 추출한 커피에 비해 신선도가 결여된 것이 단점이다. 또한 원두에서 느낄 수 있는 종합적인 맛이 없는 것 또한 단점이다.

2) 에스프레소 포드(Espresso pods)

포드란 한잔의 에스프레소를 추출하기 위해 마치 홍차 봉지와 같이 포장하고 다시 종이 봉지에 넣은 것이다. 일반적으로 펌프식 에스프레소 추출기에 맞게 포장되었다. 초보자에게는 매우 쉽고 편리하며 추출 용량을 걱정하지 않아도 된다. 그러나 값이 다소 비싸며, 한정된 맛밖에 즐길 수 없으며, 특정 추출기를 사용해야 하는 단점이 있다. 그러나 근래 출시된 어댑터(adaptor)를 사용하면 일반 추출기에서도 추출이 가능하게 되었다. 깡통의 에스프레소 분말과 같이 포드분말도 거의 모두가 배합분말이다. 포드에서도 순한 맛의 북이탈리아식과 톡 쏘는 맛의 유형으로 다양하다. 포드에서의 맛이 깡통의 것에 비해 다소 우월하나 원두에서의 맛에는 미치지 못한다.

일반 추출기의 그룹헤드에 장착하기 위한 어댑터(위)
포드(가운데), 필터홀더(아래), 포장된 포드(오른쪽)

3) 에스프레소용 배합원두

에스프레소의 품질을 중시하는 사람들은 원두를 구입하여 직접 분쇄한 후 추출하는 것이 최선의 방법이나 차선책으로는 구입 상점에서 분쇄하는 방법도 있다. 원두를 분쇄하여 직접 추출했을 경우에는 신선도, 풍만도 및 향이 월등하다. 원두는 일반적으로 상자 또는 은박 밸브 봉지에 넣어 판매하는데 이는 원두를 변질시키는 습도와 산소로부터 원두를 잘 보호할 수 있다. 은박 밸브봉지에 담기 전에 먼저 불활성인 질소 가스를 유입시켜 산소가 다 나가게 한 후 담고 즉시 밀봉해야 한다. 막 배전된 원두에서는 이산화탄소가 유리되어 은박지 봉지 내에 남아 있을 수도 있는 산소로부터 원두를 보호한다. 생성된 이산화탄소는 밸브를 통해 배출되기 때문에 봉지는 팽창되지 않는다. 많은 양의 원두를 판매하는 커피전문점의 원두는 슈퍼마켓에서 판매하는 것보다 품질이 우수하다. 또한 소량만이 거래되는 상점보다는 대량이 거래되는 상점의 원두가 품질이 우수하다. 아마도 직접 배전하여 판매하는 상점의 원두가 제대로만 배전되었다면 최상이다.

4) 에스프레소용 원두의 특성
선호하는 특성의 에스프레소를 만들기 위해 사용해야 할 생두의 특성을 고찰하면 다음과 같다.

- **애시디티가 아주 뚜렷한 커피**: 케냐산, 코스타리카의 고산지대 재배산, 과테말라산, 예멘 모카 그리고 고급품인 콜롬비아산 생두를 이용해야 한다. 이들 생두는 모두가 고산지대 재배산이어서 생두의 밀도가 높으며 견과와 같은 갈색으로 배전했을 때 밝은 신맛이 뚜렷하며 검은 갈색으로 배전하였을 때는 쓴맛이 가미된 단맛이 발현된다. 스트레이트 에스프레소로 마시기에는 좀 진한 감이 있으나 우유를 첨가하면 훌륭한 맛이 난다. 비수세식 예멘산을 다소 검게 배전했을 때는 케냐나 라틴아메리카산보다 맛이 월등하여 매우 훌륭한 에스프레소가 된다.

- **순한 프로파일의 전통 커피**: 수세식에 의해 가공한 대부분의 캐리비안(푸에르토리코, 자메이카 블루마운틴, 도미니카공화국, 아이티 등), 멕시코, 엘살바도르, 니카라과, 파나마, 페루산은 밝고 순한 애시디티가 특징이나 검게 배전함으로써 쉽게 약화시킬 수 있다. 이들 생두의 단맛의 특성은 에스프레소에 적격이며 바디가 약한 특성이 있다.

- **브라질 커피**: 애시디티가 약하며 라운드하고 풍만한 바디를 가진 브라질산 고급원두는 에스프레소용으로 가장 적격이다. 특성이 배전하여 에스프레소로 추출했을 때 나타나는 브라질산 고급 생두는 주로 소수의 중형 및 대형 농장에서 재배되는 부르봉 품종을 비수세식에 의해 가공한 것에서 기원한다. 단맛이 제대로 발현하

도록 배전을 해야 하며 검은 색상으로 배전하지 않아야 한다. 비수세식에 의해 가공한 브라질 부르봉을 배전 및 추출만 제대로 한다면 아마도 최상의 에스프레소가 된다.

- **하와이 커피**: 하와이 코나산 생두는 비싼 가격과 검게 배전했을 때는 그 특성이 없어지기 때문에 거의 에스프레소용으로는 사용하지 않는다. 때때로 검게 배전한 코나 원두를 볼 수 있는데 이러한 원두에서는 실제 코나커피의 맛과 향을 느낄 수 없다. 검게 배전된 코나 원두나 배전과정 중에 특성이 파괴되지 않은 원두로 에스프레소를 만든다면 매우 유쾌한 맛을 느낄 수 있다. 코나지역 외의 대형 농장이나 카우아니와 몰로카이 섬에서 생산된 생두는 그리 비싸지도 않으며 생산자로부터 검게 배전된 상태로 직접 구입할 수 있는데 제대로만 배전되었다면 흥미 있는 에스프레소를 추출할 수 있다.

- **인도네시아와 인도 커피**: 수마트라 및 술라웨시 등과 같은 인도네시아 도서의 생두는 에스프레소에 아주 적격으로 풀 바디, 단맛이 나며, 톡 쏘는 맛, 복합성 등 아주 우수하다. 그러나 북미지역에서는 양질의 수마트라 및 술라웨시산 생두를 구하기가 어려운 것이 문제점이다. 이들을 구하기 어려운 경우에는 비수세식에 의해 가공한 브라질산 생두를 사용해도 된다.

- **에티오피아와 기타 아프리카 커피**: 케냐산은 강력한 바디, 깊게 남는 여운, 때로는 열매 맛이 있기는 하나 살아 있는 듯한 포도주의 맛과 언제나 일관성이 있는 맛이 특징이다. 그러나 검게 배전했을 때는 톡 쏘는 신맛이 너무나 강하여 자체만으로는 에스프레소에 적합하지 않다. 에티오피아산은 향과 약한 바디의 특성 때문에 아주 특이한 특성의 에스프레소를 만들 수 있다. 유명한 이가체페는 특이한 꽃 향의 특성이 에스프레소를 만들 때 약한 바디를 대체하

는 역할을 한다. 짐바브웨, 말라위와 같은 아프리카산 생두는 포도주 또는 과일 맛이 있어 약한 바디의 에스프레소를 만드는 데 적격이다.

- **로부스타:** 현재 미국에서 구입할 수 있는 고품질의 로부스타는 아이보리코스트, 태국 및 인도산이다. 좀처럼 일반 커피점에서는 구입하기 어렵다. 이들은 중압감이 있으며 단조로운 맛이며 다소 활성이 없는 것이 특징이다. 일부 전문 배합업자들은 그 가치를 인정하지 않으나 일부는 에스프레소에 여운이 남게 한다고 주장하고 있다.
- **묵은 커피와 몬순 커피:** 묵은 생두나 몬순 생두는 그 자체가 무게감이 있고 단조로운 맛이 있어 무게감을 강조하기 위해서는 배합용으로 사용하기 적합하다.

7. 분쇄

에스프레소는 일반 여과커피와는 달리 분쇄가 원두 종류 다음 가는 가장 중요한 요인이다. 에스프레소는 압력에 의해 뜨거운 물이 분쇄된 원두의 입자 사이를 빠르게 통과하는 중에 커피 성분이 추출되어 특이한 헤비 바디와 풍부한 플레버가 생성된다. 압력에 의해 빠르게 추출되는 것이 다른 여과커피와의 가장 큰 차이점이다.

1) 분쇄 시 유의사항
에스프레소용으로 분쇄 시 중요한 유의사항 및 중요성의 순위는 다음과 같다.

⑴ 미세분말 형태의 바로 직전 상태로 분쇄해야 한다.
⑵ 입자 크기가 모두 균일하게 분쇄해야 한다.
⑶ 원두가 깨어지거나 짓이겨지어 분쇄되지 않고 마치 깎아내는 형태로 분쇄해야 한다.

분말 형태는 추출에 영향을 미쳐 거칠게 분쇄하면 물이 너무 빨리 통과함으로써 제대로 추출되지 않아 옅고 쓴맛의 커피가 된다. 반면 너무 미세한 분말 형태로 분쇄하게 되면 추출에 시간이 경과되며 검고 탄 맛의 분말이 여과 홀더를 그대로 통과하게 된다. 최적의 분쇄 상태는 각 추출기의 특성에 맞추어 분쇄해야 한다. 대형이며 고가의 펌프나 피스톤식 추출기를 이용할 때는 저가의 압력식 추출기를 사용할 때보다 더 미세하게 분쇄해야 한다. 전문 업소용 대형 추출기는 일반적으로 추출에 9기압 이상의 압력을 가하는 데 비해 스팀식 압력 추출기에서는 1.5~3기압까지밖에 압력을 가할 수 없다. 압력이 높으면 높을수록, 필터 홀더에 다져진 분말에 균열이나 틈이 없게 태핑(tapping)할 수 있어 더욱 이상적인 에스프레소가 추출된다.

입자 크기의 균일성도 추출기의 종류에 따라 상이하다. 압력을 높게 가할 수 있는 추출기에서는 입자 크기가 매우 균일해야 한다. 소형 스팀식 추출기에서는 싸구려 가정용 분쇄기로도 분쇄가 가능한 균일하지 못한 분쇄 상태로서도 어느 정도의 플레버는 즐길 수 있다. 펌프나 피스톤식의 추출기가 크면 클수록 입자의 크기는 더욱더 균일해야 한다. 미세분말을 만들 때는 상업적인 분쇄기나 가정에서는 다소 고가인 에스프레소 전용 분쇄기를 이용해야 한다.

버가 장착된 다양한 가정용 분쇄기

분쇄 시 원두가 깨어지거나 짓눌려 분쇄되지 않고 마치 면도를 하는 것과 같이 깎아내는 분쇄가 매우 중요하다. 이는 물을 더 빨리 흡수하여 짧은 시간 내에 추출이 되게 하기 때문이다. 아주 날카롭고 양질의 버를 장착한 버 분쇄기가 권장된다. 싸구려 칼날 분쇄기(blade grinder)를 사용하면 원두가 깨어지는 상태로 분쇄된다. 비록 버 분쇄기를 사용해도 무딘 버인 경우 원두가 압축되거나 깨어져 분쇄된다.

2) 분쇄

가정에서 에스프레소를 즐기기 위해서는 다음과 같은 4가지 사항이 중요하다.

(1) 원두를 구입한 후 추출하기 직전에 분쇄해야 한다.
(2) 원두를 구입한 후 상업적인 대형 분쇄기를 이용하여 분쇄한다.
(3) 분쇄하여 깡통(can)에 넣은 것을 구입한다.
(4) 1회용 종이 포장지에 넣어 판매되는, 즉 포드를 구입하여 추출한다.

에스프레소를 포함한 모든 커피는 신선한 원두를 구입하여 제대로 보관하고, 추출하기 직전에 분쇄하여 추출하면 신선하고 플레버가 풍만한 커피를 즐길 수 있다. 에스프레소가 다른 커피와 다른 점은 분쇄 상태가 매우 중요하다. 현재 많은 가정에 있는 소형 칼날 분쇄기를 주의 깊게 이용하면 미세하고 균일한 입자 크기로 분쇄할 수 있으나 스팀식 추출기로 추출했을 때에는 옅은 바디 특성만이 나타난다. 대형 펌프나 피스톤 추출기를 이용할 때 에스프레소의 특성을 제대로 다 발현하기 위해서는 분쇄에 더욱 신경을 써야 한다.

대량으로 맞추어 분쇄하는 상점에서 구입하여 추출하는 것도 한 방법이다. 커피전문점에서는 슈퍼마켓보다 분쇄기를 더 잘 관리하고 언제나 신선한 분쇄 원두를 보관하고 있어 슈퍼마켓보다 커피전문점에서 구입하는 것이 품질이 더 우수하다. 슈퍼마켓 등에서 원두를 구입하여 집에서 분쇄할 때는 분쇄기에 에스프레소용으로 맞추어 분쇄해야 한다. 만일 분쇄기가 에스프레소용으로 분쇄할 수 없는 경우는 가장 미세한 분말로 맞추어 분쇄해야 하나 고운 가루 형태로 분쇄하지는 말아야 한다. 분쇄 시 가정에 있는 추출기도 고려해야 한다. 추출기가 펌프나 피스톤식이면 아주 미세한 분말 형태로 분쇄해야 하며 일반 스팀압력식이면 다소 거친 분말 형태로 분쇄해야 한다.

8. 추출

1) 추출기의 구조와 기능

추출기는 30만 원대의 가정용에서 수백만 원대의 전문업소용까지 매우 다양하며 일반적으로 전문업소용을 '커머셜(commercial)'이라 부른다. 뜨거운 물이 다져진 분말 사이를 압력에 의해 빠르게 통과하면서 커피가 추출되는데 이때 사용하는 압력 수단에 따라 모터식과 피스톤식으로 대별하고 있다. 대부분의 추출기들은 추출 온도, 압력, 시간 등을 계기판이나 전자식 조절 버튼으로 쉽게 조절하도록 제작되었다. 제품 가운데는 아예 원두 분쇄기가 장착된 것도 있다.

펌프식 추출기

압력식 추출기

가정용은 업소용에 비해 소형이나 기본 원리는 동일하여 아주 간단한 독일 크룹(Krups)사의 펌프식 추출기를 예로 들어 설명하면 다음과 같다. 내부 상단 뒤쪽에는 물통(Reservoir)이 있는데 단순히 물을 저장하는 용기인데 이곳에서는 물이 데워지지 않으며 물을 담기 위해 쉽게 분리할 수 있다. 물통 하단에는 물 펌프가 있어 물통의 물을 가열 용기 내로 고압으로 보내진 후 차단 밸브에 의해 더 이상의 유입이 없다. 스테인리스로 제작된 가열용기(heating chamber) 내의 바닥에 있는 열선에 의해 물이 가열된다. 가열에 의한 압력과 펌프에 의해 유입된 압력에 의해 뜨거운 물이 필터홀더(포타필터, porta-filter)를 통해 분출되면서 에스프레소가 추출된다. 가열 용기와 연결된 스팀 분사기(steam wand)가 좌측 하단에 돌출되어 있는데 이는 상이한 에스프레소를 만드는 데 필요한 증기에 의해 우유를 데움과 아울러 거품을 만드는 데 이용된다. 조절판은 아주 단순하여 전원 표시 램프와 추출 적정온도를 알리는 램프 그리고 추출과 증기분출 스위치로 되어 있다. 비록 단순한 추출기이나 15기압의 압력으로 추출할 수 있으며 1.5온스의 분말은 추출까지 25초밖에 걸리지 않는다. 추출이 완료되면 왼쪽으로 돌렸던 스위치를 중간에 복귀시키고 증기 분출 시에는 오른쪽으로 돌리면 된다.

크룹사 추출기의 외형

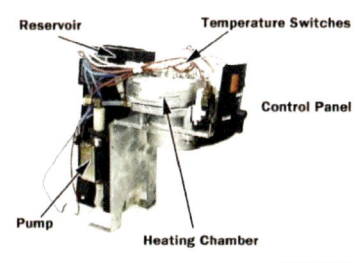
내부구조

파스퀴니(Pasquini) 추출기

2) 추출

양질의 에스프레소는 뚜렷한 단맛, 아로마 그리고 막 분쇄한 커피에서와 같은 신선한 플레버가 있어야 한다. 또한 크레마는 짙은 적갈색이여야 하며 순하고 진한 맛도 요망되는 사항이다. 완벽한 에스프레소는 어떤 첨가물이 없이도 즐길 수 있어야 하며 우유를 첨가해도 자체의 맛을 유지해야 한다. 또한 양질의 에스프레소는 마신 후 몇 분이 경과되어도 입천장에 유쾌하고 향기로운 뒷맛의 여운이 있어야 한다. 양질의 에스프레소를 추출하기 위해서는 다음의 사항들을 준수해야 하며 이 중 어느 한 항목을 등한시해도 참다운 에스프레소를 만들 수 없다.

(1) 배합

원두의 배합을 적절히 함으로써 단맛, 향 그리고 연한 맛을 낼 수 있어야 한다. 배합 원두 또는 분말도 신선한 것이어야 하며 배전 후 4일 이내에 배합해야 한다. 개개인의 기호에 맞는 배합을 위해서는 위에서 검토한 배합을 참고하기 바란다.

(2) 배전

대부분의 경우 매우 짙은 색으로 배전된 원두를 접하게 되는데 이들은 일반적으로 쓴맛과 숯 냄새가 나는 것이 일반적이다. 아로마와 단맛을 내기 위해서 일반적으로 조금 덜 검게 배전하는데 이것도 위의 배전을 참고하기 바란다.

(3) 분쇄

약 25~30초 사이에 추출될 수 있는 입자의 상태로 분쇄해야 한다. 때때로 다지기(tamping)로 추출 시간을 조절하기도 하나 이는 적절한 방법이 아니며 위의 분쇄를 참고하기 바란다.

(4) 분쇄기

양질의 버 분쇄기로 원두를 분쇄해야 한다. 일반적으로 편평한 버 보다는 원추형 버를 장착한 분쇄기가 더 균일하게 분쇄되고 분쇄과정 중 열이 발생되지 않으며 또한 오래 사용할 수 있다. 분쇄과정 중에 열이 많이 발생하면 아로마가 현저하게 감소된다. 많은 전문가들은 원추형과 평형으로 된 복합형 분쇄기를 최고로 간주한다.

추출기와 분쇄기의 복합형

(5) 필터홀더에 담기

최상의 플레버를 발현하기 위해서는 추출하기 직전에 분쇄하여 추출해야 한다. 분쇄 및 추출 분량은 각자의 기호에 따라 결정하면 된다. 일반적으로 커피숍에서 에스프레소를 주문하게 되면 한 잔만 추출하는 데 필요한 분량으로 추출한다. 30초 이내에 추출하지 않으면 남아 있는 분말은 버려야 한다.

바스켓이 장착된 필터홀더와 이를 엎어놓은 모양

다양한 크기의 필터 바스켓과 블라인드 바스켓(우)

다양한 형태의 탬퍼

먼저 분쇄된 분말을 필터홀더에 담고 다져주어야 하는데 이를 커피담기(packing) 또는 디스트리뷰션(distribution)이라 한다. 필터홀더에 담은 분말을 다져주어야 하는데 이를 다지기 또는 탬핑(tamping)이라 한다. 다지는 도구를 탬퍼(tamper) 또는 패커(packer)라고도 하며 외관상 모양이 다양하나 모두가 다져주는 단순한 도구이다. 그러나 바리스타들은 자신의 손의 크기 및 힘에 따른 탬퍼를 선택하기도 한다. 탬핑은 단순한 작업이나 에스프레소의 맛을 제대로 나게 하는 일종의 기술이다. 분말을 균일하게 다져줌으로써 뜨거운 물이 압력에 의해 다져진 분말 사이를 균일하게 통과되게 함이 목적이다. 아래 그림 1에서와 같이 필터홀더에 커피를 담게 되면 전면이 다 고르게 담기지 않는다. 그림 2에서와 같이 한 손으로 필터홀더의 손잡이를 잡고 다른 손의 손가락을 좌우로 움직여 표면이 평면이 되게 한다. 손가락으로 눌러주지 않아야 하며 특히 가장자리에 빈 공간이 없도록 유의해야 한다. 다음은 그림 3에서와 같이 탬퍼로 약 2.3kg의 압력으로 눌러주어 다져짐과 아울러 표면이 수평이 되게 해야 한다.

비록 잘 다져진 듯 보이나 홀더의 가장자리와 안쪽 벽면과의 사이에 틈이 있고 또는 위로 올라와 있는 분말을 볼 수 있다. 그림 4에서와 같이 이들 공간을 메우기 위해 탬퍼로 가볍게 1회 쳐주어야 하는데 이를 태핑(tapping)이라 한다. 심하게 태핑하면 다져진 분말에 균열이 생겨 옅은 갈색의 커피가 추출되기 때문에 주의해야 한다. 그림 5에서와 같이 약 13.6kg의 압력으로 다시 다져주어야 한다. 추출력을 증가시키기 위해 탬퍼를 9.1kg의 압력으로 720° 회전시켜 더욱더 균일하게 다져지게 해야 한다. 초보자는 탬퍼로 체중기에 2.3kg, 그리고 9kg의 압력이 얼마만한 힘인지에 대한 감을 잡아야 한다. 가해진 힘이 9kg 이하일 때는 다져진 분말의 밀착력이 저하되어 균열이 생기게 되어 쓴맛의 옅은 갈색의 커피가 추출된다. 잘 다져진 경우 필터홀더를 뒤집어도 분말이 떨어지시 않고 그대로 밀착되어 있음을 알 수 있다. 그룹헤드 샤워스크린과 다져진 면과의 간격이 3㎜인 경우 완벽한 에스프레소가 추출된다. 분말은 친수성이어서 상기의 담기의 전 과정을 30초 내에 완료해야 한다. 또한 필요 이상의 충격이 필터홀더에 가해지면 비록 다져졌어도 내부에 균열과 공간이 생겨 물이 이러한 공간을 통해 유출되기 때문에 이상적인 커피가 추출되지 않는다.

(6) 수질(水質)

　미국의 일부 도시에서는 물맛을 위해 수돗물에 인위적으로 염류를 첨가하기도 한다. 에스프레소 추출에 사용되는 물은 언제나 여과기에 의해 여과된 물의 사용이 권장된다. 근래 상업용 추출기에는 아예 여과장치가 부착된 것도 있다. 물 저장용기 내에 물을 오래 저장하지 않아야 하는데 이는 용존산소가 모두 유리되어 제 물맛이 나지 않기 때문이다. 잔으로 떠 식힌 후 맛을 보아 물맛이 시원하지 않으면 버리고 신선한 새 물을 사용해야 한다.

(7) 수온

　적정 추출 수온의 변동이 없어야 한다. 바로 끓기 직전인 92~96℃가 최적 수온이다. 추출기 선택 시 적정 추출 수온을 안정적으로 유지할 수 있는지가 매우 중요하다.

(8) 적정 추출 수온의 안정적 유지

　양질의 에스프레소를 추출하기 위해서는 물의 적정 추출 수온이 안정적으로 유지되어야 한다. 대부분의 업소용 추출기의 대부분은 적정 추출 수온이 제대로 잘 유지된다. 이는 추출기 내에 추출용 보일러와 증기 분출용 보일러가 각각 따로 설치되어 있기 때문이다. 보일러 내에 물이 오랫동안 보관되어 있으면 쉽게 적정 수온 이상으로 가열된다. 단일 보일러인 경우 추출 컵을 데우는 데 더운 물을 많이 사용하게 되면 추출 용수를 데우는 데 다소 시간이 걸린다. 몇 분 간격으로 그룹헤드와 필터홀더에 뜨거운 물을 분출시켜 뜨거운 상태가 아울러 유지되게 해야 한다. 필터홀더를 분리시킨 후에는 뜨거운 물을 분출시키고 다시 장착하기 전에 도 한 번 뜨거운 물을 분출시킨 후 장착시키면 이상적이다. 이러한 과정을 규칙적으로 반복하면 보일러 내의 적정 추출 수온이 잘 유지된다. 온도 감지기가 장착된 제품도 있다. 적정 추출 온도를 안정적으로 유지해야만 균일하게 추출되며 양질의 에스프레소를 기대할 수 있다.

(9) 수압

분말을 통과하는 수압은 9~10기압 사이여야 하는데 이러한 수압 하에서만이 에스프레소 특유의 크레마가 생성된다.

(10) 증기 발생 보일러 압력

보일러의 압력은 스팀의 세기 정도와 양을 결정한다. 스팀을 가했어도 우유에 적절한 거품이 생기지 않으면 계기판의 압력조절기로 조절해야 하나 이는 전문가에 의뢰할 것을 권장한다.

(11) 추출 시간

상기의 절차에 의해 배전, 배합, 분쇄 및 패킹이 완료되면 추출할 수 있다. 필터홀더를 그룹헤드에 장착하기 전에 먼저 약 2온스의 뜨거운 물을 그룹헤드를 통해 분출시켜 데워주어야 하는데 이러한 과정을 온도의 균일화(temperature stabilizing)라 한다. 아래 그림에서와 같이 필터홀더를 그룹헤드에 제대로 장착시킨 후에 미리 데워놓은 잔을 스파우트(流出口, spout) 밑에 놓는다. 스위치를 작동시키면 추출이 시작된다. 1.5온스의 에스프레소를 추출하는 데 스파우트에서 유출이 시작할 때까지 걸리는 시간은 약 23~30초이다. 추출 시의 추출액은 마치 따뜻한 꿀이 스파우트에 떨어지는 것과 같이 보여야 한다. 자동으로 추출 시간이 설정되어 추출되나, 추출액의 색상이 다소 연해졌다면 수동으로 추출을 중단시킬 수 있다. 만일 제대로 된 에스프레소 추출에 30초 이상이 걸리면 분말의 입자를 좀 더 크게 해야 한다. 반면 추출이 25초 미만에서 완료된다면 입자의 분말 입자의 크기를 좀 더 작게 해야 한다. 제대로 된 에스프레소가 추출되지 않는 경우 적절한 압력으로 탬핑이 되었다면 입자의 크기만으로 조절하도록 하는 것이 좋은데 탬핑 압력과 입자의 두 가지 변수를 동시에 조절하고자 하면 더욱 형편없는 에스프레소가 된다.

에스프레소의 추출

2.5온스 잔

9온스 잔

(12) 추출 환경

우리 주변의 습도와 기온은 계속 변한다. 분말은 쉽게 공기 중의 습기를 흡수하기 때문에 빠른 시간에 추출의 전 과정을 마쳐야 한다. 기온은 습도와 같이 크게 영향을 미치지 않으나 추출하기 직전에는 고온에 노출시키지 말아야 한다.

3) 거품 우유 첨가

　　에스프레소는 작은 데미타제 잔으로 마시면서 에스프레소의 특성을 음미하는 커피다. 그러나 특히 미국과 한국에서는 대다수가 에스프레소 자체보다는 카푸치노나 카페라테 등과 같이 거품 우유를 첨가한 에스프레소를 선호한다. 이는 우유의 갈락토오스와 카제인이 에스프레소의 쓴맛을 중화시켜 달고 부드럽게 하기 때문이다. 또한 거품 우유가 카푸치노 잔의 표면에 심장이나 꽃과 같은 모양이 되게 부음으로써 시각적인 즐거움도 갖게 한다. 이는 단순한 시각적인 효과이며 카푸치노의 품질과는 상관이 없다.

　　거품 우유를 만드는 과정은 다음과 같다.

(1) 사용하는 우유는 언제나 얼기 직전의 온도에서 보관해야 한다. 우유를 담는 용기는 피처(pitcher)라는 전용 용기를 사용하는데 스테인리스 재질로 되어 있다. 도자기나 다른 재질의 용기를 사용하면 우유를 데울 때 온도 변화를 제대로 감지할 수 없기 때문이다. 피처도 사용하기 전에는 냉장고에 보관해야 하는데 이는 거품이 생기는 데 시간이 오래 걸려 우유를 더욱 연하고 순하게 하기 때문이다.

스테인리스 재질의 상이한 종류의 피처

(2) 한 컵을 만드는 데 필요한 양의 찬 우유를 찬 피처에 붓는다.

(3) 대부분의 에스프레소 추출기에 장착된 스팀 분사기(wand)의 노즐 부분을 먼저 피처의 바닥에 넣은 후 스팀이 분출되게 하면서 서서히 노즐을 올려 우유의 표면까지 올라오게 한다. 표면에 거품이 생기기 시작하면 다시 노즐이 대략 우유의 표면으로부터 1㎝ 깊이로 잠긴 상태에서 계속 거품이 일게 한다. 큰 거품이 생기지 않도록 주의해야 하는데 이러한 상태에서 에스프레소에 붓게 되면 추출한 에스프레소와 잘 섞이지 않기 때문이다.

(4) 분사되는 스팀에 의해 우유의 온도가 27℃가 되면 스팀분사기를 피처의 벽면에서 깊게 넣은 후 우유를 시계 반대 방향으로 계속 돌게 하여 온도가 66~71℃에 달하게 되면 스팀 분사기와 온도계를 꺼낸다. 다음 사용을 위해 스팀 분사기와 온도계는 깨끗하게 청소해두어야 한다.

(5) 피처의 손잡이를 잡고 원형을 그리며 돌려주게 되면 우유에 소용돌이가 생기면서 거품들이 우유에서 유리된다. 그래도 큰 거품이 남아 있으면 피처를 테이블에 쳐주어 유리되게 해야 하며, 이러한 과정은 약 20~30초 내에 끝내야 하고, 에스프레소가 추출되는 중에 완료해야 한다. 아래 그림에서와 같은 봉상 온도계를 반드시 준비해야 한다.

(6) 에스프레소에 거품 우유를 붓는다. 다소 연습과 기술이 필요하기는 하나 꽃 모양을 만들기 원한다면, 위의 그림에서와 같이 컵의 바닥에서 약 2.5cm까지 내려가게 중앙 부위에 만 부어야 하는데 이때 피처가 흔들리지 않아야 한다. 컵이 반쯤 채워졌을 때 뒤로 천천히 움직이면서 피처를 손목의 힘에 의해 흔들면서 부어주어야 한다.

(7) 우유가 컵에 거의 다 채워졌을 때 약간의 우유를 중앙 부위에 붓게 되면 꽃 모양의 무늬가 생긴다. 이때 과량의 밀크를 붓게 되면 꽃무늬가 없어지기 때문에 유의해야 한다.

4) 추출기의 유지 관리

분쇄기 및 추출기를 언제나 청결하게 유지하는 것은 아무리 강조해도 지나치지 않다. 청결한 상태에서 추출했을 때만이 제대로 된 에스프레소를 즐길 수 있다. 에스프레소 전문점이 번창하기 위해서는 정규적으로 청소하는 것이 양질의 생두, 배전 및 배합에 못지않게 중요하다. 항목별로 고찰하면 다음과 같다.

● 분쇄기

분쇄기의 버를 적어도 매일 한 번씩은 깨끗하게 닦아주어야 한다. 또한 분쇄기를 사용하기 직전에 버 사이와 원두 수납기의 잔존물들을 솔로 털어내야 한다. 적어도 1년에 한 번씩은 버를 새것으로 교체하여 분말이 균일하게 분쇄되도록 해야 한다.

● **그룹헤드**

    그룹헤드에 장착되어 있는 샤워스크린(분사 스크린)은 가정용인 경우 아래 그림에서와 같이 구멍들이 나 있는 한 개의 원판으로 되어 있으나 상업용인 경우 작은 구멍과 큰 구멍들이 있는 두 개의 원판으로 되어 있다. 이것도 정규적으로 솔이나 금속 표면 청소용 패드를 이용하여 청소해주어야 한다. 일자형 스크루 드라이버를 이용하면 쉽게 나사가 풀려 분리된다. 비록 성능이 우수한 추출기에서도 이를 주기적으로 청소해주지 않으면 완벽한 에스프레소를 기대할 수 없다. 전문가들은 청소 횟수가 잦을수록 좋은 것으로 권고하고 있는데 매 한 시간마다 청소를 권장하는 사람들도 있다. 그룹헤드 내부에 필터홀더를 밀착시키는 개스킷(gasket)은 오래 사용하면 경화되거나 마모되기 때문에 최소 1년 주기로 교체해주어야 한다.

그룹헤드   그룹헤드 내면의 개스킷

상업용 샤워스크린

● **필터홀더**

때때로 필터홀더 내면이 검게 되어 있는 것을 종종 볼 수 있는데 이는 청소를 제대로 했다면 반짝반짝한 상태일 것이다. 하루에 한 번이라도 청소하지 않으면 커피의 유류 성분이 침착(沈着)되어 불쾌한 냄새가 나며 검어질 뿐만 아니라 아울러 제대로 된 에스프레소를 기대할 수 없다. 이때에는 추출한 에스프레소가 연하고, 흰색이며, 불쾌한 냄새가 난다. 또한 에스프레소가 제대로 추출되지 않을 때도 그룹헤드 및 필터홀더의 각 부분을 모두 청소해야 한다. 필터홀더, 필터 바스켓 등은 매 시간마다 한 번씩 솔이나 금속 표면 청소 패드를 이용하여 철저하게 청소해야 한다. 매일 수차례 트리소듐 포스페이트(tri-sodium phosphate, TSP)나 퓨로 카프(Puro Caff)로 청소해야 한다. 빠르게 청소하여 그룹헤드와 필터홀더가 차가워지지 않도록 해야 한다. 청소 후에는 철저하게 세척해주어야 한다. 필터홀더와 필터 바스켓을 청소하는 중에 구멍이 없는 바스켓, 즉 블라인드 바스켓에 한 찻술의 트리소듐 포스페이트를 용해시켜 장착한 후 약 30초간 그룹헤드를 세척해야 한다. 이후 적어도 5회는 씻어주어야 한다.

오랫동안 필터홀더와 바스켓을 청소하지 않았다면 피처에 거꾸로 넣은 후 금속 부위까지 물에 잠기도록 물을 넣고 약 2찻술의 트리소듐 포스페이트를 넣는나. 그리고 스팀 분사기를 이용하여 물이 끓도록 한다. 이때 여러 번 문질러주면 침착된 유류성분이 모두 제거될 것이다. 어떠한 방법을 사용해도 침착된 유류성분이 제거되지 않는다면 새것을 주문하는 길밖에 없다. 아마도 청소 전후의 맛이 차이가 매우 큰 것을 초보자도 쉽게 느낄 수 있어 청소의 중요성을 다시금 인식할 수 있을 것이다.

● 스팀 분사기(steam wand)

　매번 사용한 후에는 반드시 세척해야 하며 저녁에 추출작업이 모두 끝난 후에도 세척을 다시 해야 한다. 혹자는 밤새도록 물에 담가놓기도 하는데 이때에는 물에 들어 있는 불순물들이 보일러로 스며들 수 있으므로 절대 담가놓지 말아야 한다.

제 9 장

커피와 건강

커피는 초본약제(草本藥劑)들과 같이 초기에는 약품으로 사용되었다. 커피가 대중화되면서부터 의학적인 영향에 대한 연구가 무수히 진행되었으며 아마도 커피와 같이 집중적인 연구 대상이 된 식품이나 음료는 없을 것이다. 버섯, 후춧가루 및 시금치 등이 특정 질병의 원인이 됨에도 이들보다 커피에 대한 연구가 더 많았던 것은 아마도 커피의 주성분인 카페인과 기타 복잡한 화학적 성분에 기인한 매력이라 하겠다. 별 영양가치도 없으면서 우리를 편안하게 해주는 특성이 아마도 집중적인 연구의 또 다른 이유라 하겠다.

지난 30여 년간의 많은 연구결과에서 적당량의 카페인 섭취는 질병 유발이나 출산과의 개연성을 입증하지 못하고 있다. 비록 적당량을 마셔도 특정 질병 또는 임신과 기형 출산의 가능성을 제시하는 일부 논문들도 있으나 보다 많은 사람과 엄밀한 대조군을 설정한 연구에서는 부정적인 측면이 입증되지 않았다. 현재 의학계에서 커피는 담뱃갑에 써 붙인 경고와는 무관한 것으로 밝히고 있다. 그러나 특정 질병이 있거나 임신 중일 때는 비록 적당량을 마시고 있다할지라도 의사와의 상의는 권장되고 있다. 특히 임신부와 양성인 유방암, 높은 콜레스테롤, 심장질환, 골다공증과 소화 관련 질병을 가진 사람들은 비록 적당량의 커피가 이들 질병과의 개연성은 입증이 되지 않았으나 의사에 따라 견해가 다소 상이하기도 하여 상의가 필요하다.

1. 커피의 화학적 조성

원두와 커피에는 400여 종 이상의 화학적 성분이 있는 것으로 알려져 있으며 화학의 발달에 의해 계속 새로운 성분들이 규명되고 있다. 커피 성분 중 일반적으로 유해한 성분들로서는 아세트알데히드

(acetaldehyde), 아데닌(adenine), 카페인(caffenine), 클로로젠산(chlorogenic acid), 과이어콜(guaiacol), 타닌산(tannic acid), 테오브로민(theobromine) 그리고 트리고넬린(trigonelline) 등으로 알려져 있으나 카페인을 제외한 나머지 성분들의 함량은 극히 미량이거나 휘발성 성분들이어서 우리 인체에 미치는 영향은 거의 없는 것으로 알려져 있다. 커피 중 가장 많은 성분이며 각성 효과에 관여하는 카페인의 화학적 명칭은 1,3,7-트리메틸잔틴(1,3,7-trimethylxanthine)이다. 카페인은 60여 종 이상 식물체들의 열매, 씨, 잎 등에 함유되어 있으며 코코아원두, 차 그리고 벽오동과의 상록교목인 콜라가 대표적인 예이다.

   1,3,7-트리메틸잔틴은 우리 체내에서 디메틸화되어 테오필린(theophylline), 테오브로민(theobromine) 및 파라잔틴(paraxanthine)의 주 대사산물로 변형된다. 20세기 초기 이래 테오필린은 기관지확장(氣管支擴張, bronchodilation), 급성심실부전(急性心室不全, acute ventriclar failure), 장기적인 기관지천식(氣管支喘息, bronchial asthma)의 치료제로 사용되고 있다. 테오필린 100㎎/㎏은 발생 중인 쥐의 태아에 독성이 있었으나 기형으로는 진전되지 않았다. 테오브로민은 이뇨제, 심장 자극제 그리고 동맥확장제로 사용되고 있다. 그러나 높은 함량은 쥐에서 태아 및 기형아 출산을 유발한다. 사람에게서 10,000㎎는 치사량이며 1,000㎎ 이상을 섭취했을 때는 두통, 메스꺼움(nausea), 불면증(不眠症, insomania), 불안(不安, restlesness), 흥분(興奮, excitement), 헛소리(delirium), 근육 떨림(muscle tremor), 빈맥(頻脈, tachycardia) 그리고 기외수축(期外收縮, extrasystoles)을 유발한다. 그러나 우리가 일상생활에서 상기와 같은 높은 함량을 섭취하기는 어렵다.

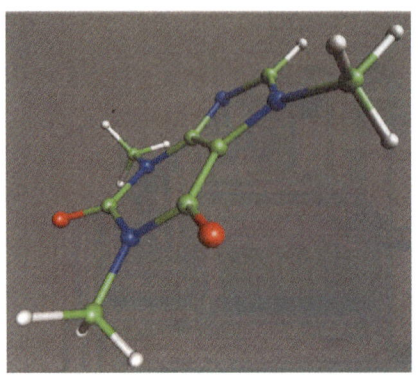

1,3,7-trimethylxanthine의 구조

 종에 따라 함량이 다소 상이하기는 하나 생두에는 시토스테롤(sitosterol), 45.4~56.6%, 스티그마스테롤(stigmasterol), 19.6~24.5%, 캄페스테롤(campesterol), 14.8~18.7%, 5-아베나스테롤(avenasterol), 1.9~14.6%, 7-스티그마스테롤(7-stigmasterol), 0.6~6.6% 그리고 미량의 콜레스테롤과 7-아베나스테롤(7-avenastol) 등 스테로이드 계열의 물질이 함유되어 있으나 이들 성분들은 배전과정과 추출과정에서 다른 물질로 변형된다. 커피 중의 주지방산으로서는 리놀렌산(linoleic acid), 올레산(oleic acid) 그리고 팔미트산(palmitic acid)이나 미리스트산(myristic acid), 스테아르산(stearic acid)과 아라키돈산(arachidic acid) 등도 소량으로 존재한다. 또한 피토스테롤(phytosterol), 시토스페롤(sitosteol), 카페스테롤(cafesterol), 카페올(caffeol)과 토코페롤(tocopherol)도 검출된다.

 생두에는 원래 존재하지 않으나 배전과정 중 전구물질들의 화학적 변화에 의해 휘발성 유류성분들이 생성된다. 대표적인 이들 물질은 아세트알데히드(acetaldehyde), 푸란(furan), 퍼퓨르알데히드(furfuraldehyde), 퍼퓨릴알코올(furfuryl alcohol), 피리딘(pyridine), 황화수소(hydrogen sulphide), 디아세틸(diacetyl), 메틸메르캅탄

(methyl mercaptan), 퍼퓨릴메르캅탄(furfuryl mercaptan), 디메틸황화물(dimethyl sulphide), 아세틸프로피오닐(acetylpropionyl), 아세트산(acetic acid), 과이어콜(guaiacol), 비닐과이어콜(vinyl guaiacol), 피라진(pyrazine), n-메틸피롤(n-methylpyrrole) 그리고 메틸카비놀(methy carbinol) 등이다.

무취, 쓴맛의 백색 분말인 카페인은 물과 알코올에 잘 녹는다. 카페인은 우리가 마시는 대부분의 탄산음료 그리고 미국에서는 생수에 첨가한 제품도 있다. 진통제, 감기 및 독감 약 그리고 각종 비만 치료제에 첨가된다. 식품이나 음료에 첨가하는 카페인은 선진국에서는 법규로 반드시 그 함량을 포장지나 용기에 표기하도록 되어 있다. 중추신경흥분제로 사용하는데 주로 대뇌에 작용하고, 신장에는 이뇨효과를 나타내며, 골격근을 흥분시키고 또한 심혈관계에 여러 작용을 한다. 중추 흥분제 및 호흡 흥분제로 사용되며 두통을 해소시킬 목적으로도 내복한다. 또한 신생아무호흡증(新生兒無呼吸症, neonatal apnoea) 치료에도 사용된다.

섭취 시 혈액과 체조직에 빠르게 흡수되며 반감기(半減期, half-period)는 사람에 따라 2~10시간이나 일반적으로 4시간이다. 카페인은 체내에 축적되지 않는다. 흡연자들에서는 비흡연자에 비해 더 빨리 분해되어 효과가 적다. 반연 임신부에서는 분해율이 매우 느리며 특히 출산 마지막 달에서는 더욱 느리다. 또한 피임약 복용 시에도 분해율이 매우 느리다. 카페인이 경각심을 높여주며 집중력을 높여줌은 많은 의학적인 연구에서 잘 규명된 사실이다.

음료를 통한 카페인 섭취는 음료의 종류와 커피나 차인 경우 추출 방식과 양에 따라 상이하다. 예를 들어 로부스타인 경우 아라비카보다 카페인 함량이 월등하게 높다. 일반적으로 매일 섭취하는 250~600mg

의 카페인은 사람에 따라 다소 차이는 있어도 우리 인체의 생리나 질병의 원인이 되지 않는 것으로 판명되었다. 다음 표는 현재 시판되고 있는 각종 음료, 약품, 요구르트 및 디저트에 함유되어 있는 카페인 함량을 보여준다.

현재 시판되고 있는 각종 약품, 음료 및 디저트에 함유된 카페인 함량

항목(상품명)	용량 및 무게	함량(mg)
OTC Drugs(OTC 항생물질)		
NoDoz, maximum strength; Vivarin	1tablet	200
Excedrin	2tablets	130
NoDoz, regular strength	1tablet	100
Anacin	2tablets	64
Coffee(커피)		
Coffee, brewed	8ounces	135
General Foods International Coffee, Orange Cappuccino	8ounces	102
Coffee, instant	8ounces	95
General Foods International Coffee, Cafe Vienna	8ounces	90
Maxwell House Cappuccino, Mocha	8ounces	60~65
General Foods International Coffee, Swiss Mocha	8ounces	55
Maxwell House Cappuccino, French Vanilla or Irish Cream	8ounces	45~50
Maxwell House Cappuccino, Amaretto	8ounces	25~30
General Foods International Coffee, Viennese Chocolate Cafe	8ounces	26
Maxwell House Cappuccino, decaffeinated	8ounces	3~6
Coffee, decaffeinated	8ounces	5
Teas(차)		
Celestial Seasonings Iced Lemon Ginseng Tea	16-ounce bottle	100
Bigelow Raspberry Royale Tea	8ounces	83
Tea, leaf or bag	8ounces	50
Snapple Iced Tea, all varieties	16-ounce bottle	42
Lipton Natural Brew Iced Tea Mix, unsweetened	8ounces	25~45
Lipton Tea	8ounces	35~40
Lipton Iced Tea, assorted varieties	16-ounce bottle	18~40
Lipton Natural Brew Iced Tea Mix, sweetened	8ounces	15~35

항목(상품명)	용량 및 무게	함량(mg)
Nestea Pure Sweetened Iced Tea	16-ounce bottle	34
Tea, green	8ounces	30
Arizona Iced Tea, assorted varieties	16-ounce bottle	15~30
Lipton Smoothing Moments Blackberry	Tea 8ounces	25
Nestea Pure Lemon Sweetened Iced Tea	16-ounce bottle	22
Tea, instant	8ounces	15
Lipton Natural Brew Iced Tea Mix, diet	8ounces	10~15
Lipton Natural Brew Iced Tea Mix, decaffeinated	8ounces	<5
Celestial Seasonings Herbal Tea, all varieties	8ounces	0
Celestial Seasonings Herbal Iced Tea, bottled	16-ounce bottle	0
Lipton Soothing Moments Peppermint Tea	8ounces	0
Soft drinks(소프트드링크)		
Josta	12ounces	58
Mountain Dew	12ounces	55.5
Surge	12ounces	52.5
Diet Coke	12ounces	46.5
Coca-Cola classic	12ounces	34.5
Dr. Pepper, regular or diet	12ounces	42
Sunkist Orange Soda	12ounces	42
Jolt	12ounces	100
Mellow Yellow	12ounces	54
Pepsi-Cola	12ounces	37.5
Barqs Root Beer	12ounces	22.5
7-UP or Diet 7-UP	12ounces	0
Barqs Diet Root Beer	12ounces	0
Caffeine-free Coca-Cola or Diet Coke	12ounces	0
Caffeine-free pepsi or Diet Pepsi	12ounces	0
Minute Maid Orange Soda	12ounces	0
Mug Root Beer	12ounces	0
Spirite or Diet Sprite	12ounces	0
Caffeinated Waters(카페인 함유 생수)		
Java Water	1/2liter	125
Krank 20	1/2liter	100
Aqua Blast	1/2liter	90

항목(상품명)	용량 및 무게	함량(mg)
Water Joe	1/2liter	60~70
Aqua Java	1/2liter	50~60
Edge 20	1/2liter	145
Juices(주스)		
Juiced	10ounces	60
Frozen Desserts(냉동 디저트)		
Ben & Jerry's No Fat Coffee Fudge Frozen Yogurt	1cup	85
Starbucks Coffee Ice Cream, assorted flavors	1cup	40~60
Haagen-Dazs Coffee Ice Cream	1cup	58
Haagen-Dazs Coffee Frozen Yogurt, fat-free	1cup	40
Haagen-Dazs Coffee Fudge Ice Cream, low-fat	1cup	30
Starbucks Frappuccino Bar	1bar	15
Healthy Choice Cappuccino Chocolate Chunk or Cappuccino Mocha Fudge Ice Cream	1cup	8
Yogurts(요구르트)		
Dannon Coffee Yogurt	8ounces	45
Yoplait Cafe Au Lait Yogurt	8ounces	5
Dannon Light Cappuccino Yogurt	8ounces	< 1
Stonyfield Farm Cappuccino Yogurt	8ounces	0
Chocolates or Candies(초콜릿 또는 사탕류)		
Hershey's Special Dark Chocolate Bar	1.5ounces	31
Perugina Milk Chocolate Bar with Cappuccino Filling	1.2ounces	24
Hershey Bar(milk chocolae)	1.5ounces	10
Coffee Nips(hard candy)	2pieces	6
Cocoa or Hot Chocolate	8ounces	5

커피에 대한 일반적인 의문점에 대한 답을 간략히 요약하면 다음과 같다.

● 커피는 건강에 유해한가?

적당량의 커피가 우리 인체에 해롭다는 과학적인 증거는 없다.

● 커피는 과학자들에 의해 잘 연구되었는가?

오늘날 커피는 전 세계적으로 어떤 식품보다도 많이 과학적으로 연구된 음료이며 특히 지난 수십 년간 집중적으로 연구되었다.

● 과학자들은 커피의 부정적인 측면을 복합요인으로 설명하고 있는데 복합요인이란 무엇인가?

흡연, 음주 등과 같이 사람에 따라 생활양상이 다양한데 커피도 우리 건강에 영향을 미친다. 카페인이 건강에 미치는 영향을 고려할 때는 이들 요인들도 함께 고려해야 하는데 카페인과 이들 요인들을 총칭하여 복합요인이라 한다. 이들 요인들이 아마도 카페인과 더불어 부정적인 영향을 초래할 수도 있으며 커피에 대한 부정적인 논문의 대부분이 이들 복합요인을 고려하지 않았음에 기인한 것으로 사료된다.

2. 커피의 자극효과(刺戟效果, Stimulant effect)

카페인은 중추신경계와 신장과 같은 우리 인체의 일부 기관들을 약하게 자극하는 자극제이다. 카페인은 대사율을 높여주기도 한다. 몇 잔의 커피에 들어 있는 카페인은 우리의 경각심과 집중력을 높여준다.

1) 민첩성(敏捷性, Alertness)과 기분(氣分, Mood)

카페인은 뇌에서의 정보처리 능력을 약 10% 높여주는 것으로 규명되었으며[1], 점심 식사 후의 카페인이 포함된 한 잔의 커피는 식곤증을 없애주어 집중력과 민첩성을 높여준다[2]. 또한 연구에서도 몇 잔의 커피는 야간작업 시 집중력과 민첩성을 현저하게 높여줌이 입증되었다[3]. 상기의 결과 외에도 많은 연구에서 카페인이 낮과 밤 모두 각종 업무 수행에서 민첩성과 업무 능률을 향상시킴이 입증되었다. 특히 야간작업 시의 카페인의 효과는 더욱더 뚜렷하여 집중력이 저하되는 많은 산업체에서의 안전사고 감소에 기여하기도 했다.

 한 연구논문에서 카페인은 감기에 의한 집중력과 정신운동의 저하와 같은 증상을 없애는데 매우 유효하다고도 했다[4]. 카페인은 피로와 관련된 집중력을 높여주는 것과는 독립적으로 일의 능률을 향상시켰으며[5], 조심성과 반응시간을 빠르게 함으로써 민첩성과 능률을 향상시켰고 우울과 긴장 등을 저하시켰다는 논문도 있다[6]. 반면 커피가 자살과 아주 밀접한 관계가 있다는 논문도 있다[7,8]. 카페인은 수영[9], 사이클링[10] 그리고 여성들의 테니스[11] 등과 같은 운동능력을 향상시킨다는 증거들이 많다.

1) Hazenfratz, M. et al. Human Psychopharmacology, 6, 277~284, 1991.
2) Smith, A. P. et al. Neuropsychobiology, 23, 160~163, 1990.
3) Waslsh, K. K. et al. Psychopharmacologyp, 101, 271~273, 1990.
4) Smith, A. P. et al. Journaal of Psychopharmacology, 11(4) 319~324, 1997.
5) Battig, K., Buzzi, R. Neuropsychobology, 16, 126~130, 1986.
6) Leiberman, H. R. Presentation at the 12th ASIC Colloquium, 29 June-3July, 1987, Montreaux, France.
7) Klatsky, A. L. et al. Annals of Epidemiology, 3, 375~281, 1993.
8) Kawachi, I. et al. Archives of Internal Medicine, 156, 521~525, 1996.
9) MacIntosh, B. R., and Wright, B. M. Canadian Journal of Applied Physiologyl, 20, 168~177, 1995.
10) Pasman, W. J. et al. Intrnaitonal Journal of Sports Medicine, 16, 225~230, 1995.

2) 수면(睡眠, Sleep)

 커피와 같이 카페인이 함유된 음료를 저녁에 마시면 쉽게 잠들지 못하는 사람도 있음에 비해 잠과는 전혀 관계가 없는 사람들도 많다. 카페인에 대한 잠의 반응은 사람에 따라 많은 차이점이 있으며[1] 소음, 기온 및 스트레스 등과 같은 요인들도 쉽게 잠들지 못하게 한다. 쉽게 잠들지 못하는 사람과 정상적인 사람에 대한 연구에서 쉽게 잠들지 못하는 사람들은 카페인에 민감하다기보다는 신경과민증(神經過敏症, neuroticism), 높은 심장박동 수 등과 같은 생리적인 현상이 불안(不安, anxiety)과 복합된 정신적인 특성과 더 관련성이 있었다[2]. 이러한 정신적인 특성은 상기 두 부류 모두에서 쉽게 잠들지 못하게 했다.

쉽게 잠들지 못하는 사람들 중 많은 사람들에서 카페인 대사가 매우 느린 것으로 추정되는데 이러한 사람들은 저녁에 커피를 마시지 않으면 쉽게 잠들 수도 있음을 부정할 수는 없다. 30명의 야간 근무자를 대상으로 한 연구에서 일상적으로 마시는 커피를 적절한 시간에 마시면 잠을 쫓고 작업능률이 향상되었으며 이들이 잠을 자는 데는 아무런 문제점이 없음이 입증되었다[3]. 영국의 한 대학의 수면연구실(睡眠研究室, Sleep Research Laboratory)에서의 연구결과에 의하면 카페인이 함유된 커피는 교통사고 경감에 많은 도움이 되었다. 교통사고를 방지하기 위해서는 30분간의 휴식 또는 잠깐의 수면, 2잔의 커피에 함유되어 있는 150mg의 카페인 섭취가 많은 도움이 되는 것으로 보고되었다[4].

1) Ferrauti, A. et al. Journal of Sports Medicine and Physical Fitness, 37, 258~66, 1997.
2) Dews, P. B. Annual Review of Nutrition, 2, 323~341, 1982.
3) Muehlbach, M. J., Walsh, J. K. Sleep, 18, 22~29, 1955.
4) Dews, P. B. Annual Review of Nutrition, 2, 323~341, 1982.

3) 대사(代謝, Metabolism)

카페인은 일시적으로 대사율과 체내에서 지방의 분해율을 높여준다. 카페인에 의해 생성되는 에너지의 양은 비록 많지는 않으나 체중 감량에 다소 도움이 될 수도 있다[1].

1) Dulloo, A. G. American Journl of Clinical Nutrition, 49, 44~50, 1989.

4) 커피와 습관성(習慣性, Habituation)

　카페인이 중추신경계(中樞神經系, central nervous system)를 자극하는 것은 이미 잘 알려진 사실이며 이러한 자극은 사람에 따라 이롭게 또는 해롭게 작용을 하기도 한다. 운전자의 피로에 기인한 교통사고가 많은데 야간 운전 시 일주기 중 잠이 최고도에 달하는 새벽 04:00~06:00 사이와 많은 연관성이 있다. 잠을 쫓기 위해 창문을 열거나 라디오의 볼륨을 높이는 것과 같은 것은 일시적인 효과뿐이다. 한 연구결과에 의하면 15분간의 잠과 약 2잔의 커피에 해당하는 카페인 150mg 섭취는 운전자의 피로를 현저하게 경감시키는 것으로 판명되었다[1].

　집중력이 저하되는 오후 또는 점심식사 후에 마시는 몇 잔의 커피는 식곤증과 피로감을 덜어준다. 한 연구결과에 의하면 카페인은 감기의 영향에 의한 정신적인 민첩성 및 정신운동(精神運動, psychomotor)의 저하 등에도 매우 효력이 있으며 야간작업을 하는 사람들에게 몇 잔의 커피는 경각심을 높여주었다[2]. 비록 많은 사람들이 카페인이 함유된 커피를 정규적으로 마시며 습관이 되었다 할지라도 이는 중독이 아니고 일상생활의 일부에 지나지 않는다. 연구에서도 적당량의 카페인은 중독증상을 유발하지 않는 것으로 판명되었다[3]. 정규적으로 커피를 마시는 사람들 대부분이 마시는 양을 더욱더 증가시키지 않으며 마시지 못했을 때 다른 중독성 물질에서와 같은 정신적 또는 육체적인 이상 행동을 나타나지 않는다.

　코카인(cocaine)과 암페타민(amphetamines) 등과 같은 불법적인 마약과는 달리 미국정신의약협회(美國精神醫學協會, American Psychiatric Association)는 카페인을 습관성 및 중독성 약품으로 간주하지 않는다[4]. 그러나 모든 식품 및 약품들에서와 같이 적당량의 한계 내에서는 아무런 문제가 없다. 약리학적인 유발농도와 체내 카페인

분해대사 능력은 사람에 따라 상이하다. 현재 마시는 양으로서 특별한 영향을 느끼지 못한다면 이에 의한 나쁜 영향은 없다. 세계보건기구(世界保健機構, World Health Organization)도 카페인이 다른 약품들의 남용에 의한 악영향과 같은 나쁜 영향을 준다는 증거는 없다고 발표했다.

커피를 정규적으로 마시는 사람들이 마시는 양의 변화가 있거나 또는 끊기 위해 매일 마시는 양을 조금씩 줄여간다면 아무런 증상도 없을 뿐만 아니라 나쁜 영향도 없다. 그러나 카페인에 매우 민감한 소수의 사람들이 갑자기 커피 마시는 것을 중단한다면 다소의 약한 금단현상이 나타난다. 즉, 두통 또는 기면(嗜眠, lethargy) 상태가 나타나지만 며칠이 경과되면 없어지며 아울러 장기적인 영향은 전혀 없다. 한 연구결과에 의하면 커피 마시는 것을 갑자기 중단했을 때 연구대상자의 절반이 두통을 경험했으나 며칠 후에는 회복되었다[5]. 기타의 연구결과에서도 서서히 양을 줄여나가면 아무런 금단현상이 없음이 다시 입증되었다[6].

1) L. Reyner & J Horne. Pyschophysiology, 33; 306~309, 1996.
2) A. P. Smith. et al. Journal of Psychopharmacology, 11, 319~324, 1997.
3) Nehlig A. Neuroscience & Biobehavioral Reviews, 23, 563~576, 1999
4) American Psychiatric Associational. Diagnostic and Statistic Manual of Mental Disorders, 4th Edition.
5) K. Silverman. et al. New England Journal of Medicine, 327, 1109~1114, 1992.
6) P. Dews et al. Journal of Clinical Pharmacology, 39, 1221~1232, 2000.

3. 커피의 유익한 역할

적당량의 커피는 안전하며 건강에 위협이 되지 않는다는 많은 과학적인 입증자료들이 있음과 아울러 우리의 건강에 유익한 자료들도 많다.

1) 기관지천식(氣管支喘息, Bronchial asthma)

카페인은 오래전부터 천식에 효과가 있으며 정기적으로 마시는 커피는 중등도의 천식발작 완화에 기여함은 잘 알려진 사실이다. 미국과 이탈리아에서의 연구결과에 의하면 하루 3잔 또는 그 이상의 커피는 그 양과 비례하여 천식 유발을 감소시키는 것으로 판명되었다[1], [2]. 또한 커피는 기관지수축(機關紙收縮, broncho constriction)운동을 촉진시켜 기관지의 기능을 증대시킴이 입증되었으나[3] 이는 대략 6잔의 커피를 마셨을 때 나타나는 현상이다. 기관지 기능검사를 하기 전에 적어도 4시간 전에는 커피를 마시지 않아야 하는데 이는 바로 기관지 수축운동을 유발하지 않게 하기 위함이다[4]. 커피가 천식환자에게 비록 많은 도움은 되나 민감한 사람들에게서는 과다한 자극이 되지 않게 유의해야 한다.

1) Schwartz, J. A. E. P., 2, 627~635, 1992
2) Pagano, R. *et al.* Chest, 94, 387~389, 1988.
3) Kivity, S. *et al.* Chest, 97, 1083~1085, 1990
4) Henderson, J. C., *et al.* Thorax, 48, 824~826, 1993.

2) 항산화물질(抗酸化物質, Antioxidant substance)

커피에 함유되어 있는 카페인은 생물학적으로 주 활성물질이어서 연구의 대상이 되어 왔다. 커피는 매우 복잡한 화학적 성분으로 구성되어 있으며 비록 매우 적은 농도로 존재하는 화학물질들의 잠재적인 중요성도 무시할 수 없다. 많은 식물체들이 항산화성분을 포함한 다양한 화합물을 가지고 있는데 커피에도 항산화물질이 함유되어 있다. 플라보노이드(flavonoids)로 불리는 폴리페놀화합물(polyphenolic compounds)은 많은 식물체에 있는 성분으로서 질병 예방에 중요한 역할을 한다[1]. 생두에 함유되어 있는 자연적인 화학적인 성분들 외에도 배전과정 중에 이들이 화학적 변화를 일으켜 더욱더 많은 성분이 생성된다[2]. 특히 배전과정 중에 메일라아드 화합물(maillad complexes)의 생성 결과로서 항산화 기능이 있는 물질들이 생긴다. 말톨(maltol)과 5-하이드록시메틸푸르푸랄(5-hydroxymethylfurfural) 등과 같은 항산화물질도 검출되었다[3]. 아직도 항산화물질에 대한 연구는 유아기 수준이며 앞으로는 우리의 건강에 기여할 것으로 기대된다.

1) Hertog, M. G. L. et al. Lancet, 342, 1007~1011, 1993.
2) Nicoli, M. C. et al. Lebensmittel, Wissenschaft und Technologie, 30, 292~197, 1997.
3) Singhara, A. et al. Presentation at the American Chemical Society national meeting, San Francisco, USA, April 1997.

3) 경각심(警覺心, alertness)과 기분(氣分, mood)

카페인은 우리 뇌에서 정보저리 속노를 약 10% 가량 증내시키며[1] 점심식사 후에 카페인이 함유된 커피 섭취는 집중력을 증대시켜 경각심을 높여준다. 야간 근무시간에 몇 잔의 커피는 경각심을 높여줌이 주간과 야간에서 행한 많은 연구결과에서 입증되었다[2]. 특히 야간 근무 시의 경각심의 증대는 많은 산업안전사고 감소에 현저하게 기여했다[3]. 학자들의 연구결과에 의하면 경각심의 증대는 감기 등과 관련된 경각심 및 정신운동(精神運動, pyschomotor) 등의 저하 등과 같은 증상들을 없애주며 아울러 구심신경(求心神經,

afferent nerve) 감작을 증대시킴이 규명되었다[4].

1) Hazenfratz, M. et al. Human Psychopharmacology, 6, 277~184, 1991.
2) Smith, A. P. et al. Neuropsychobiology, 23, 160~163, 1990.
3) Walsh, J. K. et al. Psychopharmacology, 101, 1710173, 1990.
4) Smith, A. P. et al. Journal of Psychophysiologyp, 33, 306~309, 1996.

4) 운전 중의 졸음 방지(Countering Driver Sleepiness)

영국의 한 대학에서의 연구결과에 의하면 카페인이 함유된 커피는 교통사고 예방에 뚜렷한 효과가 있음이 입증되었다. 운전자의 졸음을 방지하기 위해서는 30분간의 휴식, 2잔의 커피(약 250mg의 카페인)가 효율적이나 더욱 완전하게는 잠깐 자는 것이 최상으로 권고하고 있다[1, 2].

1) Home, J. A. and Reyner, L. A., Psychophysiology, 33, 306~309, 1996.
2) Home, J. A. and Reyner, L. A., Occupational and Environmental Medicine, 56, 289~294, 1999.

5) 우울증(憂鬱症, Depression) 및 불안(不安, Anxiety)의 완화

카페인은 피로와는 관계없이 작업능력을 향상시킴과 아울러 각성효과가 실험적으로 입증되었다[1]. 또한 피로한 가운데서도 어떤 자극이나 일에 대한 반응속도를 높여주며, 일종의 생기가 있게 한다[2]. 우울 및 불안도 현저하게 완화시켜준다. 커피를 마시는 것과 자살충동 사이에는 아주 뚜렷한 역상관관계가 있음을 발표한 논문들도 있으나[3] 반대로 우울증이 있는 경우 커피를 마시지 않아야 한다는 주장도 있다.

1) Battig, K., Buzzi, R. Neuropsychobiology, 16, 126~130, 1986.
2) Leiberman, H. R. Presentation at the 12th ASIC Colloquuium, 29 June-3 July, 1987, Montreaux, France.
3) Klatsky, A. L. et al. Annals of Epidemiology, 3, 375~381, 1993.

6) 결석(結石, Calculi) 예방

신결석(腎結石, kidney stone)이 있는 사람들은 음료를 많이 마시도록 권장되고 있다. 그러나 이뇨(利尿, diuresis)를 높여주는 음료의 유형과 카페인 함유 여부가 이들 환자에게 유익한지 여부는 아직 명확히 규명되지 않고 있다. 신결석이 없었던 45,000명의 남성을 대상으로 한 연구결과에 의하면 일반 커피, 탈카페인 커피, 차, 맥주 그리고 포도주를 많이 마시는 사람들에서는 신결석 생성이 낮았음에 비해 사과, 자몽주스를 많이 마시는 사람들에서는 신결석 생성률이 높았다[1]. 81,000명의 여성을 대상으로 한 연구에서는 커피와 포도주를 많이 마시는 여성들은 그렇지 않은 여성들에 비해 신결석 생성률이 현저하게 적었다[2]. 1일 8온스의 커피는 신결석 생성률을 10% 감소시킴에 비해 탈카페인 커피는 9%를 감소시켰다.

커피는 또한 남성들에서 담낭질병(膽囊疾病, gallstone disease)의 발병률의 저하와 관계가 있음이 규명되었다[3]. 한 학자의 10년간에 걸친 연구결과에 의하면 매일 2~3잔의 커피를 마시는 사람들에서는 커피를 마시지 않는 사람들에 비해 발병 가능성이 40%가 감소되었다. 또한 4잔 또는 그 이상을 마시는 사람들에서는 45%로 증가했다. 커피는 담석 생성을 감소시키는 여러 대사기능이 있으며 카페인을 함유하지 않은 음료들에서는 이러한 현상이 없어 커피 중의 카페인이 이러한 역할을 하는 것으로 추정된다.

1) Curhan, G. C. et al. American Journal of Epidemiology, 143, 240~247, 1996.
2) Curhan, G. C. et al. Annals of Internal Medicine, 128, 534~540, 1998.
3) Leitzmann, M. F. et al. Journal of the American Medical Association, 281, 22, 2106~2112, 1999.

7) 결장암(結腸癌, Colon cancer) 예방

커피가 결장 및 직장암 예방에 효과가 있다는 확실한 큰 증거가 있다1~7). 352명의 결장암 환자, 217명의 직장암 환자와 그리고 512명의 정상인을 대상으로 한 스웨덴에서 실시된 연구에서도 입증되었다. 한 학자는 커피는 결장암 예방효과가 있음에 비해 차는 직장의 종양 예방에 효과가 있다고 발표했다. 이탈리아에서의 한 조사결과에서도 매일 4잔 이상의 커피는 결장암 예방효과가 있으며 마시는 양이 많을수록 예방효과가 높아진다는 위와 유사한 결과가 있다. 몇몇 학자는 구체적으로 예방 기작에 대해 발표하기도 했다. 음식을 자주 먹는 것은 결장에서 발암물질로서의 역할이 있는 담즙산의 분비를 촉진시킴에 비해 커피는 담즙산의 분비를 감소시킨다8). 즉, 자주 음식을 먹어 분배되는 담즙산을 자주 마시는 커피가 감소시키는 역할을 한다.

커피는 상기와 같은 유익한 역할 이외에도 아직 연구단계이기는 하지만 다음과 같은 유익한 역할들도 있다.

- 아토피성 피부질환의 국부적 치료
- 고질적인 안지나(angina) 환자들의 고통 없는 보행 촉진제
- 인슐린에 의존하고 있는 당뇨병 환자가 혼수상태로 빠지는 초기 경고
- 노인 환자들에게서 저혈압의 예방
- 칼륨(potassium)의 공급원

1) World Health Organization International Agency for Research on Cancer. IARC Monographs on the Evaluation of Carcinogenic 깨난 새(?) Humans— Coffee, Tea, Mate, Methylxanthines and Methyglyoxal, 51, 1991.
2) Jacobsen, B. K. et al. Journal ofthe National Cancer Institute, 76, 823~831, 1986.
3) La Vecchia, E. et al. Cancer Research, 49, 1049~1051m, 1989.

4) La Vecchia, C. et al. International Journal of Cancer, 41, 492~498, 1988.
5) Kaato, I. et al. Japanese Journal of Cancer Research, 81, 1101~1108, 1990.
6) Baron, J. A. et al. Cancer Epidemiology, Biomakers and Prevention, 33, 565~570, 1994.
7) Tavani, A. et al. International Journal of Cancer, 73, 193~197, 1997.
8) Favero, A et al. Nutrition and Cancer, 30(3), 182~185, 1998.

4. 커피와 이뇨작용(利尿作用, Diuretic effect)

이뇨작용은 여러 요인에 의해 결정된다. 정상적인 카페인의 섭취가 이뇨작용에 미치는 영향은 비뇨기에 문제가 없는 사람에게는 아주 미약하거나 거의 없다. 실제 실험실 상황에서 이뇨작용의 효과를 측정키는 어렵다. 한 실험결과에 의하면 맹물과 커피를 마신 후 이뇨효과를 비교한 실험에서도 전혀 차이점이 없었다[1]. 마시지 않다가 많은 양을 마시거나 또는 마시던 양을 증가시켰을 때에는 일시적으로 높아지는 영향이 보고되었다[2]. 이러한 일시적인 변화는 한 시간 내에 없어졌다. 알코올과 카페인이 이뇨제로서 작용하는지에 대한 최근의 역학조사에서 카페인이 이뇨제로서의 영향이 전혀 감지되지 않았다[3].

카페인은 폐의 기능과 관련하여 평활근(平滑筋, smooth muscle)과 혈관을 이완시키는 역할을 한다. 한 연구결과에 의하면 카페인은 방광의 압박근(壓迫筋, detrusor muscle)에 영향을 미쳐 오줌을 방광에 채우는 역할은 하나 오줌이 배설되게 하는 데는 영향을 미치지 않았다[4]. 정상적인 방광 기능을 가진 여성에서도 카페인에 의한 이뇨의 뚜렷한 효과는 없었다. 방광이 정상적으로 기능을 발휘하지 못하는 여성들이 많은 양의 카페인을 섭취하게 되면 방광 압박근이 제대로 기능을 발휘하지 못함이 최근의 조사에서 밝혀졌다[5].

운동 중에 마시는 커피는 운동에서 야기되는 탈수현상을 촉진시키기 때문에 오랫동안 하는 운동 중에는 수분을 섭취하기 위해 카페인이 함유된 음료는 마시지 말아야 한다. 그러나 한 연구결과에 의하면 심하지 않은 운동에서는 비록 카페인을 함유한 음료가 휴식기에 이뇨작용에는 영향을 미쳤으나 탈수에 미치는 영향은 별로 없었다고 했다[5]. 일반 및 탈카페인 커피, 차, 맥주 및 포도주를 많이 마시는 사람들에서는 결석 생성의 위험성이 적은 반면 사과, 자몽주스 등을 많이 마시는 사람들에서는 신결석 위험성이 높았다[6]. 이들 결과를 분석하여 한 학자는 정규적으로 마시는 커피는 신결석(腎結石, kidney stone) 생성의 위험성을 저하시켜준다고 했다[7].

1) Nussberger, J. et al. Journal of cardiovascular Pharmacology, 15, 685~691, 1990.
2) Neuhauser-Berthold, M. et al. Annals of Nutrition & Metabolism, 41, 29~36, 1997.
3) Stookey, J. D., European Journal of Epidemiologyp, 15, 181~188, 1999.
4) Creighton, S. M. and Stanton, S.L. British Journal of Urology, 66, 613~614, 1990.
5) Wemple, R. D. et al. International Journal of Sports Medicine, 18, 40~46, 1997.
6) Curhan, G. C. et al. Annals of Internal Medicine, 128, 534~540, 1998.
7) Leitzmann, M. F. et. al. Journal of Amerian Medical Association, 281, 2106~2112, 1999.

5. 커피와 심장질환(心臟疾患, Heart Diseases)

미국에서는 심혈관질환(心血管疾患, cardiovascular disease, CVD), 동맥심질환(動脈心疾患, coronary heart disease) 때문에 많은 사람들이 사망하고 있으며 그 원인에 대해 수십 년간 집중적으로 연구가 수행되었다. 서로 상반되는 연구결과들이 있기는 하나 커피나 카페인이 심장마비와는 상관없음이 입증되었다[1]. 또한 기존 자료를 종합 검토한 학 학자는 "커피는 동맥심질환의 주요인이 아니다."라고 단정했다[2]. 85,000명의 여성을 대상으로 10년간 조사에서도 비록 매일 6잔 이상의 커피를 마시는 여성들에서도 심혈관질환과 커피와의 어떤 상관관계가 없음을 규명했다[3]. 1990년 45,000명의 남성을 대상으로 한 조사에서도 1일 4잔 또는 그 이상을 마시는 사람들에서도 커피와 심혈관질환과는 상관관계가 없었다[4].

1) Sesso, et al. American Journal of Epidemiology, 149(2):162~167, 1999.
2) Thompson, Warren G., American Journal of Medical Sciences, 308:49~57, 1994.
3) Willet, Walter C. et al. JAMA, 275:458~462, 1994.
4) Grobbee, Diedrick E. et al. New England Journal of Medicine, 323:1026~1032, 1990.

1) 심근경색증 (心筋梗塞症, Myocardial infarction)과 관상동맥질환(冠狀動脈疾 患, Coronary heart disease)

커피가 관상동맥질환, 심장마비(心臟麻痺, heart attack) 또는 심실부정맥(心室不整脈, ventricular arrhythmia)에 미치는 영향에 대해서는 지난 수십 년간 학술적으로 계속 논란이 되어 왔다. 현재로서는 커피와 관상동맥질환과는 연관성이 거의 없으며 커피나 카페인이 이들 질환의 요인이 아닌 것으로 모두가 받아들이고 있다. 일부 논문에서의 연관성은 연구방법의 오류 및 발병요인들을 결정하는 데 있어 적절한 대조군의 역학적 요인 설정에 문제점이 있었던 것으로 추정된다. 즉, 커피 마시는 것을 흡연[1], 식사의 종류 및 운동부족 등과 같은 발병 요인들과 구분하지 않고 연구한 결과라 하겠다[2].

1974년 초의 연구결과들을 종합하여 분석한 결과에 의하면 커피는 죽상경화성심혈관병(粥狀硬化性心血管病, atherosclerotic cardiovascular diseases)의 원인이 되지 않음이 규명되었다[3, 4]. 이는 미국의 많은 공인기관에서도 인정하고 있으며 아울러 심근경색과도 무관함이 판명되었다[5]. 45,000명의 남성을 대상으로 한 최근의 연구에서도 커피와 심장질환과는 무관함이 규명되었으며[6] 스코틀랜드에서 10,359명의 남녀를 조사한 결과에 의하면 커피를 마시지 않은 사람들에 비해 오히려 커피를 마시는 사람들에서의 심장질환 발병률이 저하되었음이 규명되었다[7]. 노년기 및 흡연에 의한 발병과 기타의 관상동맥질환 발병 요인들과 분리한 85,000명의 여성을 대상으로 한 조사에서도 커피와 관상동맥질환의 발병과의 연관성은 없음이 또한 규명되었다.

반대로 5잔 또는 그 이상을 매일 마시는 1,000명을 대상으로 44년간 계속된 연구결과에 의하면 커피를 마시는 사람들에서 관상동맥질환 발병률이 3배가 더 높은 것으로 나타났다[8]. 학자들은 상기의 결과를 입증할만한 자료가 충분하지 못하며 우연이었을 것으로 반박했다[9]. 최근 노르웨이에서 38,000명의 남성을 대상으로 12년간 수행한 조사에서 매일 9잔 또는 그 이상을 마시는 사람들에서 관상동맥질환에 의한 사망률이 다소 높았다[10]. 최근 이탈리아에서 수행된 두 가지 연구결과에서도 관련성이 배제되었다. 첫 논문에서는 커피와 흡연을 하는 사람들에게서 질환 발병률이 다소 높았다[11]. 두 번째 논문 결과에 의하면 탈카페인 커피와 심근경색 발병의 가능성이 있으며 카페인 섭취는 관상동맥질환 발병의 요인이 아니며 일반 커피에서 탈카페인 커피로 바꾸는 것이 심근경색증 발병을 예방하지는 못한다고 결론을 내리고 있다[12]. 최근 한 기사에 의하면 카페인을 함유한 음료는 관상동맥질환을 예방한다고 주장하고 있으나 이는 잘못된 자료의 인용에 의한 것으로 사료된다[13]. 현재 많은 학자들은 카페인이 함유된 적당량의 커피는 관상동맥질환과 부정맥 발병 요인이 되지 않으며 이미 관상동맥증 환자들도 매일 4~5잔의 커피는 무해하다고 결론을 내리고 있다.

1) Jossa, F. et al. Annals of Epidemiology, 3, 250~255, 1993.
2) Barrett-Connor, E. et al. American Journal of Public Health, 80, 1310~1313, 1990.
3) Dawber, T. R. et al. New England Journal of Medicine, 291, 871~874, 1974.
4) Wilson, P. F. W. et al. Archives of Internal Medicine, 149, 1169~1172, 1989.
5) Klatsky, A. L. et al. Journal of the Amercian Medical Association, 226, 540~543, 1973.
6) Grobee, D. E. et al. New England Journal of Medicine, 323, 1026~1032, 1990.
7) Brown, C. A. et al. Journal of Epidemiology & Community Health, 47, 171~175, 1993.
8) Klag, M. J. et al. Annals of Epidemiology, 4, 425~433, 1994.
9) Willet, W. C. et al. Journal of the American Medical Association, 275, 458~462, 1996.
10) Stensvold, I. et al. British Medical Journal, 312, 544~545, 1996.
11) D'Avanzo, B. et al. Annals of Epidermiology, 3, 595~600, 1993.
12) LaVecchia, C. et al. Annals of Epidemiology, 3, 601~604, 1993.
13) James, J. E. Lancet, 349, 279~281, 1997.

2) 심장부정맥(心臟不整脈, Cardiac arrhythmia)

무작위적인 이중맹(二重盲, double-blind) 연구에 의하면 중등도 또는 과량의 카페인이 심실부정맥 환자에서 부정맥이 높아짐에 영향을 미치지 않았으며 아울러 부정맥에 의해 생명의 위협을 받고 있는 환자들에게도 영향을 미치지 않았다[1~3]. 128,934명을 대상으로 4,501명이 사망한 역학조사에서 커피 또는 홍차가 부정맥 유발에 의한 사망 원인이 되지 않았음을 규명되었다. 현재 적당량의 커피는 심장부정맥 발생 빈도를 뚜렷이 증가시키지 않으며 부정맥 환자들이 커피를 마시지 않는 것이 부정맥에 도움이 되지 않는 것으로 결론을 내리고 있다[4].

1) Meyers, M. G. et al. American Journal of Cardiology, 59, 1024~1028, 1987.
2) Meyers, M. G. et al. American Journal of Cardiology, 6, 95~97, 1990.
3) Graboys, T. G. et al. Archives of Internal Medicine, 149, 637~639, 1989.
4) Newby, D. E. et al. Heart, 76, 355~357, 1996.

3) 혈압(血壓, Blood pressure)

정상적인 혈압을 가진 사람들에게는 매일 마시는 커피가 혈압을 상승 또는 하강시키는 영향은 없다[1,2]. 안 마시다가 마시게 되면 일시적으로 확장기(擴張期, diastolic) 및 수축기(收縮期, systolic) 혈압이 다소 상승할 수도 있으나, 정기적으로 마시게 되면 2~3일 내에 어떤 장기적인 영향이 없이 정상으로 돌아온다. 또한 커피를 매일 마시다가 마시지 않게 되어도 혈압에 아무런 영향을 미치지 않는다[1~3]. 커피는 건강한 젊은 사람의 심혈관(心血管) cardiovascular)에 아무런 나쁜 영향을 미치지 않는다. 커피를 오랫동안 마시고 있는 고혈압 사람들에게도 커피에 의한 혈압 상승이나 사망은 없음이 입증되었다[4].

1988년의 한 논문에서는 다음과 같은 결론을 내리고 있다. "카페인은 혈압을 오랫동안 높여주지 않는다. 매일과 같이 커피를 마시지 않은 사람들이 커피를 마시게 되면 일시적으로 약간 혈압이 높아짐을 느낄 수도 있으나 내성이 빠르게 생겨 정상으로 쉽게 회복된다."[5] 일부 연구결과에 의하면[6,7] 카페인은 특정 조건하에서 스트레스를 높여주거나 일부의 사람들에서 긴장항진(緊張亢進, hypertension)의 증상이 나타나게 할 수도 있는데 이는 실험실에서 정제된 카페인으로 행한 실험결과이며 일상생활에서 마시는 커피에 의한 위와 같은 영향은 아직 명확하지 않다. 최근 MRFIT(Multiple Risk Factor Intervention Trial)의 자료 분석결과에 의하면 11,000명에서 식품에 함유된 카페인 섭취와 혈압과는 역상관관계가 있은 것으로 판명되었다. 카페인이 혈압을 상승시킨다는 연구결과가 있기는 하나 적당량의 커피는 혈압에 아무런 영향을 미치지 않는다는 것이 정설이다[6~8].

1) Rosmarin, P. C. et al. Journal of General Internal Medicine, 5, 211~213, 1990.
2) Meyers, M. G. et al. American Journal of Hypertension, 4, 427~431, 1991.
3) Robertson, D. et al. Journal of Clinical Investigation, 67, 1111~1117, 1981.

4) Bak, A. and Grobbee, D., American Journal of Clinical Nutrition, 53, 971~975, 1991.
5) Meyers, M. G. et al. Archives of Internal Medicine, 148, 1189~1193, 1988.
6) Gurr, M. I. British Journal of Cardiology, 4, 51~53, 1997.
7) Department of Health, Committee on Medical Aspects of Food Policy. Report on Health and Social Subjects 46, pp 143 and 138. HMSO: London, 1994.
8) British Heart Foundation Statement Nov. 1996.

4) 혈중 콜레스테롤(Blood cholesterol)

커피의 유형에 따라 혈중 콜레스테롤에 미치는 영향에 대한 연구가 수행되었다[1]. 탈카페인 커피, 인스턴트커피, 여과지로 거른 것 그리고 이탈리아식(에스프레소)에 의해 추출한 커피 모두가 혈중 콜레스테롤에 미치는 영향은 없었다[2~4]. 카페인 자체는 혈중 콜레스테롤 농도를 높이지 않는다. 오직 한 논문에서만은 매일 4~5잔의 여과지로 여과된 커피를 마시는 사람에서 저밀도리포프로테인(底密度~, low denisty lipoprotien, LDL)과 고밀도리포프로테인(高密度~, high density lipoprotein, HDL) 함량이 증가했다[5]. 그러나 LDL/HDL의 비율에는 변화가 없어 심혈관에 미치는 부정적인 영향은 없다고 하겠다.

분쇄한 원두가루를 끓인 후 여과하지 않은 커피와 카페티어 커피에는 지방에 용해되는 카페스톨(cafestol)과 카웨올(kahweol) 성분이 그대로 남아 있어 혈중 콜레스테롤 함량을 높이는 것으로 일러졌다[6]. 이들 두 성분은 일반적으로 여과과정 중에 여과지에 흡수되어버린다. 카페티어 커피가 혈중 콜레스테롤 함량을 높인다는 연구보고서는 우리 혈액 중의 콜레스테롤 함량이 계절적으로 변함을 감안하지 않는 것으로 평가되고 있다[7,8]. 매일 일반적으로 마시는 커피의 10~13잔에 해당하는 진한 커피를 매일 5잔 이상을 마시면 혈중 콜레스테롤 함량이 현저하게 높아진다. 영국의 보건국은 영국인들이 일반적으로 마시는 커피 양은 관상동맥질환(冠狀動脈疾患, coronary heart disease,

CHD)을 유발할 위험성이 없다고 발표했다9). 영국심장재단(英國心臟財團, British Heart Foundation)도 위와 같은 발표에 동조하며 건강한 사람이 하루 최고 6잔까지 마시는 커피는 위험성이 없다고 했다10).

1) Urgert, R. and Katan, M. B. Journal of the Royal Society of Medicine, 89, 618~623, 1996.
2) Wahrburg, U. et al. European Journal of Clinical Nutrition, 48, 172~179, 1994.
3) D'Amicis, A. D. et al. International Journal of Epidemiology, 25, 513~520, 1996.
4) Sanguigni, V. et al. European Journal of Epidemiology, 1, 75~78, 1995.
5) Fried, R. E. et al. Journal of the American Medicalssociation, 267, 811~815, 1992.
6) Urgert, R. et al. British Medical Journal, 313, 1362~1366, 1996.
7) Gurr, M. I. British Medical Journal, 314, 680, 1996.
8) Gurr, M. I. British Journal of Cardiolog, 4, 51~53, 1997.
9) Department of Health, Committee on Medical Aspects of Food Policy, Report on Health and Social Subjects 46, pp 143 and 138, HMSO: London, 1994.
10) British Heart Foundation Statement No. 1996.

6. 커피와 소화기관(消化器官, Digestive tract)

1) 소화불량(Indigestion)과 가슴앓이(Heart burn)

많은 사람들이 커피가 소화불량을 일으키는 것으로 생각하고 있으나 그 원인에 대한 증거는 없다. 그러나 커피를 마신 후 위산(胃酸)의 식도로의 역류에 의한 일시적인 가슴앓이를 하는 사람도 있으나 이는 극히 일부의 사람들에서 일어난다. 많은 음식과 자극성이 심한 음식을 먹는 경우 때로는 소화불량을 느끼기도 한다. 커피를 포함하는 음료 또는 음식을 먹었을 때의 가슴앓이는 위액의 과다분비와 위산의 식도로의 역류 방지 역할을 하는 하단 식도괄약근(食道括約筋, esophageal sphincter)의 압력이 떨어짐에 기인한다. 커피가 가슴앓이의 원인이 되는지는 아직 의학적으로 판명이 되지 않았다.

커피와 카페인이 식도괄약근의 압력을 증가 또는 감소시킨다는 연구결과가 있음에 비해 어떤 논문에서는 전혀 아무 영향을 미치지 않은 것으로 보고되었다. 또한 가슴앓이가 오직 식도괄약근이 압력 여하에 의해서만 일어나는지도 확실하지 않다. 커피를 마셔 가슴앓이를 하는 사람들에서는 반대의 사람들에 비해 하단 식도괄약근에서의 정지압력이 저하된 상태임이 규명되었다. 반면 가슴앓이를 하지 않는 사람들에서는 커피를 마신 직후에는 하단 식도괄약근의 압력이 오히려 저하되었다.

커피를 마심으로 해서 생기는 가슴앓이는 커피 자체에 의한 영향이 아니라 커피를 마시기 전에 먹은 음식과 관련이 있다는 연구결과도 있다. 표준 시험음식을 먹은 후 괄약근의 압력이 저하되었으며 커피를 마신 후에도 더 이상의 영향이 없었다[2]. 반면 금식 중에서도 괄약근의 압력이나 산의 역류에 미치는 커피의 영향은 없었다[1]. 실험적으로 카페인은 위산의 분비를 촉진시킬 수도 있으나 카페인을 함유하고 있는 커피의 영향에 대한 결과로서는 어떤 결론을 내릴 수 없을 뿐만 아니라 커피가 가슴앓이의 직접적인 원인임을 찾을 수 없다.

뜨거운 커피를 마시면 위액 분비를 촉진시킨다는 연구결과가[3] 있음에 비해 한 컵 이상의 일반 커피나 탈카페인 커피를 마셔야만 위액의 분비가 촉진된다는 결과도 있다[4]. 탄산음료, 차, 우유 및 맥주 등도 위액 분비를 자극 한다[5]. 카페인 함량을 포함하는 어떤 단 하나의 특성만으로 분비반응을 초래할 수 있다고 단정하기 어렵다. 반면 커피가 위산 분비를 촉진시키지 않는다는 연구결과도 있다. 한 실험결과에 의하면 커피에 민감한 사람들에서 그렇지 않은 사람에 비해 위산의 분비가 더 적었는데 이는 커피에 기인한 가슴앓이가 위산의 과다분비에 기인하지 않음을 증명하기도 한다.

1) Cohen, S. New England Journal of Medicine, 303. 122~124, 1980.
2) Salmon, P. R. et al. Digestion, 21, 69~73, 1981.
3) Salmon, P. R., & Barton, T. Digestive Diseases and Science, 31, 55S~62S (Feb 1986 Supplement).
4) Acquaiva, F. et al. Journal of Clinical Gastroenterology, 8, 150~153, 1986.
5) McArthur, K. et al. Gastroenterology, 83, 199~203, 1982.

2) 궤양(潰瘍, ulcers)

커피 자체는 위 또는 십이지장궤양 환자들에게 어떤 특정 증상의 원인이 되지 않으며 커피에 의한 다른 특정 영향이 없다면 커피를 마시지 말아야 된다는 증거는 없다. 노르웨이에서의 연구결과에 의하면 커피는 흡연, 음주 등에 기인한 소화성궤양(消化性潰瘍, peptic ulcer)과는 아무 관련이 없는 것으로 규명되었다[1]. 커피의 마심과 비종양성 소화불량(消化不良, non-ulcer dyspepsia)과는 아무런 관련성이 없음도 입증되었다[2]. 1985년 카페인을 함유한 음료와 궤양 발생과는 관련이 없음이 발표되었으며 6년간 48,000명을 대상으로 한 실험결과에서 입증되었다[3].

1) Ostensen, H. et al. Scandinavian Journal of Gastroenterology, 20, 1227~1235, 1985.
2) Elta, G. H. et al. American Journal of Gastroenterology, 85, 1339~1342, 1990.
3) Aldoori, W. H. et al. Epidemiology, 8, 420~424, 1997.

7. 커피와 암(癌, Cancer)

카페인이나 커피가 인체에서 암 발생 요인이 된다는 단정적인 증거는 없다. 미국암협회가 발간한 암 유발식품 및 음료에도 커피가 포함되어 있지 않다[1]. 현재까지 발표된 무수한 논문들에서도 커피가 인체의 어떤 부위에서의 암 발생과의 개연성이 없음이 입증되었으며 오히려 특정 암에서는 그 발생 예방 역할이 있다는 논문들도 있다. 세계에서 커피의 최대 소비국 중의 하나인 노르웨이에서 43,000명을 대상으로 한 연구결과에서도 커피와 암 발생 위험성과는 관련이 없음이 규명되었다[2].

지난 20년 동안 인간과 동물에 관한 실험결과를 종합한 연구에서도 커피는 유전독성, 돌연변이 및 발암의 원인이 되지 않는 것으로 보고되었다[3]. 1997년 세계암연구기금(World Cancer Research Fund)이 발표한 자료에서 커피에 대해 "많은 증거들이 정규적으로 마시는 커피, 차는 신체의 어떤 부위에서도 암의 위험성과는 특별한 상관관계가 없다는 것을 시사한다."라고 기재했다[4].

[1] The Work Study Group on Diet, Nutrition and Cancer, American Cancer Society Guidelines on Diet, Nutrition and Cancer. CA-A Cancer Journal for Clinicians, 41, 334~337, 1991.
[2] Stensvold, I., Jacobsen, B.K. Cancer Causes and Control, 5, 401~408, 1994.
[3] Nehlig, A. and Derby, G. World Review of nutrition and dietetics, 79, 185~221, 1996.
[4] World Cancer Research Fund. Food, Nutrition and the Prevention of Cancer, a Global Perspective, 1997.

1) 유방암(乳房癌, Breast Cancer)

7건의 유방암 관련 연구결과를 평가한 국제암연구처(IARC, International Agency for Research on Cancer)는 유방암 발생 위험성과 커피와는 아무 관련성이 없는 증거들이 있다고 발표했다[1]. 이외에도 무수한 연구결과 및 논문들에서 모두 커피는 유방암 발생, 섬유낭포증(纖維囊胞症, fibrosystic disease) 및 양성유방질병(陽性乳房疾病, benign breast disease)과는 연관성이 없다고 발표했다[2~6]. 몇

몇 학자들이 모여 55~69세의 34,388명을 대상으로 한 연구에서도 연관성이 없는 것으로 판명되었다[7]. 연령별로 커피를 마시는 횟수와 유방암 발생과에 서도 연계성이 없으며 이는 일반 커피와 탈카페인 커피 모두에 적용된다.

1) World Health Organization International Agency for Research on Cancer. IARC Monographs on the Evaluation of Carcinogenic Risks to Humans Coffee, Tea, Mate, Methylxanthines and Methyglyoxal, 51, 1991.
2) Rosenberg, L. et al. American Journal of Epidemiology, 122, 391~399, 1985.
3) La Vecchia, C. et al. Surgery, 100, 477~480, 1986.
4) Graham, S. et al. American Journal of Epidemiology, 136, 1327~1337, 1992.
5) Schiarer, C. et al. International Journal of Cancer, 40, 469~473, 1987.
6) Lubin, F. et al. Journal of the Ameican Medical Association, 253, 2388~2392, 1985.
7) Folsom, A. R. et al. American Journal of Epidemiology, 138, 380~383, 1993.

2) 신장암(腎臟癌, Pancreatic Cancer)

커피와 신장암 유발과의 잠재적인 개연성은 1980년대의 한 논문에서 제기되어 논란이 되었으나[1] 현재는 추가의 새로운 발견으로 입증되지 못하고 있다[2]. 최근에도 암 발생의 가능성에 대한 추정의 연구결과들이 있기는 하나 대부분의 연구결과에서는 연계성이 없는 것으로 발표하고 있다[3~5]. IARC와 공동으로 연구한 두 연구결과에서는 커피가 오히려 신장암 예방의 역할을 하는 것으로도 보고되었다[6,7]. 한 일본인 과학자의 연구결과에 의하면 매일 1~4잔을 마실 때에는 신장암 발병 확률이 가장 낮으며 이를 넘게 되면 다소 위험성이 서서히 높아진다고 발표하기도 했다[8].

1) MacMahon, B. et al. New England Journal of Medicine, 304, 630~633, 1981.
2) Hsih, C. C. et al. New England Journal of Medicine, 315, 587~589, 1986.
3) Jacobsen, B. K. et al. Journal of the National Cancer Institute, 76,

823~831, 1986.
4) Hiatt, R. A. et al. International Journal of Cancer, 41, 794~797, 1988.
5) Wynder, E. L. et al. Cancer Researc, 46, 5360~5363, 1986.
6) Ghadirian, P. et al. Cancer, 67, 2664~2670, 1986.
7) Bueno de Mesquita, H.B. et al. International Journal of Cancer, 50, 514~532, 1992.
8) Nishi, M. et al. Japanese Journal of Clinical Oncology, 26, 42~48, 1996.

3) 난소암(卵巢癌, Ovarian Cancer)

커피는 난소암 발병 위험성과 연관성이 있다는 연구결과[1]도 있기는 하나 대부분의 자료에서는 커피 자체만으로는 난소암 유발의 주원인이 되지 않는 증거들이 많다[2]. IARC도 커피가 난소암을 유발한다는 충분한 증거는 없다고 밝히고 있다[3].

1) La Vecchia, C. et al. International Journal of Cancer, 33, 559~562, 1984.
2) Leviton, A., Cancer Letters, 51, 91~101, 1990.
3) World Health Organization International Agency for Reseach on Cancer. IARC Monographs on the Evaluation of Carcinogenic Risks to Humans Coffee, Tea, Mate, Methylxanthines and Methyglyoxal, 51, 1991.

4) 방광암(放膀癌, Bladder Cancer)

커피에 의한 방광암 유발 가능성에 대해서는 가능성과 가능성이 없는 두 가지 주장으로 나누어져 있다. 대부분의 연구결과에서는 가능성이 없는 것으로 판명되었으나[1, 2] 일부 논문에서는 성별에 따라 차이가 있다고 주장하고 있다. 즉, 많은 양의 커피를 마시는 남자는 방광암 유발 가능성이 높음에 비해 커피를 마시는 여성들에서는 오히려 방광암 예방의 효과가 있다고 주장하고 있다[3]. 흡연 등과 같은 복합적인 요인들이 영향을 미치는 것으로 알려져 있으며 복합적인 요인은 커피와 방광암 발생 가능성과 연계성이 있는 것으로 추정되기도 한다[4].

그러나 최근 모든 기존자료를 취합 분석한 결과로서 학자들은 "커피의 방광암 유발 가능성은 남성 및 여성 모두에서 임상적으로 중요한 연관성이 없다."라고 결론을 내렸다[5]. 흡연에 의한 방광암 유발과는 혼동하지 말아야 한다.

1) Jabsen, B. K. et al. Journal of the National Cancer Institute, 76, 823~831, 1986.
2) Jensen, O. M. et al. International Journal of Cancer, 37, 651~657, 1986.
3) Hartge, P. et al. Journal of the National Cancer Institute, 70, 1021~1026, 1983.
4) Morrison, A.S. et al. Journal of the National Cancer Institute, 68, 91~94, 1982.
5) Nehlig, A. and Derby, G. World Review of Nutrition and Dietetics, 79, 185~221, 1996.

5) 결장암(結腸癌, Colon Cancer)

커피의 음용과 대장 및 직장암 발생과는 연계성이 있다는 증거는 전혀 없다[1]. 오히려 커피의 음용이 대장 및 직장암 발생을 예방한다는 일부 믿을만한 증거들도 있다[2~5]. 최근 352명의 대장암 환자, 217명의 직장암 환자와 512명의 정상인을 대상으로 스웨덴에서 행한 사례조사에서도 커피의 음용이 이들 암을 예방함이 규명되었다[5]. 한 학자는 커피는 대장암을 예방하는 데 비해 차는 직장에서의 종양 발생을 예방한다고 결론을 내리기도 했다. 이탈리아에서의 한 연구에서도 하루에 커피를 4잔 이상 마심으로써 대장암 발병이 감소되었으며 이러한 경향은 마시는 잔의 수와도 관련성이 높았다[6]. 커피, 담배 그리고 알코올이 대장암 및 대장에서의 선종(線種, adenoma) 발생에 미치는 영향에 관한 덴마크의 사례조사에서도 커피에는 뚜렷하게 대장암 및 대장선종 발생의 예방역할이 있는 것으로 판명되었다[7].

덴마크, 스웨덴, 노르웨이인들은 1인당 커피를 마시는 양이 세계 최대여서 이들 국가들에서의 조사결과에는 신뢰성이 높다고 하겠다. 학자들은 예방의 기작을 제시하기도 했다. 다수의 연구결과에 의하면 음식을 자주 먹는 것은 대장암 발생의 위험을 높여주는 반면 커피를 많이 마시면 이를 감소 및 예방한다. 즉, 커피는 대장에 발암물질로 의심되는 담즙산(膽汁酸, bile acid)의 분비를 저하시키기 때문이다. 따라서 자주 음식을 먹는 것은 자주 마시는 커피에 의해 균형이 맞추어짐에 기인한다고도 할 수 있다.

1) Rosenberg, L. *et al*. Cancer Letters, 163~171, 1990.
2) La Vecchia, C. *et al*. Cancer Research, 49, 1049~1051, 1989.
3) La Vecchia, C. *et al*. International Journal of Cancer, 41, 492~498, 1988.
4) Kato, I. *et al*. Japanese Journal of Cancer Research, 81, 1101~1108, 1990.
5) Baron, J. A. *et al*. Cancer Epidemiology, Biomarkers and Prevention, 3, 565~570, 1994.
6) Tavani, A. *et al*. International Journal of Cance, 73, 193~197, 1997.
7) Olsen, J. Kronberg, O. Intrnational Journal of Epidemiology, 22, 398~402, 1993.

6) 기타 부위에서의 암

현재까지의 조사결과에 의하면 커피의 음용이 상기에서 언급한 신체 이외의 다른 부위에서의 암 유발에 관한 자료 및 증거는 없다[1, 2]. 그러나 커피 원두에서 때때로 발견되는 오염물질인 오차라톡신 A(orchraoxin A, OA)에 다소의 우려는 있다[3]. 오차라톡신 A는 특정 곰팡이에서 생성되는데 이들 곰팡이는 습도 함량이 14% 이상인 상태에서 보관된 식품에서만 자랄 수 있다. 신장은 오차라톡신의 독성에 매우 민감하여 이를 포함시킨 먹이를 실험동물에 먹인 결과 신장에 종양이 생기게 했다.

1955년 조사결과에 의하면 시중에서 판매되고 있는 25개 원두의 시료 중 13개에서 오차라톡신 A가 검출되었다. 그러나 아직까지 오차라톡신 A에 대한 병리학적 특성이 규명이 되지 않아 발암물질 여부인지를 판정하지 못하고 있으며 유발 함량에 대한 자료도 전혀 없다. 영국 농무성이 커피를 소매상에서 수거하여 조사한 자료에 의하면 함량은 우려할 수준이 아니었다.

1) La Vecchia, C. et al, Cancer Research, 49, 1049~1051, 1989.
2) Nomura, A. M. Y. Journal of the National Cancer Institute, 76, 587~590, 1986.
3) Studer-Rohr, I. et al. Food and Chemical Toxicology, 33, 341~355, 1995.

8. 임신(姙娠, Pregnancy)

커피 등과 같이 카페인을 함유한 음료가 생식 및 임신 등에 미치는 영향에 대한 많은 연구결과가 있다. 대부분의 연구결과는 과량의 커피를 마시지 않는 한 임신한 모체와 태아에 영향이 별로 없음을 제시하고 있다. 2001년 영국식품표준국(食品標準局, Food Standard Agency)은 임신부는 적당량의 커피, 즉 1일 3~4컵에 해당되는 300mg 이상의 카페인을 최대 상한선으로 설정했다. 유럽연합(EU)의 식품 관련 과학위원회는 "1일 300mg의 카페인 섭취는 안전한 것으로 사료되나 1일 300mg 이상의 카페인을 정기적으로 섭취하면 임신부와 태아에 나쁜 영향을 미칠 수도 있다."라고 발표했다. 이는 임신 기간 중에는 과량의 커피는 삼가야 함을 의미한다. 임신 기간 중 특히 출산 수개월 전부터는 체내에서의 카페인 대사가 둔화된다. 임신 기간 중에는 입맛에 변화가 생겨 즐기던 특정 음식과 음료를 싫어하게 되는데 많은 임신부들이 커피를 별로 즐기지 않는 영향이 있다. 적당량의 커피는 임신부 및 태아에 미치는 뚜렷한 영향이 없는 것으로 많은 연구가 서로 일치하고 있다[1].

1) Levition, A. J. Reproductive Medicine, 33, 175~178, 1988.

1) 수태력(受胎力, Fertility)

　카페인을 함유한 음료가 수태와 수태력에 미치는 영향에 관한 연구에서 카페인 자체가 미치는 부정적인 영향에 대한 확실한 증거는 없다. 또한 카페인은 임신을 예정하고 있는 여성에게서도 수태력을 감소시키거나 저하시키지 않았다[1, 5, 7, 8]. 104명의 여성을 대상으로 한 조사에서 한 학자는 카페인 함유 음료가 불임 가능성을 오히려 저하시킬 수도 있다고 했다[2]. 카페인과 불임의 연관성을 주장하는 논문들에서는 연구 자체가 카페인에 의한 영향 연구를 목적으로 한 연구가 아닌 인위적인 결과의 경향이 매우 강하다. 3,000명[3] 및 10,000명[4]의 여성을 대상으로 한 연구결과에서도 카페인 함유 음료의 음용과 임신에 걸리는 시간과는 아무런 상관관계가 없었다.

　커피가 임신 불능으로 진단된 여성에서의 불임과 연관성이 있다는 증거는 없으며, 1998년 발표된 한 논문[5]에서도 커피 또는 카페인 섭취가 불임 가능성과 상관관계가 없음이 입증되었다. 반면 카페인을 함유한 음료가 임신이 되는 데 걸리는 시간과는 연관성이 있다는 논문도 있으나[6] 과학적으로 용납키 어려운 자료에 근거한 것이다. 카페인의 섭취는 불임에 영향을 미치는 흡연 및 음주 등과 같은 다른 요인들과는 연관성이 있다. 커피나 차는 흡연 여성에서의 저조한 수태력과 연관성이 있었다.

  1) Feld Berkowitz K. Environmental Nutrition, 17:1,6, 1994.
  2) Wilcox, A. et al. Lancet, 24/31 December, 1453~1455, 1988.
  3) Joesoef, M. R. et al. Lancet, 335, 136~137, 1990.
  4) Olsen, J. American Journal of Epidemiology, 133, 734~739, 1991.
  5) Hatch, E. E., Bracken, M. B. American Journal of Epidemiology, 138, 1082~1092, 1993.
  6) Stanton, C. K. and Gray, R. H. American Journal of Epidemiology, 142, 1322~1329, 1995.
  7) Mills, J. et al. JAMA, 269:593~597, 1993.
  8) Nehlig, A and Derbry, G. Journal of Gynecology and Obstetric Biology and Reproduction, 23:241~256, 1994.

2) 유산(流産, Miscarriage)

흡연과 음주는 자연유산(自然流産, spontaneous abortion)과 아주 밀접한 연관성이 있으나 일반적으로 커피와는 무관함이 많은 연구 결과에서 입증되었다[1, 2]. 확신할 수 없는 연관성을 제시한 논문들이 있으나 이는 다른 요인을 고려하지 않았음에 기인했을 것으로 추정된다[3]. 구역질을 자주 하며 많은 양의 카페인을 섭취하는 임신부에서는 그렇지 않은 임신부에 비해 자연유산의 가능성이 높음을 지적하고 있는 논문들이 많다[4]. 그러나 이들 자료를 세부적으로 분석하면 오류를 범하고 있다. 즉, 생물학적으로 일단 임신에 실패하면 메스꺼움이 줄어들거나 없어지며 카페인의 섭취와는 상관없이 태아는 유산되기 때문에 상기의 주장은 근거가 없다고 하겠다[5].

2000년 발표된 한 논문에서 카페인 섭취는 비흡연 여성들에서도 초기 유산의 위험성을 증가시킬 수도 있다고 했다[4]. 그러나 이 논문에서도 많은 오류가 있으며 저자들 스스로도 이 결과를 조심스럽게 해석해야 한다고 천명하고 있다. 이 논문은 연관성은 규명했으나 원인과 카페인과 유산 사이의 상관관계에 대해서는 설명하지 못하고 있다. 카페인 섭취가 유전적으로 미치는 영향도 없음을 입증한 논문도 있다[7]. 일반적으로 카페인 섭취와 자연유산과의 개연성은 아주 적으며 최근의 논문들에서도 카페인의 섭취, 카페인의 대사와 자연유산의 위험성에는 상관관계가 없다고 밝히고 있다[8,9].

1) Mills, J. et al. Journal of American Medical Association, 269, 593~597, 1933.
2) Nehling A., and Derbry G. Journal of Gynecology and Obstetric Biology and Reproduction, 23:241~256, 1994.
3) MacDonald, A. D. et al. American Journal of Public Health, 82, 85~87, 1992.
4) Fenster, L. et al. Epidemiology, 2, 168~174, 1991.
5) Stein, Z. Susser, M. Epidemiology, 2, 163~167, 1991.
6) Cnattingius, S. et al. The New England Journal of Medicin, 343, 1839~1845, 2000.

7) Kline, J. *et al.* Epidemiology, 2, 490~417, 1991.
8) Fenster, L. *et al.* American Journal of Epidemiology, 149, 550~557, 1999.
9) Klebanoff, M. A. *et al.* Journal of Family Practice, 49(3), 204~205, 1999.

3) 출생아의 출산체중(出産體重, Birth weight)과 조기출산(早期出産, Preterm birth)

12,000명의 임산부에서 흡연 등과 같은 태아의 출산 체중에 미치는 기타 요인들을 배제했을 때 비록 과량의 커피를 마셔도 출산 체중 또는 조기 출생 등에 영향이 없었다1~4). 이는 다른 연구결과들에서도 동일한 결과를 보여주었으며2, 3), 커피의 음용과 조기출산과는 아무런 관계가 없었다5). 반면 한 논문에서는 임신 기간 중에 마신 커피가 태아의 출산체중에 영향을 미친 것으로 보고되었으나5), 이는 매일 7잔에 달하는 과다한 카페인 섭취에 기인한 것으로 사료된다.

한 학자는 그의 연구결과와 기타의 자료를 종합하여 "카페인은 조기출산과 관련이 없으며, 평균 임신 기간에는 커피를 많이 마시는 사람과 마시지 않는 사람 사이에 차이가 없었다고 했다7). 출생아의 출산체중은 기준은 없거나 모호하며 국가 간 그리고 지역 간에 서로 상이하다. 한 곳 또는 한 국가에서의 출산체중이 다른 곳 또는 다른 국가에서는 저출산체중으로 기록되기도 한다.

1) Linn, S. *et al.* New England Journal of Medicine, 306, 141~145, 1982.
2) Brooke, O. G. *et al.* British Medical Jouranl, 298, 795~801, 1989.
3) Godel, J. C. *et al.* Canadian Meical Association Journal, 147, 181~188, 1992.
4) Pastore L., and Savitz D. American Journal of Epidemiology, 137:931~940, 1993.
5) Berkowitz, G. S. *et al.* Early Human Development, 7, 239~250, 1982.
6) Nehlig, A. and Derbry, G. Journal of the american College of Nutrition, 13(1), 6~21, 1994.
7) Mills, J. L. *et al.* Journal of the american Medical Association, 269, 593~597, 1993.

4) 태아 발생(胎兒發生, Fetal Development)

국제암연구처(國際癌硏究處, Intenational Agency for Research on Cancer, IARC)[1]는 기존의 논문들을 종합 검토한 후 "임신부가 마시는 커피는 태아에 육체적 또는 형태적으로 영향을 미치지 않는다." 고 했다. 흡연, 음주 그리고 카페인을 섭취하는 712명의 임신부에서 조사한 결과에서도 비록 그 수가 적기는 하지만 카페인을 많이 섭취하는 임신부와 태아의 성장과는 아무 상관관계가 없음이 규명되었다[2]. 이는 또 다른 학자들에 의해서도 입증되었다[3].

1) World Health Organization International Agency for Reseach on Cancer. IARC Monographs on the Evaluation of Carcinogenic Risks to Humans Coffee, Tea, Mate, Methylxanthines and Methyglyoxal, 51, 1991.
2) Shu, X. O. et al. Epidemiology, 6, 115~120, 1995.
3) Hinds, T. S. et al. Nutrition Reviews, 54, 7, 203~207, 1996.

5) 젓 먹임(Breast feeding)

모유를 통해 카페인이 유아에게 전해질 수 있으나 카페인을 함유한 소량의 음료는 유아에게 영향을 미치지 않는다[1~3]. 임신부들이 먹어야 할 식품에 대해 자문을 하는 유럽의 많은 조직체들도 임신 및 수유 기간 중 적당량의 카페인을 함유한 음료는 임신부에게 절대적으로 안전하다고 말하고 있다.

1) Berlin, C. M. et al. Paediatrics, 73, 59~63, 1983.
2) Tyrala E. E. et al. Archives of Diseases in Childhood, 54, 787~800, 1979.
3) Blanchard, J. et al. Biopharmaceutics and Drugs Disposition, 13, 441~448, 1991.

6) 유아의 성장(Childhood Development)

뉴질랜드에서의 한 연구결과에 의하면 임신 기간 중 마시는 커피와 소위 코트 사망(Cot Death)로 알려진 갑작스러운 유아사망증후군(sudden infant death syndrome, SIDS)과는 관련성이 있었다[1]. 한 학자는 임신 기간 중 과량의 카페인을 섭취하는 경우 정확한 원인은 아직 규명되지 않았으나 상기 증후군의 위험성이 높은 것에 동의하고 있다. 반면 한 연구에서는 임신 기간 중 흡연, 임신 연령, 임신부의 교육 정도 등을 감안하면 임신 기간 중 또는 임신 후의 카페인 섭취는 상기 증후군과는 아무런 관련성이 없다고 했다[2]. 임신 기간 중의 카페인 섭취가 출생아의 초기 학교생활에서 신체적 또는 행동 발달에 아무런 영향을 미치지 않았다. 7년간의 연구를 통한 결과에 의하면 임신 중의 카페인 섭취는 유아의 키, 체중. 7세에 실시한 IQ 테스트에서 아무런 이상이 없었다[3].

1) Ford, R. P. K. et al. Archives of Disease in Childhood, 78, 9~13, 1998.
2) Alm, B. et al. Acta Paediatrica, 88, 521~527, 1999.
3) Barr, H. M. et al. Neurotoxicity and Teratology, 13, 441~448, 1991.

9. 커피와 뼈 건강(骨健康, Bone Health)

골다공증(骨多孔症, osteoporosis)이란 주로 뼈가 퇴화되는 상태로서 노년기, 특히 폐경기 이후의 여성에게서 주로 많이 나타난다. 무기질 감소에 의해 뼈가 약해지며 감소하는 양에 따라서 동통, 특히 요부통, 신장(身長)의 감소와 같은 뼈의 변형 및 병적 골절을 수반하는 수가 있다. 에스트로겐(oestrogen)의 부족, 흡연, 운동 부족, 낮은 에스트로겐 및 불충분한 영양 등의 복합적인 요인도 작용한다[1]. 코카시안이나 아시아 인종 등에서는 특히 발병률이 높다. 커피와 골다공증의 상관관계에는 서로 상이한 연구결과들이 있다. 상관관계가 없다고 주장하는 학자들은 연구에서 복합요인을 제대로 고려하지 않았거나[2, 3] 섭취하는 카페인 양을 제대로 추정하지 못했음으로 간주하고 있다[4].

현재까지의 모든 자료를 종합하면 적당량의 커피는 골다공증 유발의 위험성이 없으며 특히 여성들에게서도 균형 잡힌 식사를 하는 한 문제가 없다고 하겠다. 일생 동안 평균 매일 2잔의 카페인이 함유된 커피를 마신 980명의 폐경 여성들을 대상으로 한 조사에서 오직 매일 우유를 마시지 않은 여성들에게서만 골 밀도가 저하되었다는 결과가 이를 입증하고 있다[5]. 정규적으로 마시는 커피는 오줌을 통한 칼슘의 배출을 증가시킨다는 연구결과도 있으나[6] 한 학자는 이러한 양은 골밀도를 저하시킬 정도의 양은 아니라고 반박했다[7]. 또한 연구에서도 커피가 폐경기 전의 여성들에게서 체내의 칼슘 균형에 전혀 영향을 미치지 않는다고 했다[8].

연구결과를 종합하면 적당량의 카페인 섭취는 골다공증 발생 위험성과는 관계가 없으며 특히 여성들도 정규적으로 칼슘을 섭취하고 있으면 아무 문제가 없는 것으로 결론을 내릴 수 있다. 이는 칼슘 섭취량이 적은 여성이 카페인이 함유된 커피를 마실 때는 칼슘대사에 이상이 있다는 실험결과에서 입증되었다[9]. 또한 연구결과에 의하면 칼슘 섭취량을 증가시키면 폐경기 여성에서 골질이 단단해지며 커피는 골질에 전혀 영향을 미치지 않았다. 충분한 칼슘섭취와 균형 잡힌 식사를 하는 여성들에서는 커피가 골다공증의 원인이 될 수 없다고 하겠다.

카페인이 6개의 상이한 골격 부위에서의 골질의 밀도에 미치는 영향에 대한 연구에서 1개 부위의 골격을 제외하고는 카페인과 골질의 밀도와는 아무 상관관계가 없었다. 이러한 결과로서 카페인이 골다공증의 원인이 되지 않는다고 단정한 학자들도 있다[10]. 최근 매일 0~1,400mg의 카페인을 섭취하게 한 후 X-선에 의한 골밀도 조사에서도 아무런 상관관계가 없었다. 몇몇 학자는 1일 2잔 이상의 커피는 골 파쇄의 위험성이 있다는 주장은[11] 식사를 통한 칼슘 섭취 및 기타 골다공증 유발 요인들에 대한 불충분한 자료로서 제대로 입증을 하지 못했다.

    골다공증에서는 복합요인들을 모두 고려하는 것이 매우 중요하다. 복합적인 요인들을 고려하지 않은 상태에서는 커피가 골다공증의 원인이 될 수도 있으나 복합적인 요인들을 고려할 때는 커피가 전혀 골다공증과 상관관계가 없다[12]. 영양과 뼈 건강에 관한 영국 정부의 한 보고서는 카페인 섭취 때문에 오줌을 통한 칼슘의 손실에 대한 우려는 없다고 했다[13]. 한 학자는 "지방, 인, 마그네슘, 카페인 그리고 비탄수화물성 다당류(대량은 제외)는 단기적이고 일시적인 영향은 있으나 칼슘의 배설에 미치는 영향은 없다."고 했다. 45~59세의 폐경기 후의 여성들을 대상으로 덴마크, 영국 그리고 미국에서 흡연, 알코올 그리고 카페인 섭취가 골질의 밀도에 의한 영향에 관한 연구에서도 카페인은 상이한 연령층 모두에서 골질의 밀도에 미치는 영향은 없는 것으로 조사되었다. 또한 1,340명을 환자를 대상으로 한 이탈리아에서의 연구에서도 골반골절과 커피, 차 및 콜라와는 상관관계가 없었다[14]. 그러나 노년기에 특히 커피를 많이 마시는 여성이 골다공증에 걸리지 않기 위해서는 매일 한 잔의 우유와 칼슘제제 한 알을 복용하도록 권장되고 있다.

---

1) British Nutrition Foundation, Briefing Paper 24, Calcium, 1991.
2) Massey, L. K. Journal of Bone and Mineral Research, 6, 1149~1151, 1991.
3) Kelsey, J. L. Hoffman, S. New England Journal of Medicine, 332, 767~773, 1995.
4) Lloyd, T. et al. American Journal of Clinical Nutrition, 65, 1826~1830, 1997.
5) Barrett-Connor. et al. Journal of the american Medical Association, 271, 280~283, 1994.
6) Massey, L. K. et al. Nutrition Research, 10, 741~747, 1990.
7) Lloyd, T. et al. American Journal of Clinical Nutrition, 54, 1005~1010, 1991.
8) Barger-Lux, J. et al. American Journal of Clinical Nutrition, 52, 722~725,

1990.
9) Massey, L. K. et al. Journal of the American College of Nutrition, 13, 592~596, 1994.
10) Cooper, C. et al. Bone and Mineral Research, 7, 465~471, 1992.
11) kiel, D. P. et al. American Journal of Epidemiology, 132, 675~683, 1990.
12) Johansson, C. et al. Age and Ageing, 21, 20~26, 1992.
13) Department of Health Committee on Medical Aspect of Food and Nutrition Policy, HMSO, 22, Nov. 1998.
14) Tavani, A. et al. Preventive Medicine, 24, 396400, 1995.

제 10 장

커피 생산국

1. 커피 관련 통계

    2003/2004년의 예상 생산량은 1억7백만 포대이며 한 포대는 60 kg(생산국별로 다소 차이가 있음)이며, 600,000개의 생두가 한 포대가 된다. 이는 전년도의 생산량에 비해 약 13%인 1천5백6십만 포대의 감소가 예상된다. 이와 같은 현저한 감소는 전 세계 생산량의 30% 이상을 점유하고 있는 브라질에서의 예상 생산량의 감소에 기인한다. 2003/2004년 브라질에서의 예상 생산량은 3천3백6십만 포대로서 전년도의 5천1백6십만 포대에 비해 현저하게 저하된 예상 생산량이다. 브라질의 2003/04의 예상 수출량은 전년도에 비해 2백10만 포대가 감소한 8천6백9십만 포대로 예상되며 재고량을 감안하더라도 전년도에 비해 무려 7백만 포대가 모자란다.

    브라질에서의 예상 생산량의 감소는 특히 2년 주기로 나타나는 아라비카 재배지에서의 나쁜 작황에 기인한다. 전년도에 최적의 기후와 철저한 관리로 헥타르당 21.86포대의 기록적인 생산이 나무에 많은 스트레스를 주었으며 아울러 해거름과 일치되었다. 또한 2002/03년도의 커피 가격의 하락은 재배업자들이 생산비의 절감을 위해 석회, 비료 및 각종 농약과 적절한 관리가 수반되지 못하게 했다. 나쁜 기후는 아라비카의 주 재배지인 미나스제라이스, 상파울로 및 바히아 등과 같은 곳에서 꽃이 제대로 피지 못해 열매가 제대로 맺지 못하게 했다. 최근 에스피리토, 산토 주에서의 한발도 영향을 미쳤다. 커피 값의 저하는 많은 커피 재배자들에게 수익성이 좋은 콩, 옥수수, 사탕수수 재배로 전업하게 했다. 비록 브라질에서의 예상 생산량이 저하되어도 기타 생산국에서의 생산량의 증가가 예상된다. 콜롬비아에서 900,000, 베트남 500,000, 멕시코 300,000, 에티오피아 250,000, 온두라스 200,000, 태국 143,000, 우간다 100,000포대이다. 그러나 코트디부

아르에서는 2002/03년에 비해 약 10만 포대가 감소한 2백4십만 포대의 생산이 예상된다. 부룬디 및 니카라과에서도 각각 262,000 및 207,000포대의 감소가 예상된다. 베트남에서의 2003/4의 예상 생산량은 1천75만 포대로서 전년도에 비해 무려 5%의 증가가 예상되는데 이는 기후와 적절한 재배관리에 기인한다. 더욱더 베트남의 영세 재배업자들은 현 세계 시장의 가격에 만족하고 있어 가지치기, 관계수로의 개선과 아울러 아마도 화학비료를 사용할 수 있는 능력에 의해 생산량의 증가가 기대된다. 대부분의 국영 커피농장들은 양적인 증산에만 치중하고 질적인 향상에 도외시하는 것이 문제점이다.

주요 커피 생산국에서의 연도별 및 예상 생산량(단위: ×1000포대, 1포대는 60kg임)

대륙	생산국	연도 시작	생산연도					
			1989/99	1999/00	2000/01	2001/02	2002/03	2003/04*
북미	코스타리카	10	2459	2688	2502	2338	2188	2220
	쿠바	7	280	328	313	249	250	250
	도미니카공화국	7	422	694	437	432	650	600
	엘살바도르	10	1860	2612	1624	1610	1302	1300
	과테말라	10	4300	4384	4564	3530	3802	3802
	아이티	7	442	402	497	425	425	425
	온두라스	10	2494	3067	2821	3098	2800	2800
	자메이카	10	29	39	37	30	42	40
	멕시코	10	5010	6193	4800	4200	4350	4650
	니카라과	10	1079	1514	1610	895	830	823
	파나마	10	192	167	170	160	150	150
	트리니다드토바고	10	17	16	14	14	15	15
	미국	10	163	185	183	163	169	174
	소계		18,747	22,269	19,572	17,144	16,773	17,049
남미	볼리비아	4	150	184	173	124	180	160
	브라질	7	35600	30800	34100	35100	51600	33600
	콜롬비아	10	10868	9512	10500	11950	10900	11800
	에콰도르	4	1322	1295	1005	910	780	880
	가이아나	10	10	10	10	10	10	10
	파라과이	4	34	28	31	31	35	35
	페루	4	1980	2571	2824	2500	2750	2850
	베네수엘라	10	1250	890	1027	1065	920	997
	소계		51,214	45,280	49,670	51,740	67,175	50,232

대륙	생산국	연도 시작	생산연도					
			1989/99	1999/00	2000/01	2001/02	2002/03	2003/04*
아프리카	앙골라	4	85	55	60	31	125	100
	베닌	10	0	0	0	0	1	1
	부룬디	4	356	501	337	257	597	335
	카메룬	10	1114	1370	1113	1200	1100	1195
	중앙아프리카공화국	10	214	241	122	75	117	125
	콩고	7	3	3	3	3	4	4
	콩고민주공화국	10	644	457	433	430	735	700
	코트디부아르	10	2217	5700	4333	3033	2500	2400
	적도기니	10	1	0	0	0	2	2
	에티오피아	10	3867	3833	3683	3756	3000	3250
	가봉	10	4	2	0	1	2	2
	가나	10	45	44	38	17	45	40
	기니	10	149	112	114	101	125	125
	케냐	10	1148	1685	864	869	920	1052
	라이베리아	10	5	5	5	5	5	5
	마다가스카르	4	992	427	366	147	417	470
	말라위	4	64	59	64	60	67	65
	나이지리아	10	48	43	45	41	45	45
	르완다	4	222	308	273	307	366	325
	시라레온	10	24	78	28	15	45	35
	탄자니아	7	739	837	821	624	800	850
	토고	10	321	263	197	116	300	300
	우간다	10	3640	3097	3205	3507	3100	3200
	잠비아	7	56	58	90	96	80	90
	짐바브웨	4	147	122	97	118	100	115
	소계		16,094	19,298	16,290	14,809	14,598	14,831
아시아 오세아니아	인도	10	4415	4870	5020	5010	4588	4660
	인도네시아	4	6950	6660	6495	6160	8000	6050
	라오스	10	230	280	300	230	170	180
	말레이시아	10	217	250	300	335	335	335
	뉴칼레도니아	10	10	10	10	10	10	10
	파푸아뉴기니	4	1351	1387	1041	1041	1147	1160
	필리핀	7	684	740	745	735	726	732
	스리랑카	10	35	38	43	31	40	40
	태국	10	916	1271	1692	559	907	1050
	베트남	10	7500	11010	15333	12250	10250	10750
	예멘	10	90	90	70	80	40	50
	소계		22,399	26,586	31,049	26,411	24,213	25,017
총계	57개 국가		108,453	113,433	116,581	110,104	122,759	107,128

자료: Horticultural and Tropical Divisio, FAS/USDA.

커피 수입국의 연도별 수입량(단위: 포대, 한 포대는 60kg임)

국가	1999	2000	2001	2002	2003
오스트리아	1,548,000	1,301,000	1,495,000	983,000(1~8월)	-
오스트레일리아	970,545	024,164	891,400	1,120,000	-
베네룩스	2,997,000	3,273,000	3,203,000	3,788,000	-
캐나다	3,170,000	3,140,000	3,134,000	2,894,000(1~11월)	-
중국	-	-	-	-	30,433(1~2월)
사이프러스	48,699	-	-	-	-
체코공화국	799,015	895,500	937,500	918,800	-
덴마크	1,083,000	1,028,000	1,079,000	1,078,000	-
에스토니아	123,700	105,569	61,500(1~8월)	73,500(1~8월)	-
핀란드	1,215,000	1,078,000	1,093,000	1,083,000	-
프랑스	6,659,000	6,506,000	6,709,000	6,908,000	590,600(1월)
독일	14,496,000	12,910,000	13,866,000	15,935,000	-
그리스	692,000	812,400	860,500	893,700	-
홍콩	197,916	187,013	175,500	139,300(1~11월)	-
헝가리	835,376	895,300	936,400	925,600	71,900(1월)
아일랜드	145,600	155,700	182,200	117,400	-
이탈리아	5,973,000	6,335,000	6,589,000	6,556,000	-
일본	6,574,000	7,360,000	7,493,000	7,750,000	-
한국	1,138,000	1,316,000	1,331,000	1,395,000	-
모로코	442,300	584,200	590,000	470,000(1~8월)	-
네덜란드	2,559,000	2,824,000	2,785,000	1,983,000(1~9월)	-
뉴질랜드	152,404	186,428	200,300	204,200	-
노르웨이	797,200	668,437	723,400	704,800	-
폴란드	2,304,000	2,439,000	2,732,000	2,4236,000(1~11월)	-
포르투갈	910,200	804,600	818,300	820,100	-
필리핀	124,674	94,150	119,307(1~9월)	-	-
러시아	-	1,583,000	2,354,000	2,810,000	-
슬로바키아	282,975	307,800	341,900	325,800	20,000(1월)
스페인	4,028,000	3,819,000	4,126,000	4,080,000	763,500(1~2월)
스웨덴	1,806,000	1,677,000	2,068,000	1,849,000	-
스위스	1,165,000	1,200,000	1,276,000	1,061,000(1~10월)	-
대만	128,909	131,408	174,285	139,000(1~9월)	-
터키	159,500	-	-	-	-
영국	2,886,000	3,000,000	3,075,000	3,120,000	-

자료: Horticultural Tropical Products Division, FAS/USDA

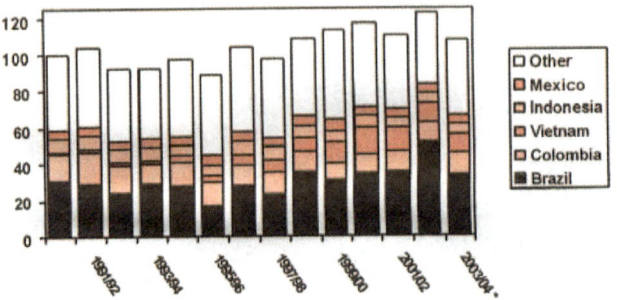

2003/2004년 예상 커피 생산량(단위: 포대, 한 포대는 60kg임)

수입국별 생두 소비량(기간: 10~9월, 단위: ×1000포대, 한 포대는 60kg임)

지역	국가	1996/97	1997/98	1998/99	1999/00	2000/01	2000/02[1]
유럽	오스트리아	1,369	993	1,105	905	1,123	993
	베네룩스	950	1,391	1,099	1,054	1,358	1,271
	덴마크	834	802	841	826	833	817
	핀란드	818	1,079	988	969	961	961
	프랑스	5,623	5,362	5,434	5,363	5,358	5,393
	독일	9,773	9,019	10,513	9,410	9,651	9,141
	그리스	774	715	594	812	711	699
	아일랜드	102	92	119	97	128	134
	이탈리아	4,857	4,843	4,977	5,122	5,221	5,212
	네덜란드	2,491	2,012	1,771	1,677	1,862	1,633
	포르투갈	628	674	737	769	702	777
	스페인	3,029	2,968	3,354	3,131	2,921	2,972
	스웨덴	1,358	1,162	1,267	1,217	1,214	1,253
	영국	2,296	2,565	2,365	2,303	2,302	2,204
	사이프러스	41	49	56	52	71	49
	노르웨이	700	689	767	660	687	683
	스위스	745	827	838	826	847	798
	소계	36,388	35,242	36,825	35,192	35,950	34,990
기타	피지	2	2	3	2	6	5
	일본	6,369	5,900	6,261	6,733	6,831	6,958
	미국	17,847	18,194	19,057	18,681	19,416	18,704
	소계	24,218	24,096	25,321	25,416	26,653	25,667
총계		60,606	59,338	62,146	60,608	62,203	60,657

1) 자료: International Coffee Organization.

국가별 1인당 생두 소비량(단위: kg)

국가	1995	1996	1997	1998	1999	2000	2001
미국	3.98	4.10	4.00	4.14	4.24	3.96	4.09
오스트리아	7.21	8.11	8.17	8.20	8.44	6.57	7.79
베네룩스	6.39	6.38	5.69	7.53	5.29	7.32	5.53
덴마크	8.70	9.91	8.97	9.57	9.66	8.81	9.71
핀란드	8.62	10.56	11.00	11.71	11.43	11.21	11.01
프랑스	5.48	5.69	5.68	5.45	5.65	5.50	5.31
독일	7.37	7.16	7.22	7.01	7.46	6.70	6.90
그리스	2.20	4.19	4.31	3.87	3.67	4.69	3.47
아일랜드	1.78	1.45	1.59	1.49	2.16	1.31	2.30
이탈리아	4.86	4.95	5.08	5.16	5.14	5.36	5.44
네덜란드	8.90	9.84	9.19	7.56	5.71	7.21	6.48
포르투갈	3.38	3.79	3.75	4.30	4.84	4.09	4.49
스페인	4.21	4.49	4.63	4.68	5.15	4.65	4.27
스웨덴	8.17	8.78	8.46	8.47	8.70	8.00	8.55
영국	2.25	2.43	2.46	2.62	2.27	2.37	2.19
사이프러스	3.53	4.14	3.24	3.92	4.32	5.37	4.18
피지	0.30	0.15	0.15	0.15	0.22	0.15	0.51
일본	2.98	2.83	2.90	2.91	3.00	3.17	3.31
노르웨이	9.04	9.77	9.18	9.52	10.56	8.79	9.48
스위스	7.97	7.82	8.03	6.84	7.26	6.91	8.80
평 균	4.51	4.64	4.59	4.63	4.69	4.54	4.56

자료: International Coffee Organization

2. 커피 생산지역 및 국가

아프리카의 에티오피아에서 기원한 커피 재배는 동서로 전파되어 결국에는 북회귀선(回歸線)과 남회귀선 사이에 띠를 형성하게 되었다. 재배지역은 중등도의 일광과 강수량, 20℃대의 변화가 심하지 않는 기온, 양분이 풍부하고 배수가 잘되는 토양 지역이다. 이러한 띠의 모든 지역에서 커피 재배가 가능한 것은 아니며 다시 지역적인 환경조건에 의해 적지가 결정된다.

일반적으로 커피의 기원지를 생산한 국가 명칭을 사용하는 경우가 많다. 대부분의 경우 국가의 면적은 매우 넓으나 실제적으로 커피나무가 자랄 수 있는 곳은 특정 지역에 국한된다. 에티오피아 커피라고 할 때 농부들이 야생의 열매를 수확하여 비수세식으로 가공한 커피는 같은 지역의 재식농원에서 재배하여 수세식에 의해 가공한 커피와는 분명히 차이가 있다. 또한 국경을 초월하여 맛이 같거나 유사할 수도 있다. 일반적으로 라틴아메리카의 고급품의 맛은 동아프리카나 아라비아 반도산 커피의 맛과 유사하다. 반면 이들은 말레이 반도에 있는 인도네시아, 뉴기니와 티모르의 커피와는 맛이 다르기도 하다. 편의상 어쩔 수 없이 생산국의 명칭을 붙이는데 이미 잘 정착되었다.

1) 아프리카 및 아라비아 반도

커피의 기원지인 아라비아 반도 및 아프리카는 세계에서 가장 품질이 우수한 커피를 생산한다. 아라비아 반도의 홍해 연안을 따라 북에서 남쪽으로 뻗어 있는 산맥지대가 주산지이며 동아프리카에서는 에티오피아에서 남북으로 뻗어 있는 산악지대와 케냐, 탄자니아, 잠비아의 고산지대이다.

이들 지역에서는 뚜렷한 꽃향기와 과일 맛이 나는 특징이 뚜렷한 커피가 생산된다. 에티오피아의 수세식 커피는 향수와 같은 꽃 냄새와 감귤류의 맛, 신맛이 뚜렷하며, 과일 맛이 나는 케냐 커피 그리고 부드럽고 육감적인 과일 맛의 잠비아 커피로 매우 다양하다. 이들 지역의 커피 중에서도 에티오피아의 동북지역에서 재배되는 하라 커피와 에티오피아에서 홍해 바로 건너편에 있는 에멘 커피는 기원지임과 아울러 가장 오래된 커피 생산지이다. 이들은 아직도 수백 년 전과 같은 방법으로 손으로 수확하여 지붕 위에서 말리는 전통적인 방법을 고수하고 있다. 이들 커피에서는 다소 차이점이 있기는 하나 커피 애호가들이 커피에서 원하는 모든 요소를 갖추고 있는 참다운 커피라 하겠다.

(1) 예멘(Yemen)

예멘은 국명으로보다는 모카(Mocha)로 더 알려진 현 커피의 기원지이기도 하다. 해발고도 1,000~3,000m에서 재배되고 있고 수확 시기는 11~12월 사이로 비교적 짧으며 모두가 비수세식에 의해 가공한다. 커피 관련 용어 중 모카는 막연하며, 대체로 혼동하여 사용하고 있다. 현재 우리가 알고 있는 모카커피는 아라비아 반도의 서남단에 있는 예멘의 산악지대에서 수백 년 동안 재배되고 있는 커피의 원종인 아라비카에서 기원한 커피다. 유럽에 전파된 커피는 모두 모카 항에서 선적되었으며 현재 모카 항은 퇴적물(堆積物)의 퇴적에 의해 항구로서의 역할을 못하고 있다. 예멘에서 생산되는 커피, 즉 모카커피는 초콜릿과 같은 뒷맛으로 유명한 순수 커피의 일종이다. 애호가들은 초콜릿과 커피를 같은 비율로 섞은 것을 생산지와는 전혀 관계없이 모카커피라 부르고 있어 원래의 의미와는 다른 뜻으로도 사용된다. 따라서 이를 구분하기 위해서는 아라비안 모카(Arabian mocha)라 부르기도 한다.

아리비안 모카는 에티오피아산 야생종으로부터 얻는 커피를 제외하고는 가장 오래되었으며 전통적인 최상급 커피이다. 모카의 생두가 현재 모든 커피의 기원이다. 요사이도 북부 예멘에서는 수천 년 전부터의 고산지대에서 재배했던 것과 같은 방법으로 재배하고 있으나 달라진 것이 있다면 원시적인 관개시설에 물을 공급하며 인위적으로 심은 포플러나무에 의해 그늘이 지게 한 것밖에 없다. 현재도 수천 년 전의 방법과 같은 가공법으로 가공되고 있다. 최상급인 모카 엑스트라(Mocha Extra)는 비수세식에 의해 가공한 자연커피이다.

커피를 재배하고 있는 예멘의 산악지대

건조된 내과피는 맷돌이나 원시적인 방법에 의해 생두를 분리하기 때문에 생두의 표면이 거칠고 불규칙하게 보인다. 커피 관할 행정당국이 두 개 있어 서로의 주장 때문에 생산된 생두를 생산지별로 또는 품종별로 구분해야 할지를 아직도 정하지 못하고 있다. 미국의 커피 전문점에 마타리(Mattari)란 상표로 수출되는 커피는 톤이 낮고 보다 균형이 잡힌 사나니(Sanani)보다는 더 신맛이 나는 포도주의 특성과 유사하다.

아라비아와 에티오피아의 최상급 커피, 케냐와 탄자니아 제품의 일부는 아마도 전 세계에서 가장 뚜렷한 플레버를 가진 커피다. 드라이한 맛이 뚜렷하며 입천장에 남는 뒷맛이 포도주와 특성과 유사하다. 만일 멕시코의 커피를 단맛이 없는 백포도주에 비교하면 모카와 에티오피아의 커피는 커피 세계의 보르도 와인이라 표현할 수도 있다. 풍부한 포도주와 같은 맛에 더해 모카는 고유의 특이한 플레버를 가지고 있는데 이는 사람에 따라 환상적으로 느끼기도 한다. 모카커피는 진하게 만들면 초콜릿 맛을 더 진하게 맛볼 수 있다.

모카커피 고유의 뚜렷한 맛은 특이하고 날카로운 플레버, 달콤한 바디, 크렘이 많으며, 풍만하고 뚜렷한 포도주의 맛 등으로 표현하기도 한다. 한 미식가는 이를 중등도에서 풍만한 바디, 훌륭하나 압도적이지 않은 애시디티 그리고 초콜릿의 맛이 감도는 풍만한 플레버로 표현하기도 했다. 아로마는 압도적이며 섬세하다. 모카커피는 참으로 훌륭한 커피로서 수천 년 전부터와 같은 방법인 유기농법에 의한 커피여서 화학비료에 의한 커피와는 또 다른 세계의 커피 맛을 볼 수 있다.

재배지: Mocha

상품명: Mattari, Matari, Sanai, Sharki, Yemen, Mocha

(2) 에티오피아(Ethiopia)

에티오피아는 현재 전 세계적으로 재배되고 있는 모든 커피나무의 원종인 커피아 아라비카(Coffea arabica)의 기원지임과 아울러 커피 전설의 원 고장이다. 해발고도 1,500~1,800m에서 재배되며 11~2월 사이에 수확한다. 아프리카 대륙 최대의 커피 소비국이며 상당량을 수출하고 있다. 현재도 고산지대에 사는 부족들이 야생산 커피 열매를 수확하고 있으며 무려 1,200만 명이 커피업에 종사하고 있다. 에티오피아산 커피의 맛은 아주 독특한데 특히 이가체페(Yirgacheffe) 상표의 커피는 세계적으로 최상급 품이다. 에티오피아산의 모든 커피가 과일에서 느낄 수 있는 과일 특유의 맛이 매우 다양한 것이 특징이다.

현재 세계적으로 재배되고 있는 커피나무의 원종인 커피아 아라비카 나무

하라(Harrar) 커피는 에티오피아의 대표적인 커피로서 구입이 용이한 상급품이다. 동부에 있는 구 수도였던 하라 인근의 고산지대의 농원과 가족 단위의 소규모 밭에서 재배된다. 이곳에서 생산되는 생두를 긴 열매 하라(longberry Harrar, 大生豆), 짧은 열매 하라(shortberry Harrar, 短生豆) 또는 모카 하라 및 피베리(Mocha Harrar, peaberry) 등으로 부르기도 한다. 영국에서는 하라를 일반적으로 모카로 판매하고 있어 혼동을 야기하나 일부 소매점에서는 예멘의 모카와 구분하여 모카 하라라는 명칭으로 팔기도 한다. 예멘의 모카에서와 같이 하라도 전통적인 비수세식과 수작업(手作業)에 의해 가공된다. 전통적인 방법 및 소규모로 재배되기 때문에 화학비료, 살충제 및 살균제의 사용이 없는 유기농법에 의한 커피여서 애호가들이 많다.

하라는 아주 거칠며, 특이한 향이 나는 바디에서부터 포도주 향과 과일 향이 뚜렷한 바디를 가진 종류가 다양하다. 일반적으로 바디는 모카에서와 같이 중압감이 있는 것이 특징이다. 짐비(Ghimbi, Gimbi)와 같은 서부에서 생산되는 수세식 커피(washed coffee)는 하라와 같이 뚜렷한 포도주 맛은 없으나 균형이 잡히고, 다소 중압감이 느껴지는 바디가 특징이다. 남부에서 생산되는 수세식 커피는 다소 특이한 플레버가 있다. 동부 및 서부산에 비해 특이한 포도주의 맛과 같은 특성이 있다. 반면 부드럽고 포도주와 같은 맛이 과일과 꽃향기와 같이 변하는 것이 다른 커피에서 찾아볼 수 없는 특징이기도 하다. 이 커피는 특정 전문점에서 재배된 지역명인 시다모(Sidamo), 수세식 시다모 또는 에피오피안 팬시스(Ethiopian Fancies) 또는 에티오피아 에스테이트 그론(Ethiopian Estate Grown)으로 표기되어 판매되고 있다. 이들 커피 중 최상급품은 이르가체페(Yirgacheffee) 또는 이가체페(Yrgacheffe)다. 이들 커피는 최상급품의 수마트라 및 예멘 커피와 같이 입천장에 풍만하고 신비스러운 뒷맛을 오랫동안 느끼게 한다.

수마트라의 커피와 같이 풍만한 바디와 아울러 애시디티가 뚜렷하며 특히 이르가체페는 전 세계의 어떤 커피에서보다 꽃향기가 아주 뚜렷하여 특급품이 되게 한다. 근래 들어 한발, 기근 및 내전의 불운이 에티오피아산 커피, 특히 수세식 커피의 구입이 용이하지 않게 했다.

재배지: Dijimma, Gore, Daffa, Gimbi, Lekempti, Sidamo, Harrar, Limu
상품명: Gimbi, Djimma, Sidamo, Harrar, Yirgacheffe, Limu
등급명: Harrar Longberry, Harra Shortberry

(3) 케냐(Kenya)

1800년대에 선교사가 에티오피아로부터 아라비카를 들여와 심었다. 에티오피아의 원종인 아라비카와 루이루 Ⅱ(Ruiru Ⅱ)를 고도 1,500~2,100m 지대에서 재배하고 있다. 수확 시기는 11~3월이며 주로 수세식에 의해 가공한다. 현재는 약 100,000개의 농장이 있는 산업으로 발전했다. 250,000명이 커피 생산에 종사하며 대부분이 소규모 농장에 협동조합을 만들어 재배한다. 대규모 재식농원의 크기는 1,000 에이커 이상인 것도 있으며 전 생산량의 30%를 점유한다. 케냐에서는 1년에 두 번 꽃이 피는데 첫 번째는 3~4월 긴 우기가 끝나자마자 꽃이 피며, 10월에서 연말까지가 수확 기간이다. 10월 또는 11월의 짧은 기간의 우기가 끝난 후 다시 꽃이 피는데 다음해 6월에 수확한다.

손으로 열매를 따고 있는 케냐인

거의 대부분이 수세식을 채택하고 있으며 2~4일이 경과되면 발효가 완료되어 일광에 건조시킨다. 1백4십만 포대를 수출하며 주로 11~12월이 주 수확 기간이어서 60%가 이 기간에 수확된다. 현재 재배되고 있는 종은 루이루 2(Ruiru Ⅱ), 부르봉 그리고 켄트다. 케냐가 커피 생산국인 에티오피아의 남부와 예멘으로부터 불과 수백 마일 밖에 떨어져 있어도 커피의 재배는 늦게 시작되었으나 커피산업이 현대화되었고 콜롬비아보다도 더 효율적이다. 커피는 작은 시골 농장이나 재식농원에서 재배된다. 주 재배지역은 해발 5,000m 고도의 케냐 산(Mt. Kenya) 산비탈로부터 수도인 나이로비(Nairobi) 인근 지역까지다. 우간다와 국경을 접하고 있는 엘곤 산(Mt. Elgon) 지역에도 소규모로 커피가 재배되고 있다.

해발 5,000m의 케냐 산 산록의 커피농원

커피 전문점에서 판매되고 있는 케냐산 커피는 주로 케냐 산 주변에서 생산된 제품으로, 수도의 명칭인 나이로비란 상호를 가지고 있다. 케냐산 커피는 아라비안 모카 그리고 에티오피아 북부산 하라와 같이 뚜렷한 포도주와 같은 뒷맛을 가지고 있다. 일반적으로 에티오피아산 및 모카가 가지고 있지 못한 풍만한 바디를 가지고 있다. 품질을 향상시키려는 정부의 정책에 힘입어 계속적으로 품질이 높아지고 있다. 케냐산 커피는 에티오피아의 하라와는 달리 일반적인 풍만한 바디를 가지고 있으나 예멘의 모카보다는 바디가 강한 것이 특성이어서 후자를 선호하는 사람들에게는 권장할만한 커피다.

 재배지: Kiambu, Thika, Ruiru, Meru, Embu, Kisii
 상품명: Kenyas, Nairobi

(4) 탄자니아(Tanzania)

1890년대 예수회 소속 선교사가 부르봉에서 처음으로 도입했으며 1920년대에는 질병에 더욱 강한 켄트, 부르봉, 티피카, 블루마운틴 등으로 재배종이 매우 다양하다. 950~1,900m의 고산지대에서 재배되며 수확 시기는 11~2월 사이이다. 90% 이상이 소규모 가족 중심으로 재배되며 협동조합 및 개인 소유의 재식농원은 10%밖에 안 된다. 탄자니아의 커피산업은 케냐와 같이 독일인 및 영국인들에 의해 개발되었다. 과거 10여 년간 케냐에서의 커피산업이 빠른 속도로 발전했음에 비해 탄자니아에서는 오히려 쇠퇴했다. 대부분의 커피는 킬리만자로 산(Mt. Kilimanjaro)과 케냐와의 국경선 인근에 있는 메루 산(Mt. Meru)의 고지대에서 재배된다. 이들 지역에서 생산되는 커피는 킬리만자로 또는 수출항의 이름인 모쉬(Moshi) 또는 아루사(Arusha) 상표로 판매되고 있다. 탕가니카(Tanganyika)와 니아사(Nyasa) 호수 사이인 남쪽에서도 아라비카가 소량 재배되고 있으며 이들 지역의 커피는 도시 명칭을 딴 엠베야(Mbeya) 또는 파레(Pare)라고 한다. 모든 탄자니아 커피는 전형적인 아프리카 커피 및 아라비안 커피의 날카롭고 포도주와 유사한 애시디티의 특징이 있다. 일반적으로 중등도에서 풍만한 바디를 가지고 있으며 플레버는 다소 풍만하다.

재배지: Mt. Meru, Mt. Kilimanjaro

상품명: Moshi, Arusha, Kilimanjaro, Mbeya, Pare

(5) 우간다(Uganda)

우간다는 주로 로부스타를 생산하는데 대부분이 인스턴트커피 제조용으로 사용하며 값싼 커피다. 연간 생산량이 3백만 포대로 국가 재정의 75%를 점유하며 농촌 인구의 80%가 커피산업에 종사한다. 케냐와의 국경지대에 있는 엘곤 산(Mt. Elgon)에서 재배되는 아라비카인 버지스후(Bugishu) 또는 버지수(Bugisu)는 고급 품질을 자랑한다. 플레버는 케냐산과 같이 전형적인 포도주와 같은 특징이 있으나 약한 바디가 차이점이다.

재배지: Buganda, Gugisbu, Mbale

상품명: Bugishu, Bugisu, Ugandas

(6) 카메룬(Cameroon)

카메룬 아라비카(Cameroon Arabica)가 서부의 고원지대와 남부의 해발고도 2,000m의 에골 케자(Egol Kedja) 지역 그리고 서부지역의 2,679m의 음분다(Mbounda) 지역에서 생산된다. 서부 카메룬의 고원지대에서는 무수히 많은 마을로 구성된 보요(Boyo) 지역이 있는데 이곳이 보요 커피의 기원지이다. 연간 254㎜ 이상의 적당한 비가 내려 커피재배의 적지다. 표토(表土)는 화산성 검은색이며 비료 성분이 언제나 풍부하다. 카메룬 제품은 주로 유럽 시장으로 수출된다. 카메룬에서는 자바와 자메이카에서 가져온 로부스타의 변종인 자바, 자메이카의 블루마운틴 종을 재배하고 있다. 재식농원에서의 생산량은 별로 높지 않는데 이는 커피나무 사이에 일반 작물을 같이 재배하기 때문이다. 카메룬에서의 생산량은 세계 15위이며 아프리카에서는 5위의 생산국이다.

(7) 짐바브웨(Zimbabwe)

짐바브웨는 근래 미국에 양질의 커피를 수출하고 있다. 중형의 농원에서 재배되는 수세식커피로 동아프리카의 커피가 가지고 있는 신맛과 포도주 맛이 특징이다. 일부 외국의 수입상들은 케냐의 상급품과 동일하게 취급한다. 전문가의 감식 결과에 의하면 비록 바디가 다소 결여되나 풍만한 것으로 판정한다. 짐바브웨는 아프리카의 고유 유형의 커피로 만들려고 노력하고 있다.

재배지: Chipinga

(8) 코트디부아르(Cote d'Ivoire)

1990년대 중반에는 세계 5대 생산국이었으며 두 번째로 큰 로부스타 생산국이었으나 계속적으로 생산량이 감소하고 있다. 현재 매년 3.3백만 포대를 수출하고 있다. 양적인 생산량에 치중한 것, 투자의 저조 그리고 계획의 결여가 질과 아울러 생산량을 저하시켰다는 주장도 있다. 현재는 주로 프랑스와 이탈리아 시상에 수출한다.

(9) 앙골라

1975년까지만 해도 앙골라는 연간 228,000톤을 수출하는 세계 제4위의 커피 생산국이었다. 독립 이후 높은 재배기술을 가진 포르투갈인들의 귀국 그리고 27년간의 내전 기간 중 커피재배지들이 지뢰밭으로 변한 것이 생산량의 급격한 감소 원인이다. 현재는 연간 약 3,000톤밖에 수출하지 못하고 있다. 현재 국립 앙골라커피연구소 및 세계식

량프로그램(World Food Programme)에 의해 과거의 영광을 재현하도록 노력하고 있으며 과거 고품질의 순한 추출커피 맛의 명성 때문에 무한한 발전 잠재력을 가지고 있다.

묘목을 재배하고 있는 앙골라인

재배지: 대서양 연안에서는 아라비카, 로부스타는 Congo river, Auanza River, Ambriz, Demos, Encoge, Golungo, Cazengo, Ulge, Calulo, Gabela, Seles

상표명: Novo Redondo, Amboim, Libolo, ambriz, Encoge, Cazengo

2) 인도 및 태평양권

태평양권에서 가장 잘 알려지고 특징이 뚜렷한 커피는 인도네시아, 티모르 및 파푸아뉴기니를 포함하는 말레이 반도산이다. 수마트라, 술라웨시와 티모르에서 전통적인 방법으로 가공되는 커피는 여러 과일, 흙 및 곰팡이 맛이 가미된 진한 맛이 특징이다. 반면 수세식에 의해 가공된 수마트라, 자바 및 파푸아뉴기니 커피는 섬세하며 뚜렷한 신맛에 밝고 꽃향기가 가미된 특성이 있다. 인도에서 재배된 아라비카 커피는 다소 달고 꽃향기가 있으며 신맛이 뚜렷하지 않다. 로부스타를 수세식에 의해 가공한 파치먼트(Parchment), 카피 로얄(Kaapi Royale)과 몬순 말라바(Moosooned Malabar)와 같은 커피는 몬순 계절풍에 수주일 동안 건조시키는 과정에서 신맛이 저하되어 깊은 바디와 맥아의 맛이 가미되어 최고 품질을 자랑하는 커피다.

하와이의 고급품질인 코나산 커피는 신맛이 강하여 밝고 부드러운 면에서 중앙아메리카 고급품질의 맛과 유사하다. 카우이 섬의 커피는 낮은 고도에서 재배하는 특성 때문에 균형은 잡혔으나 애시디티가 다소 낮다. 몰로카이 섬에서는 두 가지 유형의 커피가 생산되는데 수세식에 의해 가공한 말루라니 에스테이트(Malulani Estate)는 파이프 담배 맛으로 유명하며 비수세식에 의해 가공된 몰로카이 뮬스키너(Molokai Muleskinner)는 다소 거칠고 약한 발효 맛이 있다.

(1) 인도(India)

1610년경에는 아라비아에서 밀반출된 아라비카를 재배했으나 근래에는 켄트(Kent), 카우웨리(Cauwery) 및 산라몽(San Ramom) 등의 종으로 대체되었다. 1,000~1,600m의 고지대에서 재배되며 수확시기는 12~3월 사이이다. 지역 및 농원에 따라 수세식 및 비수세 가공법을 채택하고 있다. 연간 3백8십만 포대를 생산하고 있는 인도는 원산지 이외에서 커피가 재배된 첫 번째 지역이다. 총 생산량의 약 80%가 남부의 카나타마(Karnataka) 주에서 생산되며 현재의 주 이전의 명칭인 미소르(Mysore)를 따서 미소르라는 상표로 판매된다. 미소르는 인도네시아산의 풍만하고, 달고, 풍만한 바디를 따라가지 못하여 무겁고, 생기가 없는 것이 단점이다. 미소르는 몬순의 습윤한 바람에 수주일 동안 노출시켜 생두를 노랗게 만들며, 애시디티가 저하되는 반면 시럽이 많다. 현재 커피 생산은 인도커피위원회(Indian Coffee Board)의 엄격한 통제 하에 있는데 일부는 이러한 위원회 때문에 경제적인 인센티브가 없으며 저품질의 커피가 생산되게 한다고 불평하기도 한다. 2002년 4월 1일부터 2002년 6월 30일 사이에 우리나라가 인도에서 수입한 커피 양은 337톤에 달한다.

인도의 커피 생산지

생산지: Malabar, 남부지역

상품명: Monsooned Mysore, Mysore, Indian

(2) 수마트라(Sumatra)

양질의 커피가 수마트라, 술라웨시(Sulawesi), 인도네시아의 자바 그리고 파푸아뉴기니를 포함하는 광대한 말레이 반도에서 생산된다. 17세기에 네덜란드인들에 의해 도입되었으며 해발고도 800~1,500m의 고도에서 주로 수마트라 아라비카(Sumatra Arabica)가 재배되고 있다. 수확 시기는 10월에서 다음해 3월 사이이며 주로 비수세식에 의해 가공한다. 중앙아메리카 커피가 단맛이 없으며, 포도주와 같은 뒷맛이 특징이라면 인도네시아와 뉴기니산 커피는 풍만한 바디, 오랫동안 남는 뒷맛 그리고 애시디티가 뚜렷하며 깊은 맛이 특징이다. 수마트라의 만델링(Mandheling)과 안콜라(Ankola)는 세계적으로 자타가 공인하는 특급 커피이다. 때로는 구하기가 힘들기도 하나 값은 적절한 수준이다. 만델링이 안콜라보다 다소 품질이 월등하다. 만델링과 안콜라 모두 파당(Padang) 항 인근의 2,500~5,000m의 고지대에서 재배된다.

만델링은 아마도 세계에서 최고의 풍만한 바디를 가진 커피로서 혀 뒷부분의 한 귀퉁이에서 풍만함을 느낄 수 있다. 애시디티는 비교적 낮으나 추출 커피에서 생동감을 느끼게 하고 특이한 바디를 가지도 있으며 연하고 풍부한 플레버가 특징이다. 모두 비수세식에 의해 가공되나 건조시킨 내과피는 뜨거운 물에서 세척과정을 통해 제거하는데 이는 다른 일반 비수세식 공정에 의해 가공된 생두보다 생두들을 모두 균일하게 한다. 수마트라와 술라웨시에서의 특이한 맛과 향은 비수세식에 의한 가공공정과 특이한 탈각 공정에 의해 특이한 플레버를 갖게 하는 것으로 추정된다.

(3) 술라웨시(Sulawesi)

과거에는 셀레베스라 불린 술라웨시는 말레이 반도에서 마치 네 개의 손가락을 펼쳐놓은 것과 같은 특이한 지형으로 되어 있다. 17세기 네덜란드인들에 의해 도입된 아라비카를 주로 재배하고 있다. 재배고도는 800~1,350m이며 5~11월 사이에 수확하여 비수세식에 의해 가공한다. 특수 전문점에서만 구입할 수 있는 토라자커피는 섬의 중앙부에 위치한 산에서 재배된다. 셀레베스 토라자 커피는 수마트라의 최상급과 커피가 가지고 있는 풍만한 바디와 최고의 애시디티에는 다소 미치지 못하나 역시 세계적인 상급품의 커피이다.

술라웨시의 커피 재배단지

(4) 자바(Java)

17세기 네덜란드인들이 아라비카를 자바에 가져와 심었으며 녹병에 의해 거의 모든 나무가 죽기 전까지는 자바가 세계 최대의 커피 생산지였다. 현재는 질병에 강한 로부스타 종으로 대체하여 재배하고 있으나 인도네시아 정부의 후원 하에 과거 네덜란드인들이 경영하던 농원에서 소량 재배되고 있다. 800~1,400m의 고지대에서 재배되고 있으며 주로 수세식에 의해 가공한다. 수확은 6~10월 사이이다. 자바커피도 뉴기니 커피와 같은 특성을 가지고 있으나 신맛이 뚜렷하고 바디가 다소 약하고 뒷맛이 짧다. 전문점에서 가끔 아라비카를 가공한 드잠핏(Djampit) 상표를 볼 수도 있다.

상품명: Blawan, Jampit

(5) 뉴기니(New Guinea)

뉴기니(New Guinea)란 상표의 커피는 뉴기니 섬의 동부를 점유하고 있는 파푸아뉴기니의 제품이다. 험난한 산악의 고지대에 있는 소규모 재식농원과 농부들의 작은 땅에서 재배된다. 뉴기니는 최상급 수마트라의 풍만한 바디에는 못 미치며 신맛이 다소 떨어지고 최상급의 셀레베스보다는 향이 짙다. 특수 배전업자들은 아로나 상호의 커피를 오히려 뉴기니 커피보다 더 선호하는 경향이 있다.

재배지: Papua

상품명: Sigri Estate, Sigri Plantation

(6) 베트남(Vietnam)

1860년대 중반에 프랑스인 신부가 처음으로 커피나무의 재배를 전파했다. 1980년 후반에 이르기까지 생산량은 미진했으나 1990년대에 들어 급속도로 증가하고 있으며 현재는 5백8십만 포대를 생산한다. 생산량이 너무나 빠르게 증가하고 있어 가공시설이 미처 따라가지 못하여 품질에 문제점이 있다. 베트남에서는 로부스타만 경작하고 있다.

재배지: Central High Lands

상품명: Vietnamies

(7) 필리핀

1814~1889년 사이에 커피는 필리핀의 주요 수출 품목이었으며 바탕가스(Batangas) 주에서의 수출량은 세계 제4위를 차지했었다. 당시 세계적으로 창궐했던 녹병에 의해 전멸된 후로 현재까지 재기하지 못하고 있다.

(8) 하와이(Hawaii)

미국 영토 중 유일하게 커피가 생산되는 곳은 하와이다. 1825년 영국 군함 블론드(Blond)가 브라질로부터 커피나무를 들여왔다. 티피카, 옐로 캐튜아이, 블루마운틴이 주 재배종이나 기타의 지역 풍토에 적응한 많은 종들이 있다. 재배고도는 250~750m이며 거의가 수세식에 의해 가공한다. 수확 시기는 11월에서 다음해 3월 사이이다. 하와이 열도에 있는 도서(島嶼) 중 가장 큰 하와이 섬의 서남부 해안에 위치한 코나(Kona)가 코나 커피의 중심지이다. 백인들이 하와이에 정착하기 전에 커피는 소량이기는 하나 열도의 여러 섬들에서 재배되고 있었다. 사탕수수 및 파인애플 재배가 막을 내리고 관광객들에 하와이 커피가 알려지면서 상업적인 대규모 재식농원들이 카우아이(Kuai) 및 몰로카이(Molokai) 섬들에도 생겼다.

코나 커피는 현재도 마우나로아(Mauna Loa) 산의 낮은 비탈의 소규모 농원에서 재배되고 있다. 주로 오후에 규칙적으로 생기는 구름은 열대의 작열하는 태양으로부터 커피나무를 보호하여 유명한 '자동적인 그늘(automatic shade)'이란 용어가 생기기도 했다. 1977년, 커피 값이 인상되기 전에 많은 사람들은 관광산업에 따라 급성장하는 경제, 저렴한 커피 값, 재배자 및 토지 소유자들의 나이가 들어감과 한때는 모든 학교들의 방학을 커피 수확시기와 맞추었던 제반 상황 등은 하와이에서 커피산업조차도 사장될 것으로 우려되었다. 그러나 소규모 농원에서 품질 위주의 생산을 통해 다시 커피산업을 부흥하기 위한 노력이 현재는 본 궤도에 올라 급속하게 신장되고 있으나 품질 위주의 소량만을 생산할지 또는 대량으로 생산할지는 아직 결정하지 못하고 있다.

코나 커피는 수마트라, 과테말라, 케냐 등과 같은 세계적인 고급품에 비해 가격이 비싼 것이 단점이다. 블루마운틴 커피가 고가여서 배합에 의한 블루마운틴식 커피가 출현한 것과 같이 코나 커피와는 아무 상관도 없는 배합에 의한 '코나식 커피(Kona Style Coffee)'가 등장한 것도 문제점이다. 중미지역에서 재배한 생두를 코나 상표로 판매하며, 하와이에서 판매하고 있는 코나 커피에서도 1991년 조사에 의하면 실제 코나산 생두는 5%밖에 되지 않는다. 이는 법규에 의해 최소 51%가 포함되도록 조치되었다.

하와이에서는 고도가 높지 않은 곳에서 재배되어 특유의 맛과 향이 없으리라 생각하기 쉬우나 고지대에서 재배된 커피와 같은 애시디티, 색상 그리고 동일한 밀도를 가지고 있다. 반드시 높은 고도만이 양질의 커피가 되게 하는 것이 아니고 열매가 얼마나 천천히 오래 걸려 성숙되는지가 중요하다. 신선한 생두를 구입하여 직접 배전해보면 가치를 알 것이다. 한 미식가는 코나 커피를 옅은 포도주 같은 맛, 매우 풍부한 플레버 그리고 중등도의 바디를 가진 커피로 평하는 데 비해 일부 미식가는 다른 최상급의 커피에 비해 바디, 플레버 그리고 애시디티가 연약하다고 평하기도 한다.

재배지: 코나, 카우아이, 마우이, 몰로카이, 오하우

상품명: Kona

(9) 오스트레일리아(Australia)

잘 알려져 있지는 않으나 오스트레일리아에서도 커피가 재배되고 있다. 뉴사우스웨일스(New South Wales) 북부 연안지역에서 재배되는 아라비카는 1880년대 로마와 파리에서 있었던 세계 커피전시회에서 품질의 우수성을 인정받아 상을 받기도 했다. 1980년대에 수확을 위한 기계의 출현, 국내 수요의 증가, 품질 향상을 위한 관리기술의 개발로 옛 영화를 재현하고자 노력하고 있으며 현재 연간 100톤가량을 수출하고 있다. 지역 기후의 특성 때문에 카페인 함량이 적고, 단맛과 중등도의 바디 그리고 초콜릿과 견과의 플레버가 특징이다. 질병과 병충해가 없는 기후의 특성 때문에 살균제 및 살충제 사용이 필요 없어 자연산 커피로도 알려져 있다

3) 아메리카 대륙권

라틴아메리카에서 커피가 재배되는 지역은 멕시코 남부에서 중앙아메리카, 콜롬비아, 볼리비아에서 페루까지의 대산맥지대이다. 캐리비안 도서의 고산지대와 브라질의 대고원지대이다. 일반적으로 라틴아메리카의 상급품 커피는 뚜렷하고 생기가 넘치는 애시디티가 특징이다. 미국과의 지리적인 관계로 이러한 커피의 특징이 미국에서는 표준과 같아졌다.

넓은 재배지역 때문에 지역별 커피의 맛이 매우 다양하다. 콜롬비아와 중앙아메리카의 고원지대에서 재배된 커피는 풍만한 바디와 뚜렷하고 강한 애시디티가 특징이다. 자메이카 블루마운틴을 포함하는 캐리비안 커피는 바디와 신맛이 저하되어 아주 균형이 잘 잡힌 커피이다. 니카라과의 최고급품은 고기 맛이 나며 바디가 풍만하다. 중앙아메리카의 저지대에서 재배된 커피는 부드러운 것이 일반적인 특징이다. 전통적인 라틴아메리카 커피의 특성은 수세식 가공에서 유래한 뚜렷한 플레버에서 유래한다. 브라질 커피의 특성은 가공법에 따라 매우 다양하다.

(1) 멕시코(Mexico)

18세기 말 앤틸레스(Antilles)로부터 커피나무가 도입되었으나 1870년대까지는 대량으로 수출하지는 못했다. 부르봉, 티피카, 먼도노바(Mundo Nova), 카투라 및 마라고지페 등을 재배하며 지역에 따라 수세식 및 비수세식을 채택하고 있다. 주로 해발고도 800~1,700m 지대에서 재배되며 수확기는 10월에서 다음해 3월까지이다. 현재는 대략 10,000개에 달하는 소규모 농원들에서 재배되고 있으며 대부분 남부지역에 편재되어 있다. 동서로 뻗은 산맥의 대서양 쪽에 위치한

베라크루즈(Vera Cruz) 주에서는 대부분이 저지대에서 재배되나 산타크루즈 시 인근 산악지대에서 재배되는 코아테펙(Coatepec)은 잘 알려진 상표이다. 동서 중앙산맥의 서남쪽에 위치한 옥사카(Oaxaca) 주에서 재배된 커피도 양질의 커피로서 옥사카 또는 옥사카 플루마(Oaxaca Pluma)라는 상표로 수출된다.

체리 건조장

멕시코의 최남단 과테말라와의 접경 지역인 치아파스(Chiapas) 주의 산악지대에서 재배되는 타파출라(Tapachula) 상표도 유명하다. 멕시코의 양질의 커피는 모두가 옥사카나 치아파스에서 생산된 제품이다. 일반적으로 멕시코에서 생산되는 커피는 세계적으로 양질의 커피로 인정받지 못하고 있는데 이는 풍만도와 바디가 결여되기 때문이다. 그러나 고급품은 마치 약한 백포두주에서 느낄 수 있는 단맛이 없는 유쾌함과 신맛을 느낄 수 있다.

재배지역: Vera Cruz, Chiapas, Oaxaca가 대량 생산 지역이며 Puebla, Michoacan, Hidalgo, San Luis Potosi, Guerrero, Tabasco, Argovia, San Nicolas 지역에서도 소량 생산된다.

상표명: Coatepec, Jalapa, Huatusco, Oaxaca, Tapachula, Cordoba, Pluma,Orizaba, Hamburㅎ, Finca, Chicharas, Naranjo

등급명: Central Estrictamete Altura(중앙 고산지대산), Cenral Altura(중앙 고산

지대산), Central Standard(중앙 표준산), Central Bajo(중앙 저지대산).

(2) 과테말라(Guatemala)

1750년 예수회 선교사가 도입했으나 19세기에 독일 이민자들이 본격적으로 재배를 시작했다. 1,400~2,000m의 고도에서 주로 부르봉, 카투라, 캐튜이, 파크 및 티피카를 재재하고 있다. 10~3월이 수확기이며 주로 수세식에 의해 가공한다. 현재 연간 생산량은 약 3백 8십만 포대로 헥타르당 13.86포대를 생산하여 생산성이 비교적 높다. 고산지대에서 재배되는 커피는 세계적으로 고급품으로 취급되며 아주 특이한 플레버를 자랑한다. 안티구아(Antigua), 코반(Coban) 및 우이우이테낭고(Huehuetenango) 지역의 커피가 유명하다. 특히 안티구아산 커피의 품질이 가장 우수한 것으로 알려졌으나 근래 전문 배전업자들은 이들의 자만 때문에 품질이 균일하지 못하여 별로 알려지지는 않았지만 우이우이테낭고산을 선호한다.

과테말라산 생두는 재배고도에 의해 등급이 설정된다. 1,370m 이상의 고도에서 재배된 견두(hard bean)가 최상급이며 1,200~1,370m에서 생산된 것이 차석을 차지한다. 최상급의 과테말라산 커피는 매우 독특하고, 짜릿하고, 다소 쓰며 연기와 같은 플레버가 특징이어서 다른 커피와 쉽게 구분할 수 있다. 소규모 농원에서 재배되는 커피는 균형이 잘 잡히고, 순하며, 향이 풍부하다. 약간 탄 듯한 맛의 커피는 유럽에 수출되어 에스프레소용 배합생두로 많이 사용된다.

재배지역: El Peten, Totonicapan, San Marcos, Quezaltenango, Suchitepequez, Santa Rosa, Alta Verapaz

상표명: Huebuetenango, Bourbon, Coban, Maragogipe, Arabica-bourbon, Antigual Fosel, Retana

등급명: Strictly High Grown, High Grown, Standard

유명 농원명: San Miguel, Capitilo, San Sebastian, Los Volcanos

(3) 엘살바도르(El Salvador)

연간 생산량은 2백 5십만 포대이며 헥타르당 생산량은 15.47포대이다. 엘살바도르의 커피는 플레버가 중등도와 마일드의 중간에 해당한다. 단맛이 있다고 주장하는 사람도 있으나 이는 다소 과장된 표현이다. 바디는 합격점이나 플레버는 평범하다는 것이 올바른 표현인 것 같다. 고급 등급품은 역시 고지대에서 재배한 것들이다.

재배지역: Santa Ana, Ahuachapan, Sonsonante, Usulutan, La Union, San Miguel, Morazan, San Vincente, La Paz, La Libertad, San Salvador

상품명: Salvadors

(4) 온두라스(Honduras)

연간 약 2백만 포대를 생산하여 헥타르당 생산량은 6.64포대로 극히 저조한 편이다. 온두라스 커피는 모두가 수세식에 의해 가공되며 품질에 별 특성이 없어 주로 배합용으로 사용한다. 카투라, 티피카와 부르봉 품종들이 재배되고 있다.

재배지역: Santa Barbara, Copan, Choluteca, Cortez, La Pax, El Paraiso, Comayagua, Olancho, Francisco Morzan

상품명: Honduras

등급명: Estrica, High Grown; Altura, Medium grown; deMenos Altura, Standard; Real High grown

(5) 니카라과(Nicaragua)

1980년대에 수년 동안 미국과의 정치적인 문제로 니카라과산 커피가 미국에 수출되지 않았으나 현재는 미국이 수입하고 있다. 774,800포대를 생산하며 헥타르당 생산량은 8.24포대로 비교적 저조한 편이다. 맛과 향에서 어떤 뚜렷한 특징이 없다. 일반적으로 중등도에서 가벼운 바디, 평범한 플레버를 가지고 있으며 다소 신맛이 특징이다.

재배지역: Managua, Carazo, Masaya, Matagalpa, Jinotega, Madriz, Estell, Boaca, Las Segovias, Granada, Ocotal
상품명: Jinotega, Matagalpa, Nicaraguans
등급명: Good washed Nicaraguas, Washed Jinotega, Washed Matagalpa, Strictly High Grown Central, Good Washed Central, Standard Central

(6) 코스타리카(Costa Rica)

연간 약 2백 5십만 포대를 생산하며 헥타르당 24.92포대로 생산성이 매우 높다. 일반적으로 코스타리카산 커피를 완벽한 커피라고도 하는데 부족한 것 없이 모든 특징을 다 가지고 있기 때문이다. 최상급은 풍부한 바디, 뚜렷한 풍만도를 가지고 있으며 양질의 멕시코산 커피가 톡 쏘는 맛이라고 한다면 양질의 코스타리카산 커피는 다정하다고 표현할 수 있다. 수도인 산호세 교외의 시골에서 주로 재배된다. 코스타리카에서는 재배지역보다는 재배고도로서 등급이 결정된다. 견견두(strictly hard bean)는 고도 1,200m 이상, 견두(good hard bean)는 1,000~1,200m로 등급을 매긴다. 다른 커피 생산국과는 달리 재배된 농원, 농가, 협동조합 및 가공공장의 명칭이 등급을 결정한다. 비시타

(Vista), 라 미니타(La Minita)와 같은 에스테이트 제품은 배전업자나 수입업자들이 이름만으로 그대로 구입한다.

수확한 생두의 수집

　　코스타리카는 중앙 및 남아메리카에 수세식 커피의 표준을 설정했다. 높은 신맛이 아주 월등한 아로마와 균형을 잘 이루는 것이 특징이다. 대부분이 카투라 변종을 재배하며 커피 맛이 밝고 풍만한 바디가 특징이다. 먼도노바와 카투이 변종도 재배한다. 태평양 연안의 트레스 리오(Tres Rios) 지역에서 재배되는 커피는 순하고, 달고, 밝은 것이 특징이다. 산악지역인 타라즈(Tarrazu) 지역에서 재배되는 커피는 복잡한 특성과 아울러 비교적 무거움을 느끼는 커피이다.

　　재배지: San Marcos de Tarrazu, Tres Rios, Heredia, Alajuela, Catago, San Jose, Heredia, Turrialba
　　상품명: Costa Rician, Here양, La Minita, Tarrazu, San Marcos de Tarranzu

(7) 파나마(Panama)

　　티피카, 부르봉 및 카투라를 재배하고 있으며 주 생산지는 보케트

(Boquete)이다. 1,000~1,500m의 고도에서 재배되며 수확은 11~3월 사이이다. 연간 생산량은 불과 16만 포대이며 헥타르당 생산량도 매우 저조하여 불과 6.96포대밖에 되지 않는다. 파나마산 커피는 달고, 밝고, 아울러 균형이 잘 잡혀 있으며 코스타리카의 트레스리오스(Tres Rios)산 커피와 유사하다. 수세식으로 가공한 커피는 때로는 배합용으로 사용되며 아침식사 커피로도 손색이 없다.

(8) 자메이카(Jamaica)

국명으로보다는 '블루마운틴 커피(Blue Mountain Coffee)'로 더 잘 알려진 자메이카산 커피에는 양 극단의 제품들이 있다. 저지대에서 재배되는 커피는 품질이 너무나도 조잡하여 배합용으로만 사용되며 미국에서는 거의 팔리지도 않는다. 반면 고산지대에서 재배된 제품은 세계 최상급 커피로 분류되는데 특히 '자메이칸 블루마운틴(Jamaican Blue Mountain)'은 최상급품으로 약 500g당 50달러 이상의 고가이다. 생산량이 수백 포대밖에 되지 않는 한정된 수확량도 고가의 원인이다.

한때 블루마운틴 지역의 모든 커피를 자메이칸 블루마운틴이라는 상호로 판매해야 하는지 또는 블루마운틴 지역에 있는 한 재배농원인 월렌스포드 농원(Wallensford Estate)의 제품만을 자메이칸 블루마운틴이라 불러야 하는지에 대한 논쟁이 있었다. 근래 배전업자들은 블루마운틴 지역의 해발 900m 이상의 고도에서 재배한 커피 모두를 블루마운틴 진품으로 간주한다. 그러나 이들 진품은 월렌스포드 농원의 제품을 최상급으로 치고 다음이 실버힐 농원(Silver Hill Estate)의 제품이다.

루마운틴에서의 베리의 수집 및 선별

자메이카 하이 마운틴(Jamaican High Mountain)이란 상표도 있는데 이는 품질이 자메이칸 블루마운틴보다 떨어지며 블루마운틴 이외의 높지 않는 고도에서 재배된 커피다. 블루마운틴이 아닌 고지대의 재배업자들이 뒷북을 쳐 미국인과 일본인의 기호에 적합한 고품질의 커피를 만들려고 노력하고 있다. 미국의 배전업자들은 블루마운틴 커피 맛의 특징이 있는 '블루마운틴식(Blue Mountain Style)' 커피를 출시하기도 했는데 여기에는 실제로 블루마운틴의 단 한 알의 생두도 포함되어 있지 않다.

오늘날 혹자는 월렌스포드 블루마운틴의 질이 떨어졌다고 평하기도 한다. 15년 전의 월렌스포드 커피는 모든 것이 다 갖추어진 커피로 풍부한 플레버, 아로마, 바디 그리고 완벽한 균형과 중등도의 애시디티를 갖추었다. 근래 수출되는 상급품도 만족할만한 바디와 풍만도를 갖추고 있으나 산도가 결여된다. 혹자는 블루마운틴 커피는 과거에는 확실히 위대했으나 현재는 이들의 일부는 좋을 수도 있다고 표현하는 사람들도 있다.

유명산지: Blue Mountain

유명상표: Jamaican Blue Mountain, High Mountain Supreme, High Mountain

(9) 도미니카공화국(Dominican Republic)

도미니카공화국의 커피를 과거의 국가명을 따라 산토도밍고라고 부르기도 한다. 동서로 전개된 산맥의 양쪽 산비탈 지역에서 재배된다. 수세식으로 가공된 양질의 커피를 생산한다. 유명 상표인 바니(Bani)에서 추출한 커피는 부드럽고, 달콤한 특징이 있음에 비해 바라호나(Barahona)는 다소 신맛이 나고 중압감의 바디를 가진 것이 특징이다.

유명산지: Puerto Plata, Duarte, Santiago, La Vega, Espallat, Barahona, Azua, Trujillo Valdez, Trujilo.

유명상표: Bani, Barahona, Cabao, Ocoa, Santo Dimingo.

(10) 아이티(Haiti)

계속되는 정치적인 불안정 때문에 아이티산 커피는 좀처럼 볼 수 없다. 자국에서의 최고급 커피는 고지대에서 재배되어 수세식에 의해 가공된 커피이며 많은 강수량과 화산성 토양, 그리고 지형상 고지대에서 재배되기 때문에 달콤한 단맛이 특징이다. 부드럽고 풍만한 플레버와 즐길 수 있는 바디와 애시디티가 특징이다.

유명상표: Generally Haitis 또는 Haitian

등급: XX, XX & XXX, XXG, XXXG, XXXX, XXXXX, BB

(11) 쿠바(Cuba)

쿠바의 시가는 최상급으로 잘 알려져 있으나 커피에 대해서는 알려진 것이 없다.

재배장소: Orienta, Las Villas, Pinar del Rio

상품명: Cubas, Oriente, Guantanamo

(12) 콜롬비아(Coloumbia)

1808년 프랑스의 앤틸레스(Antilles)에서 가져온 아라비카로 재배가 시작되었으나 현재는 티피카, 부르봉 및 카투라가 주로 재배되고 있다. 800~1,900m에서 재배되며 연 2회 수확한다. 주 수확 시기는 9~1월이며 3~6월에도 수확한다. 주로 수세식에 의해 가공한다. 연간 150만 포대를 생산하는 콜롬비아는 전 세계 생산량의 12%를 점유하고 있어 30~35%를 생산하는 브라질 다음가는 생산국이다. 콜롬비아의 생산량 중 12%는 고산지대의 소규모 농장에서 손으로 수확하여 수세식에 의해 가공된 특급품이다. 또한 남미 대륙의 국가들 중 대서양과 태평양 모두에 항구를 갖고 있는 유일한 국가로서 수출에 이점이 있다. 커피산업이 국가의 주 재정원이어서 콜롬비아로 들어가는 모든 차량은 유해한 병균의 유입을 방지하기 위해 철저하게 소독한다.

콜롬비아에는 3개의 큰 산맥이 남북으로 뻗어 있으며 중앙 및 동쪽의 산맥에서 최상급품의 커피가 생산된다. 특히 중앙 산맥지대의 메델린(Medellin), 아르메니아(Aremenia) 그리고 마니잘레스(Manizales)의 지역명을 딴 상표들은 유명 제품들이다. 이들 중에서도 가장 유명한 메델린은 중압감의 바디, 풍부한 플레버, 아주 잘 잡힌 균형의 애시디티를 가졌음에 비해 아르미아나 마니잘레스는 바디가 다소 결여된다. 이들의 머리글자를 따서 MAM으로도 미국에 대단위 판촉활동을 하기도 한다. 커피 판매자가 생산지의 명칭을 모르는 경우에는 NAM이란 명칭으로 판매되기 때문이다.

동쪽 산맥의 유명 산지는 보고타(Bogota)와 부카라만가(Bucaramanga)이다. 상품명이기도 한 보고타는 콜롬비아에서 생산되는 최고급품으로 간주되며 메델린보다 산도가 다소 떨어지나 풍만한 플레버는 거의 같다고 하겠다. 부카라만가는 연두(soft bean)로서 중압감의 바디, 낮은 애시디티 그리고 풍만한 플레버 면에서 수마트라 커피와 유사한 특성이 있다. 콜롬비아에서는 모든 생두를 수프레모(supremo)와 엑셀소(excelso)의 2등급으로 분류한다.

근래 콜롬비아는 오래된 아라비카 품종을 빨리 자라고 더 많은 열매를 맺는 품종으로 대체하고 있다. 수입상 및 로스트업자들은 이들 새로운 품종에서 생산된 것이 품질 면에서 이전 품종에 비해 질에 떨어진다고 주장하고 있으나 최상급 품의 코스타리카산 및 코나산과 같이 세계적으로 최상급 품이다. 신품종에 의한 커피도 일반적으로 풍만한 바디를 가지고 있기는 하나 수마트라산 커피에는 미치지 못한다. 에티오피아 및 케냐산의 산도에는 미치지 못하나 풍만한 플레버를 가졌다. 그러나 수마트라 및 최상급의 자메이카 커피의 플레버는 따라가지 못한다. 아프리카산의 포도주와 같은 감칠맛이 약간 있기는 하나 그렇게 뚜렷하지는 않다.

재배지: Antioqula, Condinamarca, Toliman, Caldas, Santandar, Norte de Santander, Cauca, Magdalena, Valle del Cauca, Boyacra, Narno, Huila

상표명: Medellins, Manizalles, Armenias, Bogatas, Bacaramangas, Tolimas, Cucutas, Giradots, Hondas, Libanos, Sevillas, Narino

(13) 베네수엘라(Venezuela)

베네수엘라의 커피 생산량은 콜롬비아의 생산량과 비슷했었다. 1960년대 및 1970년대 유전의 발견과 석유의 수출로 남미 국가 중 가장 부국이 되었으며 커피 생산량은 현저하게 떨어져 전 세계 총 생산량 중 1%를 점유한다. 생산된 1%도 거의 내수용으로 소비된다. 원유 생산량의 감소에 의해 베네수엘라 정부는 다시 커피산업을 육성하여 경제적 안정과 다변화를 도모하고 있다.

양질의 커피는 콜롬비아와 국경을 접하는 동쪽 끝 지역에서 생산된다. 이 지역산 커피를 마라카이보(Maracaibos)라 부르는데 이는 바로 커피 수출항인 마라카이보의 명칭이기도 하다. 그러나 다른 지역에서 재배된 쿠쿠타(Cucuta)도 이 항구를 통해 수출한다. 서단 연안의 산악지대에서 재배된 커피인 카라카스(Caracas)는 라 구아이라(La Guaira) 항을 통해 수출된다.

베네수엘라의 한 농원

기타의 유명 상표로서는 메리다(Merida), 트루질로(Trujillo) 그리고 타키라(Tachira) 등을 들 수 있는데 메리다는 베네수엘라의 대표적인 양질의 커피로 미국의 전문점에서만 구입이 가능하다. 트루질로는 싼 브라질산 커피보다는 약간 높은 품질이다. 타키라와 쿠쿠타는 모두 강한 산도의 동일 부류로서 콜롬비아 커피와 유사하다. 베네수엘라의 최상급 커피는 라바도 피노(Lavado Fino) 등이다. 모든 베네수엘라산 커피는 콜롬비아산 커피의 특징이 있어 신맛이 극히 적은 것이 특징이다. 메리다스는 쉽게 만족할 만한 바디와 유쾌한 플레버를 가지고 있다. 일반적으로 베네수엘라 커피는 신맛이 뚜렷한 커피를 만들기 위한 배합용으로 사용하기도 한다.

재배지: Maracaibo, Puerto Cabello, Caracas
상품명: Cracas, Cucuta, Puerto Cabello, Merida, Tovar, Bocono, Trujillo, Tachira Lavado Fino

(14) 에콰도르(Ecuador)

에콰도르도 상당량의 커피를 생산하나 세계 시장에서는 찾아보기 힘들다. 약한 데서 중등도의 바디와 날카로운 신맛이 특징인 것으로 알려져 있다.

재배지: Manabi, El Oro, Jipijapa, Zaruma, Esmeraldas, Los Rios, Guayas
상품명: Ecuadors, Sidamo, Pergamino

(15) 페루(Peru)

18세기에 도입되었으며 티피카, 부르봉, 카투라, 파크(pache) 등이 고도 1,200~2,000m의 고산지대에서 재배된다. 수확 시기는 11~3월이며 주로 수세식에 의해 가공하는 것으로 알려졌다. 페루산 커피는 일반적으로 순한 신맛과 가벼운 바디를 가지고 있으나 플레버와 아로마가 특이한 것이 특징이다. 멕시코산 커피의 특징과 유사하며 배합용으로 가장 좋은 커피로 간주된다. 안데스 산맥에 있는 리마에서 서쪽으로 약 200마일 떨어진 찬차마요(Chanchamayo) 계곡에서 수세식에 의해 가공된 커피가 페루산 커피 중 최고급품으로 알려져 있다. 근래에는 페루의 북부에서 유기농업에 의해 재배된 커피가 전문 커피상점에 출하되고 있다. 페루산 커피는 언제나 재배농원의 이름으로 표기된다.

 재배지: Lambayeque, Cajamarca, Huanuco, Junin, Ayacucho, Chanchamayo,Urubmba
 상품명: Chanchamayo

(16) 볼리비아(Bolivia)

볼리비아의 환경조건을 감안하면 고급품질의 커피를 생산할 수 있는 잠재력을 가지고 있어 전망이 밝다. 그러나 현재 볼리비아에서 생산되는 커피는 매우 저질인데, 이는 커피 재배에 국가적인 정책의 결여, 소수의 대단위 재식농원 업주들이 저급품의 대량생산에 치중하여 경쟁력이 없기 때문이다.

(17) 브라질(Brazil)

18세기 초 프랑스의 식민지였던 기아나에서 가져온 씨가 급속하게 퍼져 재배되고 있다. 주로 800~1,200m의 고도에서 부르봉, 티피카, 카투라, 캐튜이, 캐티모, 마라고지페 및 기타 여러 변종들이 재배되고 있다. 5~8월이 수확기이며 지역 및 농원에 따라 수세식 및 비수세식의 두 가지 방법에 의해 가공한다. 서리에 의한 피해가 없다면 전 세계 커피 생산량의 30~35%를 점유하는 최대 생산국이다. 1975년의 서리에 의한 대흉작은 다른 생산국에게 많은 이익을 얻게 했다. 1994년에 있었던 두 차례의 서리는 전 세계적으로 커피 값이 오르게 하기도 했다. 국토의 1/3이 커피 재배의 적지이다. 양적인 생산 면에서는 세계 최고이나 고품질의 생산량은 엘살바도르의 생산량에도 미치지 못하며 세계적인 최상급 품질의 커피는 전혀 없다. 아마도 이는 브라질이 커피산업 초기부터 싸고 대량생산에만 주력했기 때문이라 하겠다.

여러 상표 가운데 산투스(Santos)는 고급품질이며 다음으로는 커피업계에서 흔히 리오이(Rioy)라고도 부르는 리오(Rio)인데 이 제품은 약 냄새가 나는 것이 특징이다. 산투스 커피는 상파울로 주에서 주로 재배된다. 19세기 거친 플레버를 가진 리오가 순한 산투스와 경쟁하기도 했다. 유명한 뉴올리언스 커피(New Orleans Coffee)는 치커리를 가미한 리오 커피였다. 현재 미국에서 라틴계 고객을 위해 검게 배전(dark-roasted)한 커피의 일부는 리오인데 이들이 싼 값의 커피를 마시기 때문이다.

주 커피 수출항의 이름을 딴 산투스 커피는 18세기 부르봉 섬에서 가져온 변종인 부르봉에서 생산된다. 첫 3~4년 동안에는 커피업계에서 부르봉 산투스(Bourbon Santos)라고 부르기도 하는 작고 굴곡이 있는 생두를 얻었다. 당시에는 이 생두가 최상급의 생두여서 브라질리안(Brazilian)이란 이름으로 판매되었다. 3~4년이 경과되어 풍토에 적응한 후에는 생두의 크기가 커지고 다소 납작한 형태가 되었는데 이를 납작한 산투스 생두(Flat Bean Santos)라 구분하여 불렀으며 값도 저렴했으나 품질은 부르봉 산투스만은 못했다. 밴데란테(Bandeirante) 상표는 품질이 좋아 때때로 전문 커피점에 등장하기도 한다. 부르봉 산투스는 순한 플레버, 중등도의 바디 그리고 중등도의 애시디티가 특징이다.

재배지: Santos, Rio, Parana

상품명: Bandeiante, Bourbon Santos

브라질의 커피 생산지역, 재배종 및 생산량(단위: 60kg 포대×백만)

재배지역	재배품종	생산연도				
		'96/'97	'97/'98	'98/'99	'99/'00	'00/'01
미나스제라이스(Mina Gerais)	로부스타	14.20	10.70	18.95	13.95	12.80
서남지역(Southwest)	아라비카	7.00	5.50	10.75	8.00	6.20
서부 중앙(Central-western)	아라비카	4.20	2.90	4.10	3.10	2.90
동남(Southeast)	아라비카	3.00	2.30	4.10	2.85	3.75
에스피리토 산토 (Espirito Santo)	아라비카	1.80	1.20	2.15	1.60	2.40
	로부스타	3.80	2.80	3.20	2.40	4.40
	계	5.60	4.00	5.35	4.00	6.80
상파울루(Sao Paulo)	아라비카	3.50	3.00	4.20	3.50	2.50
파라나(Parana)	아라비카	1.50	2.50	3.20	2.60	2.20
기타 지역	아라비카	1.70	1.80	2.10	1.25	1.90
	로부스타	1.50	1.50	1.80	1.75	1.90
	계	3.20	3.30	3.90	2.95	3.80
총계		28.00	23.50	35.60	27.00	28.10
	아라비카	22.70	19.20	30.60	22.90	21.80
	로부스타	5.30	4.30	5.00	4.10	6.30